中财传媒版 2021年资产评估师资格全国统一考试辅导系列丛书

资产评估基础精讲精练

资产评估师资格考试辅导用书编写组　编

中国财经出版传媒集团
中国财政经济出版社

图书在版编目（CIP）数据

资产评估基础精讲精练／资产评估师资格考试辅导用书编写组编． --北京：中国财政经济出版社，2021.4

（中财传媒版 2021 年资产评估师资格全国统一考试辅导系列丛书）

ISBN 978 - 7 - 5223 - 0437 - 3

Ⅰ．①资… Ⅱ．①资… Ⅲ．①资产评估 - 资格考试 - 自学参考资料 Ⅳ．①F20

中国版本图书馆 CIP 数据核字（2021）第 049983 号

责任编辑：闫　娟

资产评估基础精讲精练

ZICHAN PINGGU JICHU JINGJIANG JINGLIAN

中国财政经济出版社 出版

URL：http：//www.cfeph.cn

E - mail：cfeph@ cfeph.cn

（版权所有　翻印必究）

社址：北京市海淀区阜成路甲 28 号　邮政编码：100142

营销中心电话：010 - 88191522

天猫网店：中国财政经济出版社旗舰店

网址：https：//zgczjjcbs.tmall.com

北京时捷印刷有限公司印刷　各地新华书店经销

成品尺寸：185mm×260mm　16 开　18 印张　493 000 字

2021 年 5 月第 1 版　2021 年 5 月北京第 1 次印刷

定价：49.00 元

ISBN 978 - 7 - 5223 - 0437 - 3

（图书出现印装问题，本社负责调换，电话：010 - 88190548）

本社质量投诉电话：010 - 88190744

打击盗版举报热线：010 - 88191661　QQ：2242791300

前　言

为了帮助广大考生全面理解2021年资产评估师考试大纲和考试教材规定的内容，在有限的复习时间内掌握教材的重难点知识，顺利通过考试，中国财经出版传媒集团组织常年从事资产评估教学科研和考前辅导的名师、专家，编写本套"中财传媒版2021年资产评估师资格全国统一考试辅导系列丛书"。

该辅导丛书包括"精讲精练"和"全国大模考"两个系列，涵盖了2021年考试4个科目，即"资产评估基础""资产评估相关知识""资产评估实务（一）""资产评估实务（二）"。

精讲精练系列，紧扣考试大纲和考试教材，系统梳理考试重点难点，对教材变化分析总结，对重要知识点加以解析，辅以大量经典习题讲解。每章均集中安排了具有代表性和针对性练习题供考生练习，学练结合，帮助考生巩固掌握教材精髓。

全国大模考系列，是对原"全真模拟试题"系列的升级，更加注重机考实战。精心遴选设计5套全真模拟试题，进行热身训练，集中安排全国性模拟考试，完全仿真实际考试，通过实战训练，助力考生赢得考试。

资产评估师是与注册会计师、律师并驾齐驱的三大中介服务业之一。全新的考试政策，全新修订的考试科目和教材，对广大考生来说既是机遇也是挑战，希望广大考生在认真学习教材内容的基础上，结合本系列丛书正确理解和全面掌握应试知识点内容，顺利通过考试！

由于编者水平有限，加之编写时间仓促，书中错漏之处在所难免，恳请广大读者不吝指正。

目录

第一章 资产评估概述 （1）
- 考试大纲 （1）
- 考情分析 （1）
- 教材主要变化 （1）
- 考点精讲及典型例题解析 （1）
- 精选练习题 （10）
- 精选练习题参考答案及解析 （12）

第二章 资产评估的基础理论 （14）
- 考试大纲 （14）
- 考情分析 （14）
- 教材主要变化 （15）
- 考点精讲及典型例题解析 （15）
- 精选练习题 （41）
- 精选练习题参考答案及解析 （45）

第三章 资产评估法律制度与准则 （49）
- 考试大纲 （49）
- 考情分析 （49）
- 教材主要变化 （50）
- 考点精讲及典型例题解析 （50）
- 精选练习题 （79）
- 精选练习题参考答案及解析 （82）

第四章 资产评估基本事项 （85）
- 考试大纲 （85）
- 考情分析 （85）
- 教材变化 （85）
- 考点精讲及典型例题解析 （85）
- 精选练习题 （109）
- 精选练习题参考答案及解析 （114）

第五章 资产评估程序 （119）
- 考试大纲 （119）
- 考情分析 （119）
- 教材主要变化 （119）
- 考点精讲及典型例题解析 （120）
- 精选练习题 （150）
- 精选练习题参考答案及解析 （155）

第六章 资产评估方法 （159）
- 考试大纲 （159）
- 考情分析 （159）
- 教材主要变化 （159）
- 考点精讲及典型例题解析 （159）
- 精选练习题 （190）
- 精选练习题参考答案及解析 （194）

第七章 资产评估报告与档案 （199）
- 考试大纲 （199）
- 考情分析 （199）
- 教材主要变化 （199）
- 考点精讲及典型例题解析 （199）
- 精选练习题 （219）
- 精选练习题参考答案及解析 （222）

第八章 资产评估的职业道德与法律责任 （225）
- 考试大纲 （225）
- 考情分析 （225）
- 教材主要变化 （225）

考点精讲及典型例题解析 …………(225)　　　考情分析 ……………………………(258)
　　精选练习题 …………………………(251)　　　教材主要变化 ………………………(258)
　　精选练习题参考答案及解析 ………(254)　　　考点精讲及典型例题解析 …………(258)
第九章　国际和国外评估准则 …………(258)　　　精选练习题 …………………………(276)
　　考试大纲 ……………………………(258)　　　精选练习题答案及解析 ……………(278)

第一章 资产评估概述

考试大纲

第一章	考试目的		考查考生对资产评估概念及其原则和特点的理解程度,以及对我国资产评估发展状况的了解情况。
资产评估概述	考试内容及要求		
	掌握的内容 (★★★)	1. 资产及资产评估。	
		2. 资产评估的经济技术原则。	
	熟悉的内容 (★★)	1. 资产评估的特点。	
		2. 资产评估的工作原则。	
	了解的内容 (★)	1. 我国资产评估行业发展历史及特点。	
		2. 我国资产评估在市场经济中的地位和作用。	

考情分析

本章主要介绍资产及资产评估的概念,突出资产评估专业服务的特点、原则,辨析劳动价值论、效用理论和均衡价格理论对价值与价格的论述,总结我国资产评估行业的发展历史和特点,对我国资产评估在市场经济中的地位和作用进行说明,考查考生对资产评估概念及其原则和特点的理解程度,以及对我国资产评估发展状况的了解情况。

本章文字表述仍然修改较多,内容更加合理和完善。知识点相对简单,题型多为客观题;在综合题中,可能体现资产评估经济技术原则和工作原则的相关要求。

教材主要变化

1. 删除"价值与价格"的考试要求及其相关内容。

2. 本章其他内容基本保持稳定,但修改了多处数据及文字表述。

考点精讲及典型例题解析

【知识点1】资产及资产评估(★★★)

(一)资产评估

资产评估属于价值判断的范畴,价值判断是经济建设和社会管理中不可回避的问题。资产评估的概念可以从一般意义、专业角度和法律角度三个层次进行表述(见图1-1)。

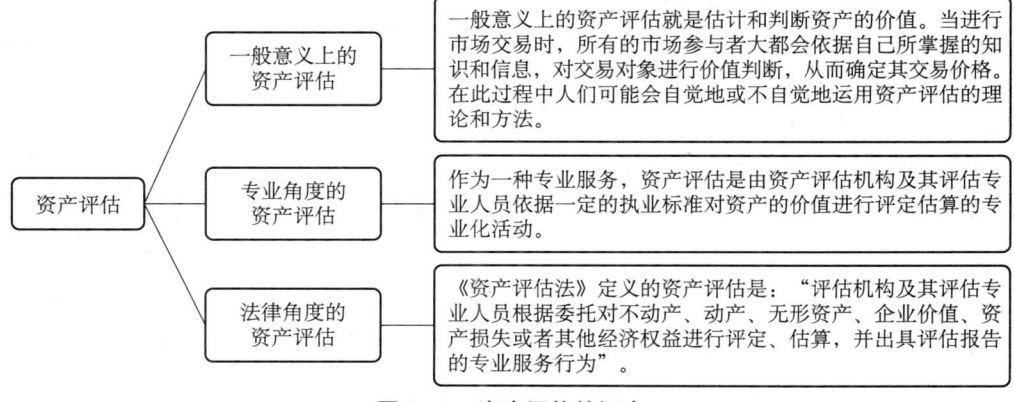

图1-1 资产评估的概念

【提示】《资产评估法》所指的资产评估除了规定资产评估是一种价值评定、估算行为外，还强调了资产评估的主体、客体、法律性质和服务成果（见图1-2）。

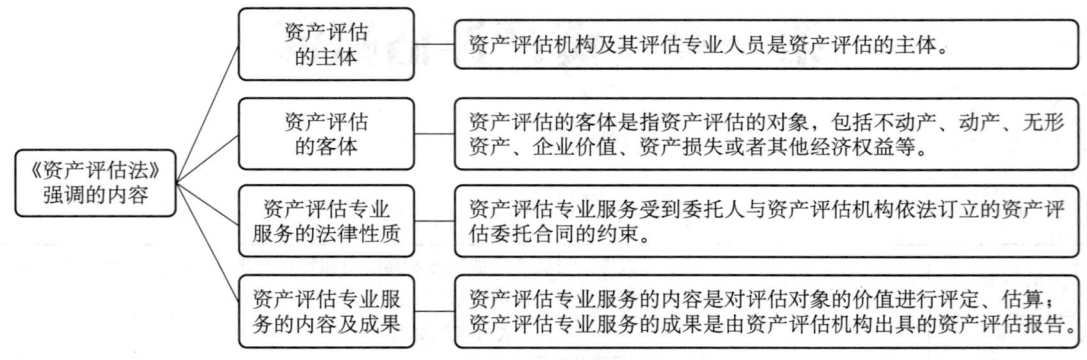

图1-2 《资产评估法》强调的内容

【例1-1】（多项选择题）根据《资产评估法》，资产评估的客体是指资产评估的对象，包括（　　）。
A. 动产及不动产　　B. 无形资产
C. 资产损失　　　　D. 资产收益
E. 企业价值或者其他经济权益
【答案】ABCE
【解析】根据《资产评估法》，资产评估的客体是指资产评估的对象，包括不动产、动产、无形资产、企业价值、资产损失或者其他经济权益等。

（二）资产

在资产评估中，资产是指由特定权利主体拥有或控制的、预期能够给该权利主体带来经济利益的经济资源（见图1-3）。

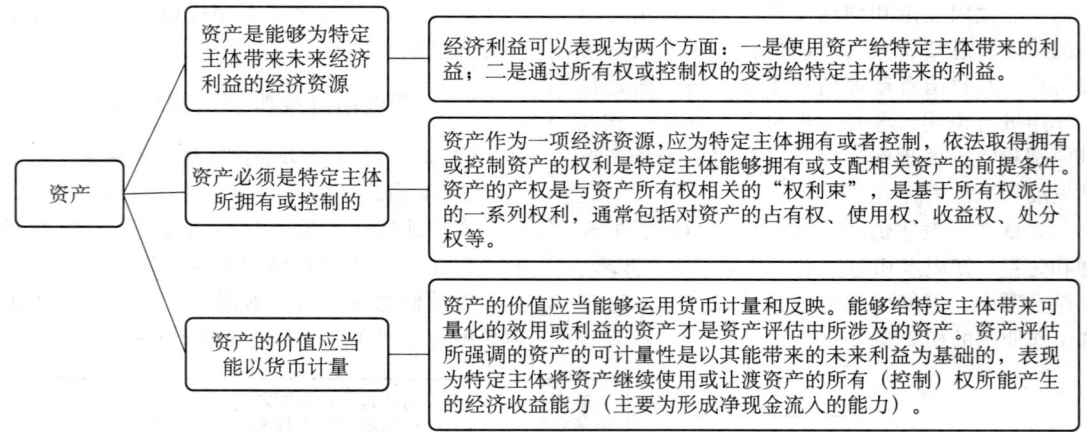

图1-3 资产的内涵

【提示1】在判断资产是否存在时，所有权是要考虑的首要因素，但不是决定因素。资产评估中界定资产的边界是资产的控制权而非所有权。

【提示2】资产评估所强调的资产的可计量性与会计对资产计量的要求存在差异。会计对资产计量也是对资产进行货币性量化的过程，确定资产金额的计量基础（即计量属性）不仅包括反映资产现时价值的重置成本、可变现净值、现值或公允价值，还包括反映其过去价值的历史成本。我国《企业会计准则——基本准则》要求企业对资产等会计要素进行计量时，"一般应当采用历史成本，采用重置成本、可变现净值、现值、公允价值计量的，应当保证所确定的会计要素金额能够取得并可靠计量"。

【例1-2】（单项选择题）按照我国法律规定，国有建设用地或集体经营性建设用地的所有权人可以通过（　　）方式实现其土地使用权的让渡。

A. 转让　　　　B. 交易
C. 划拨　　　　D. 出让

【答案】D
【解析】略。

【知识点2】资产评估的特点（★★）

（一）咨询性

一般情况下，资产评估体现的是咨询属性。资产评估反映的是评估专业人员对评估对象在评估基准日特定目的下价值的专业意见，它是建立在一定的假设条件基础上，并可能受到一些限制条件的影响。资产评估报告通常作为交易定价或其他经济行为的价值参考。

【提示1】企业国有资产法规定，国有资产转让应当以依法评估的、经履行出资人职责的机构认可或者由履行出资人职责的机构报经本级人民政府核准的价格为依据，合理确定最低转让价格。我国《资产评估基本准则》第二十八条明确规定：资产评估报告使用人应当正确理解评估结论。评估结论不等同于评估对象可实现价格，评估结论不应当被认为是对评估对象可实现价格的保证。

【提示2】有些情形下，资产评估会体现鉴证属性。鉴证性的资产评估业务，一般是在委托人明确提出了鉴证目的的资产评估服务需求，资产评估专业人员明确了鉴证义务和责任，认为其所履行的评估程序及采用的评估方法可以满足委托人的鉴证要求的情况下，其所出具的报告则具有鉴证属性。

【提示3】同为中介服务，注册会计师所从事的鉴证业务包括历史财务信息审计业务、历史财务信息审阅业务和其他鉴证业务，《鉴证业务基本准则》以及依据其指定的相关业务准则是执行这些业务的业务标准。因此，与资产评估业务不同，注册会计师开展的审计业务体现的是鉴证属性，通过注册会计师的审计鉴证，增强了除责任方之外的预期使用者对鉴证对象信息的信任程度。

（二）公正性

资产评估的公正性表现在两个方面：一是资产评估须按照法定的准则进行，具有公允的行为规范和业务规范，这是公正性的技术保证；二是评估机构及其评估专业人员应当是与业务没有利害关系的第三方，这是公正性的组织保证。

（三）社会性

从专业的角度看，资产评估和财务会计的关联度很高，二者的业务属性基本相同，都是对资产进行价值计量，但二者的社会属性不同。财务会计服务于企业或单位，主要职能是核算与监督，不具有社会性，而资产评估服务于市场，具有独立性、客观性、公正性。

（四）动态性

在对资产进行价值计量方面，会计在很大程度上是以可靠计量的历史成本为依据，会计的资产价值计量基本上是静态的。资产评估需要估算的是交易时点所显现的资产价值，而资产价值因其交易环境、要素配置条件的不同而不断变化，因此资产评估的资产价值计量是动态的。

【例1-3】（多项选择题）资产评估的特点包括（　　）。

A. 公开性　　　B. 咨询性
C. 公正性　　　D. 社会性
E. 动态性

【答案】BCDE

【解析】资产评估以其客观、真实、有效的专业服务，保障市场经济运行的规范、有序、公平和公正。一般来讲，资产评估具有咨询性、公正性、社会性及动态性。

【例1-4】（单项选择题）一般情况下，资产评估体现的是（　　）。资产评估反映的是评估专业人员对评估对象在评估基准日特定目的下价值的专业意见，它是建立在一定的假设条件基础上，并可能受到一些限制条件的影响。

A. 公开属性　　B. 公正属性
C. 咨询属性　　D. 定价属性

【答案】C
【解析】略。

【知识点3】资产评估的工作原则（★★）

资产评估工作原则是指评估机构及其评估专业人员在执业过程中应遵循的基本原则，主要包括独立、客观、公正原则。

【提示】《资产评估法》第四条要求"评估机构及其评估专业人员开展资产评估业务应当遵守法律、行政法规和评估准则，遵循独立、客观、公正的原则"。《资产评估基本准则》也在资产评估机构及其评估专业人员的"基本遵循"部分对资产评估工作原则加以强调。

独立、客观、公正既是资产评估机构及其资产评估专业人员开展资产评估业务应当遵守的工作原则,也是对其从事资产评估工作的职业道德要求。

【例1-5】(多项选择题)下列属于资产评估工作原则的是( )。

A. 独立　　　　　B. 公正
C. 贡献　　　　　D. 客观
E. 替代

【答案】ABD

【解析】资产评估工作原则主要包括独立、客观、公正原则。贡献原则和替代原则属于资产评估经济技术原则。

【知识点4】资产评估经济技术原则(★★★)

资产评估经济技术原则,是指在开展资产评估业务过程中的一些技术规范和业务准则,为资产评估专业人员在执行资产评估业务过程中的专业判断提供技术依据。

具体内容参见表1-1。

表1-1　　资产评估经济技术原则的具体内容

资产评估经济技术原则	具体内容
供求原则	资产评估专业人员在判断资产价值时,应充分考虑和依据供求原则。由于均衡价格是需求和供给共同作用的结果,在均衡价格中,生产费用和效用是影响价格的两个均等因素,因此资产评估既需要考虑资产的购建成本,又需要考虑资产的效用。
最高最佳使用原则	该原则依据价值理论原理,强调商品在交换时,应以最佳用途及利用方式实现其价值。
替代原则	替代原则是指价格最低的同质商品对其他同质商品具有替代性,即相同效能的资产,最低价格的资产需求最大。任何理性的投资者对具有相同效用的商品,必定选择价格较低的;在价格相同时,必定选择效用较大的商品。作为一种市场规律,在同一市场上,具有相同使用价值和质量的商品,应有大致相同的交换价格。正确运用替代原则是资产评估公正性的重要保证。
预期收益原则	资产的价值不在于过去的生产成本或销售价格,而是应当基于其对未来收益的预期加以决定。它是资产评估专业人员判断资产价值的一个最基本的依据。
贡献原则	某一资产或资产某一构成部分的价值,取决于它对所在资产组合或完整资产整体价值的贡献,或者根据当缺少它时对整体价值的影响程度来确定。
评估时点原则	资产评估具有动态性特点,资产的价值会随着时间因素的变化而变化,因此必须合理选取一个评估基准日。评估时点原则也是对交易假设和公开市场假设的一种反映。
外在性原则	"外在性"会对相关权利主体带来自身因素之外的额外收益或损失,从而影响资产的价值,并对资产的交易价格产生直接的影响。资产评估应该充分关注"外在性"给被评估资产带来的损失或收益以及这种损失或收益对资产价值的影响。

【提示1】供求原则是经济学中关于供求关系影响商品价格原理的概括。假定在其他条件不变的前提下,商品的价格随着需求的增长而上升,随着供给的增加而下降。

【提示2】由于资产的使用会受到市场条件的制约,因此,其最佳用途的确定一般需要考虑以下几个因素:①确定该用途法律上是否许可,必须考虑该项资产使用的法律限制;②确定该用途技术上是否可能,必须是市场参与者认为合理的用途;③确定该用途财务上的可行性,必须考虑在法律上允许且技术上可能的情况下,使用该资产能否产生足够的收益或现金流量,从而在补偿使资产用于该用途所发生的成本后,仍然能够满足市场参与者所要求的投资回报。

【提示3】如果具有相同使用价值和质量的商品,具有不同的交换价值或价格,买方会选择价格较低的。当然,作为卖方,如果可以将商品卖到更高的价格水平上,他会在较高的价位上出售商品。

【例1-6】（单项选择题）（　　）是经济学中关于供求关系影响商品价格原理的概括。
A. 替代原则　　B. 最高最佳使用原则
C. 供求原则　　D. 评估时点原则
【答案】 C
【解析】 供求原则是经济学中关于供求关系影响商品价格原理的概括。

【例1-7】（多项选择题）由于资产的使用会受到市场条件的制约，因此，其最佳用途的确定一般需要考虑的因素包括（　　）。
A. 管理上是否便利
B. 法律上是否许可
C. 技术上是否可能
D. 财务上是否可行
E. 使用上是否高效
【答案】 BCD
【解析】 略。

【例1-8】（多项选择题）下列属于资产评估经济技术原则的是（　　）。
A. 贡献原则　　B. 预期收益原则
C. 替代原则　　D. 供求原则
E. 公正原则
【答案】 ABCD
【解析】 资产评估经济技术原则包括：供求原则、最高最佳使用原则、替代原则、预期收益原则、贡献原则、评估时点原则、外在性原则；独立、客观、公正原则是资产评估工作原则。

【例1-9】（单项选择题）某评估对象机器设备的价格，受其他同类型具有相同使用价值和质量的机器设备的价格所牵制。这体现了资产评估经济技术原则中的（　　）。
A. 替代原则　　B. 最高最佳使用原则
C. 供求原则　　D. 评估时点原则
【答案】 A
【解析】 在同一市场上，具有相同使用价值和质量的商品，应有大致相同的交换价格。

【例1-10】（单项选择题）（　　）是资产评估专业人员判断资产价值的一个最基本的依据。
A. 替代原则　　B. 贡献原则
C. 评估时点原则　　D. 预期收益原则
【答案】 D
【解析】 在资产评估过程中，资产的价值不在于过去的生产成本或销售价格，而是应当基于其对未来收益的预期加以决定。预期收益原则是资产评估专业人员判断资产价值的一个最基本的依据。

【例1-11】（单项选择题）某新获批的城市道路拓宽项目位于某小区旁边，可能给该小区带来交通情况的改善，但同时也可能会带来空气和噪声污染，体现了资产评估经济技术原则中的（　　）。
A. 预期收益原则　　B. 贡献原则
C. 外在性原则　　D. 供求原则
【答案】 C
【解析】 在对房屋建筑物进行评估时，一个重要的价格影响因素就是环境因素。房屋周边开发的程度、环境状况等因素与房屋本身的所有权无关，但对房屋价格有重要影响。环境因素对房屋建筑物评估价值的影响实际上就是"外在性"对房屋建筑物价值影响的体现。

【知识点5】我国资产评估行业发展历史及特点（★）

（一）我国资产评估行业发展历史

我国资产评估行业诞生于20世纪80年代末，为维护国有资本权益、规范资本市场运作、防范金融系统风险、保障社会公共利益和国家经济安全作出了重要贡献。2016年12月1日开始施行的《资产评估法》正式奠定了我国资产评估的法律地位，标志着我国资产评估行业进入了法制化发展的新阶段。

我国资产评估行业三十多年的发展历史，参见表1-2—表1-5。

表1-2　　　　我国资产评估行业发展历史（1）

时间	标志	发展历史
1978年12月	党的十一届三中全会后，作为国有资产管理的必备程序和保护国有资产权益的专业手段，资产评估应运而生。	20世纪80年代末，初步确立了资产评估的法律地位。

续表

时间	标志	发展历史
1989 年	出台《关于出售国有小型企业产权的暂行办法》《关于企业兼并的暂行办法》《关于在国有资产产权变化时必须进行资产评估的若干暂行规定》。	必须进行资产评估的若干规定出台,资产评估业务范围扩大。
1990 年 7 月	国家国有资产管理局成立了资产评估中心,负责资产评估项目和资产评估行业的管理工作。	我国资产评估工作正式起步。
90 年代初	国家国有资产管理局负责管理资产评估行业,建立了资产评估机构资格准入制度,建立了资产评估收费管理制度,编写了资产评估专业培训教材。1991 年发布《国有资产评估管理办法》。	我国资产评估行业走上法制化的道路。
1993 年 3 月	国家国有资产管理局、中国证券监督管理委员会联合印发了《关于从事证券业务的资产评估机构资格确认的规定》(国资办发〔1993〕12 号)。	要求资产评估机构开展与证券业务有关的资产评估业务,必须取得证券评估许可证,并规定了从事证券业务资产评估机构的资质条件。

表 1-3　　我国资产评估行业发展历史(2)

时间	标志	发展历史
1993 年 12 月	中国资产评估协会成立,标志着中国资产评估行业已经开始成为一个独立的中介行业。	我国资产评估行业管理体制开始走向政府直接管理与行业自律管理相结合的道路。
1993 年以后	我国经济体制改革的深入推进为资产评估行业提供了重要的发展机会。	资产评估行业得到空前发展。
1995 年 5 月	人事部、国家国有资产管理局联合印发《注册资产评估师执业资格制度暂行规定》及《注册资产评估师执业资格考试实施办法》。	全国注册资产评估师执业资格制度正式建立。
2001 年 12 月 31 日	取消财政部门对国有资产评估项目的立项确认审批制度,实行财政部门的核准制或财政部门、集团公司及有关部门的备案制。评估项目的立项确认制度改为备案、核准制。与此相适应,财政部将资产评估机构管理、资产评估准则制定等职能移交给行业协会。	我国资产评估行业的发展进入到一个强化行业自律管理的新阶段。
2003 年	国务院设立国有资产监督管理委员会(简称"国资委"),财政部有关国有资产管理的部分职能划归国务院国资委。	基本实现了国有资产评估管理与资产评估行业管理的分离,表明我国资产评估行业成为一个独立的专业服务行业。

表 1-4　　我国资产评估行业发展历史(3)

时间	标志	发展历史
2004 年 2 月	财政部发布《资产评估准则——基本准则》《资产评估职业道德准则——基本准则》。	成为推动我国建立资产评估准则体系的重要标志,为我国资产评估准则制定和资产评估行业规范化发展奠定了坚实基础。

续表

时间	标志	发展历史
2005年5月	财政部发布《资产评估机构审批管理办法》（财政部令第22号），对资产评估机构及其分支机构的设立、变更和终止等行为进行规范。	资产评估行业进一步完善行政管理和行业自律管理相结合的管理体制。
2011年8月11日	财政部发布《资产评估机构审批和监督管理办法》（财政部令第64号）。	进一步规范了资产评估机构审批管理。
2014年8月13日	人力资源和社会保障部印发《关于做好国务院取消部分准入类职业资格相关后续工作的通知》（人社部函〔2014〕44号）。	将资产评估师职业资格调整为水平评价类职业资格。

表1–5　　　　　　　　我国资产评估行业发展历史（4）

时间	标志	发展历史
2016年7月2日	十二届全国人大常委会第二十一次会议审议通过了《中华人民共和国资产评估法》。	全面确立了资产评估行业的法律地位，对促进资产评估行业发展具有重大历史和现实意义。
2017年4月21日	财政部出台了《资产评估行业财政监督管理办法》（财政部令第86号）明确了对资产评估专业人员、资产评估机构和资产评估协会的监管内容和监管要求，划分了各级财政部门的行政监管分工和职能，细化了资产评估法律责任的相关规定。	为在财政部门实施监督管理的资产评估行业落实《资产评估法》的管理要求提供了依据。
2017年8–9月	8月23日财政部发布《资产评估基本准则》，9月8日中国资产评估协会发布了修订后的25项资产评估执业准则和职业道德准则。	实现了资产评估准则的与时俱进。
2018年2月16日	中共财政部党组通过并印发了《关于加强资产评估行业党的建设工作的指导意见》的通知。	《指导意见》的出台，为进一步加强党对资产评估行业的领导，提高资产评估行业党的建设工作水平起到了重要作用。
2019年12月28日	第十三届全国人民代表大会常务委员会第十五次全体会议修订通过了《中华人民共和国证券法》。	修订后的《证券法》将对资产评估机构在资本市场的执业及监管产生重要影响。

【例1–12】（单项选择题）我国资产评估产生的原因是（　　）。
　　A. 为了促进社会主义市场经济体制发展
　　B. 为了保护国有资产权益
　　C. 为了促进资本市场流动性
　　D. 为了完善我国资本市场，推动资产证券化
【答案】B
【解析】1978年12月，党的十一届三中全会做出对国家经济管理体制和国有企业经营管理方式进行改革的重大决策，作为国有资产管理的必备程序和保护国有资产权益的专业手段，资产评估应运而生。

【例1–13】（单项选择题）我国在（　　）将资产评估师职业资格调整为水平评价类职业资格。
　　A. 2011年8月　　B. 2013年2月
　　C. 2014年8月　　D. 2016年7月
【答案】C
【解析】2014年8月13日，人力资源和社会保障部印发《关于做好国务院取消部分准入类职业资格相关后续工作的通知》（人社部函

〔2014〕44号),将资产评估师职业资格调整为水平评价类职业资格。

【例1-14】(单项选择题)我国在( )除规定从事证券投资咨询服务业务应当经国务院证券监督管理机构核准之外,取消了从事其他证券服务业务必须经过国务院证券监督管理机构和有关部门批准的规定。

A. 2011年8月　　　B. 2015年10月
C. 2016年12月　　D. 2019年12月

【答案】 D

【解析】 2019年12月28日,新修订的《证券法》落实"放管服"要求,除规定从事证券投资咨询服务业务应当经国务院证券监督管理机构核准之外,取消了从事其他证券服务业务必须经过国务院证券监督管理机构和有关部门批准的规定。

(二)我国资产评估行业的发展特点

1. 我国资产评估行业发展情况。

(1)评估机构和评估专业人员。截至2020年底,全国资产评估机构5400多家,执业资产评估师有4.1万人。2019年度行业收入220亿元。

(2)资产评估理论。我国资产评估行业在基本理论与原理、基本评估方法等方面与国际评估行业保持趋同和一致,在具体操作和参数确定的某些方面体现了中国社会主义市场经济的特色。

(3)行业自律组织。目前,中国资产评估协会建立了由会员代表大会、理事会、常务理事会、协会秘书处、专门和专业委员会以及地方协会构成的完整的行业自律管理组织体系。

(4)国际交流。中国资产评估协会的代表在多个重要国际评估组织担任要职,还与50多个国家和地区评估组织建立了联系或合作关系,为我国评估行业国际化发展奠定了坚实的基础。

【例1-15】(单项选择题)下列关于我国资产评估行业发展情况的表述,正确的是( )。

A. 我国资产评估行业在具体操作和参数确定方面与国际评估行业保持趋同和一致
B. 中国资产评估协会是行业自律组织
C. 目前,我国资产评估协会尚未建立完整的行业自律管理组织体系
D. 中国资产评估协会与100多个国家和地区评估组织建立了联系或合作关系

【答案】 B

【解析】 我国资产评估行业在基本理论与原理、基本评估方法等方面与国际评估行业保持趋同和一致,在具体操作和参数确定的某些方面体现了中国社会主义市场经济的特色,选项A错误。我国资产评估协会是行业自律组织,选项B正确。目前,我国资产评估协会建立了由会员代表大会、理事会、专门和专业委员会、协会秘书处以及地方协会构成的完整的行业自律管理组织体系,选项C错误。中国资产评估协会与50多个国家和地区评估组织建立了联系或合作关系,为我国评估行业国际化发展奠定了坚实的基础,选项D错误。

2. 我国资产评估行业发展特点。

(1)改革开放催生了我国资产评估行业。我国资产评估行业源自于改革开放,并直接服务于对外开放、国企改制等改革的重点领域。

(2)服务国有企业成为资产评估行业发展壮大的基础。我国资产评估行业将国有企业作为主要服务对象一直延续至今,也正是政府在发展初期赋予评估机构国有资产评估这一法定业务,才使评估行业区别于其他中介行业,具备了较高的发展起点。

(3)产权市场的形成促进了资产评估行业的发展。产权市场主要是指产权(特别是非证券化的资本)的公开拍卖和交易市场。主要包括企业产权市场、技术产权市场、土地产权市场、房屋产权市场等。企业产权市场主要是为企业的兼并、出售、拍卖、租赁、股权转让、资产调剂等服务。产权市场进行的产权流动和重组行为,是资产评估行业存在的基础。

(4)金融市场的建立加快了资产评估行业的发展。改革开放使我国金融市场取得了长足的发展,从单一的货币市场转变为货币与资本市场并存、多品种、多层次的市场体系,也为资产评估释放了更多的市场空间。货币市场对资产评估的需求不断增加,尤其是抵押贷款评估和不良金融债权评估。资本市场的建立也加快了资产评估行业的发展。

(5)政府主导模式推动资产评估行业规范化发展。三十多年的发展表明,我国资产评估行业属于政府主导模式。无论从国有资产所有者的角度,还是从公共管理者的角度,政府都

有必要加强对评估行业的监管。因此政府主导行业规范发展的模式仍将在一定时期内存在,并将进一步推动资产评估行业走向规范化发展。

【例1-16】（单项选择题）三十多年来,我国资产评估行业将（　　）作为主要服务对象一直延续至今。

A. 中外合作企业　　B. 集体企业
C. 国有企业　　　　D. 民营企业

【答案】B

【解析】国有企业改革是经济体制改革的中心环节。随着国有企业改革的不断深入,国有资产在国有企业改组、改制、改造、破产进程中的流失问题同样暴露出来。在这样的背景下,资产评估作为加强国有资产管理、维护国有资产权益的重要手段应运而生。我国资产评估行业将国有企业作为主要服务对象一直延续至今。

【知识点6】我国资产评估在市场经济中的地位和作用（★）

（一）我国资产评估在市场经济中的地位

1. 资产评估是市场经济不可或缺的专业服务行业。

资产一般不能简单地按原值或账面价值进行交易。资产评估的目的在于促进交易各方当事人的合理决策,为资产交易双方理性确定资产交易价格、保障产权有序流转提供价值尺度。作为一项动态化、市场化的社会活动,资产评估是市场经济条件下不可或缺的专业服务行业。

2. 资产评估是现代专业服务业的重要组成部分。

资产评估行业具备典型的现代服务业特征,具有技术密集、知识密集、高附加值、低资源消耗、低环境污染、高产业带动力等现代高端服务业特点,是专业服务业的重要组成部分,也成为通用商业化语言。

3. 资产评估是我国经济体制改革逐步深化的重要专业支撑力量。

三十多年来,我国资产评估行业植根于经济体制改革,成为改革向纵深推进的专业支撑力量。一是在巩固和发展公有制经济与鼓励、支持和引导非公有制经济发展中大显身手。二是在经济体制改革及相关重点领域,如财税体制、金融体制、林权管理体制和文化体制等改革领域中,资产评估以其提供的价值评估的专业服务,在支持自主创新和促进科技成果向现实生产力转化,加强资源节约和环境保护,推动国家知识产权战略实施等方面发挥了重要作用。三是为更好发挥政府作用提供有效专业服务供给。通过评估服务,为政府财政管理、绩效评价、科学决策,更好地行使监督与管理职能提供了强有力的支持。

（二）资产评估在市场经济中的作用

1. 资产评估对促进市场资源优化配置有引导作用。

受社会必要劳动时间、供求关系及市场环境的动态影响,资产价值往往处在不断变化之中,需要评估专业人员对资产的时点价值进行合理评估,为交易双方提供合理的价值信号,以引导经济资源向价值最大化方向流动,防止"劣币驱逐良币"现象的产生。

2. 资产评估对服务资本市场发展有保障作用。

我国资产评估行业与我国资本市场几乎同时起步,资产评估已成为保障资本市场良性运行不可或缺的专业服务行业,在推进上市公司并购重组、促进融资功能提升、提高资本市场信息披露质量方面发挥了至关重要的作用。资产评估已经成为支持上市公司并购重组交易定价的核心环节,成为促进上市公司融资功能提升的重要手段,并有效提升了上市公司的信息披露质量。

3. 资产评估对规范经济秩序有促进作用。

产权交易的本质是等价交换,而资产评估的职能就是为交易主体实现公平交易提供价值尺度。在产权交易过程中,资产评估机构的介入,既抑制了交易主体的非理性行为,也为政府强力监管提供了"数据库"。正是资产评估机构职能的发挥,才将"看不见的手"与"看得见的手"完美融合,使"公开、公平、公正"的经济秩序得以维护和优化。

4. 资产评估对维护各类资产权利主体的合法权益有积极作用。

资产评估作为一种制度设计,目的在于维护投资者（包括潜在的投资者）与经营者、债权人与债务人及其他利害关系人的共同权益并实现权益均衡。有了资产评估,交易各方能够在公开、公平、公正的前提下,实现资产最有可能实现的交换价值,达到帕累托最优状态。

5. 资产评估对维护公共利益和对外开放环境下的国家利益有重要作用。

资产评估是公众利益的维护者。资产评估通过促进市场资源的优化配置，为政府增收节支、企业提高经济效益、全社会增加经济总量作出了重要贡献，从而改善了社会公众的整体福祉；资产评估通过完善经济秩序，保障了纳税人的合法权益；林权评估、碳排放交易评估等相关业务，有助于消除外部不经济，加快建设资源节约型和环境友好型社会；资产评估通过进入司法鉴证业务领域，已逐步在防治贪污腐败、实现司法公正方面发挥越来越突出的作用。

资产评估是对外开放条件下国家利益的维护者。从"引进来"看，资产评估为中外合资、合作的资产组合合理作价提供专业服务，使交易双方建立在公平、平等、透明的基础上，避免了中方资产低估和外方资产高估的情况。从"走出去"看，一些大型资产评估机构积极跟随我国企业"走出去"，在跨国并购和投资中做好配套服务，有力地支持了我国企业在全球范围内开展资源配置和价值链组合，提高了国家竞争力。

【例1-17】（多项选择题）资产评估在服务资本市场发展中的保障作用有（　　）。

A. 资产评估已经成为支持上市公司重组并购交易定价的核心环节

B. 资产评估已成为促进上市公司融资功能提升的重要手段

C. 资产评估有利于市场稳定

D. 资产评估有效提升了上市公司的信息披露质量

E. 资产评估促进了资源优化配置

【答案】ABD

【解析】我国资产评估行业与我国资本市场几乎同时起步，资产评估已成为保障资本市场良性运行不可缺的专业服务行业，在推进上市公司并购重组、促进融资功能提升、提高资本市场信息披露质量方面发挥了至关重要的作用。资产评估已经成为支持上市公司并购重组交易定价的核心环节，成为促进上市公司融资功能提升的重要手段，并有效提升了上市公司的信息披露质量。

【例1-18】（多项选择题）资产评估在维护公众利益方面的作用有（　　）。

A. 改善了社会公众的整体福祉

B. 保障了纳税人的合法权益

C. 有助于消除外部不经济

D. 已逐步在防治贪污腐败、实现司法公正方面发挥越来越突出的作用

E. 防止"劣币驱逐良币"现象的产生

【答案】ABCD

【解析】资产评估是公众利益的维护者。首先，资产评估通过促进市场资源的优化配置，为政府增收节支、企业提高经济效益、全社会增加经济总量作出了重要贡献，从而改善了社会公众的整体福祉。其次，资产评估通过完善经济秩序，保障了纳税人的合法权益。再次，林权评估、碳排放交易评估等相关业务，有助于消除外部不经济，加快建设资源节约型和环境友好型社会。最后，资产评估通过进入司法鉴证业务领域，已逐步在防治贪污腐败、实现司法公正方面发挥越来越突出的作用。

精选练习题

一、单项选择题

1. 国有建设用地的所有权人可以通过（　　）方式将其土地使用权授予其他主体。

A. 转让　　　　B. 交易
C. 划拨　　　　D. 出让

2. 根据我国的法律、法规规定，相关个人和单位拥有的土地资产，是依法赋予的国有土地（　　）。

A. 所有权　　　B. 使用权
C. 管理权　　　D. 占有权

3. 资产评估所强调的资产的可计量性，是以其能带来的（　　）为基础的。

A. 未来利益　　B. 预期损失
C. 公允价值　　D. 现值

4. 环境因素对房屋建筑物评估价值的影响实际上是（　　）对房屋建筑物价值影响的体现。

A. 替代原则　　B. 外在性原则
C. 客观性原则　D. 贡献原则

5. 下列关于资产的表述，错误的是（　　）。

A. 资产的边界应当以经济资源的控制权为依据

B. 资产的产权是与所有权相关的权力束，具有可分解性

C. 资产的产权通常包括占有权、使用权、收益权和处分权

D. 资产只能以所有权作为界定依据

6. 资产评估是估计和判断资产价值的专业服务活动，评估价值是资产的(　　)。

　A. 现时价值　　　　B. 历史价值
　C. 阶段价值　　　　D. 时点价值

7. 在资产评估过程中，资产的价值可以不按照过去的生产成本或销售价格决定，而是基于其对未来收益的预期加以决定，这是(　　)。

　A. 贡献原则　　　　B. 推断原则
　C. 替代原则　　　　D. 预期收益原则

8. 在同一市场上具有相同使用价值和质量的商品，应该有大致相同的交换价值，以此确立的评估原则是(　　)。

　A. 贡献原则
　B. 资产评估时点原则
　C. 替代原则
　D. 预期收益原则

9. 资产评估基准日是评估业务中极为重要的基础，也是(　　)在评估实务中的具体体现。

　A. 重要性原则　　　B. 评估时点原则
　C. 及时性原则　　　D. 替代原则

10. 中国资产评估协会成立于(　　)年。

　A. 1992　　　　　　B. 1993
　C. 1994　　　　　　D. 1995

11. 我国在(　　)年通过了《中华人民共和国资产评估法》。

　A. 2014　　　　　　B. 2015
　C. 2016　　　　　　D. 2017

二、多项选择题

1. 根据《资产评估法》，下列机构及自然人中，不属于资产评估主体的是(　　)。

　A. 资产评估委托方
　B. 资产评估师
　C. 其他具有评估专业知识及经验的评估从业人员
　D. 资产占有方
　E. 资产评估机构

2. 资产的产权是与资产所有权相关的"权利束"，通常包括(　　)。

　A. 资产的占有权　　B. 资产的控制权
　C. 资产的处分权　　D. 资产的收益权
　E. 资产的使用权

3. 下列各项中，属于资产评估经济技术原则的有(　　)。

　A. 供求原则　　　　B. 最低损耗原则
　C. 替代原则　　　　D. 现实收益原则
　E. 评估时点原则

4. 资产评估的主体包括(　　)。

　A. 资产评估机构　　B. 评估专业人员
　C. 注册会计师　　　D. 财政部门
　E. 资产评估协会

5. 在资产评估中，最高最佳用途的确定，一般需要考虑的因素包括(　　)。

　A. 法律上是否许可
　B. 实体状态指标是否最优
　C. 技术上是否可能
　D. 财务上是否可行
　E. 与现行用途是否一致

6. 资产评估已成为保障资本市场良性运行不可或缺的专业服务行业，其在服务资本市场发展中的保障作用，包括(　　)。

　A. 资产评估在规范经济秩序中的促进作用
　B. 资产评估已经成为支持上市公司并购重组交易定价的核心环节
　C. 资产评估在促进市场资源优化配置中的引导作用
　D. 资产评估已成为促进上市公司融资功能提升的重要手段
　E. 资产评估有效提升了上市公司的信息披露质量

7. 1978年12月，党的十一届三中全会作出对国家经济管理体制和国有企业经营管理方式进行改革的重大决策，以下属于我国资产评估产生原因的是(　　)。

　A. 为防止非正常交易
　B. 提高我国资本市场流动性
　C. 作为国有资产管理的必备程序
　D. 保护国有资产权益
　E. 建设社会主义市场体系

三、综合题

资料：深圳A公司拟收购广州B公司20%股权，委托SD资产评估有限公司进行评估。SD资产评估有限公司按照约定完成了必要的评估程序。

2020年10月17日，SD资产评估有限公司出具了其"SD评报字（2020）第KMV1198号"

资产评估报告书，报告书宣称：本次评估目的是深圳 A 公司拟收购广州 B 公司 20% 股权，需要对广州 B 公司 20% 的股权价值进行评估，以确定其在评估基准日 2020 年 9 月 30 日的市场价值，为该收购提供价值参考。根据本次评估的评估目的，本次评估的对象为广州 B 公司 20% 的股权价值，评估范围是广州 B 公司的全部资产及相关负债。本次评估采用持续经营前提下的市场价值作为选定的价值类型。

问题：

（1）如何理解资产评估中的资产？

（2）资产评估工作原则是什么？

（3）评估基准日的确定体现的资产评估经济技术原则是什么？

（4）《资产评估法》对资产评估报告是如何界定的？

（5）本评估案例中评估主体、客体分别是什么？

精选练习题参考答案及解析

一、单项选择题

1. 【答案】C

【解析】按照我国法律规定，国有建设用地或集体经营性建设用地的所有权人可以通过出让方式实现其使用权土地使用权的让渡，国有建设用地的所有权人还可以通过划拨方式将其土地使用权授予其他主体。

2. 【答案】B

【解析】我国的城镇土地所有权属于国家，个人和企事业单位只能拥有土地使用权，即依法使用土地，或依法转让、出租、抵押、投资土地使用权的权利。这种依法赋予的国有土地使用权就是相关个人和单位拥有的土地资产。

3. 【答案】A

【解析】资产评估所强调的资产的可计量性是以其能带来的未来利益为基础的，表现为特定主体将资产继续使用或让渡资产的所有（控制）权所能产生的经济收益能力（主要为形成净现金流入的能力）。

4. 【答案】B

【解析】环境因素对房屋建筑物评估价值的影响实际上就是"外在性"对房屋建筑物价值影响的体现。优良的环境会对房屋使用功能产生溢出效应，增加房屋的转让价值或使用收益；恶劣的环境则会对房屋使用功能产生波及效用，减损房屋的转让或持有价值。

5. 【答案】D

【解析】资产评估中的资产不应仅以所有权作为界定依据。企业只有控制权而无所有权的资产，如特许经营权、采矿权等，由于能够为企业带来持续的经济利益，也应作为企业的资产加以确认。资产评估中的资产边界应当以经济资源的控制权为依据。

6. 【答案】D

【解析】在资产评估时，必须假定市场条件固定在某一时点，这一时点就是评估基准日。评估价值是资产在评估基准日的时点价值，选项 D 正确。

7. 【答案】D

【解析】资产之所以具有价值，是因为它能够为其拥有者或控制者带来未来经济利益。因此，在资产评估过程中，资产的价值不在于过去的生产成本或销售价格，而是应当基于其对未来收益的预期加以决定。预期收益原则是资产评估专业人员判断资产价值的一个最基本的依据。

8. 【答案】C

【解析】替代原则是指价格最低的同质商品对其他同质商品具有替代性，即相同效能的资产，最低价格的资产需求最大。作为一种市场规律，在同一市场上，具有相同使用价值和质量的商品，应有大致相同的交换价格。如果具有相同使用价值和质量的商品，具有不同的交换价值或价格，买方会选择价格较低的。当然，作为卖方，如果可以将商品卖到更高的价格水平上，他会在较高的价位上出售商品。正确运用替代原则是资产评估公正性的重要保证。

9. 【答案】B

【解析】资产评估具有动态性特点，资产的价值会随着时间因素的变化而变化，因此必须合理选取一个评估基准日。评估时点原则也是对交易假设和公开市场假设的一种反映。

10. 【答案】B

【解析】1993 年 12 月，中国资产评估协会成立大会召开，并于 1995 年代表我国资产评估行业加入国际评估准则委员会。中国资产评估协会的成立标志着中国资产评估行业已经开始成为一个独立的中介行业，我国资产评估行业管理体制也开始走向政府直接管理与行业自律管理相结合的道路。

11.【答案】C

【解析】2016年7月2日，十二届全国人大常委会第二十一次会议审议通过《中华人民共和国资产评估法》，自2016年12月1日起施行。

二、多项选择题

1.【答案】AD

【解析】《资产评估法》规定资产评估机构及其评估专业人员是资产评估的主体。其中评估专业人员包括资产评估师和其他具有评估专业知识及经验的评估从业人员。

2.【答案】ACDE

【解析】资产的产权是与资产所有权相关的"权利束"，是基于所有权派生的一系列权利，通常包括对资产的占有权、使用权、收益权和处分权等。

3.【答案】ACE

【解析】资产评估经济技术原则包括：供求原则、最高最佳使用原则、替代原则、预期收益原则、贡献原则、评估时点原则、外在性原则。

4.【答案】AB

【解析】《资产评估法》规定资产评估机构及其评估专业人员是资产评估的主体。选项C、D不是资产评估的主体，选项E是资产评估行业自律性组织，并不直接从事资产评估业务。

5.【答案】ACD

【解析】最高最佳用途的确定，一般需要考虑以下几个因素：①确定该用途法律上是否许可，必须考虑该项资产使用的法律限制；②确定该用途技术上是否可能，必须是市场参与者认为合理的用途；③确定该用途财务上的可行性，必须考虑在法律上允许且技术上可能的情况下，使用该资产能否产生足够的收益或现金流量，从而在补偿使资产用于该用途所发生的成本后，仍然能够满足市场参与者所要求的投资回报。

6.【答案】BDE

【解析】我国资产评估行业与我国资本市场几乎同时起步，资产评估已成为保障资本市场良性运行不可或缺的专业服务行业，在推进上市公司并购重组、促进融资功能提升、提高资本市场信息披露质量方面发挥了至关重要的作用。资产评估已经成为支持上市公司并购重组交易定价的核心环节，成为促进上市公司融资功能提升的重要手段，并有效提升了上市公司的信息披露质量。

7.【答案】CD

【解析】1978年12月，党的十一届三中全会作出对国家经济管理体制和国有企业经营管理方式进行改革的重大决策，作为国有资产管理的必备程序和保护国有资产权益的专业手段，资产评估应运而生。

三、综合题

【答案及解析】

（1）在资产评估中，资产是指由特定权利主体拥有或控制的、预期能够给该主体带来经济利益的经济资源。对于资产的概念，可以从以下三个方面进行理解：①资产是能够为特定主体带来未来经济利益的经济资源；②资产必须是特定主体所拥有或控制的；③资产的价值应当能以货币计量。

（2）资产评估的工作原则是指评估机构及其评估专业人员在执业过程中应遵循的基本原则，主要包括独立、客观、公正原则。

（3）资产评估具有动态性特点，资产的价值会随着时间因素的变化而变化，因此必须合理选取一个时点作为评估基准日。即，为了使资产评估得以操作，同时又能保证资产评估结论可以被市场检验，在资产评估时，必须需要假定市场条件固定在某一时点，这一时点就是评估基准日。它为资产评估提供了一个时间基准。评估基准日的确定体现了资产评估的评估时点原则。

（4）《资产评估法》规定：资产评估专业服务的内容是对评估对象的价值进行评定、估算；资产评估专业服务的成果是由资产评估机构出具的资产评估报告。

（5）《资产评估法》规定资产评估机构及其评估专业人员是资产评估的主体。资产评估的客体是指资产评估的对象，包括不动产、动产、无形资产、企业价值、资产损失或者其他经济权益等。本评估案例中，主体是：SD资产评估有限公司及其评估专业人员；客体是：广州B公司20%的股权价值。

第二章 资产评估的基础理论

考试大纲

第二章	考试目的	考查考生对劳动价值论、效用价值论、供求理论、市场结构理论、有效市场理论等资产评估基础理论的掌握情况，以及对相关理论基本原理和主要知识点的应用能力。	
资产评估的基础理论	考试内容及要求		
	掌握的内容（★★★）	1. 劳动价值论的使用价值和价值、商品的价值规律。	
		2. 效用价值论的效用和边际效用递减规律。	
		3. 需求及影响需求的因素。	
		4. 供给及影响供给的因素。	
		5. 均衡价格、供求定理。	
		6. 市场结构的划分。	
		7. 有效市场的形态。	
	熟悉的内容（★★）	1. 劳动的二重性原理、商品价值量的确定。	
		2. 效用价值论中商品价值的来源、价值量的确定、价格形成的基本规律。	
		3. 需求函数、需求表及需求曲线。	
		4. 供给函数、供给表与供给曲线。	
		5. 完全竞争市场、垄断竞争市场、寡头垄断市场、完全垄断市场的特征及条件。	
		6. 有效市场假说的前提条件及检验。	
	了解的内容（★）	1. 劳动价值论的理论发展过程，对劳动价值论的认识。	
		2. 效用价值论的理论产生过程，对效用价值论的认识。	
		3. 需求关系的特殊情形。	
		4. 市场均衡、局部均衡及一般均衡。	
		5. 完全竞争市场、垄断竞争市场、完全垄断市场的需求与均衡。	
		6. 寡头垄断市场和完全垄断市场的形成原因，寡头垄断市场的分类及典型模型。	
		7. 有效市场理论的形成及主要作用，有效市场理论的局限。	
		8. 资本市场的内在效率和外在效率。	

考情分析

资产评估是通过模拟市场进行的，需要价值形成理论和有效市场理论的支撑。本章紧扣资产评估的实际需要，考查考生对劳动价值论等资产评估基础理论的掌握情况，考生需要理解资产价值的形成原理，结合市场条件，为恰当选择评估方法打下理论基础，同时培养相关理论的应用能力。

学习本章时应结合资产评估的实际需要，重点关注劳动价值论（使用价值和价值、商品的价值规律）、效用价值论（效用及边际效用、边际效用递减规律)、供求理论(需求理论、供给理论、影响需求和供给的因素、均衡价格、供求定理)、市场结构(完全竞争、垄断竞争、寡头垄断、完全垄断的特点、条件以及供需曲线等)、有效市场理论(含义、条件、分类、检验、作用与局限性)。本章内容知识点多,内容变动不大,考试题型以单项选择题和多项选择题为主,也可以结合评估方法的选择等内容在综合题中体现。

教材主要变化

本章考试大纲无变化,教材内容仅对部分表述做了修订。

考点精讲及典型例题解析

【知识点1】劳动价值论的理论发展过程(★)

劳动价值论是阐明商品价值决定于无差别的一般人类劳动的理论。劳动价值论认为,价值实体是客观的,衡量价值的尺度也是客观的。因此,劳动价值论又被称为客观价值论。

价值属于商品经济范畴。产品成为商品以交换为前提。商品具有二重性,即价值和使用价值。使用价值是商品的自然属性;价值是商品的社会属性,构成了商品交换的基础。商品的二重性取决于劳动的二重性,即抽象劳动和具体劳动。具体劳动创造了商品的使用价值,抽象劳动创造了商品的价值。价值是无差别的人类抽象劳动的凝结,商品价值量由凝结在商品中的劳动量决定,而劳动量又是以劳动时间来计算的。因而,商品在生产过程中所耗费的社会必要劳动时间就决定了商品价值量。商品价值作为一定的社会关系,只能在交换过程中表现出来,即表现为交换价值。

价值规律要求商品的价值量决定于社会必要劳动时间,商品按照价值量相等的原则进行交换,价值规律的表现形式是价格围绕价值上下浮动。

其理论发展过程,参见表2-1。

表2-1 劳动价值论的理论发展过程

代表人物	代表著作	主要观点
威廉·配第	1662年,《赋税论》	(1)把价格区分为"自然价格"和"政治价格",前者指商品的价值,后者指市场价格; (2)第一次有意识地把商品价值的源泉归于劳动; (3)劳动生产率的高低与商品价值量成反比例。
亚当·斯密	1776年,《国富论》	(1)区分了使用价值和交换价值; (2)劳动是衡量一切商品交换价值的真实尺度; (3)提出了三种价值决定理论:①"劳动决定价值",即决定商品价值量的是生产商品所耗费的劳动;②"购买到的劳动决定价值",即决定商品价值的劳动是该商品在交换中购买到的劳动或能支配的劳动;③"三种收入决定商品价值",商品价值由工资、利润、地租三种收入构成。
大卫·李嘉图	1817年4月,《政治经济学及赋税原理》	(1)劳动决定价值,劳动包括活劳动和物化劳动; (2)商品价值量和耗费劳动量成正比,和劳动生产率成反比,并把复杂劳动归结为倍加的简单劳动; (3)商品价值决定于社会必要劳动量。
卡尔·马克思	1867年9月,《资本论》第一卷	(1)商品的价值是由凝结在商品中的无差别人类劳动决定的; (2)人类劳动分为具体劳动和抽象劳动,具体劳动构成了商品的使用价值,抽象劳动形成了商品的价值; (3)商品的价值是由直接导致该商品生产的工人的活劳动和间接凝结在商品中的物化劳动构成,它是用社会必要劳动时间来衡量的; (4)随着社会的发展和技术的不断进步,生产某一产品所需的社会必要劳动时间会不断减少,其价值量会逐渐下降。

【提示1】劳动价值论是分析社会主义市场经济的理论基石和有效办法。实践中的以公有制为主体的多种类产权结构，以按劳分配为主体的多形式分配结构，都可以运用发展的马克思主义劳动价值论来解析，从而从思想与操作层面促进公有主体型和劳动主体型的社会主义市场经济的良性发展。

【提示2】社会主义市场经济条件下劳动价值论呈现出新的特点：脑力劳动在社会生产中的地位和作用越来越重要；个别劳动平均化为社会必要劳动的外延进一步扩大；管理部门成为价值创造中的重要部分；科学技术在价值创造中的作用越来越大。

【提示3】中国特色社会主义市场经济理论是以中国特色社会主义理论为背景，以马克思主义经济理论为指导，立足于中国的基本国情，发展进步的前提仍然是人的劳动，其特色来源于"人"与"生产资料"结合的特殊方式。党的十七大提出，逐步提高居民收入在国民收入分配中的比重，提高劳动报酬在初次分配中的比重，正是劳动价值论在中国特色社会主义社会中的生动再现。

【例2-1】（单项选择题）（　　）第一次有意识地把商品价值的源泉归于劳动，并根据劳动决定价值的原理，得出了商品价值量的大小以劳动生产率为转移的结论，即劳动生产率的高低与商品价值量成反比例关系。

A. 亚当·斯密　　　　B. 威廉·配第
C. 大卫·李嘉图　　　D. 卡尔·马克思

【答案】B

【解析】威廉·配第（William Petty）是劳动价值论的创始人。他在《赋税论》（1662）中把价格区分为"自然价格"和"政治价格"，前者指商品的价值，后者指市场价格。在此基础上，他第一次有意识地把商品价值的源泉归于劳动，并根据劳动决定价值的原理，得出了商品价值量的大小以劳动生产率为转移的结论，即劳动生产率的高低与商品价值量成反比例关系。

【例2-2】（单项选择题）（　　）把人类劳动分为具体劳动和抽象劳动，认为具体劳动构成了商品的使用价值，抽象劳动形成了商品的价值。

A. 大卫·李嘉图　　　B. 亚当·斯密
C. 卡尔·马克思　　　D. 威廉·配第

【答案】C

【解析】卡尔·马克思把人类劳动分为具体劳动和抽象劳动，具体劳动构成了商品的使用价值，抽象劳动则形成了商品的价值。商品的价值是由直接导致该商品生产的工人的活劳动和间接凝结在商品中的物化劳动构成，它是用社会必要劳动时间来衡量的。

【知识点2】劳动价值论的使用价值和价值、商品的价值规律（商品的两因素原理）（★★★）

商品是用来交换的劳动产品。商品包含使用价值和价值两个要素，是使用价值和价值的统一。

（一）使用价值

使用价值是指物品和服务能够满足人们某种需要的属性，即物品和服务的有用性。任何商品，首先必须能够满足人们某种需要，即具有某种使用价值。

【提示1】商品的使用价值是由它的自然属性决定，商品的自然属性不同，它的使用价值也会不同，同一种商品还可以兼有各种自然属性，具有多种使用价值。

【提示2】使用价值构成社会财富的物质内容，反映的是人与人之间的物质关系。商品通过交换让渡给他人使用进入消费环节，商品的使用价值是交换价值的物质承担者。

【例2-3】（多项选择题）一切商品都包含着使用价值和价值两因素，商品是使用价值和价值的统一，这表明（　　）。

A. 缺少使用价值和价值任何一方面，都不能成为商品
B. 没有使用价值就没有价值
C. 有使用价值，但不是劳动产品，也不是商品
D. 有使用价值，也是劳动产品，但只是供生产者自己消费，也不是商品
E. 有使用价值，也是劳动产品，但只是供生产者自己消费，也可以是商品

【答案】ABCD

【解析】商品是用来交换的劳动产品。商品包含使用价值和价值两个要素，是使用价值和价值的统一。所以选项A、B、C和D正确。使用价值和价值的矛盾是商品的内在矛盾，只有通过交换，才能使商品的内在矛盾得到解决。

有使用价值，也是劳动产品，但只是供生产者自己消费，没有交换，不是商品。选项 E 错误。

(二) 交换价值和价值

交换价值是商品能够通过买卖同其他商品相交换的属性。

价值是凝结在商品中无差别的一般人类劳动。

【提示1】交换价值表现为一种使用价值同另一种使用价值相交换的量的比例关系。

【提示2】交换价值是价值的表现形式，而价值是交换价值的基础。没有价值的东西，也就没有交换价值。

【提示3】商品按价值交换，从本质上看，是生产者之间的劳动交换。它体现着商品生产者之间的生产关系。

【例2-4】(单项选择题)关于交换价值和价值，下列表述正确的是(　　)。

　A. 交换价值是价值的基础
　B. 交换价值是价值的表现形式
　C. 交换价值是凝结在商品中无差别的一般人类劳动
　D. 没有交换价值的东西，也就没有价值

【答案】B

【解析】交换价值是价值的表现形式，而价值是交换价值的基础。没有价值的东西，也就没有交换价值。价值是凝结在商品中无差别的一般人类劳动。

(三) 交换价值、使用价值和价值的关系

商品是使用价值和价值的对立统一体。一方面，二者是统一的，是互相依存、互为条件的。作为商品，必须同时具有使用价值和价值两个因素。另一方面，二者又是对立的，是互相排斥、互相矛盾的。商品的使用价值和价值，二者不能兼得，要得到一方，必须以放弃另一方为前提。使用价值和价值的矛盾是商品的内在矛盾，只有通过交换，才能使商品的内在矛盾得到解决。

【例2-5】(多项选择题)下列各项，属于商品包含的要素的是(　　)。

　A. 价值　　　　　B. 内在价值
　C. 市场价值　　　D. 使用价值
　E. 自然价值

【答案】AD

【解析】商品包含使用价值和价值两个要素，是使用价值和价值的统一。

【例2-6】(多项选择题)使用价值和价值的关系是(　　)。

　A. 有价值的东西必有使用价值
　B. 有使用价值的东西必有价值
　C. 有价值的东西不一定有使用价值
　D. 有使用价值的东西不一定有价值
　E. 商品是价值和使用价值的对立统一体

【答案】ADE

【解析】价值是指凝结在"商品"(一定是劳动产品)中的一般人类劳动，只有商品才有。任何商品，首先必须能够满足人们某种需要，即具有某种使用价值。有价值的东西必有使用价值。选项 A 正确，选项 C 错误。而具有使用价值的东西不一定是商品，有使用价值的东西不一定有价值。如非劳动产品空气、阳光等一定没有价值但有使用价值，选项 B 错误，选项 D 正确。使用价值和价值是统一的，是互相依存、互为条件的。作为商品，必须同时具有使用价值和价值两个因素，商品是价值和使用价值的对立统一体，选项 E 正确。

【例2-7】(多项选择题)关于交换价值、使用价值和价值，下列表述中正确的是(　　)。

　A. 商品的使用价值和价值，二者不能兼得
　B. 有使用价值的东西必有交换价值
　C. 商品是价值和使用价值的对立统一体
　D. 商品使用价值和价值的矛盾可以自动解决
　E. 商品的使用价值和价值可以分离

【答案】AC

【解析】商品的使用价值和价值，二者不能兼得，要得到一方，必须以放弃另一方为前提，选项 A 正确；有使用价值的东西不一定是商品，只有通过交换，才能实现其价值，选项 B 错误；作为商品，必须同时具有使用价值和价值两个因素，选项 C 正确；使用价值和价值的矛盾是商品的内在矛盾，只有通过交换，才能使商品的内在矛盾得到解决，选项 D 错误；作为商品，必须同时具有使用价值和价值两个因素，选项 E 错误。

【知识点3】劳动的二重性原理(★★)

商品是由劳动创造的。商品的两要素是由生产商品的劳动二重性决定的，即商品的使用价值和价值是由生产商品的具体劳动和抽象劳

动决定的。具体劳动和抽象劳动是同一劳动的两种属性，可以从具体形态和抽象形态两个方面进行考察。参见表2-2。

表2-2　　具体劳动和抽象劳动的含义及意义

劳动二重性	含义	意义
具体劳动	具体劳动即从劳动的具体形态考察的劳动。劳动的具体形态包括劳动目的、劳动对象、劳动工具、操作方法、劳动成果等。	具体劳动创造商品的使用价值。不同商品之所以具有不同的使用价值，除了其构成的物质要素各有其特殊的自然属性外，还因为生产它们的劳动各有其特殊的具体形态。
抽象劳动	抽象劳动即从劳动的抽象形态考察的劳动。抽象掉生产商品劳动的具体形态，则所有劳动都是人们的体力和脑力的支出，这是无差别的一般人类劳动。	抽象劳动是同质的、无差别地形成商品价值的劳动。正是由于商品中所凝结的都是没有质的差别的一般人类劳动，才使各种不同使用价值的商品在价值上可以比较，并能按一定比例相互交换。抽象劳动创造了商品的价值，是价值的实体或价值的唯一源泉，反映着商品生产者之间的经济关系。

【提示】具体劳动和抽象劳动是生产商品的同一劳动过程的两个方面。抽象劳动和具体劳动在时间上、空间上都是不可分割的。在商品生产和商品交换的经济关系中，具体劳动需要还原为抽象劳动，人类脑力和体力的耗费才形成价值。

【例2-8】（单项选择题）根据劳动价值论，劳动的二重性是指(　　)。

A. 简单劳动和复杂劳动
B. 具体劳动和抽象劳动
C. 体力劳动与脑力劳动
D. 个别劳动与社会劳动

【答案】B

【解析】商品是由劳动创造的。商品的两要素是由生产商品的劳动二重性决定的，即商品的使用价值和价值是由生产商品的具体劳动和抽象劳动决定的。具体劳动和抽象劳动是同一劳动的两种属性。

【例2-9】（多项选择题）根据劳动价值论，下列关于劳动二重性的表述，正确的是(　　)。

A. 抽象劳动和具体劳动在时间上和空间上是可以分割的
B. 抽象劳动是价值的唯一源泉
C. 具体劳动和抽象劳动是同一劳动过程的两个方面
D. 劳动的二重性学说是卡尔·马克思创立的
E. 具体劳动是同质的、无差别地形成商品价值的劳动

【答案】BCD

【解析】具体劳动和抽象劳动是生产商品的同一劳动过程的两个方面。抽象劳动和具体劳动在时间上、空间上都是不可分割的。抽象劳动是同质的、无差别地形成商品价值的劳动，是价值的实体或价值的唯一源泉。选项A、选项E错误，选项B、选项C、选项D正确。

【知识点4】商品价值量的确定（★★）

商品的价值是质和量的统一。价值是抽象劳动的凝结，商品的价值量就是生产商品所耗费的劳动量，即凝结在商品中的一般人类劳动量。劳动量是由劳动时间来衡量的，因此，商品的价值量取决于生产商品的劳动时间，且与劳动时间成正比。

（一）个别劳动时间和社会必要劳动时间

各个商品生产者实际耗费的劳动时间就是个别劳动时间，由个别劳动时间形成的价值是商品的个别价值。所谓社会必要劳动时间，就是在现有的社会正常的生产条件下，在社会平均的劳动熟练程度和劳动强度下制造某种使用价值所需要的劳动时间。

价值是商品的社会属性，所以商品的价值量不可能由个别劳动时间决定，商品交换也不可能接受由个别劳动时间决定的价值量。由于形成商品价值实体的劳动作为人类无差别的劳动具有一般性，决定商品价值量的劳动时间只能是一般的劳动时间，即社会必要劳动时间。

（二）劳动生产率和价值量

确定商品价值量的社会必要劳动时间不是固定不变的，它随着劳动生产率的变化而变化。劳动生产率是指劳动者在一定时间内生产某种使用价值的效率。

劳动生产率越高，在单位时间内所生产的使用价值量就越多，但由于所形成的总价值量不变，因而包含在单位产品中的价值量相应减少。但是，在社会必要劳动时间决定价值的经济中，劳动生产率高的个别价值在还原为社会价值时，会还原为更高的价值。

【提示】马克思说，"不管生产力发生了什么变化，同一劳动在同样的时间内提供的价值量总是相同的。"价值量只与劳动时间相关。在同样的劳动时间内具有较高生产率的活劳动，相对于生产率较低的活劳动而言，可以创造较多的使用价值。

【例2-10】（单项选择题）根据劳动价值论的观点，商品的价值量是由（　　）决定的。

A. 社会平均劳动时间
B. 社会必要劳动时间
C. 最大劳动时间
D. 个别劳动时间

【答案】B

【解析】由于形成商品价值实体的劳动作为人类无差别的劳动具有一般性，决定商品价值量的劳动时间只能是一般的劳动时间，即社会必要劳动时间。

【例2-11】（单项选择题）根据劳动价值论，生产某一产品的劳动生产率提高，则包含在单位产品中的价值量（　　）。

A. 相应增加　　B. 相应减少
C. 保持不变　　D. 不一定变化

【答案】B

【解析】劳动生产率越高，在单位时间内所生产的使用价值量就越多，但由于所形成的总价值量不变，因而包含在单位产品中的价值量相应减少。

【例2-12】（多项选择题）根据劳动价值论，下列关于商品价值量的表述，正确的是（　　）。

A. 商品的价值量是由生产商品的个别劳动时间决定的
B. 商品的价值量是由生产商品的社会必要劳动时间决定的
C. 单位商品的价值量与社会必要劳动量成正比
D. 单位商品的价值量与生产该商品的劳动生产率成正比
E. 单位商品的价值量与生产该商品的劳动生产率成反比

【答案】BCE

【解析】商品的价值量不是由个别生产者生产某种商品耗费的个别劳动时间决定，而是由生产商品的社会必要劳动时间决定。单位商品的价值量与包含在商品中的社会必要劳动量成正比，与生产该商品的劳动生产率成反比。

【例2-13】（单项选择题）社会必要劳动时间是指（　　）。

A. 在现有的社会正常的生产条件下，在社会平均的劳动熟练程度和劳动强度下制造某种使用价值所需要的劳动时间
B. 在现有的社会高科技水平条件下，制造某种使用价值所需要的最少劳动时间
C. 在现有的社会正常的生产条件下，在社会平均的劳动熟练程度和劳动强度下制造某种使用价值所需要的最长劳动时间
D. 在现有的社会正常的生产条件下，制造某种使用价值所需要最少劳动时间

【答案】A

【解析】社会必要劳动时间，就是在现有的社会正常的生产条件下，在社会平均的劳动熟练程度和劳动强度下制造某种使用价值所需要的劳动时间。

【知识点5】商品的价值规律（★★★）

（一）价值规律的含义

价值规律是商品生产和交换的基本经济规律，是人类从事一切经济活动都必须遵守的客观规律。

价值规律的基本要求是：商品的价值量由生产商品的社会必要劳动时间决定，以此为基础进行商品等价交换。

价值规律既是价值量如何决定的规律，也是价值量如何实现的规律。

价值规律对市场经济中的个别劳动耗费和社会劳动的使用都具有制约作用：单个商品的价值量是由生产该商品的社会必要劳动时间决定的。某种商品总量的价值量是由生产该商品

总量的社会必要劳动时间决定的。

（二）价值规律发挥作用的形式

价值规律发挥作用的形式是价格围绕价值波动。

现实的市场上出现价格偏离价值的现象，一方面是因为价格对价值的偏离受到货币价值变化的影响，另一方面是因为价格受市场供求关系变动的影响。市场价格决定供求，但供求又反过来会影响商品的市场价格。主要表现为商品的市场价格与它的价值出现偏离：供不应求，价格就会上涨；供过于求，价格就会下跌。

价格总是围绕价值上下波动的，这种背离现象不是对价值规律的否定。首先是因为商品价格围绕价值上下波动始终是以价值为基础的。其次，从商品交换的总体来看，价格的涨落会相互抵消，商品的平均价格和价值是相等的。最后，价格的变动也会影响供求关系，在价格的不断波动中，供求趋于平衡，使价格接近价值。可见，价格受供求关系的影响，围绕价值上下波动，是商品经济条件下价值规律作用的形式。

（三）价值规律的三个重要作用

（1）自发地调节生产资料和劳动力在社会各部门之间的分配，这种调节作用是通过价格围绕价值的上下波动和市场竞争实现的。

（2）刺激生产者的积极性。商品生产者为了多获利润，就必须不断进行技术创新，加强经营管理，提高劳动生产率，在竞争中努力降低商品的价格。

（3）优胜劣汰。在市场经济条件下，劳动生产率水平高的商品生产者就会获利多、发展快，在市场竞争中处于有利地位；反之，则会获利少，甚至亏损，在市场竞争中处于不利地位，直至破产。

【例2-14】（多项选择题）劳动价值论认为，价值规律是商品经济的基本规律，这说明(   )。

A. 只要存在商品生产和商品交换，价值规律就存在并发挥作用

B. 社会主义市场经济的发展，要求人们必须自觉地尊重和利用价值规律

C. 价值规律发挥作用的形式是价格围绕价值波动

D. 市场经济中，相同的商品只能卖相同的价格

E. 价格总是围绕价值上下波动的，这种背离现象是对价值规律的否定

【答案】ABC

【解析】价值规律是商品生产和交换的基本经济规律，是人类从事一切经济活动都必须遵守的客观规律，选项A、选项B正确；价格受供求关系的影响，围绕价值上下波动，是商品经济条件下价值规律作用的形式，选项C正确；由于受到市场机制的影响，相同的商品在不同的地方不同的时间的销售价格是不一样的，即在同一时间的不同地方，或同一地方的不同时间，其销售价格也往往不一样，选项D错误；由于商品价格围绕价值上下波动始终是以价值为基础的，从商品交换的总体来看，价格的涨落会相互抵消，商品的平均价格和价值是相等的，而且，价格的变动也会影响供求关系，在价格的不断波动中，供求趋于平衡，使价格接近价值，所以，价格围绕价值上下波动现象不是对价值规律的否定，选项E错误。

【例2-15】（多项选择题）按照劳动价值论的观点，在商品经济中，价值规律的作用主要表现为(   )。

A. 自发地调节生产资料和劳动力在社会各部门之间的分配

B. 自发地调节生产资料和生活资料的供求关系

C. 刺激生产者的积极性

D. 自动协调市场需求与生产能力的矛盾

E. 优胜劣汰

【答案】ACE

【解析】价值规律具有三个重要作用：第一，自发地调节生产资料和劳动力在社会各部门之间的分配。这种调节作用是通过价格围绕价值的上下波动和市场竞争实现的。第二，刺激生产者的积极性。商品生产者为了多获利润，就必须不断进行技术创新，加强经营管理，提高劳动生产率，在竞争中努力降低商品的价格。第三，优胜劣汰。在市场经济条件下，劳动生产率水平高的商品生产者就会获利多、发展快，在市场竞争中处于有利地位；反之，则会获利少，甚至亏损，在市场竞争中处于不利地位，直至破产。

【例2-16】（多项选择题）按照劳动价值

论的观点,价格总是围绕价值上下波动的,这种背离现象不是对价值规律的否定,其原因是( )。

A. 价格是价值的表现形式,二者是不相等的
B. 商品价格围绕价值上下波动始终是以价值为基础的
C. 从商品交换的总体来看,价格的涨落会相互抵消,商品的平均价格和价值是相等的
D. 价格决定价值,价格围绕价值上下波动是暂时的
E. 价格的变动也会影响供求关系,在价格的不断波动中,供求趋于平衡,使价格接近价值

【答案】BCE
【解析】价格总是围绕价值上下波动的,这种背离现象不是对价值规律的否定。首先是因为商品价格围绕价值上下波动始终是以价值为基础的。其次,从商品交换的总体来看,价格的涨落会相互抵消,商品的平均价格和价值是相等的。最后,价格的变动也会影响供求关系,在价格的不断波动中,供求趋于平衡,使价格接近价值。可见,价格受供求关系的影响,围绕价值上下波动,是商品经济条件下价值规律作用的形式。

【知识点6】对劳动价值论的认识(★)
(1)劳动价值论全面而系统地阐述了价值的基本构成,说明了商品、价值和劳动之间的关系,商品的价值量由社会必要劳动时间决定。
(2)商品是使用价值和价值的统一体,价值能够存在的前提条件是必须具有使用价值,没有使用价值的商品也就没有价值。
(3)价值是交换价值的基础和内容,交换价值是价值的表现形式。
(4)商品的价值要转化为价格就必须依靠市场。
【提示】一个有序的市场环境至少应当具备两个必要条件:①在商品交换中充分体现价值规律,严格实行等价交换的原则;②拥有比较完善的商品市场和要素市场,并建立比较完备的市场体系。
(5)价值的本质是无差别的人类劳动,不能简单以市场价格代替价值。要正确把握简单劳动、复杂劳动的关系,大力发展科学技术,通过提高劳动生产率,更快更好地创造更多的价值。要健全完善社会主义市场经济体制,由市场决定资源配置,充分发挥价值规律的作用。

【知识点7】效用价值论的理论产生过程(★)
效用价值论是一种用人们对物品的主观心理评价来解释价值形成过程的经济理论,以主观心理感受解释商品价值的本质、源泉及尺度,因此又被称为主观价值论。

理论观点:价值并非商品内在的客观属性,而是人们对物品的效用的主观心理评价。效用,即物品满足人们某种欲望的能力,是价值的源泉,也是形成价值的一个必要条件。同时,价值的形成还要以物品的稀缺性为前提,因为物品只有在对满足人们欲望而言是稀缺的时候,才构成人们的福利所不可缺少的条件,从而引起人们的评价,表现为价值。物品的价值是由物品的"边际效用"来衡量的。人们对物品的欲望随着物品的不断增加而递减,如果该物品供给无限,该欲望可以递减到零。但由于物品的稀缺性,人们总是把物品在一定种类的欲望之间进行适当分配,以尽可能满足各种欲望。

尼克拉斯·巴尔本(Nicholas Barbon)、欧根·冯·庞巴维克(Eugen Von Bohm-Bawerk)等人为效用价值论的提出、发展和完善做出了突出贡献,具体内容,可以做一般了解。

【例2-17】(单项选择题)效用价值论又被称为( )。
A. 客观价值论   B. 劳动价值论
C. 市场价值论   D. 主观价值论
【答案】D
【解析】效用价值论是一种用人们对物品的主观心理评价来解释价值形成过程的经济理论,以主观心理感受解释商品价值的本质、源泉及尺度,因此又被称为主观价值论。

【知识点8】边际效用和边际效用递减规律(★★★)
(一)效用的概念
效用是指商品或劳务满足人的欲望的能力。或者说,效用是指消费者在消费商品后所感受到的满足程度。
【提示】一种商品或劳务对消费者是否有效用,取决于消费者是否有消费的欲望以及这种商品或劳务是否具有满足消费者的欲望的能力。

效用不具有客观性，不是商品或劳务固有的性质，而是只有在与人的需要发生关系时才会产生。

【例2-18】（单项选择题）某个消费者欲消费一个单位甲商品的心情比消费一个单位乙商品的心情更为迫切，得到的满足更多，最可能的原因是（　　）。

A. 甲商品更便宜

B. 甲商品的效用更大

C. 乙商品不好看

D. 乙产品更紧缺

【答案】B

【解析】一种商品或劳务对消费者是否有效用，取决于消费者是否有消费的欲望以及这种商品或劳务是否具有满足消费者的欲望的能力。甲商品的效用更大，更具有满足人们某种欲望的能力。

（二）边际效用递减规律及其应用

1. 边际效用的概念。

边际效用是指在一定时间内消费者增加一个单位商品或者劳务的消费所得到的增加的效用量或增加的满足，也就是每增加一个单位商品或劳务的消费所得到的总效用增量。

【提示】边际效用是西方经济学家在分析消费问题和解释价值决定时常用的一个概念，也是效用价值论（特别是边际效用价值论）的基础。

2. 边际效用递减规律。

每增加一个单位商品或劳务，消费者心理上会感到增加的满足或效用越来越小。即随着商品和劳务消费量的增加，总效用递减的速度不断增加。也就是说，在一定时间内，在其他商品的消费数量保持不变的条件下，随着消费者对某种商品消费量的增加，消费者从该商品连续增加的每一消费单位中所得到的效用增量即边际效用是递减的。

3. 消费者均衡与效用最大化问题。

消费者均衡是研究如何把既定的收入分配在各种商品的购买中以获得最大的效用。也可以说，它是研究消费者如何在预算、价格、偏好等条件不变的情况下，使得自己买到的产品组合实现效用最大化。

消费者效用最大化原则是表示消费者选择最优的一种商品组合，使得自己花费在各种商品上的最后一元钱所带来的边际效用相等（即购买的各种商品的边际效用与价格之比相等），最后等于每一元货币带来的边际效用 λ。

【提示】消费者用既定的收入 ω 购买两种商品，P_1 和 P_2 分别为两种商品的既定价格，以 Q_1 和 Q_2 分别表示两种商品的数量，MU_1 和 MU_2 分别表示两种商品的边际效用，则上述的消费者效用最大化的均衡条件为：

$$P_1 Q_1 + P_2 Q_2 = \omega$$
$$MU_1/P_1 = MU_2/P_2 = \lambda$$

【例2-19】（单项选择题）某种商品的边际效用是指（　　）。

A. 对该商品最后一次的消费

B. 某种商品的平均价格

C. 消费该商品获得的效用与消费其他商品所获得的效用比

D. 每增加一单位某种商品的消费所带来的总效用增量

【答案】D

【解析】边际效用是指每增加一个单位商品或劳务的消费所得到的总效用增量。

【例2-20】（单项选择题）已知消费者的收入是100元，商品 X 的价格是10元，商品 Y 的价格是3元。假定他打算购买7单位 X 和10单位 Y，这时商品 X 和商品 Y 的边际效用分别是50和18。如果获得最大效用，他应该（　　）。

A. 停止购买

B. 增购 X，减少 Y 的购买量

C. 减少 X 的购买量，增购 Y

D. 同时增购 X 和 Y

【答案】C

【解析】因为在效用最大化时，$MU_1/P_1 = MU_2/P_2 = \lambda$，即消费者在每一种商品上花费的最后一元钱的效用是相等的，消费 X 是 $50/10 = 5$，消费 Y 是 $18/3 = 6$，Y 商品的边际效用相对较高，所以应该减少 X，增购 Y。

【例2-21】（单项选择题）当消费达到均衡时，最后一单位商品给消费者带来的效用取决于（　　）。

A. 消费者的收入

B. 商品的价格

C. 商品的特性

D. 消费者收入和商品的价格

【答案】B

【解析】根据边际效用递减规律，消费者每增加一个单位商品的消费时，他所获得的效用是递减的，因而其愿意出的价格也是递减的。所以，根据效用最大化时的均衡条件 $MU_1/P_1 = MU_2/P_2 = \lambda$，当消费达到均衡时，最后一单位商品给消费者带来的效用取决于商品的价格。

【知识点9】效用价值论和商品价值（★★）
（一）商品价值的来源
效用价值论认为价值不是商品的内在属性，而是人的主观评价形成的一种心理范畴。他们认为一切价值只不过是表明了某种关系，价值应分为主观价值和客观价值。

【提示1】主观价值实际上是一种物主对财货的主观心理评价。

【提示2】主观价值的根源在于物品的有用性和稀缺性，价值的形成是建立在商品稀缺的基础上的。

【提示3】客观价值指的是一件物品实现某种客观结果的力量或能力。在这个意义上，有多少种和人有关的外部结果，就有多少种价值。庞巴维克用客观交换价值一词指物品在交换中的客观价值，即用它交换其他经济物品的数量。比如，用一匹马换取五十镑，或用一座房子换取一千镑等。

【例2-22】（单项选择题）按照效用价值论的观点，下列表述错误的是(   )。
A. 价值是商品的内在属性
B. 主观价值的根源在于物品的有用性和稀缺性
C. 效用价值论将价值分为主观价值和客观价值
D. 某种商品具有效用并不代表这种商品具有价值

【答案】A

【解析】效用价值论认为价值不是商品的内在属性，而是人的主观评价形成的一种心理范畴。只有当商品的效用受到某种局限的时候，其价值才能被体现。选项A错误。

（二）价值量的确定
由于物品的价值对于人类福利的重要性，所以物品的价值量必须是由决定这一商品的福利的量决定的。

但物品的价值量并不是决定于任何单位物品提供的主观效用，也不是决定于人对任何单位物品的主观评价，而是决定于人们对最后单位物品的主观评价，决定于最后单位物品能满足人的最不重要的欲望即边际欲望的大小。所以决定物品价值大小的不是它的最大效用，也不是它的平均效用，而是它的最小效用（边际效用）。

【提示1】边际效用的大小是由需求和供给的关系决定的。需要越广泛和越强烈，边际效用就越高，需要越少越不迫切，边际效用就越低。

【提示2】有用性和稀缺性是决定物品价值的最终因素。

【例2-23】（单项选择题）效用价值论认为，决定物品价值大小的是(   )。
A. 平均效用   B. 最大效用
C. 边际效用   D. 总效用

【答案】C

【解析】效用价值论认为：一件物品的价值，是由现有的同样的一些物品所能满足的一切需要中，最不迫切的那一具体需要的重要性来衡量的。这个最不迫切的需要的重要性就是这个物品的边际效用。决定物品价值大小的不是它的最大效用，也不是它的平均效用，而是最小效用（边际效用）。

（三）价格形成的基本规律
边际效用价值论认为，在个体经济中，人们对物品进行单独的主观估价。当单个的经济人在市场上相遇时，他们之间就发生了竞争，而竞争的结果就是制定出市场平均价格。

在同一市场中，在信息对称的假定下，买卖双方对同质商品的竞价形成边际对偶，其主观评价决定均衡价格。这种边际对偶价格实际上接近于马歇尔的均衡价格论，表明了价格是由市场中无数的买者和卖者的竞争形成的。

【例2-24】（多项选择题）下列关于效用价值论的表述中，正确的是(   )。
A. 边际效用的大小是由需求和供给的关系决定的
B. 物品的价值量必须是由决定这一商品的福利的量决定的
C. 决定物品价值大小的是它的最大效用
D. 在同一市场信息对称下，买卖双方对同质商品的竞价形成边际对偶，其主观评价决定均衡价格

E. 价值是商品的内在属性，不是由人的主观评价形成的心理范畴

【答案】ABD

【解析】决定物品价值大小的不是它的最大效用，而是最小效用（边际效用）；效用价值论认为价值不是商品的内在属性，而是人的主观评价形成的一种心理范畴，选项C、选项E错误，其他选项均正确。

【知识点10】对效用价值论的认识（★）

（1）效用价值论认为，商品的价值是由人们对商品效用的主观评价决定的。价值产生于人们对物品效用的主观评价，开辟了从需求的角度衡量价值的观点，可以用效用的大小来衡量其价值量，也为均衡价值论提供了理论基础。

（2）由于效用价值是主观的评价，运用效用价值对资产进行评估往往带有一定的主观性，导致评估出的价值与客观价值存在一定的差异。

（3）边际效用价值论过于强调商品效用带给人的主观上的满足，忽略了交换和交换背后的社会经济关系，过分夸大了效用的作用，认为效用决定价值，效用是价值的源泉。

【例2-25】（单项选择题）下列关于效用价值论的认识中，错误的是( )。

A. 效用价值论开辟了从需求的角度衡量价值的观点

B. 运用效用价值对资产进行评估往往导致评估出的价值与客观价值存在一定的差异

C. 效用价值论认为价值产生于人们对物品效用的客观计量

D. 边际效用价值论忽略了交换和交换背后的社会经济关系

【答案】C

【解析】效用价值论认为，价值产生于人们对物品效用的主观评价，开辟了从需求的角度衡量价值的观点，可以用效用的大小来衡量其价值量，也为均衡价值论提供了理论基础。

【知识点11】需求及影响需求的因素（★★★）

（一）需求的概念

经济学上所说的需求，是指在一定时期内，在每一价格水平下，消费者愿意并且能够购买的某种商品的数量。

【提示】一个消费者想购买某种商品，同时又有支付能力时，才能形成真实的需求。如果没有购买能力，仅仅有购买的欲望，不构成此处讨论的需求。经济学上讨论的需求是有支付能力的需求，或有效需求。

（二）影响需求的因素

参见图2-1。

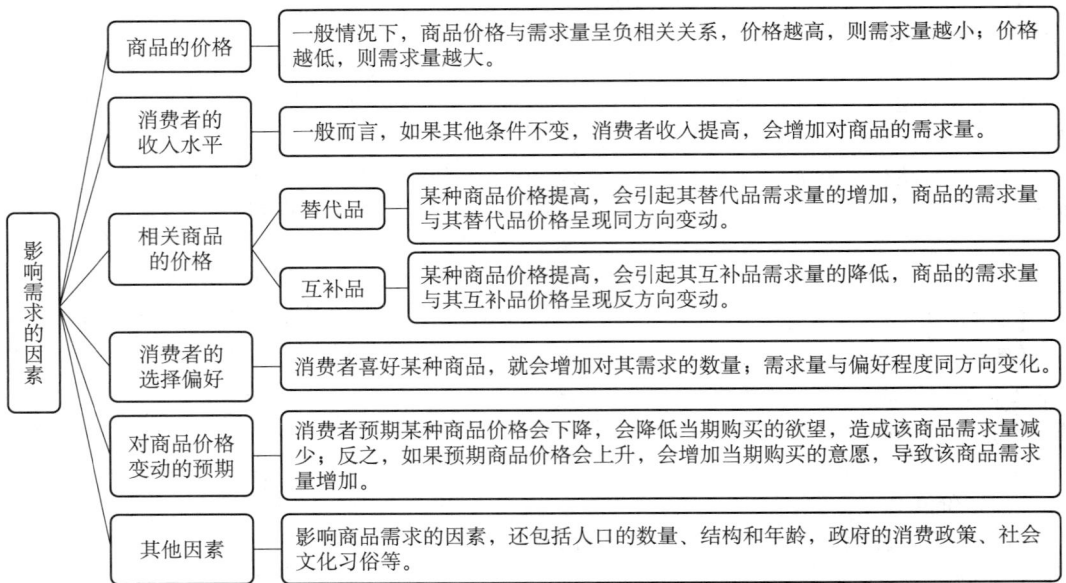

图2-1 影响需求的因素

【提示】经济学中，需求量与消费者收入同方向变化的商品被称作正常商品，两者呈反方

向变化的则称为劣等商品。

【例 2-26】（多项选择题）根据供求定理，影响商品需求量的因素一般包括（   ）。

A. 消费者的数量
B. 消费者的收入水平
C. 对商品价格变动的预期
D. 商品的价格
E. 消费者的选择爱好

【答案】 BCDE

【解析】 供求定理认为，商品的需求数量由许多因素共同决定，主要包括：商品的价格、消费者的收入水平、相关商品的价格、消费者的选择偏好、对商品价格变动的预期和其他因素。经济学上讨论的需求是有支付能力的需求，或有效需求，消费者的数量不一定构成有效需求。

【例 2-27】（单项选择题）假定其他情况不变，羽毛球拍的价格下降，羽毛球的需求量将（   ）。

A. 减少
B. 不变
C. 增加
D. 无法确定

【答案】 C

【解析】 在其他条件不变的情况下，当羽毛球拍的价格下降时，羽毛球拍的需求量将增加。因为羽毛球和羽毛球拍为互补品，商品的需求量与其互补品价格呈现反方向变动。

【例 2-28】（单项选择题）从 2019 年开始，因"非洲猪瘟"等因素的叠加影响，我国猪肉价格大幅度上涨，牛、羊肉的需求量有不小的涨幅，这种现象说明（   ）。

A. 猪肉与牛、羊肉是互补品，商品的需求量与其互补品价格呈现反方向变动
B. 猪肉与牛、羊肉是替代品，商品的需求量与其替代品价格呈现同方向变动
C. 猪肉与牛、羊肉是"凡勃伦商品"，可以带来更大的心理满足
D. 猪肉与牛、羊肉是"吉芬商品"，价格上升时，需求量反而增加

【答案】 B

【解析】 猪肉与牛、羊肉是替代品。某种商品价格提高，会引起其替代品需求量的增加，商品的需求量与其替代品价格呈现同方向变动。

【例 2-29】（单项选择题）某一定时期内，A 商品的替代品和互补品的价格同时上升，导致 A 商品的需求变动量分别为 30 单位和 50 单位，则在 A 商品的替代品和互补品价格变动的共同作用下，该时期 A 商品的需求量变动情况是（   ）。

A. 增加 20 单位
B. 增加 80 单位
C. 减少 20 单位
D. 减少 80 单位

【答案】 C

【解析】 替代品价格上升，导致 A 商品的需求量增加 30 单位；互补品价格上升，导致 A 商品的需求量减少 50 单位。在二者共同作用下，导致 A 商品的需求量减少 20 单位。

【知识点 12】需求函数、需求表及需求曲线（★★）

（一）需求函数

需求函数用来表示一种商品的需求数量与其各种影响因素之间的关系。各种影响因素为自变量，需求数量是因变量。其数学表达式为：

$$D = f(a, b, c, d, \cdots, n)$$

公式中：a，b，c，d，$\cdots$，n 代表影响需求数量的各因素。

（二）需求表和需求曲线

需求表是用来表示某种商品的价格与需求量相互关系的数字序列表。根据需求表画出的反映商品价格与需求量关系的曲线就是需求曲线。

假定在一定时期和特定的地区，价格之外的其他因素相对稳定不变，需求就是消费者对应每一价格水平愿意且能够购买的某种商品数量。需求函数可以表达为：

$$Q_d = f(P)$$

公式中：P 为商品的价格；Q_d 为商品的需求量。

【提示】 由于需求量与市场价格成反比，"需求曲线"是一条向右下方倾斜的曲线。需求曲线向右下方倾斜，体现了边际效应递减规律。

（三）需求曲线变化分析

（1）仅商品价格出现变动时，商品的需求量会沿着需求曲线发生移动。

（2）当影响需求的其他因素发生变化时，如果商品的价格不变，需求曲线也会随之改变。以消费者的收入变化为例：随着消费者收入的减少，需求量相应减少，需求曲线向左移动；反之，消费者的收入增加时，需求曲线将向右移动。

【例 2-30】（单项选择题）2021 年 3 月，

研究发现某地面包的需求曲线向右移动了,可能的原因是( )。

A. 花生酱的价格上涨
B. 消费者收入增加
C. 面粉的价格上涨
D. 果酱的价格上涨

【答案】B

【解析】在商品价格不变的前提下,消费者的收入发生变化时,随着消费者收入的减少,需求量相应减少,需求曲线向左移动;反之,消费者的收入增加时,需求曲线将向右移动。

【例2-31】(单项选择题)一个商品的价格下降对其互补品最直接的影响是( )。

A. 互补品的需求曲线向右移动
B. 互补品的需求曲线向左移动
C. 互补品的供给曲线向右移动
D. 互补品的价格上升

【答案】A

【解析】商品的需求量与其互补品价格呈现反方向变动。一个商品的价格下降将导致其需求量增加,其互补品的需求量也将增加,需求曲线向右移动。

【例2-32】(单项选择题)如果甲产品的价格上升引起乙产品需求曲线向左移动,那么( )。

A. 甲和乙产品是替代商品
B. 甲和乙产品是互补商品
C. 甲为低档商品,乙为高档商品
D. 甲为高档商品,乙为低档商品

【答案】B

【解析】由于消费者收入或消费者偏好等因素的变化引起需求的相应变化,这种变化表现为需求曲线的位移。一般来说,在相互替代的商品之间某一种商品价格提高,消费者就会把其需求转向可以替代的商品上,从而使替代品的需求增加,替代品需求曲线向右移动,但在互补商品之间,其中一种商品价格上升,需求量降低,会引起互补品的需求随之降低,需求曲线向左移动。

【知识点13】需求关系的特殊情形(★)

商品的需求量与其价格成反比,是商品需求的一般规律。但经济学家在研究中也发现了需求关系的特殊情形,如吉芬商品(Giffen good)和凡勃伦效应(Veblen effect)。

(一)替代效应、收入效应和总效应

替代效应,是某种产品价格变化而其他产品价格不变时,产品之间的相对价格会发生变化,导致消费者在保持总效用不变的前提下,用相对更便宜的产品替代相对更贵的产品,从而引起该产品需求数量的变化。当该产品价格上升时,替代效应会减少其需求量,而当该产品价格下降时,替代效应会增加其需求量。

收入效应,是指在消费者货币收入不变的情况下,当某种产品的价格改变时,消费者的实际收入(即购买能力或支付能力)随之发生改变,造成对该产品的需求量发生变化。当该产品价格上升时,收入效应会减少其需求量,而当该产品价格下降时,收入效应会增加其需求量。

在消费者货币收入不变的情况下,某产品价格发生变化时,替代效应和收入效应同时发生作用,两种效应的叠加表现为价格总效应,即总效应=替代效应+收入效应。

(二)正常商品的需求关系

对于正常商品来说,替代效应与价格变动方向相反,收入效应也与价格变动方向相反。所以正常商品的需求曲线是向右下方倾斜的。

(三)低档商品的需求关系

对于低档商品来说,替代效应与价格变动方向相反,收入效应与价格变动方向相同。多数情况下,低档商品替代效应作用大于收入效应作用,所以低档商品的需求曲线也应该是向右下方倾斜的。

(四)需求关系的特殊情形

参见表2-3、表2-4。

表2-3 需求关系的特殊情形

特殊需求	需求量与价格的特征	需求曲线的形状
吉芬商品	在特定条件下,需求量与价格同方向变化的特殊低档商品。	向右上方倾斜
凡勃伦商品	具有显示财富效应的商品,消费者对其需求程度会因其标价提高而增加,商品定价越高越能畅销。	向右上方倾斜

表 2-4　　　　　　　　　　　　不同商品需求变化比较

商品类别	替代效应与价格的关系	收入效应与价格的关系	总效应与价格的关系	需求曲线的形状
正常商品	反方向变化	反方向变化	反方向变化	向右下方倾斜
低档商品	反方向变化	同方向变化	反方向变化	向右下方倾斜
吉芬商品	反方向变化	同方向变化	同方向变化	向右上方倾斜

【例 2-33】（单项选择题）吉芬商品与低档商品之间存在的联系是（　　）。
A. 低档商品一定是吉芬商品
B. 吉芬商品一定是低档商品
C. 低档商品肯定不是吉芬商品
D. 吉芬商品肯定不是低档商品
【答案】B
【解析】吉芬商品是一种特殊的低档商品，其收入效应大于替代效应。

【例 2-34】（单项选择题）旅游产品的价格提高时，人们对旅游产品的需求量却增加，这说明旅游产品商品很可能是（　　）。
A. 吉芬商品
B. 互替商品
C. 互补商品
D. 凡勃伦商品
【答案】D
【解析】美国经济学家托斯丹·邦德·凡勃伦（ThortternB. Veblen）发现，具有显示财富效应的商品，消费者对其需求程度会因其标价提高而增加，商品定价越高越能畅销。此即"凡勃伦效应"。具备凡勃伦效应的商品与价格的关系不同于一般的商品供求规律，凡勃伦商品的需求量是随商品价格的上升而上升的。

【知识点14】供给及影响供给的因素（★★★）
（一）供给的概念
供给是指生产者在一定时期内，在各种可能的价格水平下愿意并且能够生产销售的某种产品的数量。
【提示】一个生产者希望出售某种产品，又有能力生产并提供到市场上，才能形成真实的供给。如果没有生产能力，仅仅有出售的欲望，不是现实的供给。经济学上讨论的供给是有实际生产能力的供给，或有效供给。
（二）影响供给的因素
参见图 2-2。

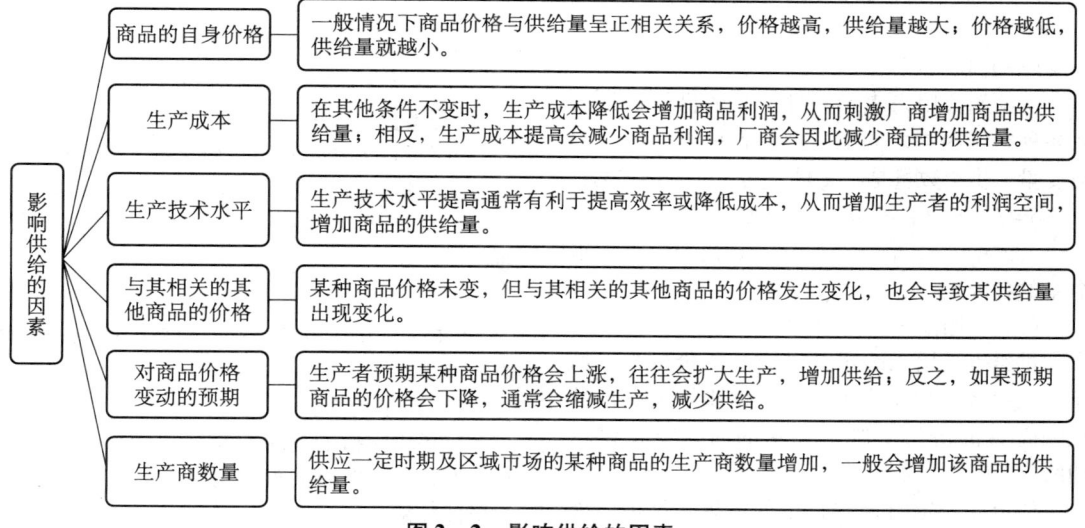

图 2-2　影响供给的因素

【提示】政府政策等其他因素也会影响商品的供给量。

【例 2-35】（多项选择题）影响商品供给的因素主要有（　　）。
A. 商品的自身价格
B. 生产技术水平

C. 相关商品的价格
D. 对商品价格的预期
E. 消费者的收入水平

【答案】ABCD

【解析】消费者的收入水平影响商品的需求量，选项 E 错误。

【例2-36】（单项选择题）经济学上所说的供给，是(   )。

A. 生产者在一定时期内，在各种可能的价格水平下愿意或者能够生产销售的某种产品的数量
B. 生产者在一定时期内，在最高的价格水平下愿意并且能够生产销售的某种产品的数量
C. 生产者在一定时期内，在各种可能的价格水平下愿意并且能够生产销售的某种产品的数量
D. 生产者在一定时期内，在最低的价格水平下愿意并且能够生产销售的某种产品的数量

【答案】C

【解析】经济学上所说的供给，是指生产者在一定时期内，在各种可能的价格水平下愿意并且能够生产销售的某种产品的数量。经济学上讨论的供给是有实际生产能力的供给，或有效供给。

【知识点15】供给函数、供给表与供给曲线（★★）

（一）供给函数

供给函数用来表示一种商品的供给数量与其各种影响因素之间的关系。各种影响因素为自变量，供给数量是因变量。其数学表达式为：

$$S = f(a, b, c, d, \cdots, n)$$

公式中：$a, b, c, d, \cdots, n$ 代表影响供给数量的各因素。

（二）供给表与供给曲线

供给表是用来表示某种商品的价格与供给量相互关系的数字序列表。根据供给表画出的反映商品价格与供给量关系的曲线就是供给曲线。

假定在一定时期和特定的地区，价格之外的其他因素相对稳定不变，供给就是生产者对应每一价格水平愿意且能够提供的某种商品数量。供给函数可以表达为：

$$Q_s = f(P)$$

公式中，P 为商品的价格；Q_s 为商品的供给量。

【提示】由于供给量与市场价格成正比，"供给曲线"是一条向右上方倾斜的曲线。

（三）供给曲线变化分析

（1）当影响供给的其他因素不变，仅仅是商品价格出现变动时，该商品的供给量会沿着供给曲线发生移动，表现为同一条供给曲线上相应点的移动，被称为供给量的变动。

（2）当商品的价格不变，影响供给的其他因素发生变化时，该商品供给数量的变动表现为供给曲线的位置发生移动，被称为供给的变动。

【提示】以生产成本发生变化为例：商品价格不变的情况下，随着生产成本提高，生产者因利润空间下降，而减少供给数量，供给曲线向左移动。反之，生产成本降低，厂商增加供给，供给曲线向右移动。

【例2-37】（单项选择题）供给曲线是一条(   )的曲线。

A. 右下方   B. 右上方
C. 左下方   D. 左上方

【答案】B

【解析】略。

【例2-38】（单项选择题）假如 A 商品的价格不变，生产 A 商品的原材料价格上涨了，A 商品的(   )。

A. 需求曲线向左移动 B. 需求曲线向右移动
C. 供给曲线向左移动 D. 供给曲线向右移动

【答案】C

【解析】商品价格不变的情况下，生产 A 商品的原材料价格上涨，随着生产成本提高，生产者因利润空间下降，而减少供给数量，供给曲线向左移动。

【知识点16】市场均衡、局部均衡及一般均衡（★）

（一）市场均衡

市场均衡指的是影响市场供求的力量达成平衡的状态。在微观经济分析中，市场均衡分为局部均衡和一般均衡。

（二）局部均衡

局部均衡是指单个市场或部分市场的供求与价格之间的关系所处的相对静止状态，它不考虑市场之间的相互联系和影响。

(三)一般均衡

一般均衡是指经济社会中所有市场的供求与价格之间的关系所处的相对静止状态。

【例2-39】(单项选择题)关于市场均衡的概念,下列表述中错误的是( )。

A. 市场均衡指的是影响市场供求的力量达成平衡的状态

B. 局部均衡是指单个市场或部分市场的供求与价格之间的关系所处的相对静止状态

C. 一般均衡是指经济社会中所有市场的供求与价格之间的关系所处的相对静止状态

D. 局部均衡需要考虑市场之间的相互联系和影响

【答案】D

【解析】局部均衡是指单个市场或部分市场的供求与价格之间的关系所处的相对静止状态,它不考虑市场之间的相互联系和影响。

【知识点17】均衡价格(★★★)

(一)均衡价格的含义

需求曲线和供给曲线都反映了价格对于消费者需求量和生产者供给量的影响作用。商品的均衡价格是在市场供求两种力量博弈下形成的。

图2-3中,曲线S为某商品的供给曲线,曲线D为该商品的需求曲线。均衡价格(P_0)是商品的市场需求量与市场供给量相等时所对应的价格,也是该商品的需求曲线与供给曲线相交时对应的价格。这一交汇点被称为均衡点(E),与均衡点对应的价格和供求量分别称作均衡价格和均衡数量。该商品在均衡点对应的供给数量和需求数量都等于其均衡数量(Q_0)。

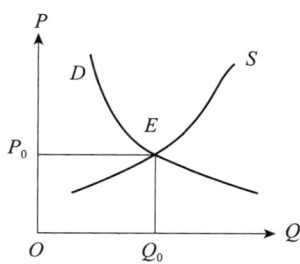

图2-3 均衡价格示意图

(二)均衡价格的调节

均衡价格是在供求双方竞争中通过市场机制自发形成的。

1. 市场价格高于均衡价格。

供大于求,市场出现商品过剩或超额供给。在市场自发调节下,超额供给会导致商品价格下降,供给方也会减少供应量,使价格回落到均衡价格水平。

2. 市场价格低于均衡价格。

商品供不应求,形成商品短缺,超额需求会引发商品价格上涨,供给方也会增加供应量,使价格提升至均衡价格水平。因此,在市场机制的作用下,供求不相等的非均衡状态会逐步消失,商品的市场价格会趋近均衡价格水平。

【例2-40】(单项选择题)市场上某商品存在超额供给,很可能是因为( )。

A. 该商品是必需品

B. 该商品供不应求

C. 市场价格低于均衡价格

D. 市场价格高于均衡价格

【答案】D

【解析】市场价格高于均衡价格,则供大于求,市场出现商品过剩或超额供给。

【例2-41】(单项选择题)下列表述中,正确地描述了价格调节如何消除短缺的是( )。

A. 随着价格下降,需求量减少而供给量减少

B. 随着价格上升,需求量减少而供给量减少

C. 随着价格上升,需求量减少而供给量增加

D. 随着价格下降,需求量减少而供给量增加

【答案】C

【解析】如果市场价格低于均衡价格,商品供不应求,形成商品短缺,超额需求会引发商品价格上涨,需求将减少,供应方也会增加供应量,使价格提升至均衡价格水平。

【知识点18】供求定理(★★★)

(一)供给不变,需求变化对均衡价格与均衡数量的影响

如果供给不变,需求量增加使需求曲线向右上方移动,导致均衡价格上升,均衡数量增加;相反,需求量减少使需求曲线向左下方移动,使得均衡价格下降,均衡数量减少。

(二)需求不变,供给变化对均衡价格与均衡数量的影响

如果需求不变,供给量增加使供给曲线向

右下方移动,导致均衡价格下降,均衡数量增加;相反,供给量减少会使供给曲线向左上方移动,使得均衡价格上升,均衡数量减少。

(三)供求定理

在其他条件不变时,需求变动分别引起均衡价格和均衡数量的同方向变动;供给变动将引起均衡价格的反方向变动和均衡数量的同方向变动。

需求和供给同时作用下的均衡价格和均衡数量,取决于需求和供给各自变动的幅度。

【例2-42】(单项选择题)图2-4反映的是一定时期内A商品的供求量(Q)随价格(P)变化的情况。曲线D为需求曲线,S_1、S_2和S_3为供给曲线,E_1、E_2和E_3为均衡价格。在其他条件不变的情况下,对E_1向E_2、E_1向E_3的变化,比较合理的解释是( )。

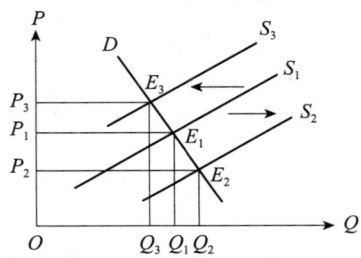

图2-4 供给的变动和均衡价格的变动

①如果需求不变,A商品供给量增加使供给曲线向右下方移动,导致均衡价格下降,均衡数量增加;②如果需求不变,A商品供给量增加使供给曲线向左上方移动,导致均衡价格上升,均衡数量减少;③如果需求不变,A商品供给量减少会使供给曲线向右下方移动,使得均衡价格下降,均衡数量增加;④如果需求不变,A商品供给量减少会使供给曲线向左上方移动,使得均衡价格上升,均衡数量减少。

A. ①② B. ①④
C. ②③ D. ③④

【答案】B

【解析】如果需求不变,供给量增加使供给曲线向右下方移动,导致均衡价格下降,均衡数量增加;相反,供给量减少会使供给曲线向左上方移动,使得均衡价格上升,均衡数量减少。

【例2-43】(单项选择题)在其他条件不变的情况下,均衡价格随着( )。

A. 需求与供给的增加而上升

B. 需求的增加和供给的减少而上升
C. 需求的减少和供给的增加而上升
D. 需求和供给减少而上升

【答案】B

【解析】在其他条件不变的情况下,需求变动分别引起均衡价格和均衡数量的同方向的变动;供给变动分别引起均衡价格的反方向的变动和均衡数量同方向的变动。

【例2-44】(多项选择题)如果其他条件不变,需求的变动会引起( )。

A. 均衡价格同方向变动
B. 均衡价格反方向变动
C. 均衡数量同方向变动
D. 均衡数量反方向变动
E. 供给同方向变动

【答案】AC

【解析】在其他条件不变时,需求变动分别引起均衡价格和均衡数量的同方向变动;供给变动将引起均衡价格的反方向变动和均衡数量的同方向变动。

【例2-45】(单项选择题)当商品的供给和需求同时增加后,该商品的均衡价格将( )。

A. 上升   B. 下降
C. 不变   D. 无法确定

【答案】D

【解析】如果需求增加的量大于供给增加的量,则均衡价格会上升;如果需求增加的量小于供给增加的量,则均衡价格会下降;如果需求增加的量等于供给增加的量,则均衡价格不变。需求和供给同时作用下的均衡价格和均衡数量,取决于需求和供给各自变动的幅度。

【知识点19】市场结构的划分(★★★)

(一)市场的概念

市场是以交易为核心,帮助交易双方相互作用、并得以决定交易价格及数量的组织形式或制度安排。

狭义的市场是指买卖双方商品交换的场所;广义的市场是指各种主体之间交换关系的总和。

市场主体之间的关系,主要包括买卖双方关系以及由此引发的卖方之间、买方之间的关系。

【提示】市场可以是固定、有形的交易场所,也可顺应通信手段现代化采用互联网交易平台等虚拟形式。

(二) 按市场结构特征划分的市场类型

市场结构是对某种行业竞争状态和价格机制产生重要影响的市场组织特征，综合反映了一个行业买方和卖方的数量、规模及分布，行业进出难易程度和产品差别程度等。

不同类型的市场特征，参见表2-5。

表2-5　　　　　　　　　　　　　　　不同类型的市场特征

市场类型	厂商数量	产品差别程度	行业进出难易	厂商对价格的影响能力	代表（或近似）行业
完全竞争	很多	完全同质	自由	没有影响能力	农产品
垄断竞争	很多	同种但有差别	比较容易	影响能力小	轻工业产品、零售业、服务业
寡头垄断	少数	寡头行业有差别；纯粹寡头行业无差别	有明显进入障碍	有一定能力，但要考虑其他对手反应；厂商实力不对等时，领导型寡头有率先定价优势	钢铁、汽车、石油
完全垄断	唯一	没有相近的替代产品	极为困难或不可能	可以控制和操纵市场价格（除非受到政府的价格管制）	自然垄断、特许专营行业

【例2-46】（单项选择题）依据不同类型的市场特征，完全竞争市场和垄断竞争市场的区别主要是(　　)。
A. 企业是否可以取得最大利润
B. 产品是否具有差别性
C. 是否存在政府管制
D. 行业进出难易程度
【答案】B
【解析】完全竞争市场上，产品完全同质；垄断竞争市场上，产品同种但有差别。具体内容见表2-5。

【例2-47】（单项选择题）以钢铁、汽车、石油为代表行业的市场类型是(　　)。
A. 寡头垄断市场　　B. 完全竞争市场
C. 完全垄断市场　　D. 垄断竞争市场
【答案】A
【解析】本题考查四种市场类型的特征，具体内容见表2-5。

【例2-48】（单项选择题）下列属于完全竞争市场的特征的是(　　)。
A. 厂商生产和销售有差别的同种产品
B. 行业进出有明显障碍
C. 厂商对价格有一定的影响能力
D. 厂商对价格没有影响能力
【答案】D
【解析】完全竞争市场上，有大量的买者和卖者。由于有众多的买者和卖者参与，相对于市场总需求量和总供给量，单一买者的需求量或单一卖者的供给量所占比例都很微小，都没有能力影响市场的生产（销售）数量和价格水平，只能被动地接受市场已形成的价格，而不能决定市场价格。

【例2-49】（多项选择题）从市场结构特征看，决定市场类型划分的主要因素有(　　)。
A. 厂商的数量
B. 产品的差别程度
C. 行业进出难易
D. 消费者对价格的影响能力
E. 厂商对价格的影响能力
【答案】ABCE
【解析】从市场结构特征看，决定市场类型划分的主要因素有：①厂商的数量；②产品的差别程度；③行业进出难易；④厂商对市场价格的影响能力。

【知识点20】完全竞争市场
(一) 完全竞争市场的概念（★★）
完全竞争市场（又称为纯粹竞争市场），是指不受任何阻碍和干扰、充分竞争的市场结构。
【提示】在完全竞争市场，市场以其内在的价格、供求和竞争机制自发地调节生产和消费，政府不作任何干预。

(二) 完全竞争市场的条件（★★）
(1) 有大量的买者和卖者。单一买者的需求量或单一卖者的供给量所占比例都很微小，都没有能力影响市场的生产（销售）数量和价格水平。

（2）每个厂商提供的都是完全同质的商品。

（3）各种资源能够自由流动，不存在任何阻碍和干扰。

（4）信息畅通、完全。

【提示1】具备以上条件的市场，所有参与者既不具有市场地位差距，也不存在生产、消费和价格等差别，是没有交易者个性的非个性化市场。

【提示2】现实经济社会真正符合完全竞争市场上述假设条件的"市场"并不存在。通常认为农产品市场相对接近完全竞争市场。

（三）完全竞争市场的需求与均衡（★）

（1）完全竞争市场对厂商产品的需求曲线是一条水平线，所对应的价格是整个行业的供求均衡价格，且厂商的平均收益曲线、边际收益曲线和需求曲线重合。

（2）当受消费者收入水平、生产技术、政府政策等因素影响，使众多消费者的需求量和众多生产者的供给量发生变化，并形成新的均衡价格时，在完全竞争市场又会形成一条与该均衡价格对应的新的水平线（厂商需求曲线）。

（3）完全竞争市场的厂商遵循边际收益等于边际成本的原则实现利润最大化或亏损最小化目标，即 $MR = MC$。

（4）在完全竞争市场，厂商和消费者都是价格接受者。给定商品价格 P，厂商的销售量为 Q，总成本 TC 同样是 Q 的函数，这样，厂商的利润 π 等于总收益 TR 减去总成本 TC。

厂商利润最大化：$\pi = TR(Q) - TC(Q) = P \cdot Q - TC(Q)$，$\dfrac{\pi}{Q} = 0$，$MR = MC = P$。

（5）在短期，厂商在生产规模不变的情况下，可通过调整产量使边际收益等于短期边际成本，实现利润最大化；如果处于亏损状态，厂商通过比较平均收益和平均可变成本决定是否继续生产（当平均收益小于平均可变成本时须停止生产）。

（6）在长期，厂商可以通过调整全部生产要素使边际收入等于长期边际成本，达到利润最大化。

【例2-50】（单项选择题）下列关于完全竞争的市场的表述中，错误的是( )。

A. 市场参与者的购销量只占整个市场交易量的极小一部分

B. 市场参与者只能接受价格，而不能决定价格

C. 交易的商品是同种，但略有差别

D. 行业进出自由

【答案】C

【解析】完全竞争市场的条件一有大量的买者和卖者。单一买者或单独卖者不能决定市场价格，每个厂商提供的都是完全同质的商品。

【例2-51】（多项选择题）根据市场结构划分市场类型的理论，完全竞争市场必须具备的条件有( )。

A. 厂商提供的产品无差异

B. 厂商生产和销售的商品没有替代品

C. 信息通畅、完全

D. 资源能够自由流动

E. 有大量的买者和卖者

【答案】ACDE

【解析】完全竞争市场必须具备以下条件：有大量的买者和卖者、每个厂商提供的都是完全同质的商品（厂商之间提供的商品完全没有差别）、各种资源能够自由流动、信息通畅、完全。

【知识点21】垄断竞争市场

（一）垄断竞争市场的概念（★★）

垄断竞争市场是介于完全竞争市场和完全垄断市场之间的市场结构。它既有垄断，也有竞争，而不像完全竞争市场或完全垄断市场那样偏于一端。

（二）垄断竞争市场的特点（★★）

（1）许多厂商生产和销售有差别的同种产品。

（2）垄断竞争市场普遍存在于现实生活中。垄断竞争市场的竞争特质高于其垄断属性，比较接近完全竞争市场结构。

（3）垄断竞争市场的竞争特质高于其垄断属性，比较接近完全竞争市场结构。在现实生活中，零售业和服务业比较符合垄断竞争市场组织的特点。

（三）垄断竞争市场的条件（★★）

（1）行业中存在着大量的厂商，无法对市场形成控制。

（2）厂商生产有差别的同种产品，产品之

间既有差别，又可相互替代。

（3）厂商生产规模较小，不存在进入和退出障碍。

（四）垄断竞争市场的需求与均衡（★）

（1）垄断竞争厂商的需求曲线是向右下方倾斜的，其向右下方倾斜的需求曲线较为平坦。

（2）垄断竞争厂商有两条需求曲线，都向右下方倾斜。

（3）包括垄断竞争市场在内的所有非完全竞争厂商都没有供给曲线，因为他们都不满足商品的价格与其供给量存在一一对应关系的条件。

（4）在垄断竞争市场，厂商短期内仍然通过调整产量和价格使边际收益等于短期边际成本，实现利润的最大化。

（5）在长期，厂商可以通过调整生产规模使边际收入等于长期边际成本，追求利润的最大化。

（6）由于厂商进出行业比较容易，长期均衡时垄断竞争厂商的利润一定为零。

（7）垄断竞争厂商在长期均衡时的产量会小于完全竞争厂商在长期均衡条件下的理想产量，这就使单个垄断竞争厂商存在未被利用的多余生产能力。

【例2-52】（多项选择题）根据市场结构划分市场类型的理论，垄断竞争市场需要具备的条件主要包括(　　)。

A. 行业中存在着大量的厂商，无法对市场形成控制

B. 只有唯一的供给厂商和众多的需求者

C. 厂商生产完全同质的产品

D. 厂商生产有差别的同种产品，产品之间既有差别，又可相互替代

E. 厂商生产规模较小，不存在进入和退出障碍

【答案】ADE

【解析】垄断竞争市场需要具备的条件主要包括：①行业中存在着大量的厂商，无法对市场形成控制。由于厂商数量多，每个厂商都可对市场价格施加一定影响，但单个厂商对市场的影响能力又很小。单个厂商的决策不足以引起竞争对手的注意，也不用考虑来自其他竞争对手的反应。②厂商生产有差别的同种产品，产品之间既有差别，又可相互替代。产品的替代意味着每一种产品都会遇到其他厂商提供的大量的相似产品，市场又同时存在竞争因素。这使得垄断竞争市场始终存在垄断和竞争因素的相互作用。③厂商生产规模较小，不存在进入和退出障碍。厂商可以比较容易地进入和退出某行业或生产集团。

【例2-53】（单项选择题）下列关于垄断竞争市场的特点的表述，错误的是(　　)。

A. 垄断竞争市场的竞争特质高于其垄断属性

B. 垄断竞争市场的垄断特质高于其竞争属性

C. 零售业和服务业比较符合垄断竞争市场组织的特点

D. 许多厂商生产和销售有差别的同种产品

【答案】B

【解析】在垄断竞争市场上，有许多厂商生产和销售有差别的同种产品，选项D正确。垄断竞争市场的竞争特质高于其垄断属性，比较接近完全竞争市场结构，选项A正确，选项B错误。在现实生活中，零售业和服务业比较符合垄断竞争市场组织的特点，选项C正确。

【知识点22】寡头垄断市场

（一）寡头垄断市场的概念及特点（★★）

1. 寡头垄断市场的概念。

寡头垄断市场又称寡头市场，是包含了垄断和竞争因素、与完全垄断更接近的市场结构，是由少数卖方（寡头）起主导作用的市场状态。

2. 寡头垄断市场主要特点。

少数厂商垄断了某行业市场，控制了整个市场的产品生产和销售。

【提示】寡头垄断市场在现代经济中比较常见，汽车、钢铁、石油、电讯等具备寡头垄断市场的特点。

（二）寡头垄断市场的形成原因（★）

（1）追求规模经济效益，促使行业生产向大规模厂商集中。

（2）少数厂商控制了行业基本生产资源的供给。

（3）缘于法律或政策的推动等。

【提示】寡头垄断市场存在明显的行业进入壁垒。竞争和规模经济要求降低了行业的平均成本，使大规模生产具有明显优势，小厂商逐步丧失生存空间，形成了占据绝大部分市场份

额的少数厂商共享或角逐市场的行业态势。试图新进入的厂商，如果不具备与原有厂商相抗衡的生产规模和市场份额，就无法加入行业或通过竞争在行业立足。

（三）寡头垄断市场的分类（★）

参见图 2-5。

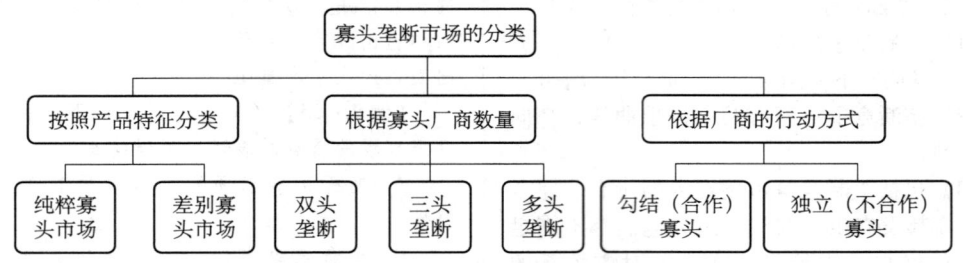

图 2-5 寡头垄断市场的分类

（四）寡头垄断市场的典型模型（★）

参见表 2-6。

表 2-6 寡头垄断市场的典型模型

典型模型		特点	生产经营决策
古诺模型（双头模型）		反映两个实力相当厂商的寡头垄断模式。	每个厂商都以自己的产量去适应对方已确定的产量，在已知对方产量的情况下，各自确定能给自己带来最大利润的产量。
伯特兰德模型（价格竞争）		假定当企业制定其价格时，认为其他企业的价格不会因它的决策而改变，并且 n 个（为简化，这里取 $n=2$）寡头企业的产品是完全替代品。	两个企业会竞相削价以争取更多的顾客。当价格降到且等于边际成本时，达到伯特兰德均衡。
斯塔克伯格模型		斯塔克伯格提出了将寡头厂商的角色定位为"领导者"或"追随者"的分析范式。该模型中有两个寡头厂商，一个是实力相对雄厚、居于支配地位的"领导者"；另一个则成为前者的"追随者"。	领导型厂商在了解并考虑追随型厂商对其决策的反应方式基础上作出追求自身利润最大化的产量决策；追随者厂商则在领导型厂商所确定产量的前提下作出有利于自身利润最大化的产量决策。
价格领导模型	支配型价格领先	由行业中占支配地位的寡头按照利润最大化原则确定产品售价，其余寡头据此确定各自的产销量。	领导型厂商率先确定价格，其他厂商跟随定价。
	成本最低型价格领先	由行业中成本最低的寡头按照利润最大化原则确定其产品产销数量和价格，其他寡头按同一价格销售各自的产品。	
	晴雨表型价格领先	由行业中获取信息、判断市场趋势等方面有公认特殊能力的寡头确定产品价格，其他寡头根据该价格相应调整自身的产品价格。	

【例2-54】（多项选择题）按照产品特征分类，寡头垄断市场可以分为（ ）。

A. 双头市场　　　　B. 纯粹寡头市场　　　　C. 勾结寡头　　　　D. 独立寡头

E. 差别寡头市场

【答案】BE

【解析】寡头垄断市场有不同的分类方式。按照产品特征,它可分为纯粹寡头市场和差别寡头市场,选项 B、选项 E 正确。根据寡头厂商数量,可分为双头垄断、三头垄断和多头垄断。依据厂商的行动方式,则有勾结(合作)寡头和独立(不合作)寡头。

【例 2-55】(单项选择题)下列关于寡头垄断市场的特点的表述,错误的是( )。

A. 是与完全竞争更接近的市场结构
B. 是与完全垄断更接近的市场结构
C. 汽车、钢铁、石油、电讯等具备寡头垄断市场的特点
D. 少数厂商控制了整个市场的产品生产和销售

【答案】A

【解析】寡头垄断市场又称寡头市场,是包含了垄断和竞争因素、与完全垄断更接近的市场结构,是由少数卖方(寡头)起主导作用的市场状态,选项 A 错误,选项 B 正确。寡头垄断市场主要特点是少数厂商垄断了某行业市场,控制了整个市场的产品生产和销售。寡头垄断市场在现代经济中比较常见,汽车、钢铁、石油、电讯等具备寡头垄断市场的特点。

【知识点 23】完全垄断市场

(一)完全垄断市场的概念及主要条件(★★)

1. 完全垄断市场的概念。
完全垄断市场(又称为垄断市场),是与完全竞争市场对立的市场类型,行业中只有唯一的供给者。

2. 完全垄断市场需要具备的主要条件。
(1)只有唯一的供给厂商和众多的需求者。
(2)厂商生产和销售的商品没有替代品。
(3)其他厂商无法进入该行业。

【提示】与完全竞争市场一样,完全垄断市场也只是一种极端的理论抽象,在现实经济生活中几乎不存在。为维护社会和消费者利益,大多数垄断企业的经营实际上会受到法律的规范和政府的管控。

(二)完全垄断市场形成的主要原因(★)

(1)竞争和规模经济要求引起生产和资本的集中,使得单独厂商控制了行业生产所需的全部资源。

(2)专利保护使得拥有生产专利的厂商可在规定的保护期内独家垄断产品生产。

(3)国家基于财政、国家安全和社会管理需要,通过法律规定和行政措施授予厂商独家生产经营权,使其形成垄断。

(4)厂商利用现行进入行业的条件或凭借所拥有的自然、地理优势,控制了行业生产资源,阻碍其他厂商进入行业,形成了对行业生产经营的自然垄断。

(三)完全垄断市场的需求与均衡(★)

(1)垄断市场只有一个厂商,市场的需求曲线也是垄断厂商的需求曲线,该曲线也是向右下方倾斜的。

(2)垄断厂商的销售量与市场价格呈反向变动关系。

(3)在短期内,垄断厂商在生产规模不变情况下,通过调整产量和价格,使边际收益等于短期边际成本,达到利润最大化。

(4)在长期内,垄断厂商可以通过调整生产规模,使边际收益等于长期边际成本,实现最大的利润。

【例 2-56】(单项选择题)完全垄断市场又称为( )。

A. 纯粹竞争市场   B. 寡头市场
C. 完全市场   D. 垄断市场

【答案】D

【解析】完全垄断市场(又称为垄断市场),是与完全竞争市场对立的市场类型,行业中只有唯一的供给者。

【例 2-57】(单项选择题)完全垄断市场需要具备的主要条件,不包括( )。

A. 只有唯一的供给厂商和众多的需求者
B. 厂商生产和销售的商品没有替代品
C. 政府指定某厂商完全垄断某行业
D. 其他厂商无法进入该行业

【答案】C

【解析】完全垄断市场需要具备的条件主要包括:①只有唯一的供给厂商和众多的需求者。②厂商生产和销售的商品没有替代品。③其他厂商无法进入该行业。选项 C 错误。

【知识点 24】有效市场理论的形成(★)

参见表 2-7。

表 2-7　　　　　　　　　　有效市场理论的形成

代表人物	代表作	主要贡献
乔治·吉布森	1889 年，《伦敦、巴黎和纽约的股票市场》	初步描述了类似有效市场的思想。
路易斯·巴切利尔	1900 年，《投机理论》	将统计分析用于收益分析，运用随机游走模型，研究了布朗运动及股价变动的随机性，认识到市场基于信息影响的有效性。首次得出"市场收益是独立同分布的随机变量"的结论，发现股票收益率波动的数学期望值总是为零，提出了股价遵循公平游戏模型。
莫里斯·乔治·肯德尔	1953 年，《经济时间序列分析》	研究了 19 种英国股票价格指数和纽约、芝加哥商品交易所棉花、小麦即期价格的周变化规律，发现股票价格遵循随机游走规律。
保罗·萨缪尔森与伯努瓦·曼德尔布罗特		于 1965 年和 1966 年，研究了公平游戏模型与随机游走理论的关系，论述了有效市场与公平游戏模型之间的关系。
尤金·法玛（2013 年获诺贝尔经济学奖）	1965 年，《股票市场价格行为》	首次提出"有效市场"的概念。
	1970 年，《有效资本市场：理论与实证研究回顾》	系统总结了过去对市场有效性的研究，提出了有效市场假说以及研究市场有效性的完整理论框架。

【例 2-58】（单项选择题）首次提出"有效市场"概念的是（　　）。

A. 乔治·吉布森
B. 保罗·萨缪尔森
C. 尤金·法玛
D. 路易斯·巴切利尔

【答案】C

【解析】有效市场理论的最终形成及完善得益于尤金·法玛的卓越贡献。1965 年，尤金·法玛在《金融分析家》杂志上发表《股票市场价格行为》一文，首次提出"有效市场"的概念。

【知识点 25】有效市场假说的前提条件（★★）

有效市场假说认为，价格完全反映了全部所获得信息的证券市场是有效市场。

一个特定信息在信息交流和竞争充分的市场能迅速被投资者知晓，股票市场的竞争将使股价及时、充分地反映该信息的影响，据此交易的投资者不可能获得高于市场平均水平的超额利润，只能赚取市场平均水平的报酬。

信息有效、投资者理性和市场理性的统一造就了有效的市场。

有效市场假说的前提条件，如图 2-6 所示。

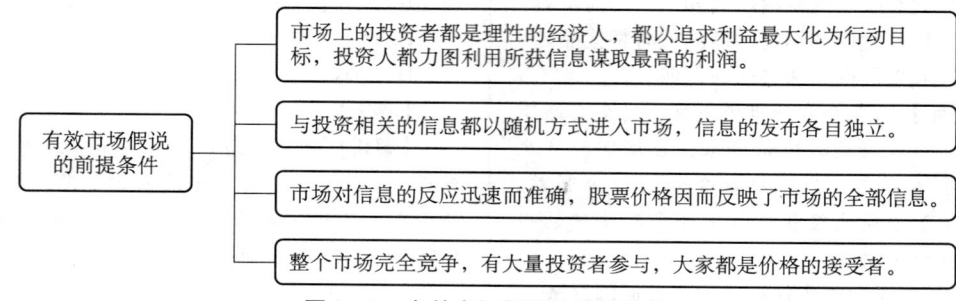

图 2-6　有效市场假说的前提条件

【例 2-59】（多项选择题）关于有效市场假说的前提条件，下列表述正确的是（　　）。

A. 市场既不允许卖空，也不存在衍生市场
B. 市场上的投资者都是理性的经济人，都

以追求利益最大化为行为目标，投资人都力图利用所获信息谋取最高的利润

C. 与投资相关的信息都以随机方式进入市场，信息的发布各自独立

D. 市场对信息的反应迅速而准确，股票价格因而反映了市场的全部信息

E. 整个市场完全竞争，有大量投资者参与，大家都是价格的接受者

【答案】BCDE

【解析】①市场上的投资者都是理性的经济人，都以追求利益最大化为行动目标，投资人都力图利用所获信息谋取最高的利润。②与投资相关的信息都以随机方式进入市场，信息的发布各自独立。③市场对信息的反应迅速而准确，股票价格因而反映了市场的全部信息。④整个市场完全竞争，有大量投资者参与，大家都是价格的接受者。选项 A 错误，其他选项均正确。

【知识点 26】有效市场的形态（★★★）

（一）证券市场包含的三个层级信息

参见图 2-7。

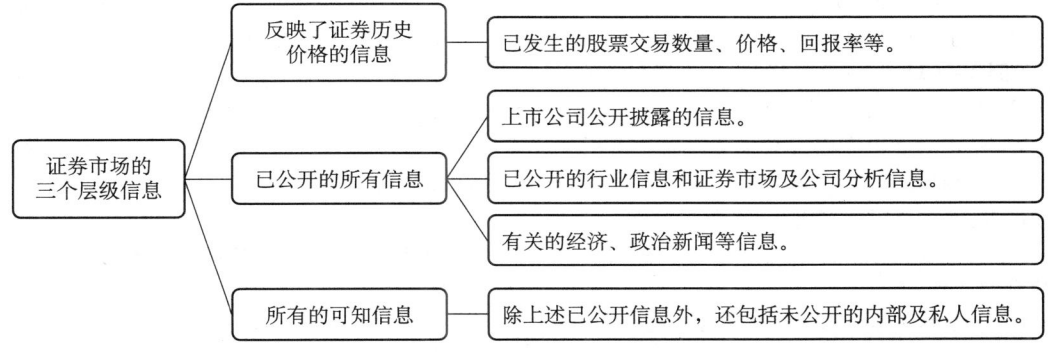

图 2-7 证券市场包含的三个层级信息

（二）有效市场的形态

参见表 2-8。

表 2-8　　　有效市场的形态

有效市场	信息	分析的有效性
弱式有效市场	股票的市场价格已充分反映了股票所对应的历史价格信息，历史资料无法影响股票的未来价格，也无法准确预测股票价格，投资者无法利用股票的历史交易信息获得超额收益。	技术分析手段不再有效，基本分析还可能对投资者有所帮助。
半强式有效市场	股票的市场价格已充分反映了全部已公开信息，投资者无法利用已公开信息获得超额收益。	技术分析和基本分析都不再有效，但掌握内幕信息可能获得超额利润。
强式有效市场	股票市场价格已充分反映了已知的全部信息，投资者无法利用已知的信息获得超额收益。	不仅任何分析手段都失效，甚至连垄断、利用内幕信息也无法获取超出投资对象风险水平之上的收益。

【例 2-60】（单项选择题）关于有效市场假说，下列表述中，错误的是(　　)。

A. 如果弱式有效市场假说成立，则股票价格的技术分析不再有效，基本分析还可能帮助投资者获得超额收益

B. 在半强式有效市场中，只有那些利用内幕信息的投资者才能获得超额收益

C. 在强式有效市场中，投资者无法利用已知的信息获得超额收益

D. 在强式有效市场中，利用内幕信息还可能帮助投资者获得超额收益

【答案】D

【解析】在强式有效市场，股票市场价格已充分反映了已知的全部信息，投资者无法利用任何已知的信息获得超额收益，不仅任何分析手段都失效，甚至连垄断、利用内幕信息也无法获取超出投资对象风险水平之上的收益。选项 D 错误，其他选项均正确。

【例2-61】（单项选择题）证券价格反映了全部公开的信息，但不反映内幕信息，这样的市场是（　　）。

A．无效市场
B．弱式有效市场
C．半强式有效市场
D．强式有效市场

【答案】C

【解析】在半强式有效市场，股票的市场价格已充分反映了全部已公开信息，投资者无法利用已公开信息获得超额收益，技术分析和基本分析都不再有效，但掌握内幕信息可能获得超额利润。

【例2-62】（多项选择题）下列关于弱式有效市场的描述中，正确的是（　　）。

A．股票的市场价格已充分反映了股票所对应的历史价格信息
B．技术分析不再有效
C．股票的市场价格已充分反映了全部已公开信息
D．基本分析还可能对投资者有所帮助
E．利用内幕信息也无法获取超出投资对象风险水平之上的收益

【答案】ABD

【解析】在弱式有效市场，股票的市场价格已充分反映了股票所对应的历史价格信息，历史资料无法影响股票的未来价格，也无法准确预测股票价格，投资者无法利用股票的历史交易信息获得超额收益。技术分析手段不再有效，基本分析还可能对投资者有所帮助。选项A、选项B、选项D正确。在半强式有效市场，股票的市场价格已充分反映了全部已公开信息，选项C错误。在强式有效市场，股票市场价格已充分反映了已知的全部信息，投资者无法利用任何已知的信息获得超额收益，不仅任何分析手段都失效，甚至连垄断、利用内幕信息也无法获取超出投资对象风险水平之上的收益。选项E错误。

【知识点27】有效市场假说的检验（★★）

参见表2-9。

表2-9　有效市场假说的检验原理及方法

有效市场	检验原理	检验方法	检验结论
弱式有效市场	技术分析对股票价格（收益）的预测是否有用，有用则意味着不支持弱式有效市场假说。	（1）股票价格的时间序列分析。通过检验不同时间序列价格数据之间的系列相关性或自相关性，判断价格数据是否独立。	如果不同时间序列的数据存在显著相关，就说明历史价格可以影响现在的价格，可以运用这种相关模式预测未来的价格，证明技术分析有效，弱式有效就不能成立。大量研究表明，从股票价格数据无法检验出具有统计显著相关性的序列相关性，支持了弱式有效市场假说。
		（2）股票价格变化的随机性分析。如果股票价格变化不存在随机性，那么可以利用该非随机特征谋求超额收益。	有大量研究表明，从股票价格变化无法检验出具有统计显著性的非随机特征，说明股票价格变化具有随机性，弱式有效市场假说成立。
		（3）检验股票交易策略的有效性。检验基于技术分析的股票交易策略的营利性也是检验市场有效性的实证手段之一。研究者针对一些股票交易策略（比如"滤嘴法则"）的应用效果进行了统计检验。	研究比较利用滤嘴法则投资和长期持有策略所获得的收益，如果前者所获利润高，说明股价的变动相互关联，利用技术分析手段可以获取超额利润，市场不符合弱式有效特点。研究结果证明，这类基于技术分析的股票交易策略不能为投资者带来交易成本和交易风险之上的超额收益，支持了弱式有效市场假说。

续表

有效市场	检验原理	检验方法	检验结论
半强式有效市场	基本分析对股票价格（收益）的预测是否有用，有用则意味着不支持半强式有效市场假说。	事件研究法：检验反映公司基本面的事件发生时，能否引起股价的快速反应。	如果能引起股价的快速反应，表明投资人不能利用新的基本面公开信息获得超额利润，基本分析失灵，半强式有效市场假说成立。
强式有效市场	内幕消息是否有用。	对专业投资机构（如共同基金）或可能知悉内幕信息人士的投资行为和绩效进行研究，研究他们是否具有对某类投资信息的垄断权，对投资信息的反应是否快于其他投资者，投资绩效表现是否优于市场平均水平。	如果研究结论对上述现象给予肯定，则意味他们有能力利用信息优势从股市赚取超额收益，说明强式有效市场假说不成立。国内外不少学者的实证研究支持了依靠内部信息能获得超额收益的观点，说明强式有效市场假说在实际市场尚未得到支持。

【例 2-63】（单项选择题）以下选项中，能说明市场为半强式有效的是（　　）。

A. 投资人不能利用新的基本面公开信息获得超额利润，基本分析失灵

B. 历史价格可以影响现在的价格

C. 市场中存在小公司效应

D. 市盈率低的公司能获得超额利润

【答案】A

【解析】在半强式有效市场，股票的市场价格已充分反映了全部已公开信息，投资者无法利用已公开信息获得超额收益，技术分析和基本分析都不再有效，但掌握内幕信息可能获得超额利润。

【例 2-64】（单项选择题）自有效市场假说结论提出以后，学术界对其有效性进行了大量的实证检验。从检验结果来看，迄今为止的基本结论是支持（　　）假说。

A. 强式有效市场　　B. 半强式有效市场
C. 弱式有效市场　　D. 都不支持

【答案】C

【解析】大量研究表明：从股票价格数据无法检验出具有统计显著相关性的系列相关性；从股票价格变化无法检验出具有统计显著性的非随机特征，说明股票价格变化具有随机性；基于技术分析的股票交易策略不能为投资者带来交易成本和交易风险之上的超额收益。这些研究结果，都支持了弱式有效市场假说。

【例 2-65】（单项选择题）下列选项中，不支持半强式有效市场假说的是（　　）。

A. 在公司宣布其红利超常增长后交易该股票无法获得超额回报

B. 市盈率低的股票有超常收益率

C. 新股上市引起股价的快速变化

D. 上市公司财务报告公布没有引起股价变化

【答案】D

【解析】半强式有效市场假说检验的原理是：基本分析对股票价格（收益）的预测是否有用，有用则意味着不支持半强式有效市场假说。超常红利、低市盈率、新股上市、公布财务报告等反映公司基本面的事件发生时，能引起股价的快速反应，表明投资人不能利用新的基本面公开信息获得超额利润，基本分析失灵，半强式有效市场假说成立。反之，则不支持半强式有效市场假说。

【例 2-66】（单项选择题）根据证券价格对市场信息的反映程度，有效市场划分为弱式有效市场、半强式有效市场和强式有效市场三种形态。对三种有效市场假说的检验，最先进行的是（　　）。

A. 强式有效市场假说

B. 半强式有效市场假说

C. 弱式有效市场假说

D. 可同时进行

【答案】C

【解析】根据证券价格对市场信息的反映程度，有效市场划分为弱式有效市场、半强式有效市场和强式有效市场三种形态。强式有效假

说成立时,半强式有效必须成立;半强式有效成立时,弱式有效亦必须成立。所以,先检验弱式有效是否成立;若成立,再检验半强式有效;再成立,最后检验强式有效是否成立,顺序不可颠倒。即检验顺序为:弱式有效—半强式有效—强式有效。

【知识点 28】资本市场的内在效率和外在效率(对有效市场的其他界定)(★)

威斯特(West)和提尼克(Tinic)1975 年在《金融分析家》杂志发表《论内外效率的差异》一文,在法玛研究基础上将资本市场的效率区分为外在效率和内在效率。参见表 2-10。

表 2-10 资本市场的内在效率和外在效率

资本市场的效率	含义	衡量外在效率的办法
资本市场的内在效率	反映资本市场运行效率,指市场的组织机构和服务设施能否使交易者以最短时间和最低成本达成交易。	(1) 了解证券价格能否伴随信息变化自由变动; (2) 研究市场信息的披露状况,能否使与证券有关信息充分披露,让每个投资者能在相同时间获得等量等质的信息。
资本市场的外在效率	反映资本市场资金配置效率,指资本市场价格能否及时迅速对市场信息作出反应。	

【例 2-67】(多项选择题)衡量一个证券市场是否具有外在效率的方法是(   )。

A. 了解证券价格能否伴随信息变化自由变动

B. 市场能否使交易者以最短时间和最低成本达成交易

C. 研究市场信息的披露状况,能否使与证券有关信息充分披露,让每个投资者能在相同时间获得等量等质的信息

D. 市场的组织机构和服务设施是否完善

E. 投资者是否能够快速找到优质资产进行配置

【答案】AC

【解析】衡量一个证券市场是否具有外在效率,一要了解证券价格能否伴随信息变化自由变动;二要研究市场信息的披露状况,能否使与证券有关信息充分披露,让每个投资者能在相同时间获得等量等质的信息。

【知识点 29】有效市场理论的局限(★)

(一)实证研究中发现的"特例"现象

参见图 2-8。

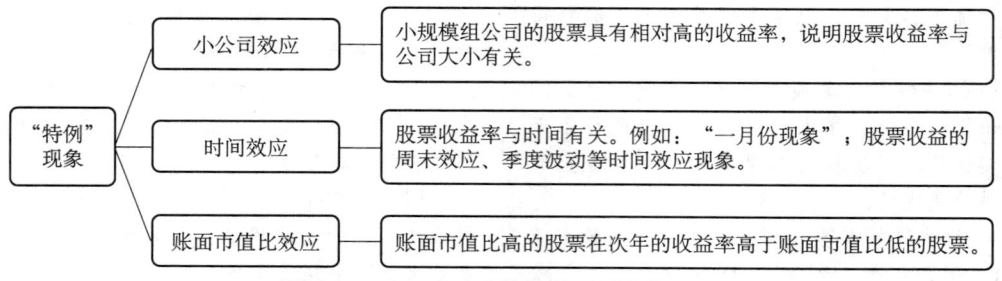

图 2-8 实证研究中发现的"特例"现象

【提示】按照有效市场理论,有效市场不会出现股票收益的规律性现象,因为一旦出现,理性的投资人就会利用这种规律性赢得超额回报,最终会使收益率之间出现不平衡。有效市场中的投资只能补偿与投资对象相应的正常风险,从而消除了这种获得超额收益的投资机会。

(二)对有效市场理论相关假设的不同看法

1. 理性经济人

理性经济人假设要求投资者有明确的投资预期,都以追求个人经济利益最大化为目标。

现实市场的投资者并非都具有各项理性预期。具有不同预期的投资者使得市场价格在不断的随机波动中趋向均衡。

对金融决策行为"理性经济人"假设的质疑,产生了研究金融活动当事人行为方式及心理特质的新领域—行为金融学。

2. 信息相关假设。

有效市场理论要求,市场参与者之间不存

在信息占有不对称、信息加工不同步、信息解释差异；新信息完全随机出现，信息的获取、传输和运用是自由而高效的，信息在市场中充分且均匀分布。

这里面所暗含的假设是：信息的获取成本为零。这也与市场现实存在偏离。

【例2-68】（多项选择题）对有效市场理论实证研究中，发现了一些"特例"现象，主要包括( )。

A. 时间效应　　　　B. 管理层效应
C. 小公司效应　　　D. 市盈率效应
E. 账面市值比效应

【答案】ACE

【解析】对有效市场理论实证研究中所发现的"特例"现象主要有：小公司效应、时间效应、账面市值比效应。

【知识点30】有效市场理论的主要作用（★）
参见图2-9。

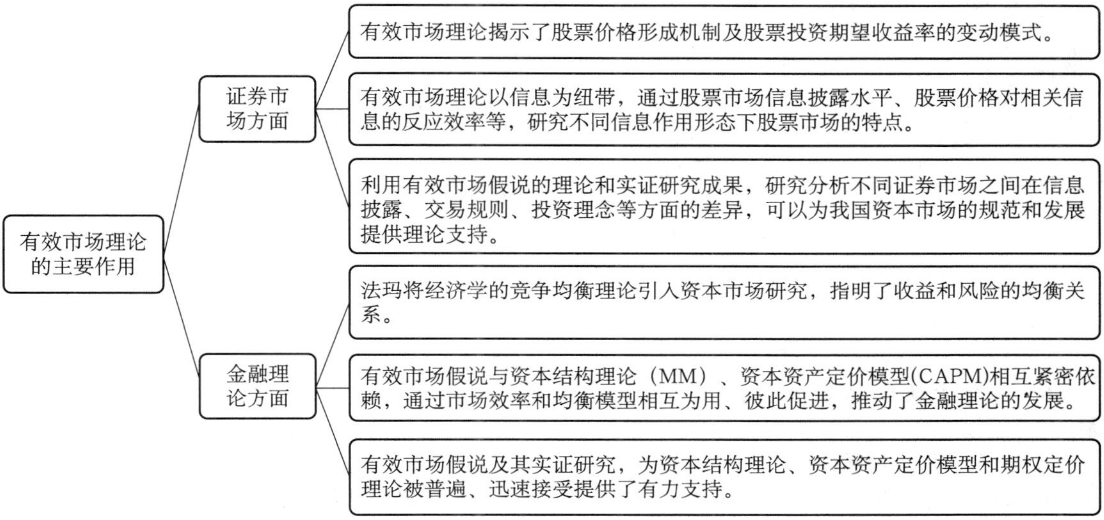

有效市场理论的主要作用

- 证券市场方面
  - 有效市场理论揭示了股票价格形成机制及股票投资期望收益率的变动模式。
  - 有效市场理论以信息为纽带，通过股票市场信息披露水平、股票价格对相关信息的反应效率等，研究不同信息作用形态下股票市场的特点。
  - 利用有效市场假说的理论和实证研究成果，研究分析不同证券市场之间在信息披露、交易规则、投资理念等方面的差异，可以为我国资本市场的规范和发展提供理论支持。
- 金融理论方面
  - 法玛将经济学的竞争均衡理论引入资本市场研究，指明了收益和风险的均衡关系。
  - 有效市场假说与资本结构理论（MM）、资本资产定价模型（CAPM）相互紧密依赖，通过市场效率和均衡模型相为为用、彼此促进，推动了金融理论的发展。
  - 有效市场假说及其实证研究，为资本结构理论、资本资产定价模型和期权定价理论被普遍、迅速接受提供了有力支持。

图2-9　有效市场理论的主要作用

【提示】有效市场理论与证券投资分析的关系，参见表2-11。

表2-11　有效市场理论与证券投资分析的关系

	技术分析	基本分析	内幕消息	组合管理
无效市场	有效	有效	有效	积极进取
弱式有效	无效	有效	有效	积极进取
半强式有效	无效	无效	有效	积极进取
强式有效	无效	无效	无效	消极保守

【例2-69】（单项选择题）已知某个市场，投资者通过内幕消息可以获得超额收益但是通过基本分析和技术分析都不能获得超额收益，那么根据有效市场假说，这个市场属于( )。

A. 强式有效市场　　　B. 半强式有效市场
C. 弱式有效市场　　　D. 半弱式有效市场

【答案】B

【解析】有效市场分为弱式有效市场、半强式有效市场和强式有效市场三种，没有半弱式有效市场。投资者不能通过技术分析和基本面分析获得超额利润，但是可以通过内幕消息获得超额利润，市场属于半强式有效市场。

精选练习题

一、单项选择题

1. ( )提出"三种收入决定商品价值"，商品价值由工资、利润、地租三种收入构成。

A. 威廉·配第　　　B. 卡尔·马克思
C. 大卫·李嘉图　　D. 亚当·斯密

2. 2019年年末到2020年年初，"新冠病毒感染的肺炎"在全球蔓延，2020年3月末开始，不少国家纷纷宣布禁止农产品出口，引发消费者对于农产品价格上涨的担忧，某些地方出现了囤积粮食现象，这说明商品的需求量受到( )因素影响。

A. 消费者的收入水平
B. 商品的价格
C. 消费者的选择偏好
D. 对商品价格变动的预期

3. 在某一时期内家用燃油小汽车的需求曲线向左平移，其原因可能是(   )。
A. 成品油消费税降低
B. 消费者对家用小汽车的预期价格下降
C. 消费者的收入水平降低
D. 家用新能源小汽车的价格上升

4. 下列哪种情况中，不可能引起大米的需求曲线移动的是(   )。
A. 消费者收入增加
B. 面粉价格上升
C. 当地的消费者不喜欢吃大米
D. 面粉供给量锐减

5. 受政府开征资源税和消费者绿色消费观的影响，高能耗产品的需求曲线（D）和供给曲线（S）一般会发生变动。假定不考虑其他因素，图 2 – 10 中能正确反映这种变动的是(   )。

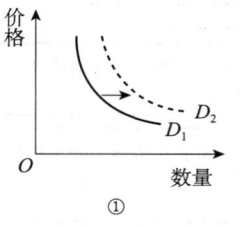
①
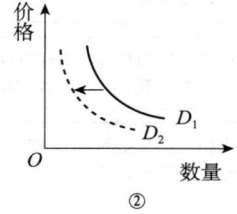
②
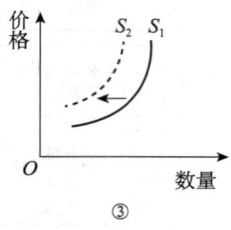
③
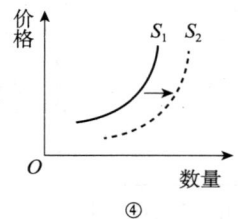
④

图 2 – 10

A. ①③   B. ①④
C. ②④   D. ②③

6. 一种劳动产品要成为商品，首先必须(   )。
A. 满足人们某种需要
B. 具有一定的价值
C. 凝结无差别的人类劳动
D. 耗费人的体力和脑力

7. 首次明确提出区分使用价值和交换价值的经济学家是(   )。
A. 亚当·斯密   B. 威廉·配第
C. 大卫·李嘉图   D. 卡尔·马克思

8. 形成商品价值的劳动是(   )。
A. 具体劳动   B. 抽象劳动
C. 脑力劳动   D. 体力劳动

9. 下列表述错误的是(   )。
A. 劳动生产率越高，在单位时间内所生产的使用价值量就越多
B. 商品的价值量与生产商品的劳动时间成正比
C. 商品是价值和使用价值的统一体，没有使用价值的商品也没有价值
D. 单位商品的价值量与生产该商品的劳动生产率成正比

10. 下列关于劳动价值论的表述中，正确的是(   )。
A. 确定商品价值量的时间是规定不变的
B. 价值是凝结在商品中的无差别人类劳动决定的
C. 商品是价值和使用价值的统一体，没有价值的商品也没有使用价值
D. 决定商品价值量的劳动时间为个别劳动时间

11. 按照需求理论的观点，下列表述正确的是(   )。
A. 需求曲线是一条由左下右上倾斜的曲线，当商品价格保持不变，消费者收入减少时，需求曲线向右移动
B. 需求曲线是一条由左上右下倾斜的曲线，当商品价格保持不变，消费者收入增加时，需求曲线向左移动
C. 需求曲线是一条由左上右下倾斜的曲线，当商品价格保持不变，消费者收入增加时，需求曲线向右移动
D. 需求曲线是一条由左下右上倾斜的曲线，当商品价格保持不变，消费者收入减少时，需求曲线向左移动

12. 经济学中的"吉芬商品"指的是(   )。
A. 需求量与价格同方向变化的高档商品
B. 需求量与价格反方向变化的低档商品
C. 需求量与价格同方向变化的大众性商品

D. 在特定条件下，需求量与价格同方向变化的特殊低档商品

13. 根据需求理论，消费者收入增加，可能会引起(　　)。

A. 对某些高档商品需求量增加
B. 对正常商品需求量减少
C. 对所有商品需求量增加
D. 对所有商品需求量减少

14. 评估人员对某项专利技术进行评估，在做市场调查分析时发现：市场上存在许多出售与该专利技术产品相近但非同质的厂商，则该市场结构的类型属于(　　)。

A. 完全垄断　　　　B. 完全竞争
C. 寡头垄断　　　　D. 垄断竞争

15. 下列市场结构中，介于完全竞争和完全垄断之间的是(　　)。

A. 纯粹竞争市场　　B. 完全垄断市场
C. 寡头垄断市场　　D. 垄断竞争市场

16. 将寡头垄断市场分类为合作寡头和不合作寡头的依据为(　　)。

A. 产品特征　　　　B. 厂商的行动方式
C. 寡头厂商数量　　D. 寡头市场的模型

17. 下列何种产品市场属于典型的垄断竞争市场(　　)。

A. 大米　　　　　　B. 冰箱
C. 铜　　　　　　　D. 食用盐

18. 对于投资人来说，不能从公开的和非公开的信息分析中获得超额利润，所有内幕消息无用的市场是(　　)。

A. 弱式有效市场　　B. 半强式有效市场
C. 强式有效市场　　D. 无效市场

19. 关于有效市场假说的前提条件，下列表述错误的是(　　)。

A. 整个市场完全竞争，有大量的投资者参与，大家都是价格的制定者
B. 市场上的投资者都是理性的经济人，都以追求利益最大化为行为目标，投资人都力图利用所获信息谋取最高的利润
C. 与投资相关的信息都以随机方式进入市场，信息的发布各自独立
D. 市场对信息的反应迅速而准确，股票价格因而反映了市场的全部信息

20. 根据证券价格对市场信息的反映程度，不属于有效市场形态的是(　　)。

A. 弱式有效市场　　B. 半强式有效市场
C. 半弱式有效市场　D. 强式有效市场

二、多项选择题

1. 关于影响需求的主要要素，下列表述中，正确的是(　　)。

A. 价格和需求的变动呈反方向变化
B. 正常商品的需求量与消费者收入呈同方向变化
C. 消费者预期某种商品价格会下降，会造成该商品需求量增加
D. 商品的需求量与其互补品价格呈现反方向变动
E. 商品的需求量与偏好程度同方向变化

2. 以下属于替代品的是(　　)。

A. 猪肉和牛、羊肉　B. 汽车和汽油
C. 筷子和碗　　　　D. 石油和煤炭
E. 电脑和鼠标

3. 下列关于劳动价值论的表述中，正确的有(　　)。

A. 劳动价值论提出了商品价值的二重性——使用价值和价值
B. 使用价值是商品的自然属性，价值是商品的社会属性
C. 具体劳动构成了商品的使用价值，抽象劳动则形成了商品的价值
D. 决定商品价值量大小的是生产商品的个别劳动时间
E. 商品供求关系的变化引起价格围绕价值上下波动

4. 一种商品或劳务对消费者是否有效用，取决于(　　)。

A. 消费者是否有消费的欲望
B. 商品的外观
C. 商品的内在价值
D. 这种商品或劳务是否具有满足消费者的欲望的能力
E. 商品的自然属性

5. 下列对价值规律的描述，正确的是(　　)。

A. 商品的价值量由生产商品的社会必要劳动时间决定
B. 价格与价值的背离现象是对价值规律的否定
C. 价值规律能够自发地调节生产资料和劳

动力在社会各部门之间的分配

D. 价值规律能够刺激生产者的积极性

E. 价值规律能够导致生产者优胜劣汰

6. 根据需求理论，下列表述中，错误的是（　　）。

A. 一般情况下，商品的需求量与其价格呈正相关关系

B. 一般情况下，商品的需求量与消费者的收入呈负相关关系

C. 商品的需求量与其替代品价格呈现反方向变动

D. 商品的需求量与其互补品价格呈现同方向变动

E. 消费者预期某种商品价格会下降造成该商品需求量减少

7. 在一般情况下，供给曲线（　　）。

A. 向右上方倾斜

B. 向右下方倾斜

C. 仅仅是商品价格出现变动时，供给量会沿着供给曲线发生移动

D. 仅仅是商品价格出现变动时，供给曲线会发生位置移动

E. 与价格呈反方向变化

8. 某一时期彩电的需求曲线向左平行移动的原因可能是（　　）。

A. 彩电价格下降

B. 消费者对彩电的预期价格上升

C. 消费者的收入水平降低

D. 消费者对彩电的预期价格下降

E. 彩电价格上升

9. 下列各项中，属于寡头垄断市场形成的主要原因的有（　　）。

A. 追求规模经济效益促使行业生产向大规模厂商集中

B. 重要原材料集中

C. 少数厂商控制了行业基本生产资源的供给

D. 缘于法律或政策的推动

E. 消费者需求多样

10. 不完全竞争市场分为（　　）。

A. 完全竞争市场　　B. 垄断竞争市场

C. 寡头垄断市场　　D. 完全垄断市场

E. 公开市场

11. 关于供给理论，下列表述中，正确的是（　　）。

A. 一般情况下，商品的供给量与其价格呈正相关关系

B. 一般情况下，商品的供给量与消费者的收入呈正相关关系

C. 商品的供给量与其需求量呈现同方向变动

D. 商品的供给量与其生产成本呈现反方向变动

E. 生产者预期某种商品价格会下降造成该商品供给量减少

三、综合题

1. 假设完全竞争市场的需求函数和供给函数分别为 $Q_d = 50000 - 2000P$ 和 $Q_s = 40000 + 3000P$。

根据资料回答以下问题：

（1）市场均衡价格为（　　）。

A. 1　　　　　　　　B. 2

C. 3　　　　　　　　D. 4

（2）市场均衡产量为（　　）。

A. 45000　　　　　　B. 46000

C. 47000　　　　　　D. 48000

（3）在完全竞争条件下，个别厂商的需求曲线是一条（　　）。

A. 与横轴平行的线

B. 向右下方倾斜的曲线

C. 向左下方倾斜的曲线

D. 与横轴垂直的线

（4）在完全竞争条件下，与厂商的平均收益曲线重叠的是（　　）。

A. 边际成本曲线　　B. 需求曲线

C. 边际收益曲线　　D. 总收益曲线

E. 总成本曲线

（5）完全竞争市场必须具备的前提条件包括（　　）。

A. 厂商生产和销售的商品没有替代品

B. 市场上有大量的买者和卖者

C. 每个厂商提供的都是完全同质的商品

D. 各种资源能够自由流动

E. 信息畅通、完全

2. 某地有一座新修的大桥，三位市民甲、乙、丙参观的时候，对该大桥价值的判断，有如下对话：

甲说："这座桥价值1000万元，因为我参

与过建造这座桥，人工加材料等，整整花了1000万元！"

乙说："我听说，这座桥投入使用以后要收取20年的过桥费，几家公司竞标收费权，竞争激烈，报价至少1500万元。这座桥至少值1500万元！"

市民丙说："不！再值钱我也不买，对我来说就是一文不值！"

假设该大桥可以作为一个商品，能够作为评估对象，并不考虑其他因素，请分析三位市民的对话，回答以下问题：

（1）三位市民对大桥价值的判断，甲的观点比较符合哪位古典经济学家的理论？乙、丙依据的基础理论是什么？

（2）卡尔·马克思对商品价值的论述是什么？请简要说明。

（3）商品的两因素是什么？二者有何关系？

（4）该大桥比较符合哪种市场特征？请简要说明。

（5）你倾向于赞同哪位市民的观点？请简要说明原因。

精选练习题参考答案及解析

一、单项选择题

1.【答案】D

【解析】亚当·斯密强调一切生产商品的劳动都创造价值。他在进一步研究什么样的劳动决定商品价值时，提出了如下三种价值决定理论：劳动决定价值、购买到的劳动决定价值、三种收入决定商品价值。

2.【答案】D

【解析】不少国家纷纷宣布禁止农产品出口，引发消费者对于农产品价格上涨的担忧，消费者预期粮食价格会上升，会增加当期购买的意愿，导致粮食需求量增加。

3.【答案】C

【解析】当商品的价格不变，影响需求的其他因素发生变化时，该商品需求数量的变动表现为需求曲线的位置发生移动，被称为需求的变动。例如，在商品价格不变的前提下，消费者的收入发生变化时，随着消费者收入的减少，需求量相应减少，需求曲线向左移动；反之，消费者的收入增加时，需求曲线将向右移动。

4.【答案】D

【解析】根据需求理论，消费者的收入增加时，大米的需求将增加，需求曲线将向右移动；面粉与大米为替代品，面粉价格上升，大米的需求将增加，需求曲线将向右移动；当地的消费者不喜欢吃大米，大米的需求将减少，需求曲线将向左移动；面粉供给量变化不是影响大米需求的主要因素。

5.【答案】D

【解析】受绿色消费观的影响，消费者对高能耗产品的需求将减少，需求曲线将向左移动，图形①错误，图形②正确；消费者对高能耗产品的需求减少和政府开征资源税，生产者获利减少，生产者将缩减生产规模，减少供给，供给曲线将向左移动，图形③正确，图形④错误。

6.【答案】A

【解析】任何商品，首先必须能够满足人们的需要，即具有某种使用价值。

7.【答案】A

【解析】亚当·斯密首次明确区分了使用价值和交换价值，并在交换价值形式上考察了价值，提出了价值尺度和真实价格两个概念。

8.【答案】B

【解析】具体劳动创造商品的使用价值，抽象劳动创造商品的价值。

9.【答案】D

【解析】单位商品的价值量与生产该商品的劳动生产率成反比。

10.【答案】B

【解析】决定商品价值量大小的不是生产品的个别劳动时间，而是社会必要劳动时间，随着社会的发展和技术的进步，生产某一产品所需的社会必要劳动时间不断减少，选项A错误，选项D错误。价值是凝结在商品中的无差别的人类劳动，选项B正确。没有价值的商品也有可能有使用价值，比如说空气没有价值但是有使用价值，选项C错误。

11.【答案】C

【解析】需求曲线是一条由左上右下倾斜的曲线，当商品价格保持不变时，消费者收入增加时，同样的价格下，需要的商品数量增加，需求曲线向右移动。

12.【答案】D

【解析】经济学中的"吉芬商品"指的就是在特定条件下，需求量与价格同方向变化的特

13. 【答案】A

【解析】根据需求理论，如果其他条件不变，消费者收入提高，会增加对商品的需求量。但是收入水平增加并不会增加对所有商品的需求。比如，收入提高，会增加对某些高档商品的需求，减少对相关低档商品的需求，引起消费需求结构的变化。

14. 【答案】D

【解析】根据市场上存在许多出售与该专利技术产品相近但非同质的厂商可得出该市场结构类型属于垄断竞争。

15. 【答案】D

【解析】垄断竞争市场是介于完全竞争和完全垄断之间的市场结构。它既有垄断，也有竞争，而不像完全竞争市场或完全垄断市场那样偏于一端。

16. 【答案】B

【解析】寡头垄断市场有不同的分类方式。按照产品特征，它可分为纯粹寡头行业和差别寡头行业。根据寡头厂商数量，可分为双头垄断、三头垄断和多头垄断。依据厂商的行动方式，则有勾结（合作）寡头和独立（不合作）寡头。

17. 【答案】B

【解析】垄断竞争市场的代表行业为轻工业产品、零售业、服务业，选项B正确。

18. 【答案】C

【解析】在强式有效市场，股票市场价格已充分反映了已知的全部信息，投资者无法利用已知的信息获得超额收益，不仅任何分析手段都失效，甚至连垄断、利用内幕信息也无法获取超出投资对象风险水平之上的收益。

19. 【答案】A

【解析】选项A错误。有效市场假说的前提条件包括：①市场上的投资者都是理性的经济人，都以追求利益最大化为行动目标，投资人都力图利用所获信息谋取最高的利润；②与投资相关的信息都以随机方式进入市场，信息的发布各自独立；③市场对信息的反应迅速而准确，股票价格因而反映了市场的全部信息；④整个市场完全竞争，有大量投资者参与，大家都是价格的接受者。

20. 【答案】C

【解析】根据证券价格对市场信息的反映程度，将有效市场划分为弱式有效市场、半强式有效市场和强式有效市场三种形态。

二、多项选择题

1. 【答案】ABDE

【解析】消费者预期某种商品价格会下降，会降低当期购买的欲望，造成该商品需求量减少。

2. 【答案】AD

【解析】替代品的使用价值接近，可以相互替代满足人们的同一需求。猪肉和牛、羊肉，石油和煤炭属于替代品；互补品则是需要共同使用才能完整发挥其使用功能的商品，汽车和汽油、筷子和碗、电脑和鼠标属于互补品。

3. 【答案】ABCE

【解析】商品的价值量用它所包含的形成价值的劳动量来计量。决定商品价值量大小的不是生产商品的个别劳动时间，而是社会必要劳动时间，即"在现有社会正常的生产条件下、在社会平均的劳动熟练程度和劳动强度下制造某种使用价值所需要的劳动时间"，所以选项D的表述不正确。

4. 【答案】AD

【解析】一种商品或劳务对消费者是否有效用，取决于消费者是否有消费的欲望以及这种商品或劳务是否具有满足消费者的欲望的能力。

5. 【答案】ACDE

【解析】价值规律发挥作用的形式是价格围绕价值波动，价格总是围绕价值上下波动的，这种背离现象不是对价值规律的否定。选项B错误，其他选项均正确。

6. 【答案】ABCD

【解析】一般情况下，商品的需求量与其价格呈负相关关系，选项A错误；一般情况下，商品的需求量与消费者的收入呈正相关关系，选项B错误；替代品价格提高，会引起被替代商品需求量的增加，商品的需求量与其替代品价格呈现同方向变动，选项C错误；某种商品价格提高，会引起与其形成互补关系商品需求量的降低，商品的需求量与其互补品价格呈现反方向变动，选项D错误；消费者预期某种商品价格会下降，会降低当期购买的欲望，造成该商品需求量减少，选项E正确。

7. 【答案】AC

【解析】由于供给量与市场价格成正比，"供给曲线"是一条向右上方倾斜的曲线。当影响供给的其他因素不变，仅仅是商品价格出现变动时，该商品的供给量会沿着供给曲线发生移动，表现为同一条供给曲线上相应点的移动，被称为供给量的变动。

8. 【答案】CD

【解析】随着消费者收入的减少，需求量相应减少，需求曲线向左移动；当消费者预期某商品的价格在下一期会下降时，就会减少对该商品的现期需求量。

9. 【答案】ACD

【解析】寡头垄断市场形成的原因与完全垄断市场相似，主要有：①追求规模经济效益促使行业生产向大规模厂商集中；②少数厂商控制了行业基本生产资源的供给；③缘于法律或政策的推动等等。

10. 【答案】BCD

【解析】垄断竞争市场、寡头垄断市场和完全垄断市场，又称为不完全竞争市场。

11. 【答案】ADE

【解析】一般情况下，一种商品价格越高，则该商品供给量越大，商品供给量与其价格呈正相关关系，选项A正确；消费者的收入、需求量并不是影响供给的因素，选项B、选项C错误；在其他条件不变时，生产成本降低会增加商品利润，从而刺激厂商增加商品的供给量，商品的供给量与其生产成本呈现反方向变动，选项D正确；生产者预期某种商品价格会上涨，往往会扩大生产，增加供给，反之，则减少商品供给，选项E正确。

三、综合题

1. 【答案及解析】

（1）选项B正确。

市场均衡时 $Q_s = Q_d$，即：$40000 + 3000P = 50000 - 2000P$，解得均衡价格 $P = 2$。

（2）选项B正确。

市场的均衡产量 $Q = Q_d = Q_s = 40000 + 3000 \times 2 = 46000$。

（3）选项A正确。

完全竞争市场对厂商的需求曲线是一条水平线，所对应的价格是整个行业的供求均衡价格，即厂商的需求曲线是由市场的均衡价格决定的。

（4）选项BC正确。

完全竞争市场对厂商产品的需求曲线是一条水平线，所对应的价格是整个行业的供求均衡价格，且厂商的平均收益曲线、边际收益曲线和需求曲线重合。

（5）选项BCDE正确。

完全竞争市场必须具备以下条件：有大量的买者和卖者；每个厂商提供的都是完全同质的商品；各种资源能够自由流动；信息畅通、完全。厂商生产和销售的商品没有替代品是完全垄断市场需要具备的主要条件之一。

2. 【答案及解析】

（1）甲的观点比较符合古典经济学家大卫·李嘉图的理论；乙依据的是供求理论；丙依据的是效用价值论。大卫·李嘉图（David Ricardo）认为劳动决定价值，劳动既包括活劳动，也包括物化劳动。甲认为大桥的价值基础是人工加材料等的消耗价值，恰恰是大卫·李嘉图论述的活劳动和物化劳动消耗。供求理论认为，如果供给不变，需求量增加使需求曲线向右上方移动，导致均衡价格上升。乙所说的大桥收费权竞标，竞争激烈，导致大桥的价值上升，符合供求理论。效用价值论认为，商品的价值是由人们对商品效用的主观评价决定的。价值产生于人们对物品效用的主观评价。丙的观点依据的是效用价值论。

（2）卡尔·马克思认为，商品的价值是由凝结在商品中的无差别人类劳动决定的。马克思把人类劳动分为具体劳动和抽象劳动，具体劳动构成了商品的使用价值，抽象劳动则形成了商品的价值。商品的价值是由直接导致该商品生产的工人的活劳动和间接凝结在商品中的物化劳动构成，它是用社会必要劳动时间来衡量的。随着社会的发展和技术的不断进步，生产某一产品所需的社会必要劳动时间会不断减少，其价值量会逐渐下降。马克思的劳动价值论科学地揭示了劳动与资本的根本对立，阐述了劳动是价值的唯一源泉，为其剩余价值论奠定了理论和道义的基础。

（3）商品是用来交换的劳动产品。商品包含使用价值和价值两个要素。商品是使用价值和价值的对立统一体。一方面，二者是统一的，是互相依存、互为条件的。作为商品，必须同时具有使用价值和价值两个因素。另一方面，二者又是对立的，是互相排斥、互相矛盾的。

（4）该大桥比较符合完全垄断市场的市场

特征。完全垄断市场需要具备的条件主要包括：①只有唯一的供给厂商和众多的需求者；②厂商生产和销售的商品没有替代品；③其他厂商无法进入该行业。对于该大桥来说，属于不动产，附近无竞争者，收费权近似于自然垄断或者特许专营行业，比较符合完全垄断市场的市场特征。

（5）应该倾向于赞同乙的观点。收费权进入市场，由供求共同决定价值，更符合市场经济的要求。

第三章 资产评估法律制度与准则

考试大纲

第三章	考试目的	考查考生对资产评估法的主要内容、资产评估行业监管体系、国有资产评估管理制度,以及我国资产评估准则框架体系的掌握情况。	
资产评估法律制度与准则	考试内容及要求		
	掌握的内容（★★★）	1. 资产评估法的调整范围的主要内容。	
		2. 资产评估业务类型。	
		3. 我国对资产评估行业行政监管的主要内容。	
		4. 我国资产评估行业的自律管理。	
		5. 我国资产评估机构自主管理的主要内容。	
		6. 我国国有资产评估管理有关规定文件。	
		7. 我国国有资产评估项目管理的方式。	
		8. 我国国有资产评估项目审核与评审的依据。	
		9. 我国资产评估准则体系框架。	
	熟悉的内容（★★）	1. 资产评估专业人员及其权利、义务和责任。	
		2. 资产评估机构的组织形式、设立,以及权利和责任。	
		3. 资产评估法的内容框架。	
		4. 我国资产评估机构备案管理的程序和内容。	
		5. 我国资产评估协会自律管理的主要内容。	
		6. 我国资产评估准则的制定机制。	
	了解的内容（★）	1. 资产评估法的出台及其意义。	
		2. 资产评估法律制度体系的主要内容。	
		3. 我国财政部门对资产评估的行政监管范围。	
		4. 我国财政部门对资产评估的行政监管原则与监管职责范围。	
		5. 对资产评估行业的监督检查和调查处理。	
		6. 国有资产的形态。	
		7. 我国资产评估准则的产生与发展。	
		8. 我国资产评估准则的主要作用。	

考情分析

本章主要考查考生对资产评估法的主要内容、资产评估行业监管体系、国有资产评估管理制度,以及我国资产评估准则框架体系的掌握情况。资产评估法、国有资产评估管理、资产评估准则的相关内容可能会成为今后考查的重点。《资产评估法》,内容充实,可以考查的知识点多,特别是与资产评估程序、资产评估报告、资产评估的法律责任等内容结合,可进行综合测试,成为综合题的重要考查内容。

教材主要变化

本章是2018年新增加的一章，2019年变动不大，2020年内容变化较大，对《资产评估法》的主要内容多处进行扩充，将原第四章中的"我国的资产评估准则"调入本章，将本章名称由"资产评估法律制度与监管"修改为"资产评估法律制度与准则"。2021年，考试大纲无变化，但教材对部分文字表述进行了适当删减和补充，对部分内容进行了更新，例如涉及原《合同法》的规定，更新为《民法典》的规定。

考点精讲及典型例题解析

【知识点1】资产评估法的出台及其意义（★）

（一）《资产评估法》的颁布实施

2016年7月2日，十二届全国人大常委会第二十一次会议审议通过了《中华人民共和国资产评估法》，国家主席习近平签署第46号主席令予以公布，自2016年12月1日起施行。

（二）《资产评估法》的重要意义

（1）有利于维护社会主义市场经济秩序；

（2）有利于保护国有资产和公共利益；

（3）有利于保障评估当事人的合法权益；

（4）有利于促进评估行业健康发展。

【提示】 资产评估是现代高端智力服务业，为我国社会经济发展作出了重要贡献。但是，资产评估行业也存在着评估行为不规范、机构和人员良莠不齐、法律责任不清晰等突出问题，

《资产评估法》通过规范评估从业人员和从业机构的行为，增强行业专业水准和公信力，有利于促进评估行业健康持续发展。

【例3-1】（多项选择题）以下有关《资产评估法》重要意义的表述中，正确的是(　　)。

A. 有利于维护社会主义市场经济秩序

B. 有利于保护国有资产和公共利益

C. 有利于推动外汇市场平稳运行

D. 有利于促进评估行业健康发展

E. 有利于保障评估当事人的合法权益

【答案】 ABDE

【解析】《资产评估法》的重要意义包括：①有利于维护社会主义市场经济秩序；②有利于保护国有资产和公共利益；③有利于保障评估当事人的合法权益；④有利于促进评估行业健康发展。

【知识点2】资产评估法律制度体系的主要内容（★）

（一）内容框架

《资产评估法》颁布施行后，相关部门和评估行业在以往颁布的与资产评估有关的法律法规基础上，积极推进相关配套制度建设，形成了以《资产评估法》为统领，由相关法律、行政法规、部门规章、规范性文件以及自律管理制度共同组成的全面、系统、完备的资产评估法律制度体系。

（二）资产评估法律制度体系主要内容

参见表3-1。

表3-1　　资产评估法律制度体系构成及主要内容

体系构成	主要内容
相关法律	目前，除《资产评估法》外，其他相关法律也从不同角度对资产评估进行了规范，如《企业国有资产法》等，主要规定了涉及国有资产产权转让、抵押、股东出资、股票和债券发行、房地产交易等业务，必须要进行评估，以及相关法律责任。
行政法规	我国涉及资产评估的行政法规有十几部，包括《国有资产评估管理办法》等，主要规定对涉及国有资产产权变动、房屋征收补偿、矿产资源开采、金融机构抵押贷款、金融机构撤销等多种业务，必须要进行评估。
财政部门规章、规范性文件	(1) 2017年4月21日，财政部出台了《资产评估行业财政监督管理办法》（财政部令第86号），明确了行业监管的对象和内容，规定了行业监管的手段和法律责任。 (2) 2017年5月，人力资源和社会保障部、财政部修订发布了《资产评估师职业资格制度暂行规定》和《资产评估师职业资格考试实施办法》（人社部规〔2017〕7号），规定中国资产评估协会负责资产评估师职业资格考试组织和实施工作，同时放宽了报考条件，优化了考试科目，建立了适合行业发展和行业特点的资产评估师考试制度。 (3) 2017年7月，财政部发布了《关于做好资产评估机构备案管理工作的通知》，细化了资产评估机构的备案管理。 (4) 2017年8月，财政部正式印发了《资产评估基本准则》，对资产评估的基本要求、基本遵循以及资产评估程序、资产评估报告、资产评估档案等作出了明确规定。

续表

体系构成	主要内容
资产评估行业自律管理制度	2016年12月,经资产评估行业第五次会员代表大会审议通过,并报财政部审查同意、民政部核准,新的《中国资产评估协会章程》正式生效,进一步完善了协会的职责定位,优化了协会的组织体系,规范了会员管理和理事会的运作机制。 随后,中国资产评估协会修订发布了会员管理办法,组织修订发布了25项执业准则和职业道德准则等一系列自律管理制度。 截至2020年12月31日,共有各类资产评估准则31项。

【例3-2】(多项选择题)下列关于资产评估法律制度体系的表述中,正确的是( )。

A. 我国资产评估法律制度体系是以《公司法》为统领,由相关法律、行政法规、部门规章、规范性文件以及自律管理制度共同组成

B. 资产评估相关法律主要规定了涉及国有资产产权转让、抵押、股东出资、股票和债券发行、房地产交易等业务,必须要进行评估

C. 财政部门规章、规范性文件主要有《资产评估行业财政监督管理办法》《资产评估基本准则》《资产评估师职业资格制度暂行规定》等

D. 《资产评估师职业资格考试实施办法》属于资产评估行业自律管理制度

E. 截至2020年12月31日,共有各类资产评估准则31项

【答案】BCE

【解析】我国资产评估法律制度体系是以《资产评估法》为统领,由相关法律、行政法规、部门规章、规范性文件以及自律管理制度共同组成,选项A错误。《资产评估师职业资格考试实施办法》属于财政部门规章、规范性文件,选项D错误。

【知识点3】资产评估法的内容框架(★★)

《资产评估法》共八章55条,其内容框架见图3-1。

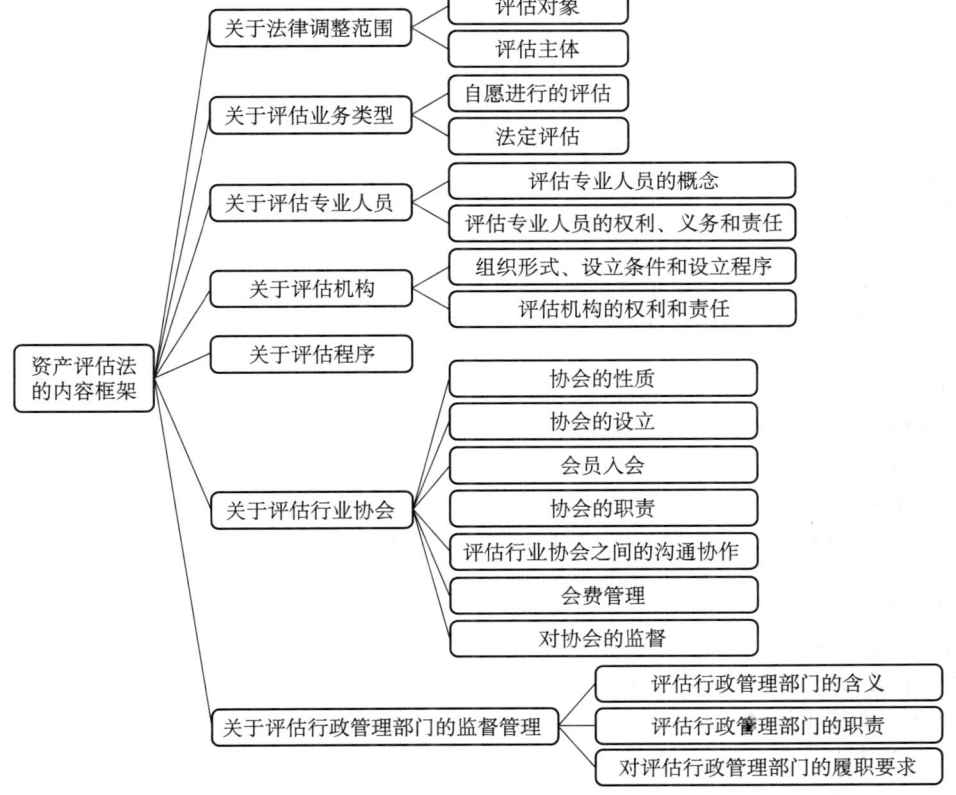

图3-1 资产评估法的内容框架

【知识点4】资产评估法的主要内容

（一）资产评估法调整范围的主要内容（★★★）

《资产评估法》第二条规定了法律的调整范围：评估机构及其评估专业人员根据委托对不动产、动产、无形资产、企业价值、资产损失或者其他经济权益进行评定、估算，并出具评估报告的评估专业行为。

1. 评估对象。

资产评估的对象包括不动产、动产、无形资产、企业价值、资产损失或者其他经济权益。

【提示】这里重点介绍无形资产、企业价值、资产损失等评估对象所涉及的评估业务内容。

（1）无形资产评估。无形资产是指特定主体所拥有或者控制的、没有实物形态，能持续发挥作用且能带来经济利益的非货币性资产，包括专利权、商标权、著作权、商誉等。

无形资产评估就是根据特定目的，遵循公允、法定程序，运用适当方法，对这些无形资产进行评定、估算，并出具评估报告的专业服务行为。

【例3-3】（多项选择题）以下各选项中，不属于无形资产评估对象的是( )。

A. 专利权　　　　B. 土地使用权
C. 商标权　　　　D. 商誉
E. 房屋产权

【答案】BE

【解析】土地估价、房地产估价属于不动产评估。

（2）企业价值评估。企业价值评估是指资产评估机构及评估专业人员遵守法律、行政法规和资产评估准则，根据委托对评估基准日特定目的下企业整体价值、股东全部权益价值或股东部分权益价值进行评定和估算，并出具资产评估报告的专业服务行为。

企业价值评估适用于设立公司、企业改制、股票发行上市、股权转让、企业兼并、收购或者分立、联营、组建集团、中外合作、合资、企业租赁、承包、融资、抵押贷款、法律诉讼、破产清算等评估目的。

【提示】企业价值评估是将一个企业作为一个有机整体，依据其拥有或占有的全部资产状况和整体获利能力，充分考虑影响企业获利能力的各种因素，结合企业所处的宏观经济环境及行业背景，对企业的整体或股东权益公允价值进行的综合性评估。

【例3-4】（多项选择题）企业价值评估是指资产评估机构及评估专业人员遵守法律、行政法规和资产评估准则，根据委托对评估基准日特定目的下( )进行评定和估算，并出具资产评估报告的专业服务行为。

A. 企业投资价值
B. 企业整体价值
C. 股东全部权益价值
D. 股东部分权益价值
E. 控股股东权益价值

【答案】BCD

【解析】企业价值评估是指资产评估机构及评估专业人员遵守法律、行政法规和资产评估准则，根据委托对评估基准日特定目的下企业整体价值、股东全部权益价值或股东部分权益价值进行评定和估算，并出具资产评估报告的专业服务行为。

（3）资产损失评估。资产损失评估包括自然灾害损失评估、侵权损失评估及保险公估等。

保险公估是指接受保险当事人委托，对保险事故所涉及的保险标的进行评定、估算，并出具评估报告的专业服务行为。

【例3-5】（单项选择题）关于《资产评估法》调整范围中的评估对象，以下表述中错误的是( )。

A. 资产评估的对象包括不动产、动产、无形资产、企业价值、资产损失或者其他经济权益
B. 资产损失评估包括自然灾害损失评估、侵权损失评估及保险公估等
C. 企业价值评估是指评估专业人员对评估基准日特定目的下企业整体价值、股东全部权益价值或部分权益价值进行评定、估算并出具评估报告的专业服务行为
D. 企业价值评估适用于设立公司、企业改制、股票发行上市、股权转让、企业兼并、收购等，不适用于破产清算评估目的

【答案】D

【解析】企业价值评估适用于设立公司、企业改制、股票发行上市、股权转让、企业兼并、收购或者分立、联营、组建集团、中外合作、合资、企业租赁、承包、融资、抵押贷款、法

律诉讼、破产清算等评估目的，选项D错误。

2. 评估主体。

从事资产评估活动的主体是评估机构及其评估专业人员。

（1）评估机构。评估机构是依法设立的从事评估业务的专业机构。根据《资产评估法》的规定，设立评估机构首先应当向工商行政管理部门申请办理登记，领取营业执照，在领取营业执照后30日内向财政部门进行备案。

设立评估机构，从事评估业务应当符合《资产评估法》第十五条规定的条件，包括应当具有足够数量的评估师，并符合有关对合伙人和股东的要求。

（2）评估专业人员。评估专业人员包括评估师和其他具有评估专业知识及实践经验的评估从业人员。评估专业人员应当加入评估机构，才能从事评估业务。

【例3-6】（多项选择题）《资产评估法》规定的评估主体，包括（　　）。

A. 资产评估协会　　B. 资产评估机构
C. 资产评估委托人　D. 资产评估师
E. 其他具有评估专业知识及实践经验的评估从业人员

【答案】BDE

【解析】根据资产评估法，从事资产评估活动的主体是评估机构及其评估专业人员，评估专业人员包括评估师和其他具有评估专业知识及实践经验的评估从业人员。

（二）资产评估业务类型（★★★）

参见表3-2。

表3-2　　评估业务类型

业务类型	定义	特点
自愿进行的评估	自然人、法人或者其他组织需要确定评估对象价值的，除法律法规另有规定，可以自愿委托评估机构进行评估。	（1）委托人自愿委托； （2）评估业务由评估机构承接； （3）评估报告可以由评估师或其他评估专业人员签署。
法定评估	涉及国有资产或者公共利益等事项，以及法律、行政法规定需要评估的，应当依法委托评估机构评估，此类评估业务称为法定评估业务。	（1）涉及国有资产或者公共利益等事项； （2）法律、行政法规定需要评估，如《证券法》《企业国有资产法》等都有这方面的规定； （3）应当依法选择评估机构评估； （4）至少两名相应专业类别的评估师承办业务，并且评估报告必须由至少两名评估师签署； （5）法定评估档案保存期限为不少于30年，其他非法定评估档案保存期限为不少于15年。

【例3-7】（单项选择题）以下选项中，不属于自愿进行的评估的特点的是（　　）。

A. 委托人自愿委托
B. 评估业务由评估机构承接
C. 评估报告可以由评估师或其他评估专业人员签署
D. 涉及国有资产或者公共利益等事项

【答案】D

【解析】自愿进行的评估的特点是：一是委托人自愿委托；二是评估业务由评估机构承接；三是评估报告可以由评估师或其他评估专业人员签署。

【例3-8】（单项选择题）法定评估的评估报告必须由（　　）签署。

A. 资产评估机构
B. 至少两名评估师
C. 至少一名评估师
D. 评估师或其他评估专业人员

【答案】B

【解析】法定评估由至少两名相应专业类别的评估师承办业务，并且评估报告必须由至少两名评估师签署。

（三）资产评估专业人员及其权利、义务和责任（★★）

1. 评估专业人员的概念。

《资产评估法》明确规定，评估专业人员包括评估师和其他具有评估专业知识及实践经验的评估从业人员。

【提示】评估师是指通过评估师资格考试的评估专业人员。也就是说,评估师是评估专业人员,但不是一般的评估专业人员,而是通过评估师资格考试,取得评估师资格的评估专业人员。

2. 评估专业人员的权利、义务和责任。

参见表3-3。

表3-3　　　　　　　　　　评估专业人员的权利、义务和责任

权、责	具体内容
从业权利	(1) 要求委托人提供相关的权属证明、财务会计信息和其他资料,以及为执行公允的评估程序所需的必要协助。 (2) 依法向有关国家机关或者其他组织查阅从事业务所需的文件、证明和资料。 (3) 拒绝委托人或者其他组织、个人对评估行为和评估结果的非法干预。 (4) 依法签署评估报告。 (5) 法律、行政法规规定的其他权利。
从业义务	(1) 诚实守信,依法独立、客观、公正从事业务。 (2) 遵守评估准则,履行调查职责,独立分析估算,勤勉谨慎从事业务。 (3) 完成规定的继续教育,保持和提高专业能力。 (4) 对评估活动中使用的有关文件、证明和资料的真实性、准确性、完整性进行核查和验证。 (5) 对评估活动中知悉的国家秘密、商业秘密和个人隐私予以保密。 (6) 与委托人或者其他相关当事人及评估对象有利害关系的,应当回避。 (7) 接受行业协会的自律管理,履行行业协会章程规定的义务。 (8) 法律、行政法规规定的其他义务。
从业禁止行为	(1) 私自接受委托从事业务、收取费用。 (2) 同时在两个以上评估机构从事业务。 (3) 采用欺骗、利诱、胁迫或者贬损、诋毁其他评估专业人员等不正当手段承揽业务。 (4) 允许他人以本人名义从事业务,或者冒用他人名义从事业务。 (5) 签署本人未承办业务的评估报告。 (6) 索要、收受或者变相索要、收受合同约定以外的酬金、财物或者谋取其他不正当利益。 (7) 签署虚假评估报告或者有重大遗漏的评估报告。 (8) 违反法律、行政法规的其他行为。
处罚	评估专业人员违反资产评估法相关规定的,由有关评估行政管理部门给予责令停止从业、没收违法所得的处罚,构成犯罪的,依法追究刑事责任。评估专业人员因签署虚假评估报告被追究刑事责任的,终身不得从事评估业务。

【提示1】签署评估报告是评估活动的重要环节,也是评估专业人员的一项重要权利。评估报告一经签署,就可以提交委托人或者评估报告使用人使用,评估专业人员必须对其签署的评估报告负责。虽然签署评估报告是评估专业人员的权利,但是,评估专业人员也不能随便签署,应当依法进行。例如,法定评估业务的评估报告只能由评估师签署。《资产评估法》对评估专业人员签署评估报告的程序和相关法律责任有明确规定。

【提示2】国家秘密是指关系国家安全和利益,依照法定程序确定,在一定时间内只限一定范围的人员知悉的事项。商业秘密是指不为公众所知悉、能为权利人带来经济利益、具有实用性并经权利人采取保密措施的技术信息和经营信息。个人隐私是指不愿让他人知道的个人生活中的秘密事项。

【提示3】所谓虚假评估报告,是指评估专业人员或者评估机构故意签署、出具的不实评估报告。所谓有重大遗漏的评估报告,是指因评估专业人员或者评估机构的过失而对应当考虑的重要事项有遗漏的评估报告。

【例3-9】(单项选择题)根据《资产评估法》第十九条的规定,委托人要求出具虚假评估报告或者其他非法干预评估结果情形的,评估机构有权(　　)。

A. 回避
B. 向评估协会举报
C. 解除合同
D. 要求委托人书面承诺

【答案】C

【解析】《资产评估法》第十九条规定，委托人要求出具虚假评估报告或者其他非法干预评估结果情形的，评估机构有权解除合同。

【例 3-10】（多项选择题）以下选项中，不属于资产评估人员从业义务的是(　　)。

A. 对评估活动中知悉的国家秘密、商业秘密和个人隐私予以保密
B. 以个人名义接受委托从事业务、收取费用
C. 同时在两个以上评估机构从事业务
D. 依法签署评估报告
E. 与委托人或者其他相关当事人及评估对象有利害关系的，应当回避

【答案】BCD

【解析】私自接受委托从事业务、收取费用，同时在两个以上评估机构从事业务属于从业禁止行为。依法签署评估报告属于从业权利。

【例 3-11】（单项选择题）资产评估专业人员的下列中，不属于从业禁止行为的是(　　)。

A. 签署本人未承办业务的评估报告
B. 泄露评估活动中知悉的个人隐私
C. 允许他人以本人名义从事业务
D. 冒用他人名义从事业务

【答案】B

【解析】对评估活动中知悉的国家秘密、商业秘密和个人隐私予以保密，是评估从业人员的义务之一，选项A、选项C、选项D均属于从业禁止行为。

【例 3-12】（单项选择题）评估专业人员因签署虚假评估报告被追究刑事责任的，(　　)不得从事评估业务。

A. 三年内　　　　B. 五年内
C. 十年内　　　　D. 终身

【答案】D

【解析】评估专业人员因签署虚假评估报告被追究刑事责任的，终身不得从事评估业务。

【例 3-13】（多项选择题）评估专业人员违反《资产评估法》有关从业义务、责任规定的，可能面临的处罚是(　　)。

A. 由有关评估行政管理部门给予责令停止从业
B. 没收违法所得的处罚
C. 由资产评估协会暂停会员资格
D. 构成犯罪的，依法追究刑事责任
E. 因签署虚假评估报告被追究刑事责任的，终身不得从事评估业务

【答案】ABDE

【解析】评估专业人员违反《资产评估法》有关从业义务、责任规定的，由有关评估行政管理部门给予责令停止从业、没收违法所得的处罚，构成犯罪的，依法追究刑事责任。评估专业人员因签署虚假评估报告被追究刑事责任的，终身不得从事评估业务。

（四）资产评估机构的组织形式、设立，以及权利和责任（★★）

评估机构是依法设立的从事评估业务的专业机构。《资产评估法》对评估机构的组织形式、设立条件、设立程序和相关管理制度作出了规定。

1. 组织形式、设立条件和设立程序。

（1）组织形式（见图3-2）。

【提示】国有独资公司、国有企业、上市公司以及公益性的事业单位、社会团体不得成为普通合伙人。

（2）设立条件（见表3-4）。

【提示1】设立合伙企业，应当具备下列条件：①有两个以上合伙人。合伙人为自然人的，应当具有完全民事行为能力；②有书面合伙协议；③有合伙人认缴或者实际缴付的出资；④有合伙企业的名称和生产经营场所；⑤法律、行政法规规定的其他条件。

【提示2】设立有限责任公司，应当具备下列条件：①股东符合法定人数（50人以下）；②有符合公司章程规定全体股东认缴的出资额；③股东共同制定公司章程；④有公司名称，建立符合有限责任公司要求的组织机构；⑤有公司住所。

【提示3】设立股份有限公司，应当具备下列条件：①发起人符合法定人数（应当有2人以上200人以下为发起人，其中须有半数以上的发起人在中国境内有住所）；②有符合公司章程规定的全体发起人认购的股本总额或者募集的

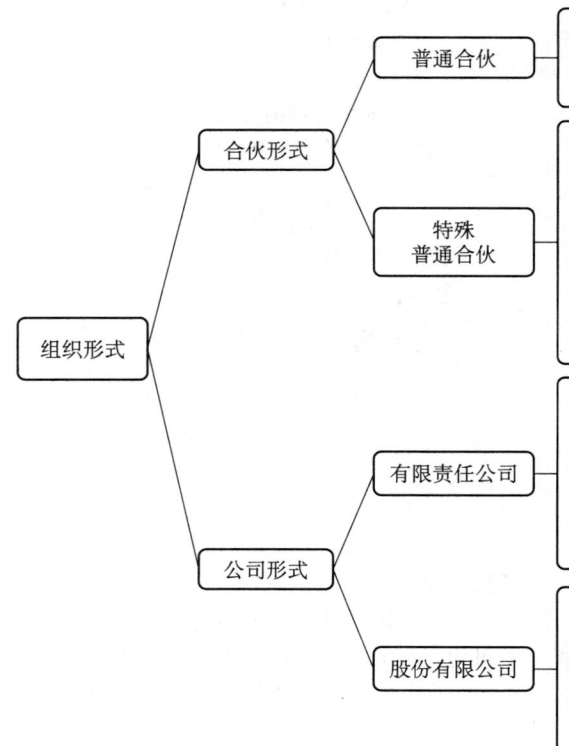

图 3-2 资产评估机构的组织形式

表 3-4 评估机构设立条件

组织形式	一般条件	评估师及股东的人数	合伙人及股东的从业经历
合伙形式的评估机构	应当遵守合伙企业法的一般性规定	2名以上评估师	其合伙人2/3以上应当是具有3年以上从业经历且最近3年内未受停止从业处罚的评估师
公司形式的评估机构	应当遵守公司法的一般性规定	应当有8名以上评估师和2名以上股东	其中2/3以上股东应当是具有3年以上从业经历且最近3年内未受停止从业处罚的评估师

实收股本总额；③股份发行、筹办事项符合法律规定；④发起人制订公司章程，采用募集方式设立的经创立大会通过；⑤有公司名称，建立符合股份有限公司要求的组织机构；⑥有公司住所。

【提示4】评估机构的合伙人或者股东为2名的，2名合伙人或者股东都应当是具有3年以上从业经历且最近3年内未受停止从业处罚的评估师。

(3) 设立程序。

①向工商行政管理部门申请办理登记。②向有关资产评估行政管理部门备案。评估机构应当自领取营业执照之日起30日内向有关资产评估行政管理部门备案。③有关资产评估行政管理部门将评估机构备案情况向社会公告。

【提示】评估机构不依法备案或者不符合《资产评估法》规定的设立条件的，由有关评估行政管理部门责令改正；拒不改正的，责令停业，可以并处罚款。

2. 评估机构的权利和责任（见表3-5）。

表 3-5	评估机构的权利和责任
权、责	具体内容
评估机构的权利	（1）委托人拒绝提供或者不如实提供执行评估业务所需的权属证明、财务会计信息和其他资料的，评估机构有权依法拒绝其履行合同的要求。 （2）委托人要求出具虚假评估报告或者有其他非法干预评估结果情形的，评估机构有权解除合同。
评估机构的责任	（1）评估机构不得有下列行为：不得利用开展业务之便，谋取不正当利益；不得允许其他机构以本机构名义开展业务，或者冒用其他机构名义开展业务；不得以恶性压价、支付回扣、虚假宣传，或者贬损、诋毁其他评估机构等不正当手段招揽业务；不得受理与自身有利害关系的业务；不得分别接受利益冲突双方的委托，对同一评估对象进行评估；不得出具虚假评估报告或者有重大遗漏的评估报告；不得聘用或者指定不符合《资产评估法》规定的人员从事评估业务；不得有违反法律、行政法规的其他行为。 （2）加强评估机构内部管理。 （3）完善风险防范机制。

【提示1】委托人应当为评估机构提供有关权属证明、财务会计信息和其他资料，并对其提供的权属证明、财务会计信息和其他资料的真实性、完整性和合法性负责。按照《民法典》的规定，将委托人如实提供执行评估业务所需的权属证明、财务会计信息和其他资料作为先履行的义务，评估机构可以享有后履行抗辩权，依法拒绝从事虚假评估业务。

【提示2】委托人通过要求出具虚假评估报告或者其他非法方式进行干预，使评估机构不能独立、客观、公正地开展评估业务。在这种情况下，评估机构在行使法定单方解除合同权时，无须承担赔偿损失的责任。

【提示3】评估机构违反法律禁止行为规定的，由有关评估行政管理部门依法给予责令停业、没收违法所得、罚款的处罚；情节严重的，由工商行政管理部门吊销营业执照；构成犯罪的，依法追究刑事责任。

【提示4】评估机构违反机构内部管理规定的，依法予以处罚。同时，在民事赔偿责任方面，明确评估专业人员违反《资产评估法》的规定，给委托人或者其他相关当事人造成损失的，由其所在的评估机构依法承担赔偿责任。评估机构履行赔偿责任后，可以向有故意或者重大过失的评估专业人员追偿。

【提示5】评估行业是一个专业性很强的中介服务行业，由于评估机构的评估活动，涉及委托人利益、第三人利益和公共利益，一般认为评估机构与会计师事务所、律师事务所等类似，需要承担较高的职业风险。

【例3-14】（单项选择题）下列有关设立评估机构的表述，错误的是（　　）。

A. 公司形式的评估机构，应当有8名以上评估师和2名以上股东

B. 合伙形式的评估机构，应当有2名以上评估师

C. 设立评估机构既要依法办理工商登记手续，又要履行备案程序

D. 设立资产评估机构需要报省级财政部门进行行政审批

【答案】D

【解析】资产评估法的规定取消了对设立资产评估机构的行政审批，改为实行备案管理。与我国现行的有关行政管理部门按照职责分工分别管理各自评估专业领域的监管体制相适应，由评估机构按照所从事评估业务的专业领域向有关行政管理部门备案。

【例3-15】（单项选择题）2021年4月，甲、乙、丙、丁4位自然人欲设立普通合伙形式的评估机构，根据下列表述，满足合伙人法定要求的是（　　）。

A. 甲、乙已经通过考试取得资产评估师资格，丙为执业中国注册会计师

B. 甲从2016年5月开始执业，2018年5月年曾经受过停止从业处罚但已经开始重新执业

C. 乙从2017年7月开始执业，当年受过停止从业处罚但已经开始重新执业

D. 丁年满 15 岁，以自己的劳动所得维持生活

【答案】C

【解析】合伙形式的评估机构，应当有 2 名以上评估师，其合伙人 2/3 以上应当是具有 3 年以上从业经历且最近 3 年内未受停止从业处罚的评估师，选项 A、选项 B 错误，选项 C 正确；合伙人为自然人的，应当具有完全民事行为能力，丁不满 16 岁，不具有完全民事行为能力，选项 D 错误。

【例 3-16】（多项选择题）评估行业是一个专业性很强的中介服务行业，需要承担较高的职业风险，应完善风险防范机制，可以采取的措施包括（　　）。

A. 约定风险分担原则
B. 建立职业风险基金
C. 建立职业人才梯队
D. 办理职业责任保险
E. 建立职业奖惩机制

【答案】BD

【解析】评估行业是一个专业性很强的中介服务行业，由于评估机构的评估活动，涉及委托人利益、第三人利益和公共利益，一般认为评估机构与会计师事务所、律师事务所等类似，需要承担较高的职业风险。为了有效应对较高的职业风险，借鉴实践中的通常做法，《资产评估法》规定评估机构根据业务需要建立职业风险基金，或者自愿办理职业责任保险，完善风险防范机制。

【例 3-17】（单项选择题）评估专业人员违反《资产评估法》的规定，给委托人或者其他相关当事人造成损失的，由（　　）依法承担赔偿责任。

A. 评估专业人员本人或者其所在的评估机构
B. 评估专业人员本人和其所在的评估机构
C. 评估专业人员本人
D. 其所在的评估机构

【答案】D

【解析】评估专业人员违反《资产评估法》的规定，给委托人或者其他相关当事人造成损失的，由其所在的评估机构依法承担赔偿责任。评估机构履行赔偿责任后，可以向有故意或者重大过失的评估专业人员追偿。

（五）关于评估程序

1. 关于委托人选择评估机构。

委托人选择评估机构是开展评估业务的起点。委托人选择评估机构应当遵守以下原则：①自愿原则。委托人有按照自己的意愿选择评估机构的权利，任何单位和个人不非法限制或者干预。②委托人选择的必须是符合《资产评估法》规定的评估机构。《资产评估法》对评估机构的组织形式和设立条件都有明确的规定。③协商委托。评估事项涉及两个以上当事人的，由全体当事人协商委托评估机构。④委托开展法定评估业务，委托人应当依法选择评估机构。涉及国有资产或者公共利益等事项，法律、行政法规规定需要评估的，应当依法选择评估机构评估，即依照法律、法规、规章规定的程序，选择符合法定条件的评估机构进行评估。这里的"依法"是指依据《资产评估法》及有关法律、法规和规章等对选择评估机构的程序性规定。

【提示】协商委托，要有共同的意思表示。包括以下几层含义：第一，当事人要与评估事项相关。与评估事项无关的其他各方，与委托没有利害关系，不是当事人，委托人无须与其进行协商。第二，全体当事人。协商应由所有相关当事人参与，共同协商委托评估机构。

2. 关于订立评估委托合同。

选定评估机构后，委托人应当与评估机构订立委托合同，约定双方的权利和义务。评估委托合同一般应采取书面的形式。评估委托合同主要包括委托人和评估机构的基本情况，评估对象的名称、范围、目的、基准时点等评估基本事项，委托人应提供的评估所需资料，评估过程中双方的权利和义务，评估费用及收费方式，评估报告交付时间、方式、违约责任、争议解决等内容。

3. 关于对承办评估业务的评估专业人员的要求。

对受理的评估业务，评估机构应当指定至少两名评估专业人员承办。属于法定评估业务的，评估机构应当指定至少两名评估师承办。委托人有权要求与相关当事人及评估对象有利害关系的评估专业人员回避。

4. 关于评估专业人员对评估对象进行现场调查，收集、核查验证、分析整理评估资料的

程序要求。

评估专业人员开展评估业务，应当根据评估业务具体情况，对评估对象进行现场调查，收集权属证明、财务会计信息和其他资料并进行核查验证、分析整理，作为评估的依据。

【提示1】现场调查是评估专业人员确保评估对象真实、合法和评估资料真实、完整的有效手段和基础性工作。现场调查的手段主要有：询问、函证、核对、监盘、勘查、检查等。在执行现场调查时无法或者不宜对评估范围内所有资产、负债等有关内容进行逐项调查的，可以根据重要程度采用抽样等方式进行调查。同时，评估专业人员应当根据评估业务需要和评估业务实施过程中的情况变化，及时补充或者调整现场调查工作。

【提示2】评估专业人员应当根据评估业务具体情况收集权属证明、财务会计信息和其他评估资料，并根据评估业务需要和评估业务实施过程中的情况变化及时补充收集评估资料。评估专业人员收集的评估资料包括直接从市场等渠道独立获取的资料，从委托人、产权持有人等相关当事人获取的资料，以及从政府部门、各类专业机构和其他相关部门获取的资料。

【提示3】评估专业人员应当能够根据评估业务具体情况对收集的评估资料进行必要分析、归纳和整理，形成评定估算的依据。首先，由于收集的评估资料难免存在失真的情况，要对失真的材料进行鉴别和剔除；其次，要对收集的评估资料信息、数据的合理性、相关性进行分析，以提高评估资料的可靠性；再次，在对资产信息资料进行识别后，根据不同的评估专业类别对资产信息资料进行筛选、整理和分类。

5. 关于评估方法选择、评估结论形成、评估报告编制的规定。

评估实践中，评估基本方法主要有市场法、收益法和成本法。评估专业人员开展评估业务，应当根据评估对象、价值类型、评估资料收集情况等相关条件，分析市场法、收益法和成本法等评估方法的适用性，恰当选择评估方法，除依据评估准则只能选择一种评估方法外，应当选择两种以上评估方法。

评估专业人员应当根据所采用的评估方法，选取相应的公式和参数进行分析、计算和判断，形成初步评估结论，再对形成的初步评估结论进行综合分析，形成最终评估结论。评估专业人员应当在执行评定估算程序后，根据法律、法规和评估准则的要求编制评估报告。

【提示1】之所以规定一般应选择两种以上评估方法，目的是为了保证评估结论的准确性，通过两种以上方法的相互验证，可以更好地保证形成更加科学、合理、准确的评估结论。

【提示2】评估机构应当对评估报告进行内部审核。评估报告由至少两名承办该项业务的评估专业人员签名并加盖评估机构印章，属于法定评估业务的，由至少两名承办该项业务的评估师签名并加盖评估机构印章。

6. 关于评估档案保管期限的要求。

评估档案的保存期限不少于15年，属于法定评估业务的，评估档案的保存期限不少于30年。《资产评估法》规定的评估档案保管期限，是法定最低期限。各评估机构可以结合自身的实际情况，确定本机构的具体保管期限，但不得低于法律规定的期限要求。

【例3-18】（多项选择题）甲国有独资公司拟收购乙上市公司的部分股权，委托丙资产评估有限公司进行评估。下列关于评估程序的表述中，错误的是（　　）。

A. 评估委托合同采取书面的形式

B. 评估机构指定2名评估专业人员承办，其中包括资产评估师A

C. 评估专业人员拟只采用市场法进行评估

D. 评估报告由资产评估师A签名并加盖评估机构印章

E. 该评估的评估档案保存25年

【答案】BCDE

【解析】依据评估准则只能选择一种评估方法外，应选择两种以上评估方法，选项C错误。该评估涉及国有资产，为法定评估业务。对于法定评估业务，评估机构应当指定至少两名评估师承办，选项B错误；由至少两名承办该项业务的评估师签名并加盖评估机构印章，选项D错误；法定评估业务的，评估档案的保存期限不少于30年，选项E错误。

（六）我国资产评估行业协会自律管理的主要内容（★★）

评估行业协会是评估机构和评估专业人员的自律性组织，依照法律、行政法规和规章实行自律管理。《资产评估法》对行业协会的设立、会员入会、职责、协会之间的沟通协作及会费管理等内容作出了明确规定。

1. 协会的性质。

从组织性质上看，评估行业协会是自律性组织。

【提示】评估行业协会实行会员制。评估行业协会的会员分为单位会员和个人会员，包括评估机构和评估专业人员，其中，评估专业人员包括评估师和其他具有评估专业知识及实践经验的评估从业人员。会员享有协会章程规定的权利，同时也要履行协会章程规定的义务。

2. 协会的设立。

评估行业按照专业领域设立全国性评估行业协会，根据需要设立地方性评估行业协会。资产评估行业的全国性协会为中国资产评估协会，各省、自治区、直辖市和计划单列市（青岛市除外）都设立了资产评估协会。

【提示1】评估行业协会应当设有章程。会员代表大会是评估行业协会的最高权力机构，决定评估行业协会的重大事项。章程是评估行业协会内部管理和活动的根本准则，属于协会的重大事项，应当由会员代表大会通过，以体现会员的意志，保证章程的权威性。

【提示2】评估行业协会章程应当报登记管理机关核准。资产评估行业协会的章程应当报财政部门备案。

3. 会员入会。

评估机构和评估专业人员加入有关评估行业协会，成为协会会员，平等地享有章程规定的权利，履行章程规定的义务。

4. 协会的职责。

（1）制定会员自律管理办法，对会员实行自律管理。

（2）依据评估基本准则制定评估执业准则和职业道德准则。

（3）组织开展会员继续教育。

（4）建立会员信用档案，将会员遵守法律、行政法规和评估准则的情况记入信用档案，并向社会公开。

（5）检查会员建立风险防范机制的情况。

（6）受理对会员的投诉、举报，受理会员的申诉，调解会员执业纠纷。

（7）规范会员从业行为，定期对会员出具的评估报告进行检查，按照章程规定对会员给予奖惩，并将奖惩情况及时报告有关评估行政管理部门。

【提示】评估行业协会自律管理的重要内容就是对会员进行奖惩，通过奖优罚劣，促进评估行业的健康发展。评估行业协会应当将会员的奖惩情况及时报告有关评估行政管理部门。

（8）保障会员依法开展业务，维护会员合法权益。

（9）法律、行政法规和章程规定的其他职责。

5. 评估行业协会之间的沟通协作。

鉴于不同的评估专业都有各自的行业协会，为了促进评估行业的健康有序发展，各个评估行业协会应当建立沟通协作和信息共享机制，并根据需要制定共同的行为规范。

【提示】为了促进整个评估行业的有序健康发展，建立评估行业协会之间的沟通协作和信息共享机制十分必要。对于不同评估专业领域之间存在一些共性的要求，评估行业协会可以根据需要制定共同的行为规范，对评估机构及其评估专业人员从事评估业务活动进行统一要求。

6. 会费管理。

会费管理对于行业协会而言十分重要，会费是协会生存和发展的基础，协会的经费来源主要靠会费。

（1）会费的标准。根据《社会团体登记管理条例》的规定，评估行业协会不能从事营利性活动，因此，会员交纳的会费成为评估行业协会经费的重要来源甚至唯一来源，是协会正常开展活动的经济基础。合理确定会费标准，既可以保证评估行业协会能够正常地开展活动，又不给会员带来过重的负担。

【提示】会员会费的标准，应由会员代表大会通过。评估行业协会收取会员会费的标准，应当向社会公开，这样，一方面，便于评估机构和评估专业人员知悉标准，另一方面，也便于社会公众和有关政府部门进行监督。

（2）会费的收取、使用应当接受监督。评估行业协会收取会费，应当按照会员代表大会通过的会费标准收取，不能随意多收或者少收。会费的使用应当符合章程规定的资产管理和使用原则及终止后资产的处理要求。评估行业协会还往往在会员代表大会通过的会费管理办法中对会费的支出范围进行明确，会费的使用应当符合会费管理办法中会费的支出范围。会费的收取、使用应当接受会员代表大会的监督，会费的收支情况要定期向会员代表大会报告，接受其监督。同时，会费的收取、使用应当接受有关政府部门的监督。

(3) 不得侵占、私分和挪用会费。任何组织、个人不得侵占、私分和挪用会费。侵占是指非法占有，私分是指私自分配，挪用是指改变用途。

7. 对协会的监督。

《资产评估法》明确规定，评估行业协会应当接受有关评估行政管理部门的监督和社会监督。评估行政管理部门的监督属于行政监督。社会监督包括新闻媒体监督、社会公众的监督等。

【提示】评估行业协会违反《资产评估法》规定的，由有关评估行政管理部门给予警告，责令改正；拒不改正的，可以通报登记管理机关，即民政部门，由其依法给予处罚。评估行业协会工作人员滥用职权、玩忽职守或者徇私舞弊的，依法给予处分；构成犯罪的，依法追究刑事责任。

【例3-19】（多项选择题）下列关于资产评估行业协会会费管理的表述中，正确的是（　　）。

A. 评估行业协会收取会员会费的标准，由资产评估行政管理部门与评估行业协会协商确定

B. 按照会员交纳会费数额作为其在行业协会中担任职务的条件

C. 会费的收取、使用应当接受有关工商行政管理部门的监督

D. 会员交纳的会费是评估行业协会经费的重要来源甚至唯一来源

E. 会费的使用应当符合章程规定的资产管理和使用原则及终止后资产的处理要求

【答案】DE

【解析】评估行业协会收取会员会费的标准，由会员代表大会通过，并向社会公开。不得以会员交纳会费数额作为其在行业协会中担任职务的条件。会费的收取、使用应当接受有关政府部门的监督。这里的有关政府部门是指协会的登记管理机关即民政部门和负责的有关财务、审计的部门等。

【例3-20】（单项选择题）关于资产评估行业协会的性质，下列表述中正确的是（　　）。

A. 资产评估行业协会是管理资产评估行业的行政机关

B. 评估行业协会是事业法人

C. 评估行业协会是社团法人

D. 不具备评估师资格的其他资产评估从业人员不得成为评估行业协会会员

【答案】C

【解析】从组织性质上看，评估行业协会是自律性组织。它不是行政机关，也不是事业单位，而是由会员组成的、自我约束、自我管理、自我教育、自我服务的自律性组织。从法人分类上看，评估行业协会是社团法人。评估行业协会实行会员制。评估行业协会的会员分为单位会员和个人会员，包括评估机构和评估专业人员，其中，评估专业人员包括评估师和其他具有评估专业知识及实践经验的评估从业人员。

【例3-21】（多项选择题）关于资产评估行业协会的职责，下列表述中正确的是（　　）。

A. 制定会员行政管理办法，对会员实行行政管理

B. 组织开展会员继续教育

C. 制定评估基本准则和职业道德准则

D. 保障会员依法开展业务，维护会员合法权益

E. 检查会员建立风险防范机制的情况

【答案】BDE

【解析】评估行业协会制定会员自律管理办法，对会员实行自律管理，选项A错误；评估行业协会依据评估基本准则制定评估执业准则和职业道德准则，评估基本准则由国务院有关评估行政管理部门组织制定，如资产评估基本准则由财政部组织制定，选项C错误。

（七）关于评估行政管理部门的监督管理

1. 评估行政管理部门的含义。

评估行政管理部门是指负责各个评估领域业务管理的政府主管部门，不同的评估专业接受不同政府主管部门的监督管理，如资产评估行业接受财政部门的监督管理。从管理的层级来说，设区的市级以上的评估行政管理部门负责监管，包括国务院、省（自治区、直辖市）和设区的市三级。就财政部管理的资产评估行业来说，行政监管部门分为财政部和省级财政

部门两级。

2. 评估行政管理部门的职责。

(1) 组织制定各自领域的评估基本准则和评估行业监督管理办法。这项职责由国务院有关评估行政管理部门负责。评估基本准则需要由国务院有关评估行政管理部门制定。同时，国务院有关评估行政管理部门可以根据职责分工，对相关领域的评估规定监督管理办法，依法对评估机构、评估专业人员、评估行业协会遵守法律法规、评估基本准则等情形开展监督管理。如2017年，财政部根据《资产评估法》的规定，制定了《资产评估行业财政监督管理办法》。

(2) 负责对各自领域评估行业的监督管理，对评估机构和评估专业人员的违法行为实施行政处罚，将处罚情况通报有关评估行业协会，并依法向社会公开。

【提示】评估机构违反《资产评估法》有关规定的，评估行政管理部门可以采取责令停止违法活动、责令改正、警告、罚款、没收违法所得、责令停业等措施，情节严重的，由工商行政管理部门吊销营业执照。构成犯罪的，依法追究刑事责任。评估行业协会违反《资产评估法》有关规定的，由评估行政管理部门给予警告、责令改正，拒不改正的，可以通报登记管理机关，由其依法给予处罚。

(3) 负责对各自领域的评估行业协会实施监督检查，对检查中发现的问题和针对协会的投诉、举报，进行调查处理。

【提示】经过调查处理程序后，评估行政管理部门认为有关评估行业协会有违反《资产评估法》规定行为的，处理分为两个阶段：一是，由评估行政管理部门先行处理，可以给予警告、责令其改正；二是，对于评估行业协会拒不改正的情形，可以由评估行政管理部门通报登记管理机关，由登记管理机关依据《社会团体登记管理条例》等规定给予行政处罚。

3. 对评估行政管理部门的履职要求。

(1) 不得违反《资产评估法》规定，对评估机构依法开展业务进行限制。

(2) 不得与评估行业协会、评估机构存在人员或资金关联。

(3) 不得利用职权为评估机构招揽业务。

【例3-22】（单项选择题）下列表述中，不属于《资产评估法》对评估行政管理部门履职要求的是(   )。

A. 不得违反《资产评估法》规定，对评估机构依法开展业务进行限制

B. 不得与评估行业协会、评估机构存在人员或资金关联

C. 不得利用职权为评估机构招揽业务

D. 不得自行组织制定各自领域的评估基本准则和评估行业监督管理办法

【答案】D

【解析】对评估行政管理部门的履职要求主要包括：①不得违反《资产评估法》规定，对评估机构依法开展业务进行限制；②不得与评估行业协会、评估机构存在人员或资金关联；③不得利用职权为评估机构招揽业务。

【知识点5】我国对资产评估行业行政监管的主要内容（★★★）

参见图3-3。

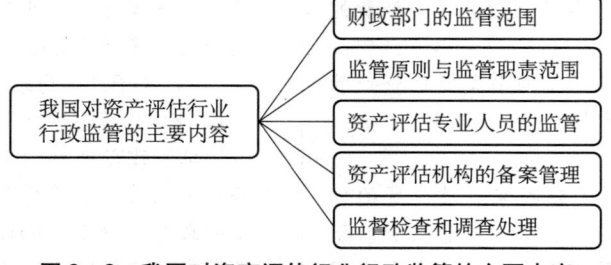

图3-3 我国对资产评估行业行政监管的主要内容

【例3-23】（单项选择题）我国资产评估行业的管理一直伴随资产评估行业发展的全过程，管理体制机制随着我国市场经济和行业发展的各个发展阶段呈现出不同的特点。下列表述中，错误的是(   )。

A. 在资产评估行业创立之初，行业管理重

在行政管理，管理主体单一

B. 现在，资产评估行业管理发展到行政管理与自律管理有机结合

C. 2018 年 12 月实施的《资产评估法》对评估行业管理体制进行了详细规定

D. 2019 年 1 月 2 日，实现了资产评估机构及其分支机构备案管理的全部网上办理

【答案】C

【解析】《资产评估法》于 2016 年 12 月实施。

【知识点 6】我国资产评估行业的行政监管

根据 2017 年 9 月公布的《国家职业资格目录》，目前我国的评估行业包括资产评估师、房地产估价师两种资格，资产评估师由财政部负责监督管理，房地产估价师由住房和城乡建设部、自然资源部负责监督管理。其中，财政部门监管资产评估领域，具有综合性特征。

（一）我国财政部门对资产评估的行政监管范围（★）

《资产评估行业财政监督管理办法》明确的监管业务范围有两个方面：一是资产评估机构及其资产评估专业人员根据委托，对单项资产、资产组合、企业价值、金融权益、资产损失或者其他经济权益进行评定、估算，并出具资产评估报告的专业服务行为；二是财政部门对资产评估行业实施监督管理。资产评估机构及其资产评估专业人员从事上述规定业务，涉及法律、行政法规和国务院规定由其他评估行政管理部门管理的，按照其他有关规定执行。

【例 3-24】（单项选择题）以下有关财政部门对资产评估行业的监管范围的表述中，错误的是（　　）。

A. 资产评估师由财政部门进行监管

B. 房地产估价师由财政部门进行监管

C. 财政部门对资产评估行业实施监督管理

D. 资产评估机构及其资产评估专业人员受托从事业务可能执行其他行政管理部门的规定

【答案】B

【解析】房地产估价师由住房和城乡建设部、自然资源部负责监督管理。

【例 3-25】（多项选择题）按照现行部门职责分工，房地产估价行业应执行相关法律、行政法规及（　　）的相关规定。

A. 自然资源部

B. 生态环境部

C. 住房和城乡建设部

D. 财政部

E. 银保监会

【答案】AC

【解析】按照现行部门职责分工，房地产估价行业应执行相关法律、行政法规及住房和城乡建设部、自然资源部的相关规定。

【例 3-26】（多项选择题）《资产评估行业财政监督管理办法》明确的监管业务范围，包括（　　）。

A. 房地产估价

B. 资产评估机构及其资产评估专业人员根据委托，对单项资产等进行评定、估算，并出具资产评估报告的专业服务行为

C. 机动车评估

D. 矿业权评估

E. 财政部门对资产评估行业实施监督管理

【答案】BE

【解析】《资产评估行业财政监督管理办法》明确的监管业务范围有两个方面：①资产评估机构及其资产评估专业人员根据委托，对单项资产等进行评定、估算，并出具资产评估报告的专业服务行为；②财政部门对资产评估行业实施监督管理。

（二）我国财政部门对资产评估的行政监管原则与监管职责范围（★）

1. 监管原则。

根据《资产评估行业财政监督管理办法》，财政部门对资产评估行业监督管理实行行政监管、行业自律与机构自主管理相结合的原则。

2. 监管职责范围。

参见表 3-6。

表 3-6　　监管职责范围

部门	监管职责范围	
财政部	（1）负责统筹财政部门对全国资产评估行业的监督管理； （2）制定有关监督管理办法； （3）制定资产评估基本准则； （4）指导和督促地方财政部门实施监督管理； （5）对资产评估机构从事证券期货相关资产评估业务实施的监督管理。	
地方财政部门	各省、自治区、直辖市、计划单列市财政厅（局）（以下简称省级财政部门）负责对本行政区域内资产评估行业实施监督管理。	
省级财政部门	省级财政部门负责本地区资产评估机构和分支机构的备案管理。	
资产评估协会	中国资产评估协会	依照法律、行政法规、《资产评估行业财政监督管理办法》和协会章程的规定，负责全国资产评估行业的自律管理。
	地方资产评估协会	依照法律、法规、《资产评估行业财政监督管理办法》和本级协会章程的规定，负责本地区资产评估行业的自律管理。

【例 3-27】（单项选择题）关于财政部门对资产评估的行政监管原则和监管职责范围，以下表述错误的是(　　)。

A. 财政部门对资产评估行业监督管理实行行政监管、行业自律与机构自主管理相结合的原则

B. 中国资产评估协会依照法律、行政法规、《资产评估行业财政监督管理办法》和协会章程的规定，负责全国资产评估行业的自律管理

C. 省级资产评估协会负责本地区资产评估机构和分支机构的备案管理

D. 财政部的监管职责之一是指导和督促地方财政部门实施监督管理

【答案】C

【解析】省级财政部门负责本地区资产评估机构和分支机构的备案管理。

（三）资产评估专业人员的监管（★★）

（1）资产评估专业人员包括资产评估师（含珠宝评估专业，下同）和具有资产评估专业知识及实践经验的其他资产评估从业人员。

资产评估师是指通过中国资产评估协会组织实施的资产评估师资格全国统一考试的资产评估专业人员。

其他资产评估从业人员从事对单项资产、资产组合、企业价值、金融权益、资产损失或者其他经济权益进行评定、估算，并出具资产评估报告的专业服务行为，应当接受财政部门的监管。资产评估专业知识及实践经验，由资产评估机构自主评价认定。

（2）资产评估专业人员从事资产评估业务，应当加入资产评估机构，并且只能在一个资产评估机构从事业务。

（3）资产评估专业人员应当与资产评估机构签订劳动合同，建立社会保险缴纳关系，按照国家有关规定办理人事档案存放手续。

（4）资产评估专业人员从事资产评估业务，应当遵守法律、行政法规和《资产评估行业财政监督管理办法》的规定，执行资产评估准则及资产评估机构的各项规章制度，依法签署资产评估报告，不得签署本人未承办业务的资产评估报告或者有重大遗漏的资产评估报告。

（5）未取得资产评估师资格的人员，不得签署法定资产评估业务资产评估报告，其签署的法定资产评估业务资产评估报告无效。

（6）资产评估专业人员应当接受资产评估协会的自律管理和所在资产评估机构的自主管理，不得从事损害资产评估机构合法利益的活动。

（7）加入资产评估协会的资产评估专业人员，平等享有章程规定的权利，履行章程规定的义务。

【例 3-28】（单项选择题）关于资产评估专业人员的监督管理内容，以下表述错误的有(　　)。

A. 资产评估专业人员指的是通过中国资产评估协会组织实施的资产评估师资格全国统一考试的资产评估师

B. 资产评估专业人员从事资产评估业务，应当加入资产评估机构，并且只能在一个资产

评估机构从事业务

C. 资产评估专业人员应当与资产评估机构签订劳动合同,建立社会保险缴纳关系,按照国家有关规定办理人事档案存放手续

D. 未取得资产评估师资格的人员,不得签署法定资产评估业务资产评估报告,其签署的法定资产评估业务资产评估报告无效

【答案】A

【解析】资产评估专业人员包括资产评估师(含珠宝评估专业,下同)和具有资产评估专业知识及实践经验的其他资产评估从业人员。

(四)我国资产评估机构备案管理的程序和内容(★★)

(1)资产评估机构应当自领取营业执照之日起30日内,通过备案信息管理系统向所在地省级财政部门备案,同时提交下列材料:①资产评估机构备案表;②统一社会信用代码;③资产评估机构合伙人或者股东以及执行合伙事务的合伙人或者法定代表人三年以上从业经历、最近三年接受处罚信息等基本情况;④在该机构从业的资产评估师、其他专业领域的评估师和其他资产评估从业人员情况;⑤资产评估机构质量控制制度和内部管理制度。

(2)资产评估机构的备案信息不齐全或者备案材料不符合要求的,省级财政部门应当在接到备案材料5个工作日内一次性告知需要补正的全部内容,并给予指导。资产评估机构应当根据要求,在15个工作日内补正。逾期不补正的,视同未备案。

(3)备案材料完备且符合要求的,省级财政部门收齐备案材料即完成备案,并在20个工作日内将下列信息以公函编号向社会公开。公开的信息包括:①资产评估机构名称及组织形式;②资产评估机构的合伙人或者股东的基本情况;③资产评估机构执行合伙事务的合伙人或者法定代表人;④申报的资产评估专业人员基本情况。

【提示】对于资产评估机构申报的资产评估师信息,省级财政部门应当在公开前向有关资产评估协会核实。

(4)资产评估机构设立分支机构的,由资产评估机构向其分支机构所在地省级财政部门备案,同时提交下列材料:①资产评估机构设立分支机构备案表;②分支机构统一社会信用代码;③资产评估机构授权分支机构的业务范围;④分支机构负责人三年以上从业经历、最近三年接受处罚信息等基本情况;⑤在该分支机构从业的资产评估师、其他专业领域评估师和其他资产评估从业人员情况。

完成分支机构备案的省级财政部门应当将分支机构备案情况向社会公开,同时告知资产评估机构所在地省级财政部门。

(5)资产评估机构的名称、执行合伙事务的合伙人或者法定代表人、合伙人或者股东、分支机构的名称或者负责人发生变更,以及发生机构分立、合并、转制、撤销等重大事项,应当自变更之日起15个工作日内,向有关省级财政部门办理变更手续。需要变更工商登记的,自工商变更登记完成之日起15个工作日内向有关省级财政部门办理变更手续。

(6)资产评估机构办理合并或者分立变更手续的,应当提供合并或者分立协议。

合并或者分立协议应当包括的事项有:①合并或者分立前资产评估机构评估业务档案保管方案;②合并或者分立前资产评估机构职业风险基金或者执业责任保险的处理方案;③合并或者分立前资产评估机构资产评估业务、执业责任的承继关系。

(7)合伙制资产评估机构转为公司制资产评估机构,或者公司制资产评估机构转为合伙制资产评估机构,办理变更手续应当提供合伙人会议或股东(大)会审议通过的转制决议。转制决议应当载明转制后机构与转制前机构的债权债务、档案保管、资产评估业务、执业责任等承继关系。

(8)资产评估机构跨省级行政区划迁移经营场所,应当书面告知迁出地省级财政部门。资产评估机构在办理完迁入地工商登记手续后15个工作日内,向迁入地省级财政部门办理迁入备案手续。迁入地省级财政部门办理迁入备案手续后通知迁出地的省级财政部门,迁出地的省级财政部门应同时予以公告。

(9)已完成备案的资产评估机构或者分支机构有下列行为之一的,省级财政部门予以注销备案,并向社会公开:①注销工商登记的;②被工商行政管理机关吊销营业执照的;③主动要求注销备案的。

(10)注销备案的资产评估机构及其分支机

构的资产评估业务档案，应当按照《中华人民共和国档案法》和资产评估档案管理的有关规定予以妥善保存。

（11）财政部建立统一的备案信息管理系统。备案信息管理系统实行全国联网，并与其他相关行政管理部门实行信息共享。

（12）资产评估机构未依法备案的，依法承担法律责任。

【例3-29】（单项选择题）资产评估机构应当自领取营业执照之日起（　　）内，通过备案信息管理系统向所在地省级财政部门备案，同时提交纸质材料。

A. 15日　　　　B. 30日
C. 45日　　　　D. 60日

【答案】B

【解析】资产评估机构应当自领取营业执照之日起30日内，通过备案信息管理系统向所在地省级财政部门备案，同时提交纸质材料。

【例3-30】（多项选择题）已完成备案的资产评估机构或者分支机构被省级财政部门予以注销备案，其原因可能是（　　）。

A. 从事评估业务严重违规
B. 注销工商登记
C. 主要负责人被刑事处罚
D. 被工商行政管理机关吊销营业执照
E. 主动要求注销备案

【答案】BDE

【解析】已完成备案的资产评估机构或者分支机构有下列行为之一的，省级财政部门予以注销备案，并向社会公开：①注销工商登记的；②被工商行政管理机关吊销营业执照的；③主动要求注销备案的。

（五）对资产评估需要监督检查和调查处理（★）

1. 监督检查。

（1）财政部门监督检查的职责划分（见图3-4）。

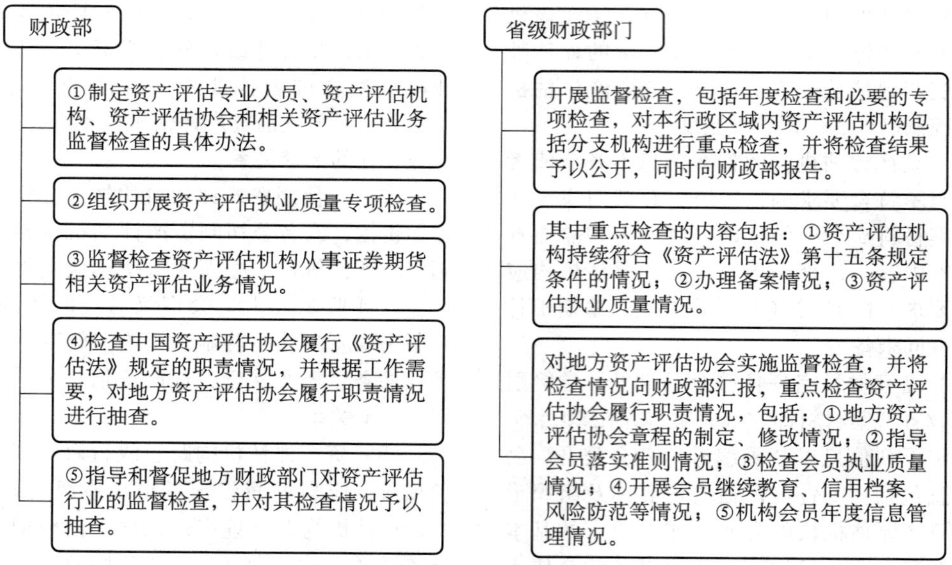

财政部
① 制定资产评估专业人员、资产评估机构、资产评估协会和相关资产评估业务监督检查的具体办法。
② 组织开展资产评估执业质量专项检查。
③ 监督检查资产评估机构从事证券期货相关资产评估业务情况。
④ 检查中国资产评估协会履行《资产评估法》规定的职责情况，并根据工作需要，对地方资产评估协会履行职责情况进行抽查。
⑤ 指导和督促地方财政部门对资产评估行业的监督检查，并对其检查情况予以抽查。

省级财政部门
开展监督检查，包括年度检查和必要的专项检查，对本行政区域内资产评估机构包括分支机构进行重点检查，并将检查结果予以公开，同时向财政部报告。
其中重点检查的内容包括：①资产评估机构持续符合《资产评估法》第十五条规定条件的情况；②办理备案情况；③资产评估执业质量情况。
对地方资产评估协会实施监督检查，并将检查情况向财政部汇报，重点检查资产评估协会履行职责情况，包括：①地方资产评估协会章程的制定、修改情况；②指导会员落实准则情况；③会员执业质量情况；④开展会员继续教育、信用档案、风险防范等情况；⑤机构会员年度信息管理情况。

图3-4　财政部门监督检查的职责划分

（2）财政部门监督检查工作要求。

①财政部门开展资产评估行业监督检查，应当由本部门两名以上执法人员组成检查组。具体按照财政检查工作的有关规定执行。②检查时，财政部门认定虚假资产评估报告和重大遗漏资产评估报告，应当以资产评估准则为依据，组织相关专家进行专业技术论证，也可以委托资产评估协会组织专家提供专业技术支持。③检查过程中，发现资产评估专业人员、资产评估机构和资产评估协会存在违法情形的，应当依照《资产评估法》等法律、行政法规和《资产评估行业财政监督管理办法》的规定处理、处罚。涉嫌犯罪的，移送司法机关处理。④当事人对行政处理、行政处罚决定不服的，可以依法申请行政复议或者提起行政诉讼。

2. 调查处理。

(1) 投诉、举报的行为。资产评估委托人或资产评估报告使用人对资产评估机构或资产评估专业人员的不当行为，可以向对该资产评估机构备案的省级财政部门进行投诉、举报，其他公民、法人或其他组织可以向对该资产评估机构备案的省级财政部门举报。投诉、举报的行为包括：①违法开展法定资产评估业务；②资产评估专业人员违反《资产评估法》第十四条规定；③资产评估机构未按照规定备案或备案后未持续符合《资产评估法》第十五条规定条件；④资产评估机构违反《资产评估法》第二十条规定；⑤资产评估机构违反规定，受理与其合伙人或者股东存在利害关系的业务；⑥资产评估机构违反规定，分支机构未在资产评估机构授权范围内从事资产评估业务，并以资产评估机构的名义出具资产评估报告。

(2) 投诉、举报的受理。①在法定资产评估业务中，委托人或被评估单位有《资产评估法》第五十二条规定行为的，资产评估的相关当事人可以向委托人或被评估单位所在地省级财政部门进行投诉、举报，其他公民、法人或其他组织可以向委托人或被评估单位所在地省级财政部门举报。由于委托人或被评估单位的行政管理层级不匹配或存在其他原因超出省级财政部门处理权限的，省级财政部门可以申请由财政部受理。向财政部门投诉、举报事项涉及资产评估机构从事证券期货相关资产评估业务的，由财政部受理。②投诉、举报应当通过书面形式实名进行，并如实反映情况，提供相关证明材料。③财政部门接到投诉、举报的事项，应当在 15 个工作日内作出是否受理的书面决定。投诉、举报事项属于财政部门职责的，财政部门应当予以受理。不予受理的，应当说明理由，及时告知实名投诉人、举报人。④投诉、举报事项属于下列情形的，财政部门不予受理：a. 投诉、举报事项不属于财政部门职责的；b. 已由公安机关、检察机关立案调查或者进入司法程序的；c. 属于资产评估协会自律管理的。⑤财政部门受理投诉、举报，应当采用书面审查的方式及时进行处理，必要时可以成立由本部门两名以上执法人员和聘用的专家组成的调查组，进行调查取证。有关当事人应当如实反映情况，提供相关材料。调查组成员与当事人有直接利害关系的，应当回避；对调查工作中知悉的国家秘密和商业秘密，应当保密。⑥对投诉、举报的调查，调查组有权进入被投诉举报单位现场调查，查阅、复印有关凭证、文件等资料，询问被投诉举报单位有关人员，必要时按照资产评估业务延伸调查，并将调查内容与事项予以记录和摘录，编制调查工作底稿。调查组在调查中取得的证据、材料以及工作底稿，应当有提供者或者被调查人的签名或者盖章。未取得提供者或被调查人签名或者盖章的材料，调查组应当注明原因。⑦在有关证据可能灭失或者以后难以取得的情况下，经财政部门负责人批准，调查组可以先行登记保存，并应当在 7 个工作日内及时作出处理决定。被调查人或者有关人员不得销毁或者转移证据。⑧财政部门根据调查处理具体情况，应当采取书面形式答复实名投诉人、举报人。

【例 3-31】（单项选择题）下列关于对资产评估行业的监督检查和调查处理的表述，正确的是（ ）。

A. 财政部负责检查中国资产评估协会履行《资产评估法》规定的职责情况，并根据工作需要，对地方资产评估协会履行职责情况进行抽查

B. 财政部门接到投诉、举报的事项，应当在 30 个工作日内作出是否受理的书面决定

C. 省级财政部门重点检查资产评估机构从事证券期货相关资产评估业务情况

D. 投诉、举报事项涉及资产评估机构从事证券期货相关资产评估业务的，由委托人或被评估单位所在地省级财政部门受理

【答案】A

【解析】财政部门接到投诉、举报的事项，应当在 15 个工作日内作出是否受理的书面决定。省级财政部门对评估机构重点检查的内容包括：①资产评估机构持续符合资产评估法第十五条规定条件的情况；②办理备案情况；③资产评估执业质量情况。财政部监督检查资产评估机构从事证券期货相关资产评估业务情况。向财政部门投诉、举报事项涉及资产评估机构从事证券期货相关资产评估业务的，由财政部受理。

【知识点 7】我国资产评估行业的自律管理（★★★）

(1) 资产评估协会是资产评估机构和资产

评估专业人员的自律性组织，接受有关财政部门的监督，不得损害国家利益和社会公共利益，不得损害会员的合法权益。

（2）资产评估协会通过制定章程规范协会内部管理和活动。协会章程应当由会员代表大会制定，经登记管理机关核准后，报有关财政部门备案。

（3）资产评估协会应当依法履行职责，向有关财政部门提供资产评估师信息，及时向有关财政部门报告会员信用档案、会员自律检查情况及奖惩情况。

（4）资产评估协会对资产评估机构及其资产评估专业人员进行自律检查。资产评估机构及其资产评估专业人员应当配合资产评估协会组织实施的自律检查。资产评估协会应当重点检查资产评估机构及其资产评估专业人员的执业质量和职业风险防范机制。

（5）资产评估协会应当结合自律检查工作，对资产评估机构及其分支机构按照规定每年3月31日之前报送的材料进行分析，发现不符合法律、行政法规和《资产评估行业财政监督管理办法》规定的情况，及时向有关财政部门报告。

（6）资产评估协会应当与其他评估专业领域行业协会加强沟通协作，建立会员、执业、惩戒等相关信息的共享机制。中国资产评估协会应当会同其他评估专业领域行业协会根据需要制定共同的行为规范，促进评估行业健康有序发展。

【例3-32】（单项选择题）下列不属于《资产评估行业财政监督管理办法》中对资产评估协会及其自律管理规定的是(　　)。

A. 向有关财政部门提供资产评估师信息，及时向有关财政部门报告会员信用档案、会员自律检查情况及奖惩情况

B. 对资产评估机构及其资产评估专业人员进行自律检查

C. 资产评估协会应当与其他评估专业领域行业协会加强沟通协作，建立会员、执业、惩戒等相关信息的共享机制

D. 资产评估协会对资产评估机构进行备案管理

【答案】D

【解析】省级财政部门对资产评估机构进行备案管理。

【知识点8】我国资产评估机构自主管理的主要内容（★★★）

（1）资产评估机构应当依法采用合伙或者公司形式，并符合《资产评估法》第十五条规定的条件。不符合《资产评估法》第十五条规定条件的资产评估机构不得承接资产评估业务。

（2）资产评估机构从事资产评估业务，应当遵守资产评估准则，履行资产评估程序，加强内部审核，严格控制执业风险。

（3）资产评估机构开展法定资产评估业务，应当指定至少两名资产评估师承办。不具备两名以上资产评估师条件的资产评估机构，不得开展法定资产评估业务。法定资产评估业务资产评估报告应当由两名以上承办业务的资产评估师签署，并履行内部程序后加盖资产评估机构印章，资产评估机构及签字资产评估师依法承担责任。

（4）资产评估机构应当遵守独立性原则和资产评估准则规定的资产评估业务回避要求，不得受理与其合伙人或者股东存在利害关系的业务。

（5）资产评估机构应当建立健全质量控制制度和内部管理制度。其中，内部管理制度包括资产评估业务管理制度、业务档案管理制度、人事管理制度、继续教育制度、财务管理制度等。

（6）资产评估机构应当指定一名取得资产评估师资格的本机构合伙人或者股东专门负责执业质量控制。

（7）资产评估机构根据业务需要建立职业风险基金管理制度，或者自愿购买职业责任保险，完善职业风险防范机制。资产评估机构建立职业风险基金管理制度的，按照财政部的具体规定提取、管理和使用职业风险基金。

（8）实行集团化发展的资产评估机构，应当在质量控制、内部管理、客户服务、企业形象、信息化等方面，对设立的分支机构实行统一管理，或者对集团成员实行统一政策。分支机构应当在资产评估机构授权范围内，依法从事资产评估业务，并以资产评估机构的名义出具资产评估报告。

（9）资产评估机构和分支机构加入资产评估协会，平等享有章程规定的权利，履行章程

规定的义务。

（10）资产评估机构和分支机构应当在每年3月31日之前，分别向所加入的资产评估协会报送下列材料：①资产评估机构或分支机构基本情况；②上年度资产评估项目重要信息；③资产评估机构建立职业风险基金或者购买职业责任保险情况。购买职业责任保险的，应当提供职业责任保险保单信息。

【例3-33】（单项选择题）开展法定资产评估业务的资产评估机构，至少要有(　　)名资产评估师。

A. 2　　　　　　　B. 3
C. 4　　　　　　　D. 5

【答案】A

【解析】不具备两名以上资产评估师条件的资产评估机构，不得开展法定资产评估业务。

【例3-34】（多项选择题）根据《资产评估法》，资产评估机构应当采用的形式包括(　　)。

A. 个人独资形式　　B. 合伙形式
C. 有限责任公司形式 D. 国有独资形式
E. 股份有限公司形式

【答案】BCE

【解析】资产评估机构应当依法采用合伙或者公司形式，并符合《资产评估法》第十五条规定的条件。

【例3-35】（单项选择题）资产评估机构应当指定(　　)取得资产评估师资格的本机构合伙人或者股东专门负责执业质量控制。

A. 1名　　　　　　B. 1至2名
C. 2名　　　　　　D. 至少1名

【答案】A

【解析】资产评估机构应当指定一名取得资产评估师资格的本机构合伙人或者股东专门负责执业质量控制。

【知识点9】我国国有资产评估管理的基本概念与目的（★）

（一）我国国有资产评估管理的基本概念

1. 国有资产。

根据《中华人民共和国企业国有资产法》，企业国有资产是指国家对企业各种形式的出资所形成的权益。

国有资产属于国家所有即全民所有。国务院代表国家行使国有资产所有权。

国务院和地方人民政府依照法律、行政法规的规定，分别代表国家对国家出资企业履行出资人职责，享有出资人权益。

国家出资企业，是指国家出资的国有独资企业、国有独资公司，以及国有资本控股公司、国有资本参股公司。

2. 国有资产的形态（见图3-5）。

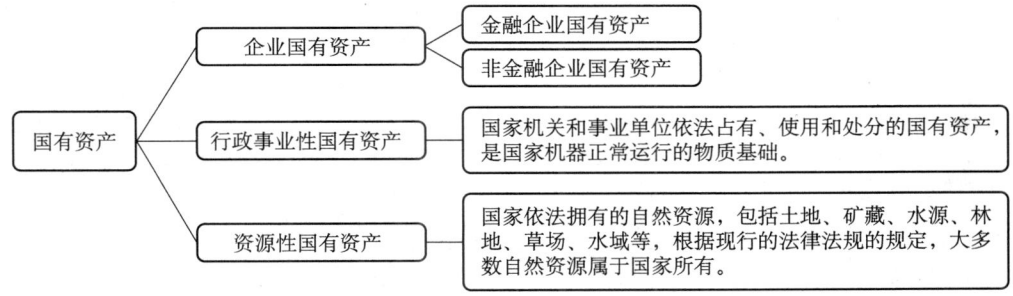

图3-5　国有资产的形态

3. 国有资产评估管理的概念。

国有资产评估管理，是指国有资产代表人或其指定的履行出资人职责的机构，依据相关法律法规，对资产评估进行监督管理的活动总称。

国有资产评估管理是国有资产管理的重要内容之一。

（二）国有资产评估管理的目的

国有资产评估管理，是指国有资产代表人或其指定的履行出资人职责的机构，依据相关法律法规对资产评估进行监督管理的活动的总称。国有资产评估管理是国有资产管理的重要内容之一。国有资产评估的管理目的，是为了保护国有资产权益，降低代理管理成本，实现国有资产保值增值。

【例3-36】（单项选择题）关于国有资产评估管理，以下表述中，正确的是(　　)。

A. 根据《资产评估法》,企业国有资产是指国家对企业各种形式的出资所形成的资产

B. 根据资产表现形态的差异,可以将国有资产划分为企业国有资产与行政事业性国有资产

C. 国有资产评估管理,是指财政部依据相关法律法规,对国有资产评估进行监督管理的活动总称

D. 国有资产评估的管理目的,是为了保护国有资产权益,降低代理管理成本,实现国有资产保值增值

【答案】D

【解析】根据《企业国有资产法》,企业国有资产是指国家对企业各种形式的出资所形成的权益,选项A错误。根据资产表现形态的差异,可以将国有资产划分为企业国有资产、行政事业性国有资产以及资源性国有资产,选项B错误。国有资产评估管理,是指国有资产代表人或其指定的履行出资人职责的机构,依据相关法律法规,对资产评估进行监督管理的活动总称,选项C错误。国有资产评估的管理目的,是为了保护国有资产权益,降低代理管理成本,实现国有资产保值增值,选项D正确。

【知识点10】我国国有资产评估管理有关规定文件(★★★)

(一)企业国有资产评估管理有关规定文件参见表3-7。

表3-7　　　　　企业国有资产评估管理有关规定文件

文件名称	时间	目的	主要内容
《企业国有资产评估管理暂行办法》	2005年	为规范企业国有资产评估行为,维护国有资产出资人合法权益,促进企业国有产权有序流转,防止国有资产流失	规定了各级国有资产监督管理机构负责其所出资企业的国有资产评估监管工作的管理体制,企业国有资产评估项目实行核准制和备案制的管理方式,并明确了哪些项目进行核准、由谁核准,哪些项目进行备案、由谁备案等内容。明确了企业哪些经济行为应当进行资产评估,哪些经济行为可以不进行资产评估,同时明确企业发生资产评估事项时,由谁来委托评估机构,选择的评估机构应满足哪些条件,以及企业在评估过程中应承担哪些责任和义务。规定了资产评估项目进行核准、备案的具体工作内容,包括企业应报送的文件材料、上报时间,核准、备案工作程序,核准、备案的审核内容和审核部门的时间要求等。
《关于加强企业国有资产评估管理工作有关问题的通知》	2006年	为进一步明确企业国有资产评估管理过程中的一些具体问题	将资产评估项目备案表分为国有资产评估项目备案表和接受非国有资产评估项目备案表两类。涉及企业价值的资产评估项目,以持续经营为前提进行评估时,原则上要求采用两种以上方法进行评估,并全面分析后,确定其中一个评估结果作为评估报告使用结果。
《关于企业国有资产评估报告审核工作有关事项的通知》	2009年	为规范企业国有资产评估行为,加强企业国有资产评估报告审核工作	要求各级国有资产监督管理机构及国家出资企业对企业国有资产评估报告核准、备案时,应依照中国资产评估协会公布的《企业国有资产评估报告指南》进行审核。
《中央企业资产评估项目核准工作指引》	2010年	为进一步规范企业国有资产评估项目核准工作,提高评估核准工作效率	规定了核准程序,并明确召开核准会议需要评估机构汇报的内容,以及专家审核的重点事项。
《企业国有资产评估项目备案工作指引》	2013年	为进一步规范企业国有资产评估项目备案工作,提高评估备案工作效率	规定了备案工作程序,资产评估报告审核要点,以及审计报告、土地使用权估价报告、矿业权评估报告的审核要点,同时规定了境外评估或估值报告审核要点。

续表

文件名称	时间	目的	主要内容
《关于建立中央企业资产评估项目公示制度有关事项的通知》	2016年	为加强中央企业资产评估管理工作，建立有效监督机制，做到资产评估管理工作规则公开、过程公开、结果公开，防止国有资产流失	要求中央企业建立资产评估项目公示制度，公示制度包括公示范围、公示流程、公示期限、公示途径、公示内容、公示反馈意见收集及处理方式等主要内容。
《关于加强中央企业评估机构备选库管理有关事项的通知》	2016年	为进一步加强评估机构备选库管理，促进评估机构独立、客观、公正执业，维护国有资产出资人合法权益	要求中央企业动态管理评估机构备选库，根据企业业务需求调整入库评估机构数量，选聘评估机构入库，应当签订书面协议。同时规定解除与评估机构聘用合同的各种具体情形。

（二）金融企业国有资产评估管理有关规定文件

参见表3-8。

表3-8　　　　　金融企业国有资产评估管理有关规定文件

文件名称	时间	目的	适用情况及主要内容
《关于规范资产管理公司不良资产处置中资产评估工作的通知》	2005年	为了规范资产管理公司、资产评估机构和资产评估师在处置不良资产过程中的行为，进一步明确资产管理公司、资产评估机构和资产评估师的职责和作用，促进不良资产处置工作有序进行。	
《金融企业国有资产评估监督管理暂行办法》	2007年	为了加强对金融企业国有资产评估的监督管理，规范金融企业国有资产评估行为，维护国有资产所有者合法权益。	（1）适用于在中华人民共和国境内依法设立，并占有国有资产的金融企业、金融控股公司、担保公司的资产评估项目管理。 （2）规定了各级国有资产监督管理机构负责其所出资企业的国有资产评估监管工作的管理体制，企业国有资产评估项目实行核准制和备案制的管理方式，并明确了哪些项目进行核准、由谁核准，哪些项目进行备案、由谁备案等内容。明确了企业哪些经济行为应当进行资产评估，哪些经济行为可以不进行资产评估，同时明确企业发生资产评估事项时，由谁来委托评估机构，选择的评估机构应满足哪些条件，以及企业在评估过程中应承担哪些责任和义务。
《金融资产管理公司资产处置管理办法（修订）》	2008年	为规范金融资产管理公司的资产处置管理工作程序和资产处置行为，确保资产处置收益最大化，防范处置风险。	适用范围为经国务院批准成立的中国华融资产管理公司、中国长城资产管理公司、中国东方资产管理公司、中国信达资产管理公司。中国建银投资有限责任公司和汇达资产托管有限责任公司比照本办法执行。
《关于金融企业国有资产评估监督管理有关问题的通知》	2011年	为进一步贯彻落实《金融企业国有资产评估监督管理暂行办法》（财政部令第47号），加强和规范金融企业国有资产评估监督管理工作。	明确了评估范围的确定、评估项目的委托、评估备案的管理权限、评估结论的使用和评估机构的选聘等具体问题。

（三）中央文化企业国有资产评估管理有关规定文件　　参见表 3-9。

表 3-9　　中央文化企业国有资产评估管理有关规定文件

文件名称	时间	目的	适用情况及主要内容
《中央文化企业国有资产评估管理暂行办法》	2012 年	为规范中央文化企业国有资产评估行为，维护国有资产出资人合法权益，促进中央文化企业国有产权有序流转，防止国有资产流失。	该办法适用于财政部代表国务院履行出资人职责的中央文化企业及其各级子企业涉及的资产评估项目管理。
《关于中央文化企业国有资产评估管理的补充通知》	2017 年	为进一步规范财政部代表国务院履行出资人职责的中央文化企业及其各级子企业国有资产评估管理工作，促进企业国有产权有序流转，防止国有资产流失。	（1）明确中央文化企业国有资产评估项目备案实行分级管理。 （2）经财政部批准经济行为的事项涉及的资产评估项目，由财政部负责备案。 （3）经中央文化企业及其各级子企业批准经济行为的事项涉及的资产评估项目，由中央文化企业负责备案。 （4）要求中央文化企业及其各级子企业在组织资产评估过程中应当要求评估专业人员适当选择评估方法，除依据评估职业准则只能选择一种评估方法的外，应当选择两种以上评估方法，并依据实际状况，经综合分析，形成最终评估结论，编制评估报告。同时规定了资产评估项目备案的程序。

（四）行政单位和事业单位国有资产评估管理有关规定文件　　参见表 3-10。

表 3-10　　行政单位和事业单位国有资产评估管理有关规定文件

文件名称	时间	目的
《行政单位国有资产管理暂行办法》	2006 年颁布，并于 2017 年 12 月进行修订	为了规范和加强行政单位国有资产管理，维护国有资产的安全和完整，合理配置国有资产，提高国有资产使用效益，保障行政单位履行职能。该办法中专门用一章内容规定了资产评估事项。
《事业单位国有资产管理暂行办法》	2006 年颁布，2019 年修改	为了规范和加强事业单位国有资产管理，维护国有资产的安全完整，合理配置和有效利用国有资产，保障和促进各项事业发展，建立适应社会主义市场经济和公共财政要求的事业单位国有资产管理体制。该文件专门一章规定了资产评估与资产清查事项。

（五）境外国有资产评估管理有关规定文件　　参见表 3-11。

表 3-11　　境外国有资产评估管理有关规定文件

文件名称	时间	目的	主要内容
《中央企业境外国有产权管理暂行办法》	2011 年	为加强和规范中央企业境外国有产权管理。	规定中央企业及其各级子企业以其拥有的境内国有产权向境外企业注资或者转让，或者以其拥有的境外国有产权向境内企业注资或者转让，应当依照《企业国有资产评估管理暂行办法》（国资委令第 12 号）等相关规定，聘请具有相应资质的境内评估机构对标的物进行评估，并办理评估备案或者核准。

续表

文件名称	时间	目的	主要内容
《中央企业境外投资监督管理办法》	2017年	为加强中央企业境外投资监督管理，推动中央企业提升国际化经营水平。	规定股权类投资项目应开展必要的尽职调查，并按要求履行资产评估或估值程序。《企业国有资产评估项目备案工作指引》（国资发产权〔2013〕64号），专门一章规定了境外评估或估值报告的审核要点。

【例3-37】（单项选择题）以下文件中，（　　）规定了各级国有资产监督管理机构负责其所出资企业的国有资产评估监管工作的管理体制，企业国有资产评估项目实行核准制和备案制的管理方式。

A. 《企业国有资产评估管理暂行办法》

B. 《中央文化企业国有资产评估管理暂行办法》

C. 《中央企业资产评估项目核准工作指引》

D. 《关于加强企业国有资产评估管理工作有关问题的通知》

【答案】A

【解析】国务院国有资产监督管理委员会于2005年颁布了《企业国有资产评估管理暂行办法》（国资委令12号）。该办法适用于各级国有资产监督管理机构履行出资人职责的企业及其各级子企业涉及的资产评估项目管理，规定了各级国有资产监督管理机构负责其所出资企业的国有资产评估监管工作的管理体制，企业国有资产评估项目实行核准制和备案制的管理方式。

【知识点11】我国国有资产评估项目管理的方式（★★★）

（一）核准制和备案制

参见图3-6。

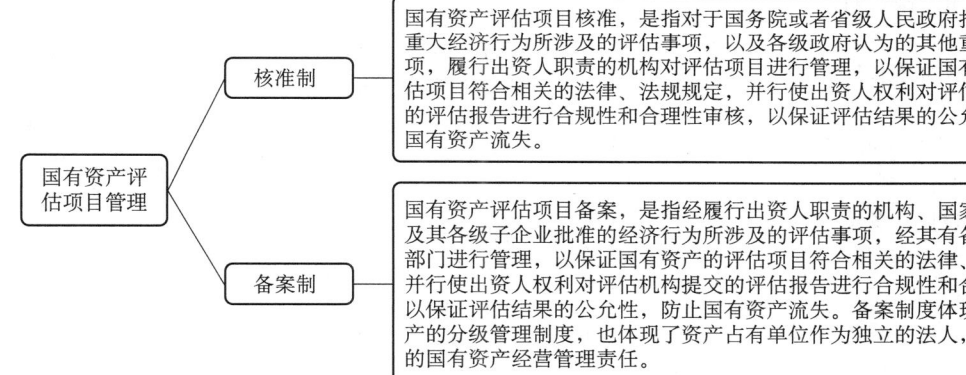

图3-6　我国国有资产评估项目管理方式

【提示】经国有资产监督管理机构批复的资产评估项目核准文件和经国有资产监督管理机构或所出资企业确认备案的资产评估项目备案表，其主要作用是企业办理产权登记、股权设置和产权转让等相关手续的必备文件。

（二）评估报告与评估结果使用要求

（1）按现行有关规定，企业进行涉及资产评估相应的经济行为时，应当以经核准或备案的资产评估结果为作价参考依据。

（2）企业进行与资产评估相应的经济行为时，应当以经核准或备案的资产评估结果为作价参考依据；当交易价格低于评估结果的90%时，应当暂停交易，在获得原经济行为批准机构同意后方可继续交易。

（3）《金融企业国有资产转让管理办法》（财政部令第54号）规定，在产权交易过程中，首次挂牌价格不得低于经核准或者备案的资产评估结果。首次挂牌未能征集到意向受让方的，转让方可以根据转让标的企业情况确定新的挂牌价格并重新公告。如新的挂牌价格低于资产评估结果的90%，应当重新报批。

（4）《企业国有资产交易监督管理办法》（国资委、财政部令第32号）规定，对按照有关法律法规要求必须进行资产评估的产权转让事项，转让方应当委托具有相应资质的评估机构对转让标的进行资产评估，产权转让价格应以经核准或备案的评估结果为基础确定。产权转让项目首次正式信息披露的转让底价，不得低于经核准或备案的转让标的评估结果。信息披露期满未征集到意向受让方的，可以延期或在降低转让底价、变更受让条件后重新进行信息披露。降低转让底价或变更受让条件后重新披露信息的，披露时间不得少于20个工作日。新的转让底价低于评估结果的90%时，应当经转让行为批准单位书面同意。产权交易合同生效后，产权交易机构应当将交易结果通过交易机构网站对外公告，公告内容包括转让标的评估结果、转让底价、交易价格。采取非公开协议转让方式转让企业产权，转让价格不得低于经核准或备案的评估结果。

【例3-38】（单项选择题）我国国有资产评估项目管理的方式，是实行资产评估项目（　　）。

A. 立项确认审批制
B. 核准制和备案制
C. 评估项目报告制
D. 评估报告审核制

【答案】B

【解析】目前，我国国有资产评估项目管理实行核准制和备案制。

【例3-39】（多项选择题）关于我国国有资产评估项目管理的方式，下列表述正确的是（　　）。

A. 对于国务院或者省级人民政府批准实施的重大经济行为所涉及的评估事项实行备案制
B. 当交易价格低于评估结果的90%时，应当暂停交易，在获得原经济行为批准机构同意后方可继续交易
C. 金融企业国有资产在产权交易过程中，首次挂牌价格不得低于经核准或者备案的资产评估结果的90%
D. 国有资产监督管理机构批复的资产评估项目核准文件和备案表的主要作用是确定资产交易价格
E. 采取非公开协议转让方式转让企业产权，转让价格不得低于经核准或备案的评估结果

【答案】BE

【解析】对于国务院或者省级人民政府批准实施的重大经济行为所涉及的评估事项，以及各级政府认为的其他重要评估事项，实行核准制，选项A错误。《金融企业国有资产转让管理办法》（财政部令第54号）规定，在产权交易过程中，首次挂牌价格不得低于经核准或者备案的资产评估结果，选项C错误。国有资产监督管理机构批复的资产评估项目核准文件和经国有资产监督管理机构或所出资企业确认备案的资产评估项目备案表的主要作用是企业办理产权登记、股权设置和产权转让等相关手续的必备文件，选项D错误。

【知识点12】我国国有资产评估项目审核与评审的依据（★★★）

参见图3-7。

【提示】《企业国有资产评估项目备案工作指引》（国资发产权〔2013〕64号）规定，备案管理单位审核评估程序实施过程和情况，应当重点关注评估机构在评估过程中是否履行了必要评估程序，评估过程是否完整，是否存在未履行评估准则规定的必要评估步骤的行为。备案管理单位审核评估方法，应当重点关注评估方法选择是否合理，是否符合相关评估准则的规定要求。备案管理单位审核签字盖章，应当对照《企业国有资产评估报告指南》等规定，关注评估报告签字盖章是否齐全、规范、清晰。境外评估项目核准时，审核境外评估及估值机构出具的评估或估值报告，应当关注其是否明示了所依据的评估准则，是否合理参考了境内评估准则及要求等。

【例3-40】（单项选择题）我国国有资产评估项目审核与评审的依据是（　　）。

A. 企业国有资产评估项目备案工作指引
B. 企业国有资产评估管理暂行办法
C. 资产评估准则
D. 资产评估法

【答案】C

【解析】我国国有资产评估项目依据资产评估准则进行审核或评审。

【例3-41】（多项选择题）《企业国有资产评估项目备案工作指引》规定，备案管理单位审核评估程序实施过程和情况，应当重点关注的是（　　）。

A. 评估机构在评估过程中是否履行了必要评估程序

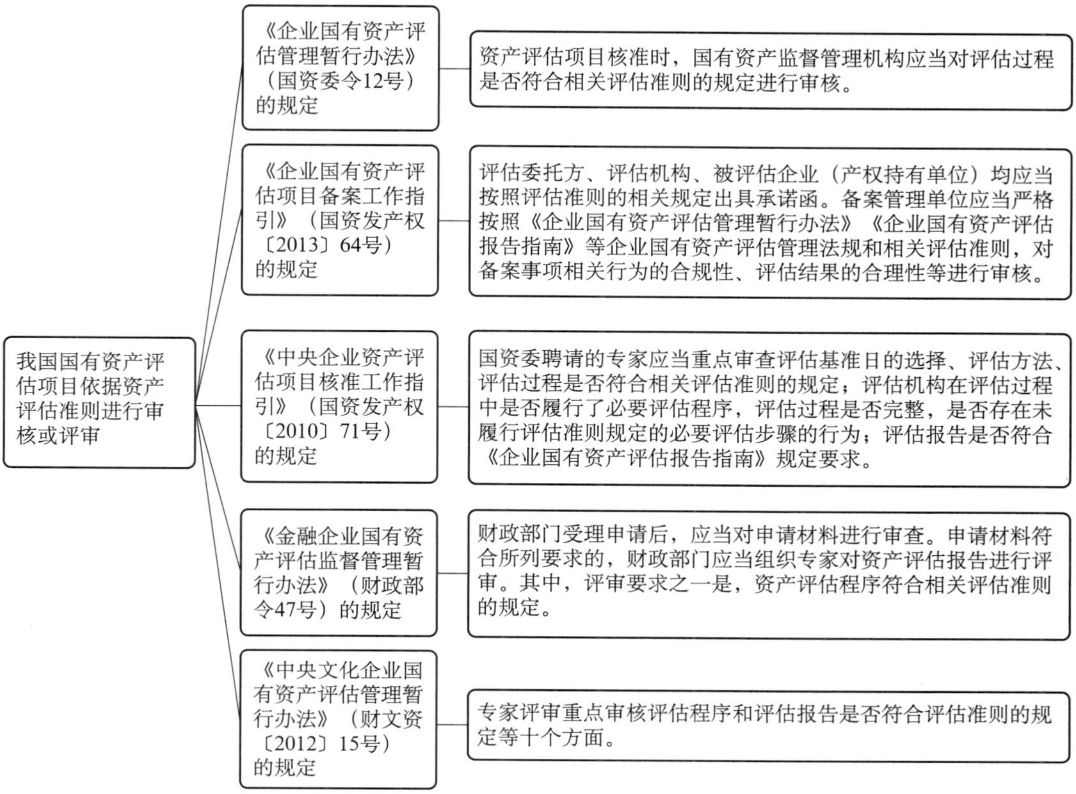

图 3-7 我国国有资产评估项目审核与评审的依据

```
我国国有资产评估项目依据资产评估准则进行审核或评审
├─《企业国有资产评估管理暂行办法》（国资委令12号）的规定 —— 资产评估项目核准时，国有资产监督管理机构应当对评估过程是否符合相关评估准则的规定进行审核。
├─《企业国有资产评估项目备案工作指引》（国资发产权〔2013〕64号）的规定 —— 评估委托方、评估机构、被评估企业（产权持有单位）均应当按照评估准则的相关规定出具承诺函。备案管理单位应当严格按照《企业国有资产评估管理暂行办法》《企业国有资产评估报告指南》等企业国有资产评估管理法规和相关评估准则，对备案事项相关行为的合规性、评估结果的合理性等进行审核。
├─《中央企业资产评估项目核准工作指引》（国资发产权〔2010〕71号）的规定 —— 国资委聘请的专家应当重点审查评估基准日的选择、评估方法、评估过程是否符合相关评估准则的规定；评估机构在评估过程中是否履行了必要评估程序，评估过程是否完整，是否存在未履行评估准则规定的必要评估步骤的行为；评估报告是否符合《企业国有资产评估报告指南》规定要求。
├─《金融企业国有资产评估监督管理暂行办法》（财政部令47号）的规定 —— 财政部门受理申请后，应当对申请材料进行审查。申请材料符合所列要求的，财政部门应当组织专家对资产评估报告进行评审。其中，评审要求之一是，资产评估程序符合相关评估准则的规定。
└─《中央文化企业国有资产评估管理暂行办法》（财文资〔2012〕15号）的规定 —— 专家评审重点审核评估程序和评估报告是否符合评估准则的规定等十个方面。
```

B. 评估程序是否征得委托人同意
C. 评估程序是否核准或备案
D. 评估过程是否完整
E. 是否存在未履行评估准则规定的必要评估步骤的行为

【答案】ADE

【解析】《企业国有资产评估项目备案工作指引》（国资发产权〔2013〕64号）规定，备案管理单位审核评估程序实施过程和情况，应当重点关注评估机构在评估过程中是否履行了必要评估程序，评估过程是否完整，是否存在未履行评估准则规定的必要评估步骤的行为。

【知识点 13】我国资产评估准则的产生与发展（★）

（一）我国资产评估准则的产生

1. 评估准则是评估行业规范发展的重要基础。

随着社会主义市场经济体制的发展完善，我国评估行业得到了快速发展，对评估准则建设也提出了迫切要求。

2001 年，国务院办公厅转发财政部《关于改革国有资产评估行政管理方式加强资产评估监督管理工作的意见》。2003 年，国务院办公厅转发财政部《关于加强和规范评估行业管理的意见》。两个文件都指出我国评估行业执业技术规范和职业道德标准建设滞后，不能满足评估业务发展的客观需要，要求尽快建立健全评估准则体系。

2016 年，《资产评估法》颁布实施。

2. 评估准则是开展资产评估业务的行为标准。

资产评估准则是资产评估机构及其资产评估专业人员开展资产评估业务的行为标准，是监管部门和行业协会评价资产评估业务质量的重要尺度，是评估报告使用人理解资产评估结论的重要依据。

【提示】考试教材所称资产评估准则是指财政部制定的资产评估基本准则和中国资产评估协会根据资产评估基本准则制定的资产评估执业准则和资产评估职业道德准则。

3. 我国已建成较为完善的资产评估准则体系。

二十多年来，财政部和中国资产评估协会借鉴国际评估行业经验，大力推动我国资产评估准则建设，已经建成较为完善的资产评估准则体系。

（二）我国资产评估准则的发展

我国资产评估准则的发展参见表3-12。

表3-12　　　　我国资产评估准则的发展

时间	发展标志	重要意义
2001年	财政部发布《资产评估准则——无形资产》。	这是我国资产评估行业的第一项准则，标志着我国资产评估准则建设迈出了第一步。
2004年	财政部发布《资产评估准则——基本准则》和《资产评估职业道德准则——基本准则》。	两项基本准则确立了我国资产评估准则的基本理念和基本要求，奠定了整个资产评估准则体系的基础。
2007年11月	财政部发布了中国资产评估准则体系。	涉及主要评估程序和主要执业领域的资产评估准则基本建成，初步构建了资产评估准则体系。此后，在资产评估准则体系规划下，我国资产评估准则建设继续紧跟市场和执业需求，有序、协调发展。截至2016年，资产评估准则体系包括业务准则和职业道德准则两部分，共计28项准则。
2016年	《资产评估法》规定了评估准则的制定和实施方式。	对资产评估准则的规范主体、重要术语、评估程序、评估方法以及评估报告等内容做出了规定。
2017年	财政部和中国资产评估协会对资产评估准则进行全面修订后重新发布，构建了包括1项基本准则、1项职业道德准则和25项执业准则在内的新的资产评估准则体系。	截至2020年末，资产评估准则体系包括31项准则。我国资产评估准则体系已得到进一步完善，更好适应了资产评估执业、监管和使用的需求。
2018年以来	中国资产评估协会对资产评估准则体系中的部分执业准则进行了修订，并制定了新的执业准则，资产评估准则体系实现了动态更新。	

【例3-42】（单项选择题）下列关于我国资产评估准则产生与发展的表述，正确的是（　　）。

A. 2004年，中国资产评估协会发布《资产评估准则——基本准则》和《资产评估职业道德准则——基本准则》

B. 2007年11月，财政部发布了中国资产评估准则体系

C. 截至2020年末，我国资产评估准则体系包括25项准则

D. 《资产评估准则——基本准则》是我国资产评估行业的第一项准则

【答案】B

【解析】2004年，财政部发布《资产评估准则——基本准则》和《资产评估职业道德准则——基本准则》两项基本准则，确立了我国资产评估准则的基本理念和基本要求，奠定了整个资产评估准则体系的基础，选项A错误。截至2020年末，资产评估准则体系包括31项准则，选项C错误。财政部2001年发布《资产评估准则——无形资产》，这是我国资产评估行业的第一项准则，选项D错误。

【知识点14】我国资产评估准则的主要作用（★）

（1）评估准则是评估行业规范发展的重要

基础（前文已述及）。

（2）评估准则是开展资产评估业务的行为标准（前文已述及）。

（3）评估准则在提升行业公信力、规范执业行为、加强行业监管、促进评估结论使用、增进行业国际交流等方面发挥了重要作用，促进了资产评估行业健康规范发展（前文已述及）。

【例3-43】（多项选择题）下列关于我国资产评估准则作用的表述中，正确的是（ ）。

A. 评估准则在提升行业公信力、规范执业行为、加强行业监管等方面发挥了重要作用

B. 评估准则是评估行业规范发展的重要基础

C. 评估准则是开展资产评估业务的行为标准

D. 评估准则是监管部门和行业协会评价资产评估业务质量的重要尺度

E. 评估准则是《资产评估法》制定的基础

【答案】ABCD

【解析】《资产评估法》规定了评估准则的制定和实施方式，并对资产评估准则的规范主体、重要术语、评估程序、评估方法以及评估报告等内容作出了规定。

【知识点15】我国资产评估准则的制定机制（★★）

参见表3-13。

表3-13　　　　　我国资产评估准则的制定机制

制定主体	财政部	中国资产评估协会
职责分工	负责组织制定资产评估基本准则和资产评估行业监督管理办法。	负责依据资产评估基本准则制定评估执业准则和职业道德准则。
咨询组织	成立了资产评估准则委员会。	成立了资产评估准则技术委员会。
制定程序	资产评估基本准则报财政部审定后，由财政部发布。	（1）中国资产评估协会对资产评估准则制定程序做出了规定。资产评估准则的制定过程分为立项、起草、公开征求意见、审议和发布五个阶段。 （2）资产评估执业准则和资产评估职业道德准则由中国资产评估协会发布。
更新机制	为保证资产评估准则的质量，提高资产评估准则的适用性和可操作性，财政部和中国资产评估协会对我国资产评估准则进行了多次修订。 目前，已经初步建立了资产评估准则动态更新机制，由中国资产评估协会在财政部的指导下，结合执业需求和监管需求，及时制定新的资产评估准则项目，对已发布的资产评估准则不定期进行修订。	

【例3-44】（单项选择题）下列关于我国资产评估准则制定机制的表述，错误的是（ ）。

A. 财政部负责组织制定资产评估基本准则

B. 中国资产评估协会组织成立了资产评估准则技术委员会

C. 资产评估基本准则报财政部审定后，由中国资产评估协会发布

D. 资产评估准则的制定过程分为立项、起草、公开征求意见、审议和发布五个阶段

【答案】C

【解析】资产评估基本准则报财政部审定后，由财政部发布。

【知识点16】我国资产评估准则体系框架（★★★）

（一）资产评估基本准则

资产评估基本准则是财政部依据《资产评估法》《资产评估行业财政监督管理办法》等制定的资产评估机构及其资产评估专业人员执行各种资产类型、各种评估目的资产评估业务应当共同遵循的基本规范。

【提示】资产评估基本准则是中国资产评估协会制定资产评估执业准则和资产评估职业道德准则的依据。资产评估基本准则明确了资产评估准则适用的业务范围，提出了资产评估业务的基本遵循，规定了资产评估业务的基本操作要求、资产评估报告编制要求和资产评估档

案的管理要求。

(二) 资产评估执业准则

资产评估执业准则是中国资产评估协会依据资产评估基本准则制定的资产评估机构及其资产评估专业人员在执行资产评估业务过程中应当遵循的程序规范和技术规范，包括具体准则、评估指南和指导意见。

1. 资产评估具体准则。

资产评估具体准则分为程序性准则和实体性准则两个部分。

(1) 程序性准则。程序性准则是关于资产评估机构及其资产评估专业人员通过履行一定的专业程序完成评估业务、保证评估质量的规范。程序性准则包括：《资产评估执业准则——资产评估程序》等6项。

(2) 实体性准则。实体性准则是针对不同资产类别的特点，分别对不同类别资产评估业务中的资产评估机构及其资产评估专业人员的技术操作提供指导。实体性准则包括：《资产评估执业准则——企业价值》等6项。

2. 资产评估指南。

资产评估指南是针对出资、抵押、财务报告、保险等特定评估目的的评估业务，以及某些重要事项制定的规范。资产评估指南包括：《企业国有资产评估报告指南》等5项。

3. 资产评估指导意见。

资产评估指导意见的内容较为灵活。已在具体准则中设置了准则的资产，其细类资产的评估规范，采用指导意见形式；资产评估业务中某些具体问题的指导性文件，采用指导意见形式。

资产评估指导意见包括：《资产评估价值类型指导意见》等12项。

(三) 资产评估职业道德准则

资产评估职业道德准则从专业能力、独立性、与委托人和其他相关当事人的关系、与其他资产评估机构及资产评估专业人员的关系等方面对资产评估机构及资产评估专业人员应当具备的道德品质和体现的道德行为进行了规范。资产评估机构应当对本机构的资产评估专业人员遵守法律、行政法规和资产评估准则的情况进行监督。资产评估机构及其资产评估专业人员在执行资产评估业务过程中，应当指导专家和相关业务助理人员遵守资产评估职业道德准则相关条款。

如图3-8所示。

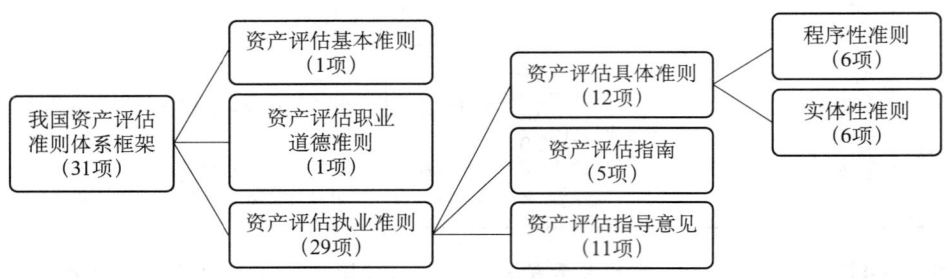

图3-8 我国资产评估准则体系框架

【例3-45】（单项选择题）下列关于我国资产评估具体准则构成的表述中，正确的是（ ）。

A. 资产评估具体准则是由执业准则和职业道德准则构成

B. 资产评估具体准则是由程序性准则和实体性准则构成

C. 资产评估具体准则是由程序性准则、实体性准则和职业道德准则构成

D. 资产评估具体准则是由执业准则、评估指南和评估指导意见构成

【答案】B

【解析】资产评估具体准则分为程序性准则和实体性准则。

【例3-46】（多项选择题）下列关于我国资产评估准则体系框架的表述中，正确的是（ ）。

A. 资产评估准则包括基本准则、职业道德准则和执业准则

B. 具体准则分为职业道德准则、程序性准则和实体性准则

C. 程序性准则是针对出资、抵押、财务报告、保险等特定评估目的的评估业务，以及某些重要事项制定的规范

D. 资产评估执业准则包括具体准则、评估指南和指导意见

E. 资产评估具体准则是中国资产评估协会制定资产评估执业准则和资产评估职业道德准则的依据

【答案】AD

【解析】具体准则分为程序性准则和实体性准则，选项B错误。资产评估指南是针对出资、抵押、财务报告、保险等特定评估目的的评估业务，以及某些重要事项制定的规范，选项C错误。资产评估基本准则是中国资产评估协会制定资产评估执业准则和资产评估职业道德准则的依据，选项E错误。

【知识点17】我国建立资产评估准则体系的特点（★）

参见图3-9。

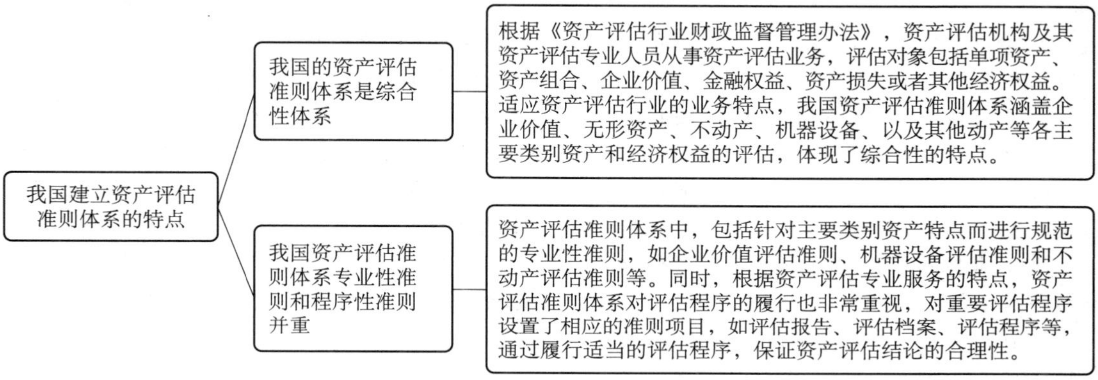

```
我国建立资产
评估准则体
系的特点
├── 我国的资产评估准则体系是综合性体系 —— 根据《资产评估行业财政监督管理办法》，资产评估机构及其资产评估专业人员从事资产评估业务，评估对象包括单项资产、资产组合、企业价值、金融权益、资产损失或者其他经济权益。适应资产评估行业的业务特点，我国资产评估准则体系涵盖企业价值、无形资产、不动产、机器设备、以及其他动产等各主要类别资产和经济权益的评估，体现了综合性的特点。
└── 我国资产评估准则体系专业性准则和程序性准则并重 —— 资产评估准则体系中，包括针对主要类别资产特点而进行规范的专业性准则，如企业价值评估准则、机器设备评估准则和不动产评估准则等。同时，根据资产评估专业服务的特点，资产评估准则体系对评估程序的履行也非常重视，对重要评估程序设置了相应的准则项目，如评估报告、评估档案、评估程序等，通过履行适当的评估程序，保证资产评估结论的合理性。
```

图3-9 我国建立资产评估准则体系的特点

【例3-47】（单项选择题）下列关于我国资产评估准则体系特点的表述，错误的是( )。

A. 资产评估准则体系中，包括针对主要类别资产特点而进行规范的专业性准则，如企业价值评估准则、机器设备评估准则和不动产评估准则等

B. 我国资产评估准则体系涵盖企业价值、无形资产、不动产、机器设备、以及其他动产等各主要类别资产和经济权益的评估，体现了综合性的特点

C. 对重要评估程序设置了相应的准则项目，如评估报告、评估档案、评估程序等，通过履行适当的评估程序，保证资产评估结论的合理性

D. 资产评估准则体系中，包括针对主要类别资产特点而进行规范的实体性准则和针对评估程序的程序性准则，实体性准则和程序性准则并重

【答案】D

【解析】我国资产评估准则体系中，包括针对主要类别资产特点而进行规范的专业性准则和针对评估程序的程序性准则，专业性准则和程序性准则并重。

精选练习题

一、单项选择题

1. 根据《资产评估法》的规定，企业国有资产评估应当履行基本程序。下列关于企业国有资产评估应当履行的基本程序中，表述正确的是( )。

A. 评估事项涉及两个以上当事人的，由主要当事人选定评估机构

B. 资产评估机构受理企业国有资产评估业务后，应当指定至少一名相应专业类别的评估师承办

C. 选定评估机构后，委托人应当与资产评估专业人员订立委托合同

D. 法定评估业务的资产评估档案的保存期限不少于30年

2. 评估执业需要相关的权属证明、财务会计信息和其他资料作为基础性资料。下列关于对评估资料责任的界定，表述错误的是（ ）。

A. 这些资料应当由委托人及时向评估专业人员提供，评估专业人员根据执业需要有权要

求委托人提供这些资料

　　B. 委托人拒绝或者不如实提供的，评估机构有权依法拒绝其履行合同的要求

　　C. 获取相关当事人的书面承诺，可以减轻或免除资产评估专业人员的核查验证责任

　　D. 评估专业人员应当对评估活动中使用的有关文件、证明和资料的真实性、准确性、完整性进行核查和验证

　　3. 根据国有资产表现形态的差异，可以将国有资产划分为（　　）。

　　A. 企业国有资产、行政事业性国有资产、境外国有资产

　　B. 企业国有资产、行政事业性国有资产、金融企业国有资产

　　C. 企业国有资产、行政事业性国有资产、中央文化企业国有资产

　　D. 企业国有资产、行政事业性国有资产、资源性国有资产

　　4. 在我国资产评估准则体系框架中，资产评估执业准则不包括（　　）。

　　A. 资产评估职业道德准则

　　B. 资产评估具体准则

　　C. 资产评估指南

　　D. 资产评估指导意见

　　5.《金融企业国有资产转让管理办法》（财政部令第54号）规定，在产权交易过程中，首次挂牌价格不得低于经核准或者备案的（　　）。

　　A. 资产评估结果

　　B. 资产评估结果的90%

　　C. 资产评估结果的85%

　　D. 资产交易历史平均价格

　　6. 下列选项中，不属于资产评估行业协会的职责的是（　　）。

　　A. 组织开展会员继续教育

　　B. 制定资产评估基本准则

　　C. 保障会员依法开展业务，维护会员合法权益

　　D. 制定会员自律管理办法，对会员实行自律管理

　　7. 根据《资产评估行业财政监督管理办法》的规定，财政部门对资产评估行业进行行政监管。下列关于财政部监管职责的表述中，错误的是（　　）。

　　A. 指导和督促地方财政部门实施监督管理

　　B. 制定资产评估基本准则和具体准则

　　C. 制定有关监督管理办法

　　D. 负责统筹财政部门对全国资产评估行业的监督管理

　　8. 下列选项中，对资产评估机构的自主管理的选项中，不正确的有（　　）。

　　A. 资产评估机构应当依法采用合伙或者公司形式

　　B. 资产评估机构从事资产评估业务，应当遵守资产评估准则，履行资产评估程序，加强内部审核，严格控制执业风险

　　C. 资产评估机构不得受理与其合伙人或者债权人存在利害关系的业务

　　D. 资产评估机构和分支机构加入资产评估协会，平等享有章程规定的权利，履行章程规定的义务

　　9. 资产评估机构应当自领取营业执照之日起30日内，通过备案信息管理系统向所在地（　　）备案。

　　A. 省级财政部门

　　B. 市级资产评估协会

　　C. 省级资产评估协会

　　D. 市级财政部门

　　10. 已完成备案的资产评估机构或者分支机构有以下（　　）行为时，省级财政部门不应该予以注销备案。

　　A. 注销工商登记

　　B. 被工商行政管理机关吊销营业执照

　　C. 主动要求注销备案

　　D. 迁出该省去往其他省开展业务

　　11. 以下有关资产评估机构备案管理的选项中，不正确的是（　　）。

　　A. 资产评估机构的备案信息不齐全或者备案材料不符合要求的，省级财政部门应当在接到备案材料5个工作日内一次性告知需要补正的全部内容

　　B. 对于资产评估机构申报的资产评估师信息，省级财政部门有义务在公开前向有关资产评估协会核实

　　C. 资产评估机构跨省行政区划迁移经营场所，应当电话通知迁出地省级财政部门

　　D. 资产评估机构设立分支机构的，由资产评估机构向其分支机构所在地省级财政部门备案

12. 以下选项中，不属于法定评估的特点的是（　　）。
A. 涉及国有资产或者公共利益等事项
B. 法律、行政法规规定需要评估
C. 评估报告可以由评估师或其他评估专业人员签署
D. 至少两名相应专业类别的评估师承办业务，并且评估报告必须由至少两名评估师签署

13. 以下有关资产评估行业自律管理的表述中，错误的是（　　）。
A. 资产评估协会应当重点检查资产评估机构及其资产评估专业人员的专业胜任能力和业务能力
B. 资产评估协会是资产评估机构和资产评估专业人员的自律性组织，接受有关财政部门的监督，不得损害国家利益和社会公共利益，不得损害会员的合法权益
C. 资产评估协会对资产评估机构及其资产评估专业人员进行自律检查，资产评估机构及其资产评估专业人员应当配合资产评估协会组织实施的自律检查
D. 资产评估协会应当与其他评估专业领域行业协会加强沟通协作，建立会员、执业、惩戒等相关信息的共享机制

14. 以下有关资产评估机构自主管理的表述，错误的是（　　）。
A. 实行集团化发展的资产评估机构，应当在客户服务方面，对设立的分支机构实行统一管理
B. 资产评估机构开展法定资产评估业务，应当指定至少两名资产评估师承办
C. 资产评估机构和分支机构加入资产评估协会，平等享有章程规定的权利，履行章程规定的义务
D. 分支机构可以以资产评估分支机构的名义出具资产评估报告

二、多项选择题
1. 在我国资产评估准则体系框架中，《资产评估执业准则——资产评估方法》属于（　　）。
A. 具体准则
B. 实体性准则
C. 职业道德准则
D. 程序性准则
E. 执业准则

2. 设立公司形式的资产评估机构，应满足的条件包括（　　）。
A. 股东数量不得少于2名
B. 评估师的人数不得少于8名
C. 股东为2名的，2名股东都应当是具有3年以上从业经历且最近3年内未受停止从业处罚的评估师
D. 2/3以上股东应当是具有3年以上从业经历且最近3年内未受任何处罚的评估师
E. 2/3以上的股东应当是具有3年以上从业经历且最近3年内未受停止从业处罚的评估师

3. 在我国资产评估准则体系框架中，下列不属于实体性准则的是（　　）。
A. 《资产评估执业准则——资产评估档案》
B. 《资产评估执业准则——珠宝首饰》
C. 《资产评估执业准则——资产评估报告》
D. 《资产评估执业准则——利用专家工作及相关报告》
E. 《资产评估执业准则——森林资源资产》

4. 下列选项中，对资产评估专业人员的监督管理的主要内容，正确的有（　　）。
A. 资产评估专业人员包括资产评估师和具有资产评估专业知识及实践经验的其他资产评估从业人员
B. 资产评估专业人员从事资产评估业务，应当加入资产评估机构，并且可以在多个资产评估机构从事业务
C. 加入资产评估协会，但未加入特定资产评估机构的资产评估专业人员，不能享有章程规定的部分权利
D. 资产评估专业人员应当与资产评估机构签订劳动合同，建立社会保险缴纳关系，按照国家有关规定办理人事档案存放手续
E. 未取得资产评估师资格的人员，不得签署法定资产评估业务资产评估报告，其签署的法定资产评估业务资产评估报告无效

5. 下列选项中，对资产评估机构的自主管理的主要内容，正确的有（　　）。
A. 资产评估机构开展法定资产评估业务，应当指定至少三名资产评估师承办
B. 法定资产评估业务资产评估报告应当由一名承办业务的资产评估师签署
C. 资产评估机构应当遵守独立性原则和资产评估准则规定的资产评估业务回避要求，不

得受理与其合伙人或者股东存在利害关系的业务

D. 资产评估机构应当指定一名取得资产评估师资格的本机构合伙人或者股东专门负责执业质量控制

E. 分支机构应当在资产评估机构授权范围内，依法从事资产评估业务，并以资产评估机构的名义出具资产评估报告

6. 以下有关资产评估机构备案管理的选项中，不正确的是（　　）。

A. 资产评估机构的备案信息不齐全或者备案材料不符合要求的，省级财政部门应当在接到备案材料5个工作日内一次性告知需要补正的全部内容

B. 迁出该省去往其他省开展业务的，省级财政部门予以注销备案，并向社会公开

C. 对于资产评估机构申报的资产评估师信息，省级财政部门应当在公开前向有关资产评估协会核实

D. 资产评估机构办理合并后无须表明合并前资产评估机构资产评估业务、执业责任的承继关系

E. 合伙制资产评估机构转为公司制资产评估机构，转制决议只需要载明转制后机构与转制前机构的所有者权益情况

三、综合题

正航公司为国有独资企业，其所属的两个全资子公司甲和乙为优势互补性企业，历史经营业绩良好。为发挥战略协同优势，正航公司将甲、乙两公司合并成立了太和公司。太和公司设立后，正航公司拟引进民营企业东宇公司以现金方式对太和公司进行增资，为确定增资后太和公司的股权比例，正航、太和、东宇三公司决定委托一家资产评估公司对太和公司进行评估。因正航公司为国有独资企业，评估公司由正航公司选定。该评估公司法人代表A与正航公司法人代表B系表兄妹，评估公司正在履行登记备案手续。该评估业务是评估公司的第一单业务，评估公司非常重视，指派1名评估师和2名非常有经验的助理人员从事该评估业务，并按约定完成评估程序，评估报告由该名承办业务的评估师和助理人员签名后递交给正航公司。

请根据以上资料，回答下列问题：

(1) 资料中，甲、乙两公司合并成立太和公司，是否需要进行资产评估？拟引进民营企业东宇公司以现金方式对太和公司进行增资，是否需要进行资产评估？请说明理由。

(2) 假定需要进行资产评估，由正航公司选定一家评估机构对太和公司进行资产评估的行为是否恰当？请说明理由。

(3) 假定不考虑其他因素，正航公司选定的评估机构是否符合相关规定？为什么？

(4) 假定不考虑其他因素，评估公司指派1名评估师和2名非常有经验的助理人员从事该评估业务，是否符合相关规定？为什么？

(5) 完成评估程序，评估报告由该名承办业务的评估师和助理人员签名后递交给正航公司，是否符合规定？为什么？

(6) 如果评估专业人员从事评估业务时，由于工作失误，发表了不恰当的评估意见，给正航公司造成经济损失，责任应当如何承担？

精选练习题参考答案及解析

一、单项选择题

1.【答案】D

【解析】评估事项涉及两个以上当事人的，由全体当事人协商委托评估机构。对受理的评估业务，评估机构应当指定至少两名评估专业人员承办。选定评估机构后，委托人应当与评估机构订立委托合同，约定双方的权利和义务。

2.【答案】C

【解析】根据《资产评估法》第十三条的规定，评估专业人员应当对评估活动中使用的有关文件、证明和资料的真实性、准确性、完整性进行核查和验证。资产评估专业人员获取相关当事人的书面承诺后，不能减轻或免除其核查验证责任。因此，选项C不正确。

3.【答案】D

【解析】根据资产表现形态的差异，可以将国有资产划分为企业国有资产、行政事业性国有资产以及资源性国有资产。

4.【答案】A

【解析】资产评估执业准则包括具体准则、评估指南和指导意见。

5.【答案】A

【解析】《金融企业国有资产转让管理办法》（财政部令第54号）规定，在产权交易过

程中，首次挂牌价格不得低于经核准或者备案的资产评估结果。

6. 【答案】B

【解析】制定评估基本准则是评估行政管理部门的职责。

7. 【答案】B

【解析】根据《资产评估行业财政监督管理办法》，财政部门对资产评估行业进行行政监管。财政部的监管职责是：负责统筹财政部门对全国资产评估行业的监督管理；制定有关监督管理办法；制定资产评估基本准则；指导和督促地方财政部门实施资产评估行业管理；对资产评估机构从事证券期货相关评估业务实施的监督管理。资产评估具体准则由资产评估协会制定，选项B错误。

8. 【答案】C

【解析】资产评估机构应当遵守独立性原则和资产评估准则规定的资产评估业务回避要求，不得受理与其合伙人或者股东存在利害关系的业务。

9. 【答案】A

【解析】资产评估机构应当自领取营业执照之日起30日内，通过备案信息管理系统向所在地省级财政部门备案。

10. 【答案】D

【解析】迁出该省去往其他省开展业务的，省级财政部门不应予以注销备案。资产评估机构跨省级行政区划迁移经营场所，应当书面告知迁出地省级财政部门。资产评估机构在办理完迁入地工商登记手续后15个工作日内，向迁入地省级财政部门办理迁入备案手续。迁入地省级财政部门办理迁入备案手续后通知迁出地的省级财政部门，迁出地的省级财政部门应同时予以公告。

11. 【答案】C

【解析】资产评估机构跨省级行政区划迁移经营场所，应当书面告知迁出地省级财政部门。

12. 【答案】C

【解析】选项C为自愿进行的评估的特点。

13. 【答案】A

【解析】资产评估协会应当重点检查资产评估机构及其资产评估专业人员的执业质量和职业风险防范机制。

14. 【答案】D

【解析】分支机构应当在资产评估机构授权范围内，依法从事资产评估业务，并以资产评估机构的名义出具资产评估报告。

二、多项选择题

1. 【答案】ADE

【解析】在我国资产评估准则体系框架中，《资产评估执业准则——资产评估方法》属于执业准则中的具体准则，在具体准则中属于程序性准则。

2. 【答案】ABCE

【解析】公司形式的评估机构，应当有8名以上评估师和2名以上股东，其中2/3以上股东应当是具有3年以上从业经历且最近3年内未受停止从业处罚的评估师。评估机构的合伙人或者股东为2名的，2名合伙人或者股东都应当是具有3年以上从业经历且最近3年内未受停止从业处罚的评估师。

3. 【答案】ACD

【解析】实体性准则是针对不同资产类别的特点，分别对不同类别资产评估业务中的资产评估机构及其资产评估专业人员的技术操作提供指导。实体性准则包括：《资产评估执业准则——企业价值》《资产评估执业准则——无形资产》《资产评估执业准则——不动产》《资产评估执业准则——机器设备》《资产评估执业准则——珠宝首饰》和《资产评估执业准则——森林资源资产》。而《资产评估执业准则——资产评估程序》《资产评估执业准则——资产评估报告》《资产评估执业准则——资产评估委托合同》《资产评估执业准则——资产评估档案》《资产评估执业准则——利用专家工作及相关报告》和《资产评估执业准则——资产评估方法》属于程序性准则。

4. 【答案】ADE

【解析】选项B，资产评估专业人员从事资产评估业务，应当加入资产评估机构，并且只能在一个资产评估机构从事业务。选项C，加入资产评估协会的资产评估专业人员，平等享有章程规定的权利，履行章程规定的义务。

5. 【答案】CDE

【解析】选项A，资产评估机构开展法定资产评估业务，应当指定至少两名资产评估师承办。选项B，法定资产评估业务资产评估报告应当由两名以上承办业务的资产评估师签署，并履行内部程序后加盖资产评估机构印章，资产评估机构及签字资产评估师依法承担责任。

6.【答案】BDE

【解析】选项B，已完成备案的资产评估机构或者分支机构有下列行为之一的，省级财政部门予以注销备案，并向社会公开：①注销工商登记的；②被工商行政管理机关吊销营业执照的；③主动要求注销备案的。迁出不是可以注销备案的情况。选项D，资产评估机构办理合并或者分立变更手续的，应当提供合并或者分立协议。合并或者分立协议应当包括的事项有：①合并或者分立前资产评估机构评估业务档案保管方案；②合并或者分立前资产评估机构职业风险基金或者执业责任保险的处理方案；③合并或者分立前资产评估机构资产评估业务、执业责任的承继关系。选项E，合伙制资产评估机构转为公司制资产评估机构，转制决议应当载明转制后机构与转制前机构的债权债务、档案保管、资产评估业务、执业责任等承继关系。

三、综合题

【答案及解析】

（1）资料中，甲、乙两公司合并成立太和公司，可以不进行资产评估。拟引进民营企业东宇公司以现金方式对太和公司进行增资，应当进行资产评估。

理由：根据《企业国有资产评估管理暂行办法》（国资委令12号）的规定，企业在发生改制、产权（资产）转让、以非货币资产对外投资、合并分立破产解散等经济行为时，应当对国有资产进行评估；收购非国有资产、与非国有单位置换资产等行为必须对相关非国有资产进行评估；经政府或国有资产监督管理机构批准的无偿划转和国有独资企业内部独资企业间的资产变动行为可不进行评估。

（2）假定需要进行资产评估，由正航公司选定一家评估公司对太和公司进行资产评估的行为不恰当。

理由：《资产评估法》规定，评估事项涉及两个以上当事人的，由全体当事人协商委托评估机构。

（3）假定不考虑其他因素，正航公司选定的评估机构不符合相关规定。

原因：《资产评估法》规定，委托开展法定评估业务，委托人应当依法选择评估机构。即依照法律、法规、规章规定的程序，选择符合法定条件的评估机构进行评估。该评估公司正在履行登记备案手续，尚不具备承接法定评估业务的资格。

（4）假定不考虑其他因素，评估公司指派1名评估师和2名非常有经验的助理人员从事该评估业务，不符合相关规定。

原因：该评估业务属于法定评估业务的，评估机构应当指定至少2名评估师承办。

（5）完成评估程序，评估报告由评估师和助理人员签名后递交给正航公司，不符合规定。

原因：该评估业务属于法定评估业务的，评估报告由至少两名承办该项业务的评估师签名并加盖评估机构印章。

（6）如果评估专业人员违反《资产评估法》的规定，给委托人或者其他相关当事人造成损失的，由其所在的评估机构依法承担赔偿责任。评估机构履行赔偿责任后，可以向有故意或者重大过失的评估专业人员追偿。

第四章　资产评估基本事项

考试大纲

第四章	考试目的	考查考生对资产评估基本事项的掌握情况及应用能力。
资产评估基本事项		考试内容及要求
	掌握的内容（★★★）	1. 资产评估相关当事人的构成、权利及义务。
		2. 资产评估目的的作用及确定。
		3. 资产评估常见经济行为的类型、评估目的、评估对象及评估范围。
		4. 资产评估对象及其组成和确定。
		5. 资产评估范围的类别及确定。
		6. 资产评估基准日与资产评估报告日的区别、作用及法律意义。
		7. 主要价值类型的种类、特征及选择。
		8. 资产评估假设的作用及常见评估假设的内涵与使用。
	熟悉的内容（★★）	1. 资产评估结论的使用期限。
		2. 资产评估基准日的选择和期后事项的处理原则。
		3. 价值类型的作用。
	了解的内容（★）	1. 现实性评估、追溯性评估和预测性评估的差异。

考情分析

本章内容为资产评估委托人与资产评估机构签订委托合同时应明确的基本事项，是资产评估机构承接业务、开展和实施评估的第一个环节的主要内容，考查考生对资产评估基本事项的掌握情况及应用能力。

本章内容在 2019 年变化比较多，2020 年变动不大，2021 年变动也不多。本章内容相对重要，可以多种形式命题，既可单独考核单项选择题和多项选择题，也可以与其他章节结合起来考核综合题。

教材变化

1. "主要资产评估假设"修订为"常见的资产评估假设"。

2. 删除"非真实性假设及特别假设"的考试要求及其相关内容。

考点精讲及典型例题解析

【提示】资产评估的基本事项主要包括资产评估的相关当事人、评估目的、评估对象、评估基准日与报告日、价值类型及评估假设等。这些事项是资产评估专业人员确定资产评估程序、选择评估方法、形成及编制评估报告的基础。

【知识点 1】资产评估相关当事人的构成（★★★）

资产评估的相关当事人包括委托人和其他资产评估报告使用人、资产评估机构、资产评估专业人员、产权持有人（或被评估单位）等。

【例 4-1】（多项选择题）某 H 股上市公司甲公司拟与国内某非上市国有独资公司乙公司进行合资经营，聘请丙资产评估公司对合资对象进行评估，作为确定股权结构的参考依据。丙资产评估公司已经向所在地省级财政部门备案。在该项资产评估中,相关当事人包括( )。

A. H股上市公司甲公司
B. 非上市国有独资公司乙公司
C. 丙资产评估公司及其评估专业人员
D. 省级财政部门
E. 乙公司的产权持有单位

【答案】ABCE

【解析】资产评估的相关当事人包括委托人和其他资产评估报告使用人、资产评估机构、资产评估专业人员、产权持有人(或被评估单位)等。

【知识点2】资产评估委托人的概念、权利及义务（★★★）

（一）评估委托人的概念

资产评估作为一项民事经济活动,是建立在委托合同基础上的。资产评估委托人是与资产评估机构就资产评估专业服务事项签订委托合同的民事主体。

【提示】评估委托人可以是一个,也可以是多个,可以是法人也可以是自然人。

【例4-2】（单项选择题）下列关于资产评估委托人的表述,正确的是( )。

A. 委托人只能是一个确定的法人或者自然人
B. 委托人是与资产评估协会签订委托合同的民事主体
C. 委托人只能是法人
D. 委托人可以是法人,也可以是自然人

【答案】D

【解析】评估委托人可以是一个,也可以是多个,可以是法人也可以是自然人,选项A、选项C错误,选项D正确。委托人是与资产评估机构就资产评估专业服务事项签订委托合同的民事主体,选项B错误。

（二）评估委托人的确定

资产评估业务分为法定评估业务和非法定评估业务。对于法定评估业务,委托人的确定需要符合国家有关法律、法规的规定;对于非法定评估业务,委托人的确定可以基于自愿协商的原则进行。

评估委托人的确定参见图4-1。

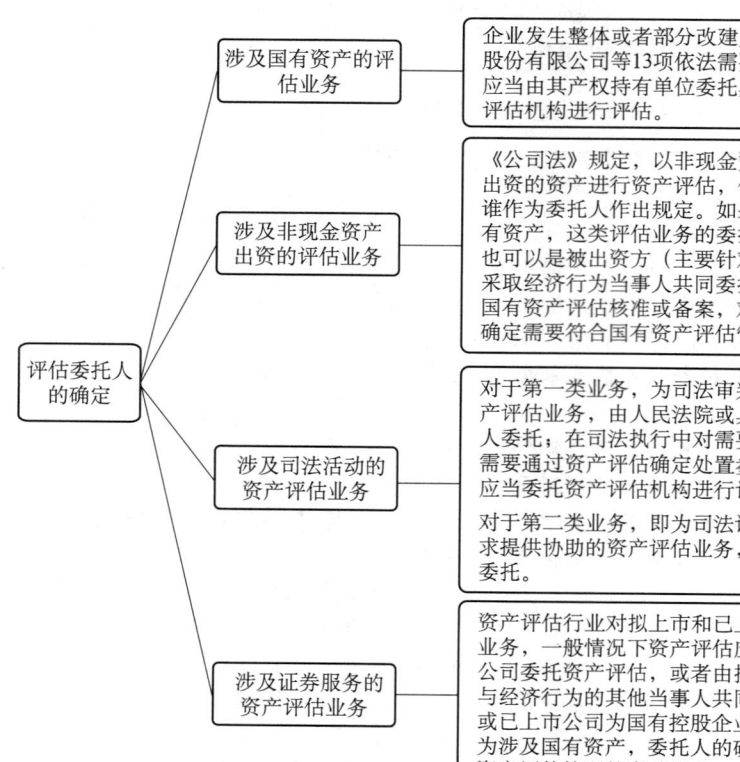

图4-1 评估委托人的确定

【提示】根据财政部、证监会2020年10月21日公布的《资产评估机构从事证券服务业务备案办法》，证券服务资产评估业务，包括：①为证券发行、上市、挂牌、交易的主体及其控制的主体、并购标的等制作、出具资产评估报告；②为证券公司及其资产管理产品制作、出具资产评估报告；③财政部、证监会规定的其他业务。该办法还同时规定"资产评估机构为基金期货经营机构及其发行的产品等提供证券服务业务的，参照适用本规定"。为拟上市和已上市公司所提供的资产评估是其中影响最大的业务领域。

【例4-3】（单项选择题）M公司为一家外资企业，D公司是一家国有全资企业，其主管部门为N机构。现D公司拟收购M公司25%的股权，需要对其股权价值进行评估。对于上述评估业务的委托人，应当包括（　　）。

A. M公司　　　　　　B. D公司
C. D公司和N机构　　D. M公司或D公司

【答案】B

【解析】根据《关于加强企业国有资产评估管理工作有关问题的通知》的规定，"企业接受非国有资产等涉及非国有资产评估的，一般由接受非国有资产的企业委托"。因此，该评估业务的委托人应当包括国有全资企业D公司。因此选项B正确，选项A、选项C和选项D错误。

【例4-4】（单项选择题）小明的笔记本电脑遗失，被大明（未成年人）捡到，小明索要未果，且笔记本电脑被大明故意损坏，小明委托律师A诉至R法院，诉讼请求大明赔偿损失。若该司法诉讼需要资产评估，可以由（　　）委托。

A. R法院　　　　　　B. 小明
C. 大明　　　　　　　D. 大明的父母

【答案】B

【解析】为司法诉讼当事人诉讼请求提供协助的资产评估业务，可以由诉讼举证方委托。

【例4-5】（多项选择题）民营企业A拟用生产设备和专利权对民营企业B进行增资扩股，需要进行资产评估。对于该评估，委托人可以是（　　）。

A. 民营企业A
B. 民营企业B
C. 民营企业A和民营企业B
D. 省级财政部门
E. 地方资产评估协会

【答案】ABC

【解析】《公司法》规定，以非现金资产出资需要对用于出资的资产进行资产评估，但是公司法没有对由谁作为委托人作出规定。如果出资行为不涉及国有资产，这类评估业务的委托人可以是出资方，也可以是被出资方（主要针对增资情况），或者采取经济行为当事人共同委托的方式。

【例4-6】（多项选择题）某在上海证券交易所上市的民营企业M公司拟与非上市民营企业Y公司并购重组，需要进行资产评估。对于该评估，委托人可以是（　　）。

A. 上海证券交易所　　B. M公司
C. Y公司　　　　　　D. M公司和Y公司
E. 资产评估协会

【答案】BCD

【解析】资产评估行业对拟上市和已上市公司的资产评估业务，一般情况下资产评估应当由拟上市或上市公司委托资产评估，或者由拟上市或上市公司与经济行为的其他当事人共同委托。

（三）评估委托人的权利与义务

参见图4-2。

【提示】《资产评估执业准则——资产评估委托合同》第十三条规定：资产评估委托合同应当约定，委托人应当为资产评估机构及其资产评估专业人员开展资产评估业务提供必要的工作条件和协助；委托人应当根据资产评估业务需要，负责资产评估机构及其资产评估专业人员与其他相关当事人之间的协调。

【例4-7】（单项选择题）下列关于评估委托人权利的表述，错误的是（　　）。

A. 评估委托人有权自主选择符合《资产评估法》规定的评估机构
B. 评估委托人有权要求与相关当事人及评估对象有利害关系的评估专业人员回避
C. 当评估委托人对资产评估报告结论、评估金额、评估程序等方面有不同意见时，可以要求评估机构解释
D. 评估委托人认为评估机构或者评估专业人员违法开展业务的，可以向人民检察院投诉、举报

【答案】D

【解析】评估委托人认为评估机构或者评估专业人员违法开展业务的，可以向有关评估行政管理部门或者行业协会投诉、举报，选项D错误。

【例4-8】（多项选择题）下列关于评估委托人义务的表述，正确的是（　　）。

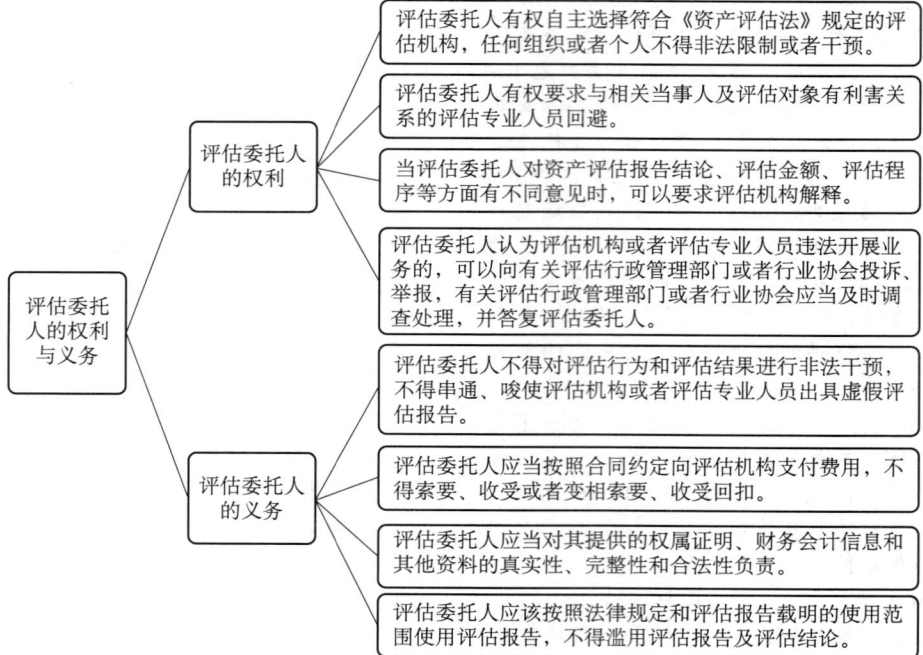

图 4-2 评估委托人的权利与义务

A. 评估委托人不得对评估行为和评估结果进行非法干预
B. 评估委托人应当按照评估结果向评估机构支付费用，不得索要、收受或者变相索要、收受回扣
C. 评估委托人不得串通、唆使评估机构或者评估专业人员出具虚假评估报告
D. 评估委托人应当对其提供的权属证明、财务会计信息和其他资料的真实性、完整性和合法性负责
E. 评估委托人应该按照法律规定和评估报告载明的使用范围使用评估报告，不得滥用评估报告及评估结论

【答案】ACDE
【解析】评估委托人应当按照合同约定向评估机构支付费用，不得索要、收受或者变相索要、收受回扣，选项 B 错误。

【知识点3】资产评估产权持有人（或被评估单位）的概念、权利及义务（★★★）

（一）产权持有人（或被评估单位）的概念

产权持有人是指评估对象的产权持有人。当评估对象为股权或所有者权益时，"产权持有人"是指股权或所有者权益的拥有者，与相关股权或所有者权益对应的被投资单位则被称为被评估单位。

【提示1】委托人与产权持有人可能是同一主体，也可能不是同一主体，资产评估的委托人并不一定是评估对象的产权持有人。例如，按照国有资产评估管理法规的规定，对国有企业法人财产权转让时需要由产权持有人委托评估机构，这时的委托人与产权持有人为同一主体；国有企业收购非国有资产，如果被收购方不同时作为委托人，评估委托人与评估对象的产权持有人则不是同一主体。

【提示2】评估对象一般受产权持有人控制。当评估委托人与评估对象的产权持有人不是同一主体时，资产评估专业人员在对评估对象实施评估时需要通过委托人协调产权持有人配合工作。有时产权持有人可能不愿意提供评估所需要的资料，或不愿配合评估工作，这样就会对评估程序的实施产生一定的影响。出现上述情况，评估专业人员应该与委托人协商，由委托人出面协调产权持有人配合评估工作。

【例 4-9】（单项选择题）下列关于评估委托人和产权持有人的表述中，错误的是（　　）。

A. 产权持有人一般控制评估对象
B. 对国有企业法人财产权转让时需要由产权持有人委托评估机构
C. 当评估对象为股权或所有者权益时，

"产权持有人"是指股权或所有者权益的拥有者

D. 评估委托人与产权持有人是同一主体

【答案】D

【解析】按照国有资产评估管理法规的规定,对国有企业法人财产权转让时需要由产权持有人委托评估机构,这时的委托人与产权持有人为同一主体;国有企业收购非国有资产,如果被收购方不同时作为委托人,评估委托人与评估对象的产权持有人则不是同一主体。因此,委托人与产权持有人可能是同一主体,也可能不是同一主体,选项 D 错误。

【例 4-10】(单项选择题)下列关于产权持有人的表述,错误的是( )。

A. 产权持有人与委托人不一定同一主体

B. 当评估对象为股权时,"产权持有人"是指股权的拥有者

C. 涉及国有资产的评估,评估委托人一般不是产权持有人

D. 产权持有人是指评估对象的产权持有人

【答案】C

【解析】《企业国有资产评估管理暂行办法》第八条规定,涉及国有资产的评估,应当由其产权持有单位委托具有相应资质的资产评估机构进行评估。

(二)产权持有人(或被评估单位)的权利及义务

当评估委托人与评估对象的产权持有人不是同一主体时,产权持有人也可能会作为单独的签约主体出现在资产评估委托合同中,或者作为由委托人负责协调和安排的对象在合同中体现。

目前我国《资产评估法》中没有单独规范产权持有人(或被评估单位)权利与义务的相关条款,作为签约主体的产权持有人的权利及义务可以在资产评估委托合同中直接约定,对不作为资产评估委托合同签订方的产权持有人配合资产评估的要求,一般通过约定委托人的协调义务及责任加以实现。

【例 4-11】(多项选择题)关于产权持有人(或被评估单位)的权利及义务,下列表述中,正确的是( )。

A. 当评估委托人与评估对象的产权持有人不是同一主体时,产权持有人可能会作为单独的签约主体出现在资产评估委托合同中

B. 当评估委托人与评估对象的产权持有人不是同一主体时,产权持有人可能会作为由委托人负责协调和安排的对象在合同中体现

C. 目前我国《资产评估法》中有单独规范产权持有人(或被评估单位)权利与义务的相关条款

D. 作为签约主体的产权持有人的权利及义务可以在资产评估委托合同中直接约定

E. 对不作为资产评估委托合同签订方的产权持有人配合资产评估的要求,一般通过约定委托人的协调义务及责任加以实现

【答案】ABDE

【解析】目前我国《资产评估法》中没有单独规范产权持有人(或被评估单位)权利与义务的相关条款。

【知识点 4】报告使用人的概念、权利及义务(★★★)

(一)报告使用人的概念

评估报告使用人是指法律、行政法规明确规定的,或者资产评估委托合同中约定的有权使用资产评估报告或评估结论的当事人。除委托人、资产评估委托合同中约定的其他资产评估报告使用人和法律、行政法规规定的资产评估报告使用人之外,其他任何机构和个人不能成为资产评估报告的使用人。按照资产评估准则的要求,资产评估委托合同应当明确资产评估报告使用人。如果存在委托人以外的其他使用人,资产评估委托合同应当明确约定。资产评估专业人员还应当在资产评估报告中明确披露评估报告使用人。

【提示1】除非法律、行政法规规定或者已在承接评估业务时明确,从委托人处获得评估报告的当事人并不当然成为资产评估委托及成果使用的主体,根据客户披露义务而获得评估报告的当事人,也不能作为资产评估报告使用人。

【提示2】评估报告使用人可以是具体的单位或个人,也可以是某一类的使用人,如委托人指定的代理人(律师等)或合作伙伴等。当使用人的具体名称无法确定时,可以按照类型加以明确。

(二)报告使用人的权利及义务

评估报告使用人有权按照法律和行政法规规定、资产评估委托合同约定和资产评估报告载明的使用范围和方式使用评估报告或评估结论。评估报告使用人未按照法律、行政法规规定或资产评估报告载明的使用范围和方式使用评估报告的,资产评估机构和资产评估专业人员将不承担责任。资产评估机构和资产评估人员不承担非评估报告使用人使用评估报告的任何后果和责任。

【例4-12】（单项选择题）C公司委托评估机构N对M公司股权进行评估，评估报告载明的评估委托人是C公司，报告使用人为C公司和其关联公司K公司，评估目的是为C公司和K公司增资M公司提供M公司股权的价值。在上述经济行为实施过程中，出现一家E公司也需要对M公司增资，但是在资产评估委托合同上没有约定E公司为评估报告使用人，国家法律、法规也没有明确规定应当将E公司作为评估报告的使用人，E公司可能因实施的经济行为与C、K公司一致，而借用评估机构N出具的评估报告。下列表述正确的是（　　）。

A. N评估机构将对E公司使用评估报告后果承担责任

B. E公司也属于评估委托合同中的报告使用人

C. N评估机构须对C、K公司按要求使用评估报告的后果承担责任

D. E公司无须对自己使用评估报告的行为及后果承担责任

【答案】C

【解析】在评估委托合同上没有约定E公司为评估报告使用人，题干中只提到C公司、K公司是评估报告使用人，因此选项B错误。所以N评估机构不需要对E公司使用评估报告的后果承担责任，而须对C公司、K公司按要求使用评估报告的后果承担责任。E公司将对自己使用评估报告的行为及后果承担责任，选项A、选项D错误。N评估机构须对C公司、K公司按约定要求使用评估报告的后果承担责任，选项C正确。

【知识点5】资产评估目的的概念与作用（★★★）

（一）资产评估目的的概念

资产评估目的，是资产评估业务对应的经济行为对资产评估结果的使用要求，或资产评估结果的具体用途。

【提示】委托人计划实施的经济行为决定了资产评估目的。

（二）资产评估目的的作用

评估目的直接或间接地决定和制约着资产评估的条件以及价值类型的选择。不同评估目的可能会对评估对象的确定、评估范围的界定、价值类型的选择以及潜在交易市场的确定等方面产生影响。

资产评估目的是委托人对资产评估结论的使用要求，或是委托人或报告使用人对资产评估结论的具体用途，在整个资产评估过程中具有十分重要的作用。

【例4-13】（单项选择题）直接或间接地决定和制约资产评估价值类型选择的是（　　）。

A. 资产评估机构

B. 资产评估专业人员

C. 评估目的

D. 评估程序

【答案】C

【解析】资产评估目的，是资产评估业务对应的经济行为对资产评估结果的使用要求，或资产评估结果的具体用途。评估目的直接或间接地决定和制约着资产评估的条件，以及价值类型的选择，因此选项C正确。

【知识点6】资产评估目的的确定（★★★）

资产评估目的根据评估所服务经济行为的要求确定。资产评估专业人员在承接资产评估业务时应与委托人沟通确定资产评估目的。

【提示】确定评估目的是委托人的责任。资产评估目的应当在评估委托合同中明确约定。

【例4-14】（多项选择题）下列关于资产评估目的的表述，错误的是（　　）。

A. 资产评估目的直接或间接地决定着资产评估工作量的大小

B. 评估机构应当根据评估业务的具体条件及评估经验独立确定评估目的

C. 资产评估目的是资产评估业务对应的经济行为对资产评估结果的使用要求

D. 资产评估目的需要在评估委托合同明确约定

E. 资产评估专业人员在承接资产评估业务时应与委托人沟通确定资产评估目的

【答案】AB

【解析】评估目的直接或间接地决定和制约着资产评估的条件以及价值类型的选择。不同评估目的可能会对评估对象的确定、评估范围的界定、价值类型的选择以及潜在交易市场的确定等方面产生影响。资产评估目的直接或间接地决定着资产评估工作量的大小，没有依据，选项A错误。确定评估目的是委托方的责任，选项B错误。

【知识点7】常见的资产评估目的（★★★）

参见图4-3。

常见的资产评估目的

- **转让**
  - 转让行为所对应的评估目的是确定转让标的资产的价值，为转让定价提供参考
    - 国有产权转让、资产转让、资产置换、以非货币资产偿还债务，以及收购非国有资产等都是国有资产管理法规规定的涉及国有资产的转让经济行为。涉及国有资产的转让行为中，资产评估需要满足监管要求和相关规定。
    - 涉及上市公司的转让行为以及由上市公司委托的资产评估需要满足资本市场的监管规定和信息披露要求，执行相关资产评估业务的机构应当在国务院证券监督管理机构和国务院财政主管部门完成证券评估服务备案。

- **抵（质）押**
  - 贷款发放前设定抵（质）押权的评估
    - 单位或个人在向金融机构或者其他非金融机构进行融资时，金融机构或非金融机构需要获得借款人或担保人用于抵押或者质押资产的评估报告，评估目的是了解用于抵押或者质押资产的价值，作为确定发放贷款的参考依据。
  - 实现抵（质）押权的评估
    - 当借款人到期不能偿还贷款时，贷款提供方作为抵（质）押权人可以依法要求将抵押品拍卖或折价清偿债务，以实现抵（质）押权。这个环节的资产评估的目的是确定抵（质）押品的价值，为抵（质）押品折价或变现提供参考。
  - 贷款存续期对抵（质）押品价值动态管理所要求的评估
    - 通常由金融机构要求评估机构在规定时间，以及市场发生不利变化时对抵（质）押品进行价值评估，评估目的是监控抵（质）押品的价值变化，为贷款风险防范提供参考。

- **公司设立、增资**
  - 非货币资产出资评估
    - 非货币资产出资行为的评估目的是为确定可出资资产的价值提供参考。资产评估的评估结论用于揭示出资财产的市场价值，可以保障企业的股东、债权人以及社会公众的利益。
  - 企业增资扩股中确定股东出资金额和股权比例的评估
    - 以货币或非货币资产对公司进行增资扩股时需要对被增资企业的股权价值进行评估，作为确定新老股东股权比例的依据。评估目的是为确定股东出资金额和股权比例提供参考。
  - 发行股份购买资产
    - 评估目的是评估标的资产的价值，为上市公司确定资产购买价格和股票发行方案提供参考。
  - 债权转股权
    - 评估目的是为确定债权转股金额和股份数额提供价值参考。

- **企业整体或部分改建为有限公司或股份公司**
  - 公司制改建
    - 评估的目的是为确定国有资本出资额或者股份数额提供参考依据。
  - 有限责任公司变更为股份有限公司
    - 评估目的是核实企业用于折股的审计后净资产的账面价值是否不低于其市场价值，防止虚折股权/股份的情况发生。

- **财务报告**
  - 企业在编制财务报告时，可能需要对某些资产进行评估，这类资产评估属于服务于会计计量和财务报告编制的评估业务
    - 评估目的是为会计核算和财务报表编制提供相关资产、资产组等评估对象的公允价值或可收回金额等特定价值的专业意见。

- **税收**
  - 确定非货币资产投资的计税价值；确定非货币资产持有或流转环节所涉税种的税基
    - 评估目的是为核定非货币资产计税申报价值的公允性提供资产价值参考；根据涉税情形，确定相关非货币性资产的应税流转或所得额、财产价值或增值额，为税收征管部门确定相关计税基准提供参考。

- **司法**
  - 司法审判中揭示与诉讼标的相关的财产（权益）价值及侵权（损害）损失数额等
    - 评估目的是揭示相关资产（财产）或权益的价值、侵权（损害）损失金额，为司法审判提供参考依据。
  - 民事判决执行中帮助确定拟拍卖、变卖执行标的物的处置价值
    - 评估的目的就是确定涉案执行财产的价值，为人民法院在司法执行中确定财产处置参考价提供专业意见。

图4－3　常见的资产评估目的

【例4-15】（多项选择题）按照资产评估经济行为，资产评估目的包括（　　）。
A. 转让
B. 抵（质）押
C. 公司设立、增资
D. 统计
E. 税收
【答案】ABCE
【解析】资产评估目的对应的经济行为通常可以分为转让，抵（质）押，公司设立、增资，企业（公司）改建，财务报告，税收和司法等。

【例4-16】（多项选择题）下列行为中，涉及资产转让行为目的的法定评估的有（　　）。
A. 国有产权转让
B. 收购非国有资产
C. 房地产抵押
D. 企业债权转股权
E. 知识产权质押
【答案】AB
【解析】引发资产评估的转让行为主要包括资产的收购、转让、置换、抵债等，选项A、选项B正确。房地产抵押、知识产权质押目的的评估属于抵（质）押目的的评估，企业债权转股权的评估属于公司设立、增资目的的评估，因此选项C、选项D和选项E错误。

【知识点8】资产评估对象的概念、组成及确定（★★★）

（一）资产评估对象的概念

资产评估对象，也称为评估客体，或评估标的，是指资产评估的具体对象。资产评估对象通常包括单项资产、资产组合、企业价值、金融权益、资产损失或者其他经济权益。

【提示1】按资产的组合形式，资产评估对象可分为单项资产、资产组合和整体企业（或单位）。

【提示2】单项资产包括无形资产、不动产、机器设备以及其他动产等。资产组合（或资产组）是指由多项资产按照特定的目的、为实现特定功能而组成的有机整体。在评估业务中，评估对象可能是一个资产组合，也可能由若干个资产组合构成，称之为资产组组合。根据不同的目的，资产组合的划分原则和标准是不同的。例如，对于以减值测试为目的的资产评估业务，评估对象为资产组或资产组组合。根据企业会计准则的规定，该资产组合称之为业务资产组（或称现金流产出单位CGU），其划分原则是企业可以认定的最小的现金流的产生单位，其产生的现金流入应当独立于其他资产或者资产组产生的现金流入。不同的业务资产组可以构成会计准则所定义的资产组组合。对于以交易为目的的资产评估业务，如果某企业拟转让特定的业务板块，评估对象是该业务板块所对应的资产组合，确定该资产组合的原则是与该业务相关的资产与负债。

【提示3】整体企业是由一个或多个资产组合构成的。整体企业或资产组合的评估对象通常指其权益。例如对于一个企业，评估对象可能是股权或者企业整体价值（股权+债权）。

【例4-17】（单项选择题）下列关于资产评估对象的表述，错误的有（　　）。
A. 一座工厂厂房及厂房内的机器设备可以作为一个整体，成为资产评估对象
B. 一个企业可以是多个业务资产组的组合，整体企业或资产组的评估对象通常指其权益
C. 整体企业可以是资产评估对象
D. 资产损失不能作为资产评估对象
【答案】D
【解析】资产评估对象通常包括单项资产、资产组合、企业价值、金融权益、资产损失或者其他经济权益，因此选项D错误，选项C正确；一个企业实际就是一个或多个业务资产组的组合，整体企业或资产组的评估对象通常指其权益，选项B正确；厂房及其机器设备可以作为一个组合，成为评估对象，选项A正确。

（二）资产评估对象的组成

1. 企业价值评估的评估对象的组成。

企业价值评估中的评估对象包括企业整体价值、股东全部权益价值和股东部分权益价值。将企业作为一个整体进行评估，其评估对象一般为企业的股权，在有些特别情况下也可能是企业的整体投资，即股权+债权。

【例4-18】（单项选择题）将企业作为一个整体进行评估，其评估对象一般为企业的（　　）。
A. 整体投资　　B. 股权+债权
C. 股权　　　　D. 债权
【答案】C
【解析】将企业作为一个整体进行评估时，评估对象一般是企业的股权，在有些特别情况下也可能是企业的整体投资，即股权+债权，

选项 C 正确。

2. 业务资产组评估对象的组成。

业务资产组的组成包括相关单项资产，也包括形成这些资产的资金来源，如股权投资或债权投资。

【提示】业务资产组评估对象的认定可以参考企业价值评估的评估对象认定标准。如果业务资产组的评估目的涉及资产组整体转让，则评估对象可以按照其整体转让经济行为界定为资产组的权益，如所有者权益；如果评估目的涉及的经济行为是针对业务资产组各单项资产的，则可以将评估对象设定为各单项资产和负债。

【例 4 – 19】（单项选择题）境内上市公司 M 有两个独立的业务 X 和 Y，现因业务转型，需要将其中的一个业务 X 转让，需要进行资产评估。该资产评估的评估对象应该是（　　）。

A. M 公司对该业务的权益
B. M 公司的各单项资产
C. M 公司的股权
D. M 公司的整体资产

【答案】A

【解析】题中业务资产组的评估目的涉及资产组整体转让，则评估对象可以按照其整体转让经济行为界定为资产组的权益，即选项 A 正确。

【例 4 – 20】（单项选择题）国有控股有限责任公司 N 拟以经审计的净资产账面价值折股变更为 S 股份有限公司，需要进行资产评估。该评估的评估对象是（　　）。

A. N 有限责任公司的整体权益
B. 组成 N 有限责任公司的各单项资产和负债
C. S 有限责任公司的股权
D. N 有限责任公司的净资产

【答案】B

【解析】有限责任公司拟以经审计的净资产账面价值折股变更为股份有限公司，该目的的评估，评估对象不是该企业的整体权益，而是组成该企业的各单项资产和负债，或者说是该企业按照《公司法》规定可以作为出资的可辨识资产和相关负债。因此，将评估对象设定为组成该企业的各单项资产和负债，选项 B 正确。

【例 4 – 21】（单项选择题）某会计师事务所是一个特殊普通合伙企业，其合伙人拟进行产权转让，现需要对其进行转让目的的评估，该资产评估的评估对象应该是该会计师事务所的（　　）。

A. 相关合伙人权益
B. 相关合伙人的股权和债权
C. 所有合伙人权益
D. 总资产和各单项资产

【答案】A

【解析】整体企业或资产组的评估对象通常指其权益，合伙企业合伙人进行转让目的的评估，其评估对象应该是该合伙企业相关合伙人权益，选项 A 正确。

【例 4 – 22】（单项选择题）Q 公司长期投资于 U 公司和 V 公司，现拟转让对 V 公司的长期投资，需要对 V 公司进行转让目的的评估，则该评估的评估对象应该是（　　）。

A. V 公司的各单项资产
B. Q 公司的各单项资产
C. V 公司的股权
D. Q 公司的股权

【答案】C

【解析】将企业作为一个整体进行评估，其评估对象一般为企业的股权，选项 C 正确。

3. 单项资产评估中的评估对象的组成。

这里的"单项资产"，不仅指"一项资产"，也可能包括若干项以独立形态存在、可以单独发挥作用或以个体形式进行销售、转让和出租的资产。单项资产的评估对象一般就是所对应的资产。单项资产通常可以分为流动资产、建筑物、机器设备以及无形资产等。

【提示1】单项资产的评估对象举例。评估一单体写字楼，则该单体写字楼就是评估对象，但是该写字楼可能包括房屋建筑物、电梯、空调设备等。由于写字楼的建筑物通常是要与这些附属设备一并处置，尽管电梯、空调设备等也可以单独交易、转让，但也会将这类资产作为一项单项资产评估。

【提示2】无形资产作为一种特殊形态的资产，其评估对象的组成具有自身的特性，无形资产的评估对象组成一般包含三个层级的内容（见图 4 – 4）。

【例 4 – 23】（单项选择题）下列关于无形资产评估对象的表述中，错误的是（　　）。

A. 商标可以作为一种资产评估对象进行评估
B. 还在申请阶段的权利，如专利申请权，不可以作为评估对象

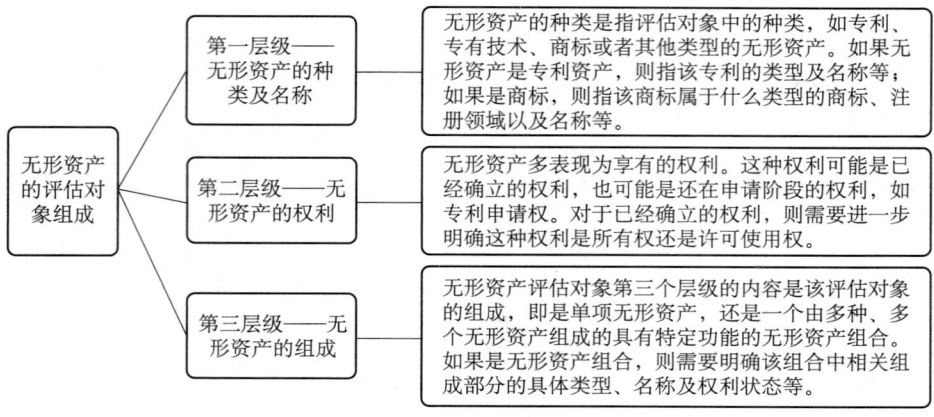

图 4-4 无形资产的评估对象组成

C. 无形资产的评估对象的组成包括其种类、名称和权利等

D. 无形资产的许可使用权在某些情况下可作为一种资产评估对象进行评估

【答案】B

【解析】商标是无形资产种类中的一种，可以作为一种资产评估对象进行评估，选项 A 正确。无形资产多表现为享有的权利。这种权利可能是已经确立的权利，也可能是还在申请阶段的权利，如专利申请权，都可以作为评估对象。因此，选项 B 错误。无形资产的评估对象组成一般包含种类、名称和权利及无形资产的组成等内容，选项 C 正确；许可使用权作为无形资产的权利的一种，在某些情况下可以作为一种资产评估对象进行评估，选项 D 正确。

【例 4-24】（多项选择题）F 公司拥有一个发明专利 K，采用普通方式许可给 G 公司使用。许可合同规定，专利 K 的年许可费为 G 公司每年专利产品销售收入的 1%。现 F 公司为从银行取得贷款，拟将该专利 K 进行质押，需要对该专利 K 进行评估，则该专利资产评估的评估对象为（　　）。

A. F 公司的资产与负债

B. 专利 K 的年许可费

C. G 公司的资产与负债

D. 专利 K 授予 G 公司普通许可所形成的合同权益

E. 专利 K 所有权中扣除 G 公司普通许可合同权益之外的其他权利

【答案】DE

【解析】本题中的评估目的是将上述专利资产质押，由于质押应该涉及专利的所有权（包括使用、收益和处分的权利），同时由于专利 K 存在对外许可合同（合同权益或义务），因此评估对象应该包括：专利 K 授予 G 公司普通许可所形成的合同权益；专利 K 所有权中扣除 G 公司普通许可合同权益之外的其他权利。

【例 4-25】（多项选择题）L 集团公司拥有一个商品商标 T，注册领域为第 1 号注册领域。据了解 L 集团公司采用普通方式将商标 T 许可给其下属的上市公司 J 无时间限制、无地域限制地免费使用。现 L 集团公司准备将该商标 T 的所有权转让给该上市公司 J，需要对该商标 T 所有权价值进行评估。另外，L 集团公司在同一注册领域内还有一个与商标 T 相似的注册商标 H。据此，对该商标 T 所有权价值进行评估的评估对象应该包括（　　）。

A. 商标 T 的所有权

B. 商标 H 的所有权

C. 商标 T 及商标 H 的使用权

D. 商标 T 所有权中扣除 J 公司许可使用权之外的权利

E. 商标 T 的所有权及商标 H 的使用权

【答案】BD

【解析】本题中商标 T 属于产品商标，本次评估目的是转让其专用权（所有权），但是拟受让人 J 公司在此之前已经拥有该商标的许可使用权（普通许可），转让方还拥有与商标 T 注册在同一领域内相似的商标 H，该商标主要作为保护商标使用，需要随着商标 T 一并转让。由于 L 集团公司已经采用普通许可方式无限期、免费许可给其下属上市公司 J 使用其商标 T，因此评估对象为商标 T 所有权中扣除 J 公司许可使用权之外的权利以及商标 H 的所有权。因此，选项 B、选项 D 正确。

【例 4-26】（多项选择题）某市天然气供

应比较紧张。N 公司为保障天然气供应，与 M 燃气公司签订了一个为期 5 年的天然气供气合同，该合同规定，每年 M 燃气公司需要向 N 公司供应 50 万 m^3 天然气。该供气合同中规定了销售价格，并且该价格高于天然气市场价格。现 M 燃气公司需要对该"供气合同"进行评估，评估对象应该包括（　　）。

A. 供气合同权益无形资产
B. M 燃气公司的资产与负债
C. N 公司的资产与负债
D. 供气合同中的天然气质量
E. 供气合同客户关系类无形资产

【答案】AE

【解析】由于该供气合同中规定了销售价格，并且该价格高于天然气市场价格，则 M 燃气公司存在一个合同约定的超额收益，因此存在一个合同权益无形资产；同时由于 M 燃气公司可以保证每年销售 50 万 m^3 天然气，因此还应该存在一个由合同保证的客户关系类无形资产。因此，该评估对象包括一项合同权益无形资产，同时还包括一项客户关系类无形资产，选项 A、选项 E 正确。

（三）资产评估对象的确定

评估对象应当由委托人依据法律法规的规定和经济行为要求提出，并在评估委托合同中明确约定。在评估对象确定过程中，评估机构和资产评估专业人员应当关注其是否符合法律法规的规定、满足经济行为要求，必要时向委托人提供专业建议。

【例 4 - 27】（单项选择题）关于资产评估对象的确定，下列表述中，错误的是（　　）。

A. 评估对象应当由委托人依据法律法规的规定和经济行为要求提出
B. 评估对象应在评估委托合同中明确约定
C. 评估机构和资产评估专业人员应当关注其是否符合法律法规的规定、满足经济行为要求
D. 必要时，评估对象可由评估机构和资产评估专业人员确定

【答案】D

【解析】评估对象应当由委托人依据法律法规的规定和经济行为要求提出，并在评估委托合同中明确约定。必要时，评估机构和资产评估专业人员可向委托人提供专业建议。

【知识点 9】资产评估范围的类别及确定（★★★）

（一）资产评估范围的概念

资产评估范围是对评估对象所进行的详细描述，包括构成、物理及经济权益边界、约束条件等内容，是资产评估专业人员根据评估目的界定的对象资产边界，同时也便于报告的使用人更加清晰地理解评估对象。

（二）资产评估范围的类别

参见图 4 - 5。

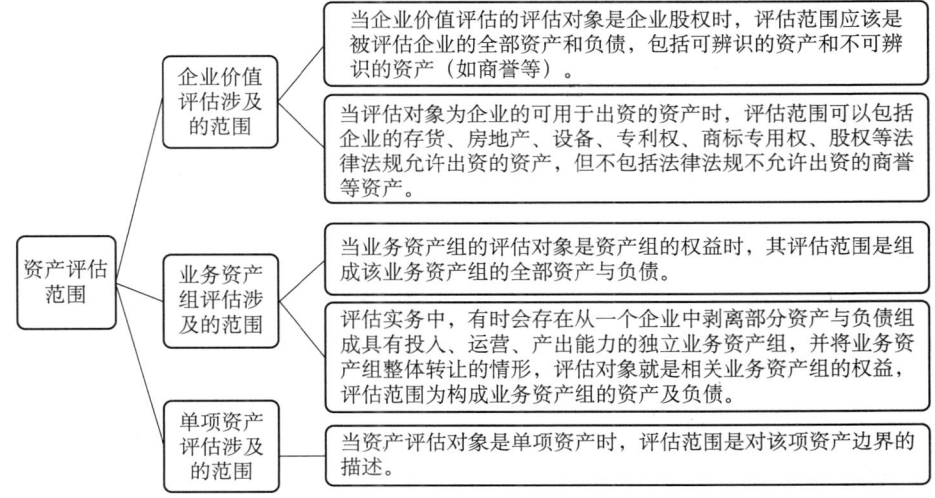

图 4 - 5　资产评估范围

（三）资产评估范围的确定

资产评估范围应当依据法律法规的规定、实现评估目的要求，以及评估对象的特点合理确定，并在资产评估委托合同中明确界定，具体内容应由委托人负责提供。

资产评估专业人员在执行资产评估业务时

应当关注纳入资产评估范围的资产或者资产及负债,是否与所服务的经济行为要求的评估范围一致。

【例4-28】(多项选择题)下列关于资产评估范围的表述,正确的是(　　)。

A. 资产评估范围是对评估对象所进行的详细描述

B. 当资产评估对象是单项资产时,评估范围是对该项资产边界的描述

C. 当企业价值评估的评估对象是企业股权时,评估范围应该是该企业的全部资产和负债

D. 资产评估范围的具体内容应由委托人提供

E. 资产评估范围与评估对象是一致的

【答案】 ABCD

【解析】 资产评估范围是对评估对象所进行的详细描述,包括构成、物理及经济权益边界、约束条件等内容,评估范围与评估对象并不总是一致的,选项A正确,选项E错误;当资产评估对象是单项资产时,评估范围是对该项资产边界的描述,选项B正确;当企业价值评估的评估对象是企业股权时,评估范围应该是被评估企业的全部资产和负债,包括可辨识的资产和不可辨识的资产(如商誉等),选项C正确;资产评估范围应当依据法律法规的规定、实现评估目的要求,以及评估对象的特点合理确定,并在资产评估委托合同中明确界定,具体内容应由委托人负责提供,选项D正确。

【知识点10】常见经济行为对应的评估对象及范围(★★★)

【提示】 当评估对象为相关企业的股东权益(所有者权益)或业务资产组权益时,评估范围为组成相关企业或业务资产组的全部资产和负债。评估对象为单项资产时,评估范围也为该单项资产,体现为对该单项资产边界和条件的描述。

(一)转让

转让(收购)、置换、非货币资产偿债等经济行为,评估对象是相关经济行为对应的标的资产。其标的资产可以是企业或业务资产组权益,也可以为单项资产。

(二)抵(质)押

抵(质)押行为的资产评估对象为相关抵(质)押物。抵(质)押物可以是企业权益,也可以为单项资产。

【提示】 对抵(质)押物价值动态管理的资产评估,评估对象原则上应当是贷款存续期的抵(质)押物,实务中也可以根据抵(质)押物类型、分布和价值变化特点和委托约定选定典型抵(质)押物作为评估对象。

(三)公司设立、增资

1. 公司设立。

在设立公司时,根据《公司法》的规定,需要对非货币性出资资产进行评估,作为确定出资资本的参考依据。评估对象是实物、知识产权、土地使用权等可以用货币估价并可以依法转让的非货币财产。根据《公司注册资本登记管理规定》的规定,劳务、信用、自然人姓名、商誉、特许经营权或者设定担保的财产等不可以作为评估对象作价出资。

2. 公司增资。

(1)公司增资的评估目的及评估对象。在公司增资时,所对应的评估目的有两种,一是确定被增资企业的全部股东权益价值,作为确定增资金额或持股比例的参考依据;二是确定非货币性增资资产的价值,作为确定增资资本的参考依据。第一种情形的评估对象是该企业的全部股东权益,评估范围为被增资企业的全部资产及负债,在引进新的投资人增资或者股东不按照既有持股比例对被投资企业增资时,需要对被增资企业的全部股东权益进行评估。第二种情形的评估对象是用于增资的非货币资产。

(2)债权转股权。债权转股权是公司增资的一种具体情形,即债权人将其在拟转股企业的债权作为出资转为在该公司股权的经济行为。增资资产为拟转股债权,需要评估债权人拟转股债权的价值作为增资资本的参考依据,也需要评估被转股企业的全部股东权益价值作为确定债权人在被转股企业中持股比例的参考依据。评估对象分别为拟转股债权和被转股企业股东权益,对应的评估范围为拟转股债权和拟转股企业的全部资产及负债。

(3)公司发行股份购买资产。公司发行股份购买资产的行为实质是被购买资产的产权持有人以非货币资产对发行股份的公司进行增资的经济行为,需要确定发行股份公司的全部股东权益价值作为确定被购买资产产权持有人在发行股份企业中持股比例的参考依据,同时需要确定拟购买资产的价值作为确定发行股份数额及资本金的参考依据。评估对象分别为发行

股份公司的全部股东权益和被购买的资产。对于上市公司等可以通过公开市场的股票价值确定公司股权价值的，可以只评估被购买资产的价值。

（四）企业整体或部分改建为有限公司或股份公司

1. 公司制改建。

企业对整体或部分改建为有限责任公司或者股份有限公司进行资产评估，评估对象是依据企业改制方案确定的公司制改建所涉及的整体或部分资产。

如果企业改制还涉及产权转让、国有资产流转等事项的资产评估，可以依据企业改制方案所确定的转让（流转）标的，以及转让行为的要求确定具体的评估对象。按照国有资产管理要求，向非国有投资者转让国有产权的，企业的专利权、非专利技术、商标权、商誉等无形资产必须纳入评估范围。

2. 有限责任公司变更为股份有限公司。

有限责任公司以经审计的净资产账面价值折股变更为股份有限公司的，资产评估对象和范围均是有限责任公司按照公司法规定可以作为出资的可辨识资产和相关负债。如果变更中引进战略投资者需要进行资产评估，评估对象为有限责任公司的股东权益，评估范围则是该公司的全部资产及负债。

（五）财务报告

（1）企业合并对价分摊的评估对象应该根据会计准则要求和委托合同的约定确定，可以是被购买方各项可辨识资产、负债及或有负债，也可以是委托人约定评估的可辨识资产。评估范围与评估对象相同。

（2）资产减值测试评估的对象是拟进行减值测试的单项资产或资产组。评估对象为单项资产的，评估范围也是该单项资产。评估对象为资产组的，评估范围为构成资产组的全部资产（也可以根据资产组的划分口径包含相关负债）。

（3）公允价值计量的评估对象是需要以公允价值计量的相关资产或负债，具体对象应根据会计准则和委托合同的约定确定，可以是单项资产或负债，也可以是资产组合、负债组合或者资产和负债的组合。

（六）税收

（1）非货币资产投资的计税价值评估，评估对象是用于投资的非货币性资产。

（2）非货币资产持有或流转环节所涉税种的税基评估，评估对象是与所涉税种对应的非货币资产。

（3）抵税财物处置评估，评估对象为拟处置的抵税财物。

【提示】以税收为目的的资产评估业务中，评估对象可以为企业股东权益，也可以是单项资产。

（七）司法

1. 司法审判涉及的资产评估。

司法审判资产评估中对诉讼标的财产（权益）价值评估的评估对象是相关涉案标的财产。

【提示】侵权（损害）损失包括侵权（损害）产生的财产直接损害和间接损失（即可得利益的减少），赔偿范围及标准需要依据法律规定加以确定，需要合理确定评估对象及范围。

2. 民事判决执行涉及的资产评估。

民事判决执行中为确定执行标的物处置参考价的资产评估，评估对象是相关执行标的物。

【例4-29】（单项选择题）下列有关评估范围的表述，错误的是（　　）。

A. 当评估对象为相关企业的股东权益（所有者权益）或业务资产组权益时，评估范围为组成相关企业或业务资产组的全部资产

B. 评估对象为单项资产时，评估范围也为该单项资产，体现为对该单项资产边界和条件的描述

C. 有限责任公司以经审计的净资产账面价值折股变更为股份有限公司的，资产评估对象和范围均是有限责任公司按照公司法规定可以作为出资的可辨识资产和相关负债

D. 资产减值测试评估的评估对象为资产组的，评估范围为构成资产组的全部资产（也可以根据资产组的划分口径包含相关负债）

【答案】A

【解析】当评估对象为相关企业的股东权益（所有者权益）或业务资产组权益时，评估范围为组成相关企业或业务资产组的全部资产和负债。

【例4-30】（多项选择题）下列关于常见经济行为对应的评估对象的表述中，正确的有（　　）。

A. 转让（收购）、置换、非货币资产偿债等经济行为，评估对象是相关经济行为对应的标的资产

B. 抵（质）押行为的资产评估对象为相关

抵（质）押物

C. 非货币资产出资行为，评估对象是用于出资的、符合法律法规规定的非货币资产

D. 资产减值测试评估的对象是拟进行减值测试的单项资产或资产组

E. 抵税财物处置评估，评估对象为用于转让的非货币性资产

【答案】ABCD

【解析】抵税财物处置评估，评估对象为拟处置的抵税财物。

【知识点11】资产评估基准日的概念及作用（★★★）

（一）资产评估基准日的概念

资产评估基准日是资产评估结论对应的时间基准，评估委托人需要选择一个恰当的资产时点价值，有效地服务于评估目的。

【提示】资产评估机构接受客户的评估委托后，需要了解委托人根据评估目的及相关经济行为需要确定的评估时点，也就是委托人需要评估机构评估在什么时间点上的价值。这个时间点就是资产评估基准日。

（二）资产评估基准日的作用

1. 明确评估结论所对应的时点。

资产评估是为特定的经济行为服务的，这个特定的经济行为是存在时效性的。因此，评估委托人需要选择一个恰当的资产时点价值，有效地服务于评估目的。评估基准日实际上起到了规定评估结论所对应的时间基准的作用。

不同时间点的基准日会导致不同类型的资产评估业务（见图4-6）。

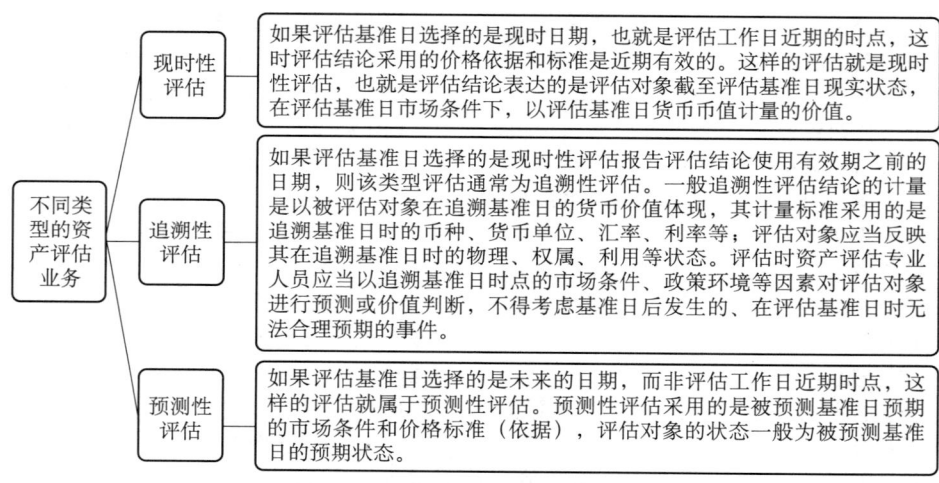

图4-6 不同类型的资产评估业务

【提示1】目前，大部分资产评估业务属于现时性评估业务。

【提示2】在司法诉讼、损失界定、调查追责过程中，以及企业对历史经济行为所涉及的资产或损失的价值进行追溯、判断时，通常需要采用追溯性评估。例如，某国有企业在某历史时点未经评估、未履行必要的程序非法处置国有资产，在国有资产监管部门的调查过程中通常需要确定被处置资产在处置时点的市场价值，一般需要采用追溯性评估。

2. 用于确定评估报告结论的使用期限。

由于实现资产评估所服务的经济行为具有时效性，对资产评估结论的使用也应该规定一个有效期，超过这个有效期，评估报告的结论就很可能无法有效、合理地反映评估对象及其所对应的市场状况。

为合理有效地利用资产评估结论，评估报告服务的经济行为必须在报告所明示的结论使用有效期内实施，评估报告使用人对此需要特别关注。

【提示】我国的资产评估执业准则对评估结论使用有效期的规定，通常是以评估基准日为基础确定的。例如，《资产评估执业准则——资产评估报告》第十条规定："通常，只有当评估基准日与经济行为实现日相距不超过一年时，才可以使用资产评估报告。"

【例4-31】（多项选择题）2021年2月3日，C公司准备于当年5月转让其厂房内一机器设备，委托M评估机构评估C公司欲转让的机器设备在当年1月31日的价值，已商议于当年

2月29日前出具评估报告,规定评估报告使用有效期为5个月。M评估机构评估于2月20日形成评估结论,于2月29日出具评估报告。下列表述中,正确的是( )。

A. 1月31日即为资产评估基准日
B. 2月29日即为资产评估报告日
C. 资产评估结论的使用有效期是以评估基准日为基础确定的
D. 当年9月1日,评估机构出具的评估报告仍然有效
E. 评估的机器设备的价值是一个时点价值

【答案】ACE

【解析】题干中提到评估机器设备的价值时点是1月31日,则1月31日为资产评估基准日,选项A正确;M评估机构评估于2月20日形成评估结论,则2月20日为资产评估报告日,选项B错误;资产评估结论的使用有效期是以评估基准日为基础确定的,由于评估报告的有效期为5个月,评估报告在9月1日早已失效,选项C正确,选项D错误。资产评估的价值是一个时点价值,选项E正确。

【知识点12】资产评估基准日的选择(★★)

评估基准日的选择应该是委托人的责任,评估专业人员可以提供相关专业建议。评估基准日的选取需要重点考虑以下因素:①有利于评估结论有效服务于评估目的;②有利于现场调查、评估资料收集等工作的开展;③企业价值评估业务中评估基准日尽可能选择会计期末;④法律、法规有专门规定的,从其规定。

(一)国有资产评估业务的评估基准日选择

目前,国有资产评估大多为现时性评估。现时性评估的评估基准日需要选择现时日期,同时应该选择与评估目的相关联的经济行为或特定事项的实施日期接近的日期。

目前国有资产评估对过去或者未来评估基准日的选择都没有明确规定。

(二)其他资产评估基准日的选择

(1)对于上市公司发行股票购买资产等重大资产重组事项,资产评估基准日应该尽量与发行股票的定价日相近。

(2)企业合并对价分摊资产评估的评估基准日应当为购买日。购买日,是指购买方实际取得对被购买方控制权的日期。

(3)核定税基、确定计税价值资产评估的评估基准日应选择应税行为发生所对应的时点。

(4)其他资产可以根据经济行为的性质和对评估结果的使用要求妥善选择评估基准日。

(三)评估报告基准日的选择与评估报告中引用其他报告基准日的匹配问题

在评估实务操作中,资产评估报告经常需要引用其他专业报告的结论或数据,并且这些专业报告也是具有时效性的,如审计报告,具有审计截止日或报告日,或者其他专业评估报告,如矿业权评估、土地估价等报告,也具有评估基准日(或估价期日、价值时点)。当资产评估报告引用这些专业报告时,评估专业人员应当关注这些专业报告的基准或截止日与评估基准日的匹配性(见图4-7)。

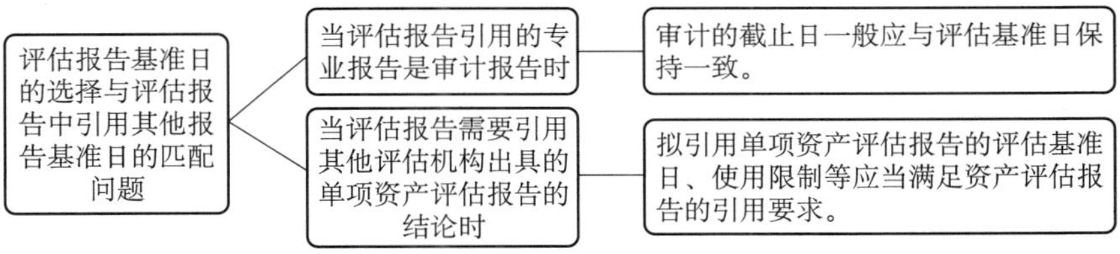

图4-7 评估报告基准日的选择与评估报告中引用其他报告基准日的匹配问题

【例4-32】(单项选择题)下列关于资产评估基准日的表述,正确的是( )。

A. E评估机构引用审计报告,评估国有资产评估业务的评估基准日为2020年的12月31日,则要求为评估服务的审计报告的截止日也应当是2020年12月31日
B. D公司为国有企业,其资产的评估大多数为追溯性评估,评估基准日应该选择与评估目的相关联的经济行为发生日相近
C. 当评估报告引用土地使用权估价报告的结论时,只需考虑土地使用权估价报告的结论在评估报告的评估基准日是否处于法定使用有效期内
D. 确定计税价值资产评估的评估基准日应选择评估行为发生所对应的时点

【答案】A

【解析】当评估报告引用的专业报告是审计报告时,审计的截止日一般应与评估报告基准

日要保持一致,选项A正确;目前,国有资产评估大多为现时性评估。现时性评估的评估基准日需要选择现时日期,同时应该选择与评估目的相关联的经济行为或特定事项的实施日期接近的日期,选项B错误;资产评估结果引用土地使用权、矿业权或者其他相关专业评估报告评估结论的,应当关注所引用报告评估基准日、评估结论使用有效期等要素是否一致,因此选项C错误;确定计税价值资产评估的评估基准日应选择应税行为发生所对应的时点,选项D错误。

【知识点13】资产评估报告日的概念及法律意义（★★★）

（一）资产评估报告日的概念

资产评估报告日通常为评估结论形成的日期。

（二）资产评估报告日的法律意义

在评估基准日到评估报告日之间,如果被评估资产发生重大变化,评估机构负有了解和披露这些变化以及可能对评估结论产生影响的义务。

评估报告日后,评估机构不再负有对被评估资产重大变化进行了解和披露的义务。

【例4-33】（多项选择题）下列关于资产评估报告日的表述,正确的是(　　)。

A. 委托人需要评估机构评估资产在什么时点上的价值,这个时间点就是资产评估报告日

B. P评估机构为C公司评估一台机器设备,形成评估结论的日期,为资产评估报告日

C. W评估机构为G公司评估一项专利权,在评估基准日到评估报告日之间,被评估的专利权发生重大变化,评估机构有义务对于该重大变化以及可能对评估结论产生的影响在评估报告中进行披露

D. F评估机构为A公司评估一台机器设备,评估报告日后,F评估机构不再负有对被评估的机器设备发生重大变化进行了解和披露的义务

E. V评估机构为N公司评估一栋房屋,评估基准日前,V评估机构仍然负有对被评估的房屋发生重大变化进行了解和披露的义务

【答案】BCDE

【解析】委托人需要评估机构评估资产在什么时点上的价值,这个时点应该是委托人确定的资产评估基准日,选项A错误;形成评估结论的日期,为资产评估报告日,选项B正确;在评估基准日到评估报告日之间,如果被评估资产发生重大变化,评估机构负有了解和披露这些变化以及可能对评估结论产生影响的义务,选项C、E正确;评估报告日后,F评估机构不再负有对被评估的机器设备发生重大变化进行了解和披露的义务,选项D正确。

【知识点14】资产评估基准日后的期后事项的处理原则（★★）

（1）评估机构和评估专业人员需要采用适当的方式,对评估专业人员撤离评估现场后至评估报告日之间,被评估资产所发生的相关事项以及市场条件发生的变化进行了解,并分析判断该事项和变化的重要性,对于较重大的事项应该在评估报告中进行披露,并提醒报告使用者注意该期后事项对评估结论可能产生的影响。

（2）如果期后发生的事项非常重大,足以对评估结论产生颠覆性影响,评估机构应当要求评估委托人更改评估基准日重新评估。

（3）如果评估机构的要求未被委托人采纳时,应当在评估报告中就此重大事项及影响进行使用风险特别提示。

【提示】企业在评估基准日后如遇重大事项,如汇率变动、国家重大政策调整、企业资产权属或数量、价值发生重大变化等,可能对评估结果产生重大影响时,应当关注评估基准日或评估结果是否进行了合理调整。

【例4-34】（单项选择题）V评估机构接受W公司委托,评估一台机器设备在2021年5月1日的市场价值。V评估机构于2021年5月3日开始执行评估程序,于5月18日撤离评估现场,5月26日形成评估结论,在当年6月2日出具评估报告。在当年5月24日时,该机器设备的市场价值突然发生巨大变化。根据上述资料,下列表述中,正确的是(　　)。

A. 评估人员对5月24日评估对象市场价值的变化向主管部门反映

B. 评估机构应在出具的评估报告中披露这项较重大的变化

C. 如果5月24日发生的事项足以对评估结论产生颠覆性影响,评估机构应当要求委托人更改评估报告日重新评估

D. 评估人员需要提醒评估机构注意该期后事项对评估结论可能产生的影响

【答案】B

【解析】评估机构和评估人员需要了解评估人员撤离评估现场后至评估报告日之间被评估资产所发生的相关事项以及市场条件发生的变化,分析判断该事项和变化的重要性,选项 A 错误。对于较重大的事项和变化,评估机构应该在评估报告中进行披露,并提醒报告使用者注意该期后事项对评估结论可能产生的影响,选项 B 正确,选项 D 错误;如果期后发生的事项非常重大,足以对评估结论产生颠覆性影响,评估机构应当要求评估委托人更改评估基准日重新评估,选项 C 错误。

【知识点 15】价值类型的概念及作用(★★)

(一)价值类型的概念

价值类型是指资产评估结果的价值属性及其表现形式。

【提示】不同价值类型从不同角度反映资产评估价值的属性和特征。不同的价值类型所代表的资产评估价值不仅在性质上是不同的,在数量上往往也存在着较大差异。

(二)价值类型的作用

(1)价值类型是影响和决定资产评估价值的重要因素。

(2)价值类型对资产评估方法的选择具有一定的影响,价值类型实际上是评估价值的一个具体标准。

(3)明确价值类型,可以更清楚地表达评估结论,可以避免评估委托人和其他报告使用人误用评估结论。

【例 4-35】(多项选择题)关于价值类型的作用,下列表述中,错误的是( )。

A. 价值类型是影响和决定资产评估价值的重要因素

B. 价值类型对资产评估方法的选择具有一定的影响,价值类型实际上是评估价值的一个具体标准

C. 价值类型直接或间接地决定和制约着资产评估的条件以及评估目的的选择

D. 明确价值类型,可以更清楚地表达评估结论,可以避免评估委托人和其他报告使用人误用评估结论

【答案】C

【解析】评估目的直接或间接地决定和制约着资产评估的条件以及价值类型的选择。

【知识点 16】主要价值类型的种类及含义(★★★)

参见图 4-8。

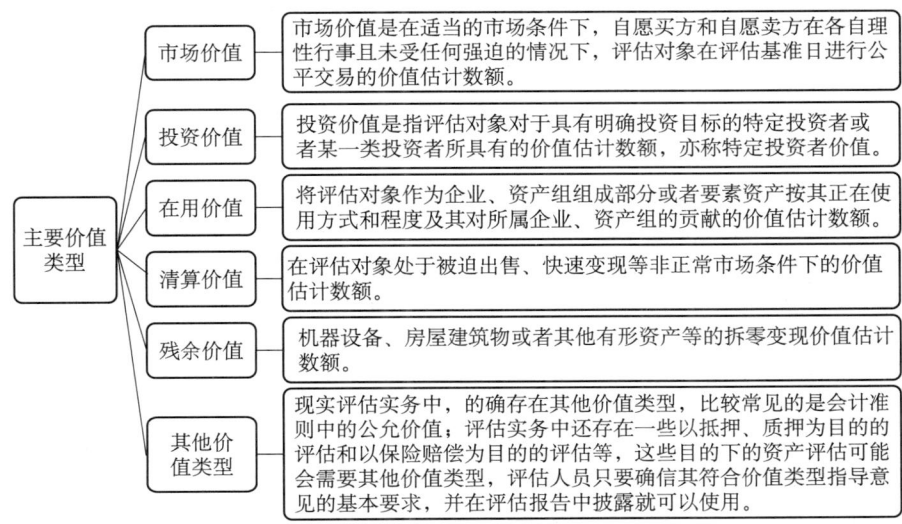

图 4-8 资产评估的主要价值类型

【提示1】市场价值主要受到两个方面因素的影响。其一是交易标的因素。交易标的是指不同的资产,其预期可以获得的收益是不同的,不同获利能力的资产自然会有不同的市场价值。其二是交易市场因素。交易市场是指该标的资产将要进行交易的市场,不同的市场可能存在不同的供求关系等因素,对交易标的市场价值产生影响。总之,影响市场价值的因素都具有客观性,不会受到个别市场参与者个人因素的影响。

【提示2】投资价值是针对特殊的市场参与者，即"特定投资者或者某一类投资者"而言的。这类特定的投资者不是主要的市场参与者，或者其数量不足以达到市场参与者的多数。所以，投资价值是一项资产对于特定所有者或预期的所有者针对个人投资或运营目标的价值。以企业并购投资价值评估业务为例，企业并购投资价值是指并购标的资产在明确的并购双方基于特定目的、考虑协同效应和投资回报水平的情况下，在评估基准日的价值估算数额。此时，"明确的投资目标"即为特殊的市场参与者追求并购产生的协同效应，或者因追求其他特定目的而可以接受不同的投资回报；投资价值所考虑的"协同"，是仅适用于某一特定买方的协同。因此，投资价值与市场价值相比，除受到交易标的因素和交易市场因素的影响差异外，其最为重要的差异还在于，投资价值会受到特定交易者的投资偏好或所追求协同因素的影响。此外，如果交易当事人仅仅拥有特定的身份，比如股权的受让方为该企业股东，则并不必然要求在评估时选择投资价值。

【提示3】在用价值定义中，"资产按其正在使用方式"是指资产在现状使用下的价值。现状使用可能是最高最佳使用，也可能不是最高最佳使用。在用价值体现的是使用资产所能创造的价值，因此在用价值也称"使用价值"。

【提示4】清算价值与市场价值相比，其主要差异是：①清算价值是一个资产拥有者需要变现资产的价值，是一个退出价，不是购买资产的进入价；而市场价值没有规定必须是退出价；②清算价值的退出变现是在被迫出售、快速变现等非正常市场条件下进行的，这一点与市场价值所对应的市场条件相比也是明显不同的。因此，清算价值的特点主要是：①该价值是退出价；②这个退出是受外力胁迫情况的退出，不是正常的退出。

【提示5】残余价值，实际是将一项资产拆除成零件进行变现的价值。这种资产从整体角度而言，实际已经没有使用价值，也就是其已经不能再作为企业或业务资产组的有效组成部分发挥在用价值，而只能变现。由于其整体使用价值已经没有，因此整体变现也不可能，只能改变状态变现，也就是拆除零部件变现。

【提示6】企业会计准则中的公允价值，是指市场参与者在计量日发生的有序交易中出售一项资产所能收到或者转移一项负债所需支付的价格。①企业以公允价值计量相关资产或负债，应当假定出售资产或者转移负债的有序交易在相关资产或负债的主要市场进行。②企业以公允价值计量相关资产或负债，应当采用市场参与者在对该资产或负债定价时为实现其经济利益最大化所使用的假设。③企业以公允价值计量非金融资产，应当考虑市场参与者将该资产用于最佳用途产生经济利益的能力，或者将该资产出售给能够用于最佳用途的其他市场参与者产生经济利益的能力。

【例4-36】（多项选择题）主要价值类型包括（ ）。

A. 市场价值　　　　B. 投资价值
C. 在用价值　　　　D. 清算价值
E. 协议价值

【答案】ABCD

【解析】目前国际和国内评估界对价值类型有不同的分类，但是一般认为最主要的价值类型包括以下几种：市场价值、投资价值、在用价值、清算价值、残余价值和其他价值类型（公允价值等）。"协议价值"并不能成为主要价值类型。

【例4-37】（多项选择题）下列有关价值类型的表述中，正确的是（ ）。

A. 市场价值是在适当的市场条件下，自愿买方和自愿卖方在各自理性行事且未受任何强迫的情况下，评估对象在评估报告日进行公平交易的价值估计数额

B. 清算价值是评估对象被胁迫退出等情况下的退出价

C. 残余价值是将一项资产拆除成零件进行变现的价值

D. A企业有一资产，现在将其作为A企业的组成部分按其正在使用方式和程度及其对A企业的贡献作出的价值估计数额，这个数额就是在用价值

E. 投资价值与市场价值相比，最为重要的差异是投资价值会受到主要的市场参与者的影响

【答案】BCD

【解析】市场价值是在适当的市场条件下，自愿买方和自愿卖方在各自理性行事且未受任何强迫的情况下，评估对象在评估基准日进行公平交易的价值估计数额，选项A错误；清算价值是指在评估对象处于被迫出售、快速变现等非正常市场条件下的价值估计数额，这是一

个退出价,这个退出是在受外力胁迫情况的退出,不是正常的退出,选项B正确;残余价值是指机器设备、房屋建筑物或者其他有形资产等的拆零变现价值估计数额,选项C正确;在用价值是指将评估对象作为企业、资产组的组成部分或者要素资产按其正在使用方式和程度及其对所属企业、资产组的贡献的价值估计数额,选项D正确。投资价值与市场价值相比,最为重要的差异是受到交易者个别因素的影响,交易者可能是一个或一类特定的交易者,但是这类特定的投资者不是主要的市场参与者,选项E错误。

【知识点17】价值类型的选择(★★★)

在满足各自含义及相应使用条件的前提下,市场价值、投资价值以及其他价值类型的评估结论都是合理的。评估专业人员执行资产评估业务,选择和使用价值类型,应当充分考虑评估目的、市场条件、评估对象自身条件等因素。

另外,评估专业人员选择价值类型时,应当考虑价值类型与评估假设的相关性(见图4-9)。

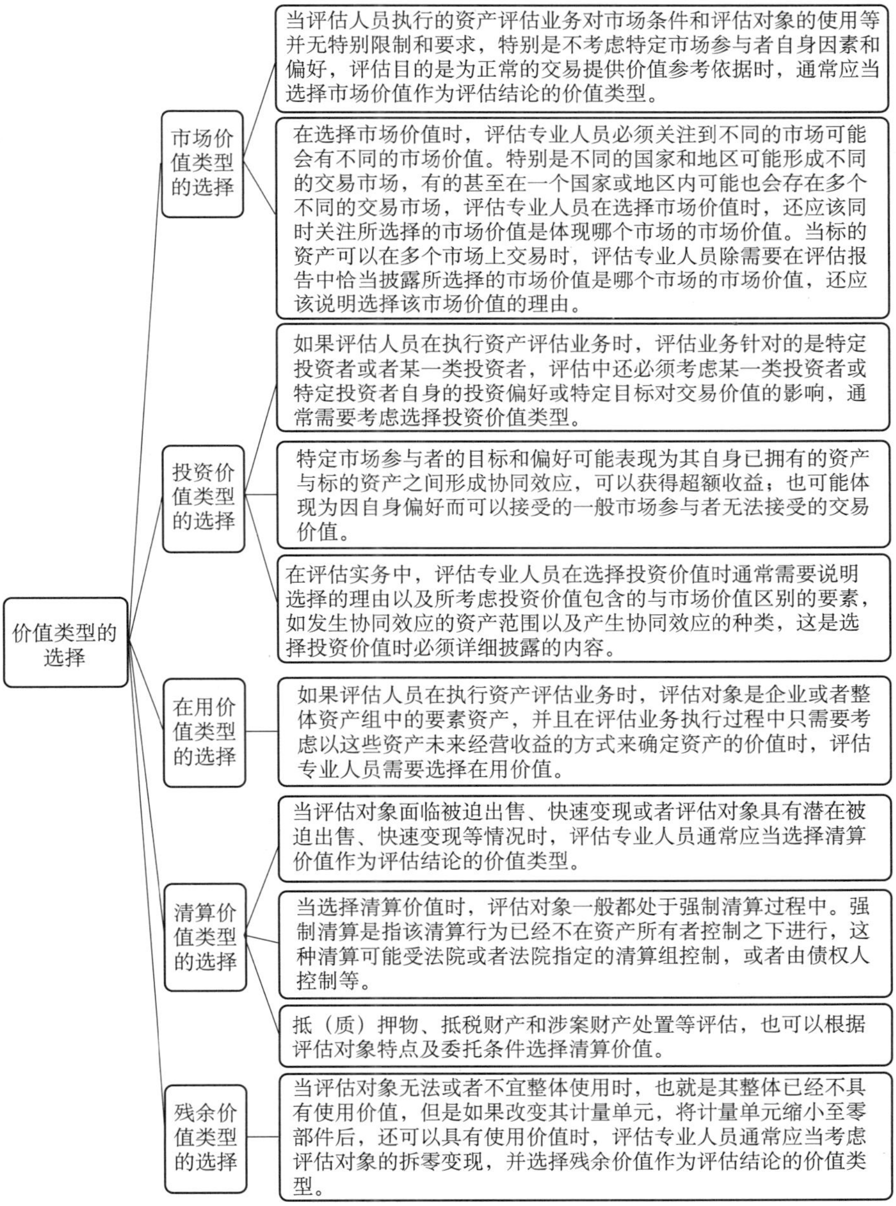

价值类型的选择

- **市场价值类型的选择**
  - 当评估人员执行的资产评估业务对市场条件和评估对象的使用等并无特别限制和要求,特别是不考虑特定市场参与者自身因素和偏好,评估目的是为正常的交易提供价值参考依据时,通常应当选择市场价值作为评估结论的价值类型。
  - 在选择市场价值时,评估专业人员必须关注到不同的市场可能会有不同的市场价值。特别是不同的国家和地区可能形成不同的交易市场,有的甚至在一个国家或地区内可能也会存在多个不同的交易市场,评估专业人员在选择市场价值时,还应该同时关注所选择的市场价值是体现哪个市场的市场价值。当标的资产可以在多个市场上交易时,评估专业人员除需要在评估报告中恰当披露所选择的市场价值是哪个市场的市场价值,还应该说明选择该市场价值的理由。

- **投资价值类型的选择**
  - 如果评估人员在执行资产评估业务时,评估业务针对的是特定投资者或者某一类投资者,评估中还必须考虑某一类投资者或特定投资者自身的投资偏好或特定目标对交易价值的影响,通常需要考虑选择投资价值类型。
  - 特定市场参与者的目标和偏好可能表现为其自身已拥有的资产与标的资产之间形成协同效应,可以获得超额收益;也可能体现为因自身偏好而可以接受的一般市场参与者无法接受的交易价值。
  - 在评估实务中,评估专业人员在选择投资价值时通常需要说明选择的理由以及所考虑投资价值包含的与市场价值区别的要素,如发生协同效应的资产范围以及产生协同效应的种类,这是选择投资价值时必须详细披露的内容。

- **在用价值类型的选择**
  - 如果评估人员在执行资产评估业务时,评估对象是企业或者整体资产组中的要素资产,并且在评估业务执行过程中只需要考虑以这些资产未来经营收益的方式来确定资产的价值时,评估专业人员需要选择在用价值。

- **清算价值类型的选择**
  - 当评估对象面临被迫出售、快速变现或者评估对象具有潜在被迫出售、快速变现等情况时,评估专业人员通常应当选择清算价值作为评估结论的价值类型。
  - 当选择清算价值时,评估对象一般都处于强制清算过程中。强制清算是指该清算行为已经不在资产所有者控制之下进行,这种清算可能受法院或者法院指定的清算组控制,或者由债权人控制等。
  - 抵(质)押物、抵税财产和涉案财产处置等评估,也可以根据评估对象特点及委托条件选择清算价值。

- **残余价值类型的选择**
  - 当评估对象无法或者不宜整体使用时,也就是其整体已经不具有使用价值,但是如果改变其计量单元,将计量单元缩小至零部件后,还可以具有使用价值时,评估专业人员通常应当考虑评估对象的拆零变现,并选择残余价值作为评估结论的价值类型。

图4-9 资产评估价值类型的选择

【例4-38】（单项选择题）某造纸厂拥有一套卫生纸生产设备，因废水污染，按照国家有关产业政策，该造纸厂需要关停，卫生纸生产设备需要淘汰，不能异地使用，但是部分部件还可以利用。现需要对该造纸厂进行清算目的的评估，应该选择的价值类型是（　　）。

A. 投资价值　　　B. 在用价值
C. 清算价值　　　D. 残余价值

【答案】D

【解析】该卫生纸生产设备需要淘汰，不能续用，需要整体报废，但是该生产设备中部分部件或许还可以继续被利用，存在继续使用的价值，也就是说整套生产设备需要报废，但是部分部件还有使用价值，在这种情况下，可以选择残余价值类型，选项D正确。

【例4-39】（单项选择题）P企业准备出售一项暂时不用的机器设备，机器设备的运行状况良好，现P企业委托V评估机构对该机器设备进行评估，应选择的价值类型是（　　）。

A. 投资价值　　　B. 在用价值
C. 市场价值　　　D. 残余价值

【答案】C

【解析】当评估人员执行的资产评估业务对市场条件和评估对象的使用等并无特别限制和要求，特别是不考虑对特定市场参与者自身因素和偏好，评估目的是为正常的交易提供价值参考依据时，评估人员通常应当选择市场价值作为评估结论的价值类型。因此，选项C正确。

【例4-40】（单项选择题）U公司和R公司准备共同出资在中国大陆设立一家有限责任公司，U公司以现金出资，R公司以生产设备和土地使用权出资。现需要对该生产设备和土地使用权进行评估，应该选择的价值类型是（　　）。

A. 投资价值　　　B. 市场价值
C. 在用价值　　　D. 清算价值

【答案】B

【解析】该案例是将标的资产用作出资，属于以非货币资产对外投资行为。出资视同交易，通常不设定特定的投资者，也就是没有考虑特定的买方或者卖方的特性，也没有考虑任何交易附带条件，应该选择市场价值。另一方面，该案例是在中国大陆设立有限责任公司，因此这个"交易"应该视为在中国大陆发生，因此，该市场价值应该设定为在中国大陆关税区的市场价值。

【例4-41】（单项选择题）某国有企业Z公司为拓展境外业务，计划到英国收购一家公司，该公司是当地证券交易所上市的公司。现需要对该标的公司进行评估，应该选择的价值类型是（　　）。

A. 清算价值　　　B. 投资价值
C. 在用价值　　　D. 市场价值

【答案】D

【解析】该交易是国内的企业到英国收购当地公司的股权，也属于资产收购行为。同样，因为案例没有提及要考虑特定的买方与卖方的投资偏好或特定目标，也应该选择市场价值。同时这个交易应该受到英国法律、法规的管辖，应该选择英国的市场价值，并且这个市场价值应该是英国证券交易市场的市场价值，而不是一般产权交易市场的市场价值。

【例4-42】（单项选择题）X公司拥有一家大型超市，Y公司拥有一个中式快餐厅，两个公司位置相邻。现在X公司要收购Y公司，应该选择的价值类型是（　　）。

A. 清算价值　　　B. 在用价值
C. 投资价值　　　D. 市场价值

【答案】C

【解析】本案例是股权收购经济行为。案例中大型超市与中式快餐厅显然存在经营层面的协同，这种"超市+餐饮"的经营模式显然更容易吸引顾客。因此，X公司收购Y公司存在协同效应，并且这种协同应该属于经营协同。对于这种明显存在协同效应的评估，如果需要考虑协同效应对股权收购价值的影响应当选择投资价值。但在评估业务中是否要选择投资价值，评估专业人员需要与委托人协商明确具体委托诉求后才能确定。

【知识点18】资产评估假设的概念与作用（★★★）

（一）资产评估假设的概念

资产评估假设是依据现有知识和有限事实，通过逻辑推理，对资产评估所依托的事实或前提条件作出的合乎情理的推断或假定。资产评估假设也是资产评估结论成立的前提条件。

【提示】资产评估为什么需要假设？由于人类认识客体的无限变化和认识主体有限能力的矛盾，人们需要依据已经掌握的数据资料对某一事物的某些特征或者全部事实作出合乎逻辑的推断。资产评估业务实际上也是一种模拟市场交易以判断资产价值的行为。面对不断变化的市场环境，为了进行资产评估，评估专业人员就需要把市场条件及影响资产价值的各种因素设定在某种状态下，以便对标的资产进行价值分析和判断。

（二）资产评估假设的作用

资产评估理论体系和方法体系的确立是建立在一系列假设基础上的。

评估假设将一项资产交易价格的主要影响因素从实际中抽象出来，研究这些因素对交易价格的影响，忽略一些不必要的因素，提高评估的效率。

【例4-43】（单项选择题）关于资产评估假设，下列表述中，错误的是(　　)。

A. 资产评估假设是为了减轻或者免除资产评估专业人员的评估责任

B. 资产评估假设可以为资产评估结论的成立提供前提条件

C. 资产评估理论体系和方法体系的确立是建立在一系列假设基础上的

D. 资产评估假设可以提高评估的效率

【答案】A

【解析】略。

【知识点19】常见的资产评估假设的内涵（★★★）

参见图4-10。

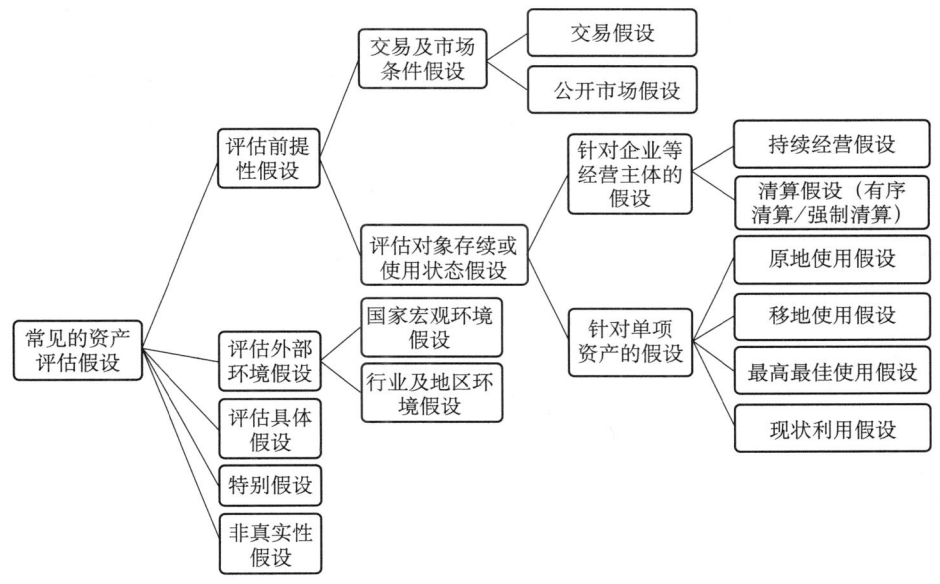

图4-10　主要资产评估假设

（一）交易假设

交易假设是假定所有评估标的已经处在交易过程中，评估专业人员根据被评估资产的交易条件等模拟市场进行评估。

交易假设一方面为资产评估得以进行"创造"了条件，另一方面它明确限定了资产评估的外部环境，即资产是被置于市场交易之中，资产评估不能脱离市场条件而孤立地进行。

交易假设是资产评估得以进行的一个最基本的前提假设。

【提示】为了发挥资产评估在资产实际交易之前为委托人提供资产价值参考的专业支持作用，同时又能够使资产评估得以进行，利用交易假设将被评估资产置于"交易"当中，模拟市场进行评估十分必要。

（二）公开市场假设

公开市场假设是指资产可以在充分竞争的市场上自由买卖，其价格高低取决于一定市场的供给状况下独立的买卖双方对资产的价值判断。

（1）公开市场假设是对拟进入的市场条件，以及资产在较为完善市场条件下接受何种影响的一种假定说明或限定。

（2）公开市场假设旨在说明一种充分竞争的市场环境，在这种环境下，资产的交换价值受市场机制的制约并由市场行情决定，而不是由个别交易案例决定。

（三）持续经营假设

持续经营假设指假设一个经营主体的经营

活动可以连续下去，在未来可预测的时间内该主体的经营活动不会中止或终止。

【提示1】持续经营假设实际是一项针对经营主体（企业或业务资产组）的假设。该项假设一般不适用单项资产。

【提示2】该假设不但是一项评估假设，同时也是一项会计假设。对一个经营主体的评估，也需要对其未来的可持续经营作出假设。因为经营主体是否可以持续经营，其价值表现是完全不一样的。

【提示3】通常，持续经营假设是采用收益法评估企业等经营主体价值的基础。

（四）有序清算假设

如果一个经营主体不能持续经营就需要清算这个经营主体，也就是需要使用清算假设。

与清算有关的假设包括有序清算假设和强制清算假设。

所谓有序清算假设就是经营主体在其所有者有序控制下实施清算，即清算在一个有计划、有秩序的前提下进行。

（五）强制清算假设

强制清算假设是经营主体的清算不在其所有者控制之下，而是在外部势力的控制下，按照法定的或者由控制人自主设定的程序进行，该清算经营主体的所有者无法干预。因此，所谓强制清算假设是假设经营主体在外部力量控制下进行的清算。

【提示】有序清算假设和强制清算假设都是与持续经营假设相对应的假设，即一个经营主体不能持续经营。

（六）原地使用假设

原地使用是指一项资产在原来的安装地继续被使用，其使用方式和目的可能不变，也可能会改变。

原地使用的价值构成要素一般包括设备的购置价格、设备运输费、安装调试费等。

如果涉及使用方式及目的变化，还要根据委托条件确定是否考虑变更使用方式而发生的成本费用。

（七）移地使用假设

移地使用是指一项资产不在原来的安装地继续被使用，而是要被转移到另外一个地方继续使用，当然使用方式和目的也可能会改变，也可能不改变。

移地使用涉及设备的拆除、迁移和重新安装调试等环节。除了设备本体价值，还需要根据买卖双方约定的资产交割及费用承担条件，确定其价值要素是否还包括设备的拆除费用、运输到新地址的费用和重新安装调试费等。

（八）最高最佳使用假设

所谓最高最佳使用，指一项资产在法律上允许、技术上可能、经济上可行的前提下，经过充分合理的论证，实现其最高价值的使用。

最高最佳使用通常是对一项存在多种不同用途或利用方式的资产进行评估时，选择最高最佳的用途或利用方式。

（九）现状利用假设

现状利用假设要求对一项资产按照其目前的利用状态及利用方式进行价值评估。当然，现状利用方式可能不是最高最佳利用方式。

【例4-44】（单项选择题）进行资产评估，最基本的前提假设是（　　）。

A. 交易假设　　　B. 公开市场假设
C. 清算假设　　　D. 持续经营假设

【答案】A

【解析】交易假设是资产评估得以进行的一个最基本的前提假设，选项A正确。

【例4-45】（单项选择题）下列关于公开市场假设的表述中，错误的是（　　）。

A. 公开市场假设是指资产可以在充分竞争的市场上自由买卖，其价格高低取决于一定市场的供给状况下独立的买卖双方对资产的价值判断

B. 所谓公开市场，是指一个有充分竞争性的市场

C. 公开市场假设旨在说明资产的交换价值受市场机制的制约并由市场行情决定，或者由个别交易案例决定

D. 公开市场假设就是假定较为完善的公开市场存在，被评估资产将要在这样一种公开市场上进行交易

【答案】C

【解析】公开市场假设旨在说明一种充分竞争的市场环境。在这种环境下，资产的交换价值受市场机制的制约并由市场行情决定，而不是由个别交易案例决定。选项C的表述不正确。

【例4-46】（单项选择题）关于持续经营假设，下列表述中，错误的是（　　）。

A. 持续经营假设实际是一项针对经营主体（企业或业务资产组）的假设

B. 持续经营假设一般不适用于单项资产

C. 持续经营假设是指假设一个经营主体的

经营活动可以连续下去，在未来可预测的时间内该主体的经营活动不会中止或终止

D. 通常持续经营假设是采用成本法评估企业等经营主体价值的基础

【答案】D

【解析】通常持续经营假设是采用收益法评估企业等经营主体价值的基础。选项D的表述错误。

【例4-47】（单项选择题）关于原地使用假设，下列表述中，正确的是（　　）。

A. 原地使用是指一项资产在原来的安装地继续被使用，其使用方式和目的不变

B. 原地使用的价值构成要素一般包括设备的购置价格、设备运输费、安装调试费等

C. 一台机床是用来加工汽车零部件的，但是现在该机床仍在原地继续被使用，但是已经改为加工摩托车零部件了，则不能应用原地使用假设

D. 原地使用假设是采用成本法评估资产价值的基础

【答案】B

【解析】原地使用是指一项资产在原来的安装地继续被使用，其使用方式和目的可能不变，也可能会改变，选项A、选项C的表述错误；原地使用的价值构成要素一般包括设备的购置价格、设备运输费、安装调试费等，选项B的表述正确；选项D的表述缺乏依据，是错误的。

【知识点20】常见的评估假设的应用（★★★）

（一）资产评估假设应用的基本要求

参见图4-11。

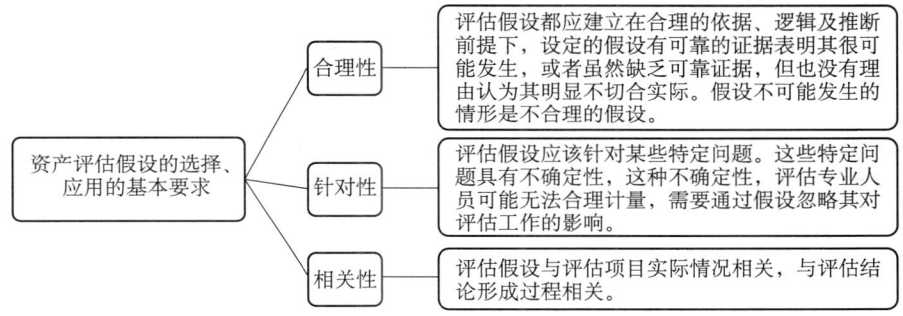

图4-11　资产评估假设的选择、应用的基本要求

（二）评估假设应用需要考虑的基本因素

参见图4-12。

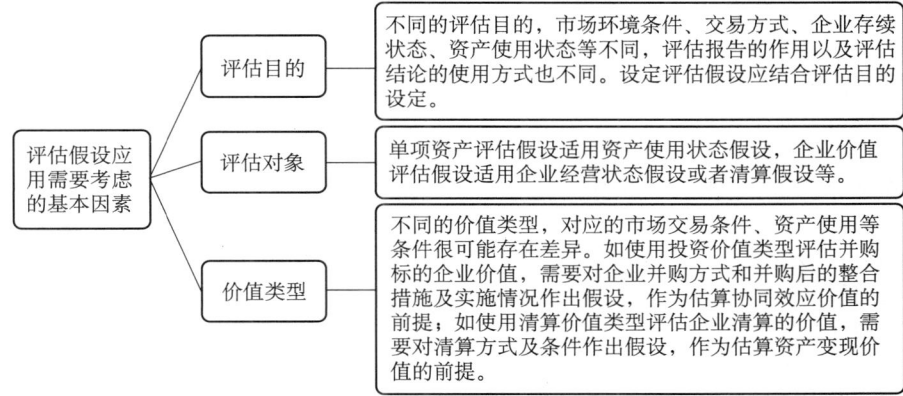

图4-12　评估假设应用需要考虑的基本因素

（三）常见的评估假设的应用

1. 交易假设的应用。

资产评估主要服务于资产交易，交易假设就是假定所有拟评估资产已经处在交易过程中。因此，交易假设是资产评估最基本的假设。

该假设适用于经济行为为交易和产权及经营主体变动性质或可视为这种性质的资产评估业务。对本章提及的常见经济行为的资产评估都可以使用该假设。

2. 公开市场假设的应用。

公开市场假设的核心是资产的市场价值是由自由竞争的市场参与者自主决定，不是其他力量垄断或者强制决定的。

公开市场假设是资产评估中的一个重要假设，其他假设都是以公开市场假设为基本参照的。公开市场假设也是资产评估中使用频率较高的一种假设，凡是能在公开市场上进行交易、用途较为广泛的或者通用性较好的资产，都可以考虑按公开市场假设前提进行评估。

3. 持续经营假设的应用。

持续经营假设主要是针对经营主体，不是针对单项资产。这个经营主体可以是一个企业，也可以是一个业务资产组，当没有相反的证据证明该经营主体不能满足持续经营的条件时，通常可以假设该经营主体持续经营。

常见经济行为中，绝大部分以企业或业务等经营主体权益为对象的均可采用持续经营假设。

在持续经营前提下，还可以根据评估目的和评估对象的特点，对企业未来持续经营的具体条件通过使用具体假设进行限定。

4. 有序清算假设的应用。

当经营主体出现所谓相反的证据证明其未来不能持续经营时，就需要进行清算。当不满足持续经营的原因是经营期限届满或者协议终止经营等由经营主体的所有者自主决定的清算，则应该选择有序清算假设前提。因为这种清算是由经营主体所有者自主控制的清算。

5. 强制清算假设的应用。

当经营主体不满足持续经营的原因是破产清算，这时的清算完全由债权人或法院指定的清算代理人控制，该经营主体的所有者完全无法控制。在这种情况下一般应该选择强制清算假设。

6. 原地使用假设的应用。

原地使用假设是标的资产仍然在原安装地继续使用。能否在原地继续使用，会影响被评估资产的价值构成要素，进而影响到评估结果。对于需要较大数额的运输费和安装调试费，或者拆除迁移会明显降低其功能及价值的资产。

在常见经济行为中，符合经济行为完成后单项资产评估对象仍在原地继续使用条件的，通常可以使用原地使用假设。

7. 移地使用假设的应用。

移地使用假设一般多用于评估可移动的资产。例如企业停产搬迁或者进行搬迁补偿目的的评估。这时企业的设备一般都需要从原安装地拆除，搬迁到新地址后再安装调试，因此需要在评估中选择移地使用假设，并需要根据评估目的要求和买卖双方的约定，恰当处理相关拆除、运输以及再安装费用。

8. 最高最佳使用假设的应用。

最高最佳使用假设多用于房地产评估，因为房屋和土地经常存在多种用途或利用方式，因此在评估其市场价值时要求进行最高最佳使用分析，按照最高最佳使用状态进行评估。根据最高最佳使用分析，适合某种房地产的最高最佳使用状态可能是改变用途、改变规模、更新改造、重新开发或维持现状，也可能是前述情形的若干组合。房地产的最高最佳使用必须是法律上允许、技术上可能、经济上可行，经过充分合理地论证的使用状态。

9. 现状利用假设的应用。

现状利用假设，与最高最佳利用假设相对应，是指按照资产目前的利用状态评估其价值，而不管其现状利用是否为最高最佳。该假设一般在资产只能按照其现实使用状态评估时选用。

【例 4-48】（多项选择题）资产评估假设的选择、应用，应该首先符合（　　）要求。

A. 合理性　　　　　B. 针对性
C. 客观性　　　　　D. 公正性
E. 相关性

【答案】ABE

【解析】资产评估假设的选择、应用应该首先考虑合理性、针对性和相关性要求。

【例 4-49】（单项选择题）C 企业合同规定的经营期满，打算终止经营，若要自主对本身的资产进行清理，则体现为（　　）的使用。

A. 持续经营假设　　B. 有序清算假设
C. 强制清算假设　　D. 最佳使用假设

【答案】B

【解析】当经营主体出现证据证明其未来不能持续经营时，就需要进行清算，当不满足持续经营的原因是经营期限届满或者协议终止经营等由经营主体的所有者自主决定的清算，则应该选择有序清算假设前提，因为这种清算是完全由经营主体所有者自主控制的清算。

【例 4-50】（单项选择题）关于常见的资产评估假设的应用，下列项目中，不具有合理性的是（　　）。

A. 某企业因城市规划建设搬迁，涉及对企

业资产补偿和收益损失补偿评估，对于搬迁资产的评估，采用移地使用假设

B. 因为房屋和土地经常存在多种用途或利用方式，因此在评估其市场价值时，按照最高最佳使用状态进行评估

C. 某评估项目，评估按照企业提供的预测资料进行，并假设企业未来按照企业提出的计划如期实现

D. 某企业破产清算评估项目，清算组制定、并经债权人会议表决通过清算方案，要求在限定时间内处置完可变现资产。对可变现资产评估，假设为强制清算

【答案】C

【解析】这一假设缺乏依据，评估专业人员不能接受该类假设。类似的情况还包括假设企业未来应收账款全部可以按期回收，不会发生坏账；企业未来的原材料可以按照目前的价格足量按期采购等。这些假设都是不合理的。

精选练习题

一、单项选择题

1. 下列资产评估价值类型中，与"退出价格"相匹配的价值类型是( )。
   A. 市场价值　　B. 在用价值
   C. 投资价值　　D. 清算价值

2. 关于投资价值，下列表述中，错误的是( )。
   A. 资产相同，评估目的相同，对于不同的投资者，评估的价值应当相同
   B. 特定的投资者一定不是主要的市场参与者，或者其数量不足以达到市场参与者的多数
   C. 投资价值是指评估对象对于具有明确投资目标的特定投资者或者某一类投资者所具有的价值估计数额
   D. 投资价值交易者可能是一个特定的交易者，也可能是一类特定的投资者

3. 当没有相反的证据证明该经营主体不能满足持续经营的条件时，通常可以假设该经营主体持续经营。这里的"相反证据"，理解错误的是（ ）。
   A. 指那些表明相关主体很可能将结束经营的证据
   B. 合同规定的经营期满
   C. 重大诉讼可能败诉
   D. 企业资不抵债而濒临破产

4. 关于选择资产评估基准日，下列表述中错误的是( )。
   A. 评估基准日的选择应由评估专业人员根据评估需要确定，同时应征求委托人意见
   B. 国有资产现时性评估的评估基准日需要选择现时日期，同时应该选择与评估目的相关联的经济行为或特定事项的实施日期接近的日期
   C. 企业价值评估业务中评估基准日尽可能选择会计期末
   D. 评估基准日的选择应有利于现场调查、评估资料收集等工作的开展

5. 某国有洗衣机生产企业拥有单缸洗衣机和双缸洗衣机生产两种业务，现需要将单缸洗衣机生产业务转让，按照相关法规规定需要对单缸洗衣机生产业务的价值进行评估。关于如何确定评估范围，下列表述中正确的是（ ）。
   A. 直接按照账面单缸洗衣机生产业务确定评估范围
   B. 根据企业按照业务分类的管理报表中的单缸洗衣机生产业务数据确定评估范围
   C. 评估专业人员应该根据审计师分割后的单缸洗衣机生产业务的资产、负债范围确定评估范围
   D. 了解基本情况后由评估人员分割单缸洗衣机生产业务数据后确定评估范围

6. 下列关于评估目的的表述，错误的是（ ）。
   A. 国有产权转让等涉及国有资产的转让经济行为目的的评估属于法定评估
   B. 抵税财物处置环节的资产评估属于与税务领域相关的业务
   C. 民事诉讼中对诉讼标的财产（资产）价值、侵权损害损失额的评估，决定司法审判结果
   D. 企业采用有限责任公司经审计的净资产账面价值折股变更为股份有限公司时，需要对用于折股的净资产进行评估

7. 下列不属于资产评估假设的是( )。
   A. 持续使用假设　　B. 清算假设
   C. 公开市场假设　　D. 企业主体假设

8. 资产评估假设的最基本作用是( )。
   A. 表明资产评估的作用
   B. 表明资产评估面临的条件
   C. 表明资产评估的性质
   D. 表明资产评估的价值类型

9. 最佳使用假设多用于( )。

A. 机器设备评估　　B. 房地产评估
C. 商标权评估　　　D. 企业价值评估

10. 某加油站评估，评估中可以预测加油站的单位毛利，并假设国家目前油品定价的原则未来不发生变化。这里，应用的假设是（　　）。
A. 最高最佳使用假设
B. 原地使用假设
C. 公开市场假设
D. 持续经营假设

11. 下列关于资产评估委托人的表述，错误的是（　　）。
A. 评估委托人可以自主选择符合资产评估法规定的评估机构，这是评估委托人的权利
B. 非法定业务的评估目的可以由委托人确定，或者经过委托人与评估机构协商确定
C. 评估对象应当由委托人依据经济行为要求和法律法规规定提出，并在评估委托合同中明确约定
D. 评估报告日后，评估委托人仍可要求评估机构对被评估资产重大变化进行了解和披露

12. 下列资产评估中的做法，符合持续经营假设的是（　　）。
A. 评估某电力企业，可以假设未来电价不变
B. 某企业的新投资项目尚未达产，评估时可以按照未来达产的方式进行评估
C. 按照被评估单位提供的预测资料，可以假设企业提出的未来计划能够实现
D. 评估某啤酒厂，可以假设其能够优化销售模式，提高经营业绩

13. （　　）资产评估中对诉讼标的财产（权益）价值评估的评估对象是相关涉案标的财产。
A. 非货币资产偿债　B. 司法审判
C. 民事判决　　　　D. 抵税财物处置

14. 下列关于资产评估基准日和资产评估报告日的表述，错误的是（　　）。
A. 资产评估基准日可以明确评估结论所对应的时点
B. 资产评估基准日是被评估资产的一个价值时点
C. 评估结论的使用有效期是以评估报告日为基础确定的
D. 当评估报告引用的专业报告是审计报告时，审计的截止日一般应与评估报告基准日保持一致

15. 当评估人员执行的资产评估业务对市场条件和评估对象的使用等并无特别限制和要求，评估目的是为正常的交易提供价值参考依据时，评估人员通常应当选择（　　）作为评估结论的价值类型。
A. 市场价值　　B. 清算价值
C. 残余价值　　D. 投资价值

16. 假定所有拟评估资产已经处在交易过程中，这是指（　　）。
A. 公开市场假设　B. 交易假设
C. 持续经营假设　D. 原地续用假设

17. N公司面临破产，其控制权被外部势力所掌握，这种情况下应该选择（　　）。
A. 持续经营假设　B. 强制清算假设
C. 公开市场假设　D. 有序清算假设

18. M公司由于某些原因进行机器设备搬迁，进行停产搬迁目的的评估，企业的设备都需要从原安装地拆除，搬迁到新地址后再安装调试，因此需要在评估中选择（　　）。
A. 移地使用假设
B. 原地使用假设
C. 最高最佳使用假设
D. 现状利用假设

19. 在时间、地点和市场条件确定的前提下，评估结果的价值类型应与（　　）相匹配。
A. 评估目的　　B. 评估方法
C. 评估原则　　D. 评估准则

20. 机器设备、房屋建筑物或其他有形资产等的拆零变现价值估计数额通常被称作（　　）。
A. 清算价值　　B. 残余价值
C. 投资价值　　D. 市场价值

21. 以变现为目的的企业溢余资产评估，所适用的价值类型是（　　）。
A. 残余价值　　B. 清算价值
C. 市场价值　　D. 在用价值

22. 资产评估交易假设设立的目的，在于把评估对象（　　）。
A. 与正在交易的情况相一致
B. 与拟交易的情况相一致
C. 与以后交易的情况相一致
D. 人为置于"交易中"

23. 资产评估中的投资价值，是指资产（　　）。
A. 对于委托方所具有的价值
B. 对于资产占有方所具有的的价值
C. 对于社会公众所具有的价值

D. 对于特定投资者所具有的价值

24. 评估资产的在用价值时，评估对象作为（　　）存在。
A. 要素资产　　　B. 独立资产
C. 整体资产　　　D. 残余资产

25. 资产在非公开市场条件下被外部势力控制，被迫出售或快速变现，这种假定说明的是（　　）。
A. 有序清算假设　　B. 强制清算假设
C. 公开市场假设　　D. 交易假设

26. 假定所有评估标的已经处在交易过程中，评估人员根据待评估资产的交易条件等模拟市场进行评估，这是（　　）。
A. 交易假设　　　B. 公开市场假设
C. 有序清算假设　D. 最佳使用假设

27. （　　）指假设一个经营主体的经营活动可以连续下去的，在未来可预测的时间内该主体的经营活动不会中止或终止。
A. 交易假设　　　B. 公开市场假设
C. 有序清算假设　D. 持续经营假设

28. E公司有一项资产存在多种不同的用途，评估人员选择其最高最佳用途来对比进行评估，这就体现了资产评估假设中的（　　）。
A. 交易假设
B. 公开市场假设
C. 最高最佳使用假设
D. 持续经营假设

29. 将一项资产按照其目前的利用状态及利用方式对其价值进行评估，这是（　　）的表述。
A. 交易假设
B. 现状利用假设
C. 最高最佳使用假设
D. 持续经营假设

30. 一般来讲，评估结论形成的日期为（　　）。
A. 资产评估报告日
B. 资产评估基准日
C. 资产评估开始日
D. 资产评估结论失效日

二、多项选择题

1. 关于转让定价目的的评估，下列表述中，错误的是（　　）。
A. 转让定价目的的评估是确定标的资产转让价格
B. 抵债不是引发资产评估的转让行为
C. 转让定价目的的评估是国家法律、法规规定的法定评估
D. 转让行为的标的资产只能是单位或个人拥有的能够依法转让的有形资产、无形资产等
E. 涉及国有资产的转让行为中，由国有资产当事主体委托的资产评估需要满足国有资产评估的监管要求

2. 下列关于资产评估报告使用人的表述中，正确的是（　　）。
A. 评估报告使用人是指法律、行政法规明确规定的有权使用资产评估报告或评估结论的当事人
B. 除法律、行政法规规定的资产评估报告使用人之外，其他任何机构和个人不能成为资产评估报告的使用人
C. 评估报告使用人未按照法律、行政法规规定或资产评估报告载明的使用范围和方式使用评估报告的，资产评估机构和资产评估专业人员将不承担责任
D. 资产评估机构和资产评估专业人员不承担非评估报告使用人使用评估报告的任何后果和责任
E. 评估报告使用人可以是具体的单位或个人，也可以是某一类的使用人

3. 阳光公司欲收购丰明公司，委托王冠资产评估公司对丰明公司进行价值评估，王冠资产评估公司出具了评估报告，载明丰明公司不包含商誉、商标等的净资产市场价值为4.56亿元人民币，阳光公司考虑了商誉、商标等无形资产的价值后，以22.18亿元人民币的价格成功收购丰明公司。评估结论与经济行为结果相差巨大，比较合理的解释是（　　）。
A. 投资价值的评估结果一般大于市场价值的评估结果
B. 评估机构得出评估结论没有包含商誉、商标等的价值，阳光公司收购行为考虑了商誉、商标等无形资产的价值，在评估范围上有较大差异
C. 评估结果选择的是公开市场条件下的市场价值，阳光公司考虑的是投资价值，需要考虑自身的投资偏好或特定目标对交易价值的影响
D. 阳光公司的目标和偏好可能表现为其自身已拥有的资产与标的资产之间形成协同效应，可以获得超额收益，从而愿意支付更高的价格
E. 阳光公司也可能体现为因自身偏好而可以接受的一般市场参与者无法接受的交易价值

4. 下列关于资产评估假设的表述,错误的是( )。

A. 评估专业人员面对固定不变的市场环境,通常把市场条件及影响资产价值的各种因素设定在某种状态下,以便对标的资产进行价值分析和判断

B. 评估假设可以发挥"化繁为简"抓主要矛盾的作用

C. 持续经营假设属于交易及市场条件假设

D. 最高最佳使用,是指一项资产在法律上允许、技术上可能的前提下,经过充分合理的论证,实现其最高价值的使用

E. 交易假设是资产评估得以进行的一个最基本的前提假设

5. 下列表述中,适用于资产评估的假设包括( )。

A. 公开市场假设   B. 有序清算假设
C. 企业主体假设   D. 交易假设
E. 货币计量假设

6. 确定资产评估基准日的目的是( )。

A. 确定评估对象计价的时间
B. 确定评估机构的工作日程
C. 将动态下的企业资产固定为某一时期
D. 将动态下的企业资产固定在某一时点
E. 确定评估机构的评估假设

7. 影响市场价值的因素主要有( )。

A. 交易标的   B. 市场参与者个人
C. 投资者   D. 交易市场
E. 委托方

8. 评估资产的在用价值时需满足的评估条件有( )。

A. 评估对象作为要素资产存在
B. 在评估业务执行过程中只需要考虑以这些资产未来经营收益的方式来确定资产的价值
C. 评估对象作为独立的资产存在
D. 考虑评估对象的最高最佳使用状态
E. 考虑市场充分竞争因素

9. 资产评估相关当事人,包括( )。

A. 评估委托人   B. 评估机构
C. 产权持有人   D. 评估报告使用人
E. 资产评估协会

10. 下列关于资产评估目的的表述,正确的是( )。

A. 评估目的应由委托人与评估机构协商确定,并在评估合同中约定

B. 资产评估目的体现了评估结论的具体用途

C. 确定评估目的是资产评估机构的责任

D. 资产评估目的直接决定和制约资产评估价值类型的选择

E. 国有企业公司制改建评估的目的是确定国有资本出资额或者股份数额

11. 下列关于资产评估对象的表述,错误的是( )。

A. 资产评估对象也称为评估客体,是资产评估的具体对象

B. 将企业作为一个整体进行评估时,评估对象一般是企业的股权,也可能是企业的整体投资

C. 资产评估对象应当由评估机构依据经济行为要求和法律法规规定提出,并在评估委托合同中明确约定

D. 资产评估对象通常为整体企业(或单位)、资产组合和单项资产

E. 资产评估对象直接决定和制约资产评估价值类型的选择

12. 下列关于资产评估委托人的表述,正确的是( )。

A. 资产评估委托人是在委托合同基础上,与资产评估机构就资产评估专业服务事项签订委托合同的民事主体

B. 资产评估委托人不可以有多个

C. 资产评估委托人可以是自然人,也可以是法人

D. 评估委托人应该按照法律规定和评估报告载明的使用范围使用评估报告,不得滥用评估报告及评估结论

E. 资产评估委托人可以依据自身需要,以多支付报酬的方式要求评估机构出具符合其要求的资产评估报告

13. 下列关于常见经济行为对应的评估对象或评估范围的表述,正确的是( )。

A. 发行股份购买资产行为,评估对象是发行股份拟购买的资产

B. 企业对整体或部分改建为有限责任公司或者股份有限公司进行资产评估,评估对象是依据企业改制方案确定的公司制改建所涉及的整体或部分资产

C. 公允价值计量的评估对象是需要以账面价值计量的相关资产或负债

D. 有限责任公司以经审计的净资产账面价值折股变更为股份有限公司的,资产评估范围

是有限责任公司按照公司法规定可以作为出资的可辨识资产和相关负债

E. 对被转股企业的股东权益进行评估时，评估对象为拟转股企业的全部资产及负债

14. 下列关于资产评估价值类型的表述，正确的是（　　）。

A. 价值类型是指资产评估结果的价值属性及其表现形式

B. 价值类型是影响和决定资产评估价值的重要因素

C. 主要价值类型包括市场价值、投资价值、停用价值、清算价值和残余价值等

D. 明确评估价值类型，可以更清楚地表达评估结果

E. 残余价值是指在评估对象处于被迫出售、快速变现等非正常市场条件下的价值估计数额

15. 下列关于清算价值的表述，正确的是（　　）。

A. 清算价值是指在评估对象处于被迫出售、快速变现等非正常市场条件下的价值估计数额

B. 清算价值是指评估对象对于具有明确投资目标的特定投资者或者某一类投资者所具有的价值估计数额

C. 清算价值是一个资产拥有者需要变现资产的价值，是一个退出价，不是购买资产的进入价

D. 清算价值的退出是在受外力胁迫情况下的退出，不是正常的退出

E. 当评估人员执行的资产评估业务的目的是为正常的交易提供价值参考依据时，评估人员通常应当选择清算价值作为评估结论的价值类型

16. 下列关于评估假设的表述，正确的有（　　）。

A. 交易假设是资产评估中一个最基本的前提假设

B. 公开市场假设中，公开市场是指一个有众多买者和卖者的充分竞争性的市场，资产的交换价值有时由个别交易案例决定

C. 公开市场假设是资产评估假设中其他假设的基本参照

D. 持续经营假设是指假设一个经营主体的经营活动可以连续下去的

E. 资产评估假设的选择、使用应该首先考

虑要具有合理性、针对性和相关性

17. 下列关于价值类型的表述，正确的是（　　）。

A. 主要价值类型包括市场价值、投资价值、在用价值、清算价值和残余价值等

B. 市场价值是指将评估对象作为企业组成部分或者要素资产按其正在使用方式和程度及其对所属企业的贡献的价值估计数额

C. 评估人员执行资产评估业务，选择和使用价值类型，应当充分考虑评估目的、市场条件、评估对象自身条件等因素，还应当考虑价值类型与评估假设的相关性

D. 价值类型是影响和决定资产评估价值的重要因素

E. 清算价值是一个进入价

18. 下列关于资产评估基准日的表述中，正确的是（　　）。

A. 企业价值评估业务中评估基准日应当尽可能选择会计期末

B. 现时性评估评估基准日应当选择与评估目的相关联的经济行为实施日期相近的日期

C. 评估基准日的选择可以参考资产评估专业人员的建议

D. 上市公司股份价值确定的基准日应与国有股东资产评估的基准日一致，且与国有股东产权直接持有单位对该产权变动决策的日期相差不得超过3个月

E. 当评估报告引用的专业报告是审计报告时，审计的截止日一般应与评估基准日保持一致

三、综合题

1. 立辉股份有限公司拟于2021年10月出售一套进口生产设备，遂委托悦凯资产评估公司（以下简称"悦凯公司"）对该设备2021年6月30日的价值进行评估。悦凯公司于2021年7月15日开始评估现场工作，2021年8月15日形成评估结论，2021年8月20日提交资产评估报告，有效期一年。评估专业人员引用了截止日为2021年3月31日的该设备的审计报告。2021年8月25日生产设备市场状况突变，评估机构未对突变情况进行了解和披露。

问题：

（1）该评估的评估基准日是什么？评估报告日是什么？有效期截止到何时？

（2）资产评估报告日的法律意义是什么？

（3）评估专业人员引用审计报告的行为是

否恰当？为什么？

（4）什么是资产评估期后事项？

（5）资产评估期后事项的处理原则是什么？悦凯公司的处理是否恰当？为什么？

2. 国内某国有企业计划到加拿大收购 C 企业集团的一个子公司，该标的公司是当地证券交易所上市的公司，现委托 X 评估机构对该标的企业进行评估。

要求：

（1）请说明该项评估业务中的评估对象。

（2）评估机构专业人员应当选择何种价值类型？

（3）评估机构专业人员是否可以按照现状持续经营假设，完全参考其历史经营数据预测未来？

（4）评估中，评估师假设该标的公司今后将改进销售网络缺陷、优化销售模式，业绩将大幅度提高。这种假设是否合理？

（5）该评估是法定评估还是非法定评估？为什么？

精选练习题参考答案及解析

一、单项选择题

1. 【答案】D

【解析】清算价值是一个资产拥有者需要变现资产的价值，是一个退出价，不是购买资产的进入价。

2. 【答案】A

【解析】投资价值是指评估对象对于具有明确投资目标的特定投资者或者某一类投资者所具有的价值估计数额，亦称特定投资者价值。投资价值与市场价值相比，除受到交易标的因素和交易市场因素的影响差异外，其最为重要的差异还在于，投资价值会受到特定交易者的投资偏好或所追求协同因素的影响。资产相同，评估目的相同，但因投资者不同而被评估资产的价值就可能不同。

3. 【答案】C

【解析】这里的"相反证据"是指那些表明相关主体很可能将结束经营的证据，如合同规定的经营期满、企业资不抵债而濒临破产等。

4. 【答案】A

【解析】评估基准日的选择应该是委托人的责任，评估人员可以提供相关专业建议，选项 A 错误。

5. 【答案】C

【解析】该企业拥有两种业务，需要评估的是其中一种业务。估对象是该国有企业对单缸洗衣机生产业务的权益。按照国有资产管理规定，该国有企业需要聘请审计机构对该企业的财务报表进行分割，具体评估范围应该根据分割后的单缸洗衣机生产业务的资产、负债范围加以确定。

6. 【答案】C

【解析】民事诉讼中对诉讼标的财产（资产）价值、侵权损害损失额的评估。评估目的是揭示相关财产（权益）价值及侵权（损害）损失金额，为司法审判提供参考依据。

7. 【答案】D

【解析】企业主体假设属于会计假设，持续经营假设、清算假设和公开市场假设都属于资产评估假设。

8. 【答案】B

【解析】资产的价值受到客观因素和主观因素双重因素的影响，评估假设的作用就在于将一项资产交易价格的主要影响因素从实际中抽象出来，研究这些因素对交易价格的影响，忽略一些不必要的因素，提高评估的效率，也就是说资产评估假设可以讲明评估时面临的条件。

9. 【答案】B

【解析】最佳使用假设多用于房地产评估。因为房屋和土地经常存在多种用途或利用方式，因此在评估其市场价值时要求进行最佳使用分析，按照最佳使用状态进行评估，选项 B 正确。

10. 【答案】D

【解析】持续经营假设要求经营主体在其可以预见的未来不会停止经营。这种经营可以是在现状基础上的持续经营，也可以是按照未来可以合理预计状态下的持续经营。由于加油站的油价是政府定价，并随国际原油的价格波动，很难合理预测，评估中可以预测加油站的单位毛利，并假设国家目前油品定价的原则未来不发生变化。这种假设是可以接受的。

11. 【答案】D

【解析】评估报告日后，评估机构不再负有对被评估资产重大变化进行了解和披露的义务。

12. 【答案】B

【解析】上网电价是政府定价，无法预测未来的变化，不能采用评估假设的方式认为未来电价不变，选项 A 错误；如果企业已经制定有明确的达产投资计划、实施途径等充分可行的方案，并且该项目投资符合国家产业政策、投资来源落实，收益预测时可以假设该企业按计划达产，选项B正确；按照被评估单位提供的预测资料，假设企业提出的未来计划能够实现，这一假设缺乏依据，评估专业人员不能接受该类假设，选项C错误；销售模式、销售渠道等属于企业重要的无形资产，也是影响企业价值评估结果的重要因素，假设企业能够优化其销售模式，这属于对企业现行营销条件及模式的重大改变，需要收集说服力强的证据审慎论证其可能性，否则，在企业股权转让评估时，一般不采用企业未来可以改变销售模式的假设，选项D错误。

13. 【答案】B
【解析】司法审判资产评估中对诉讼标的财产（权益）价值评估的评估对象是相关涉案标的财产，民事判决执行中为确定执行标的物处置参考价的资产评估，评估对象是相关执行标的物。

14. 【答案】C
【解析】评估结论的使用有效期是以评估基准日而非评估报告日为基础确定的。

15. 【答案】A
【解析】当评估人员执行的资产评估业务对市场条件和评估对象的使用等并无特别限制和要求，评估目的是为正常的交易提供价值参考依据时，评估人员通常应当选择市场价值作为评估结论的价值类型。

16. 【答案】B
【解析】交易假设就是假定所有拟评估资产已处在交易过程中。

17. 【答案】B
【解析】当经营主体不满足持续经营假设的原因是由非所有者自主控制的原因，如破产清算，这时的清算完全由债权人或法院指定的清算代理人控制，该清算经营主体的所有者完全无法控制，因此在这种情况下一般应该选择强制清算假设。

18. 【答案】A
【解析】移地使用前提一般多用于评估可移动的资产，这时企业的设备一般都需要从原安装地拆除，搬迁到新地址后再安装调试，因此需要在评估中选择移地使用假设前提，并需要根据评估目的要求和买卖双方的约定，恰当处理相关拆除、运输以及再安装费用。

19. 【答案】A
【解析】在基本前提确定的情况下，评估结果的价值类型应与评估目的相匹配。

20. 【答案】B
【解析】当评估对象整体已经不具有使用价值，但是如果将其计量单元缩小至零部件后，还可以具有使用价值时，评估人员通常应当考虑评估对象的拆零变现，并选择残余价值作为评估结论的价值类型。

21. 【答案】C
【解析】资产评估目的是为变现提供价值参考依据，也就是将来进行资产交易，适用于市场价值的价值类型。

22. 【答案】D
【解析】假设与交易的情况不会完全一致，只能将评估对象人为置于"交易"的情况中。

23. 【答案】D
【解析】资产对于特定投资者所具有的价值，是资产评估中的投资价值。

24. 【答案】A
【解析】如果评估人员在执行资产评估业务时，评估对象是企业或者整体资产组中的要素资产，并只需要考虑以这些资产未来经营收益的方式来确定资产的价值时，评估人员需要选择在用价值。

25. 【答案】B
【解析】强制清算是在外部势力的控制下按照法定的或者由控制人自主设定的程序进行，该清算经营主体的所有者无法干预。

26. 【答案】A
【解析】资产被人为置于市场"交易"之中，交易假设是资产评估最基本的假设。

27. 【答案】D
【解析】这是考察的资产评估假设中持续经营假设的概念。持续经营假设是指假设一个经营主体的经营活动可以连续下去的，在未来可预测的时间内该主体的经营活动不会中止或终止。

28. 【答案】C
【解析】本题考察的是资产评估假设中最高最佳使用假设的概念。最高最佳使用是指一项资产在法律上允许、技术上可能、经济上可行，经过充分合理的论证，能使该项资产实现其最高价值的使用。

29. 【答案】B
【解析】本题考察的是资产评估假设中现状利用假设的概念。所谓现状利用是指一项资产按照其目前的利用状态及利用方式对其价值进行评估。

30.【答案】A

【解析】资产评估报告日通常为评估结论形成的日期。

二、多项选择题

1.【答案】ABCD

【解析】转让定价目的的评估是为标的资产转让定价提供参考。引发资产评估的转让行为主要包括资产的收购、转让、置换、抵债等。转让是最常见的评估目的。转让行为的标的资产可以是股权等出资人权益，也可以是单位或个人拥有的能够依法转让的有形资产、无形资产等。这类评估业务有些是国家法律法规规定的法定评估，还有一些是市场参与者自愿委托的非法定评估。

2.【答案】CDE

【解析】评估报告使用人是指法律、行政法规明确规定的，或者资产评估委托合同中约定的有权使用资产评估报告或评估结论的当事人，选项A错误；除委托人、资产评估委托合同中约定的其他资产评估报告使用人和法律、行政法规规定的资产评估报告使用人之外，其他任何机构和个人不能成为资产评估报告的使用人，选项B错误。

3.【答案】BCDE

【解析】投资价值与市场价值相比，除受到交易标的因素和交易市场因素的影响差异外，其最为重要的差异还在于，投资价值会受到特定交易者的投资偏好或所追求协同因素的影响，二者并不能简单比较大小，选项A不合理。

4.【答案】ACD

【解析】评估专业人员面对不断变化的市场环境，为了进行资产评估，评估专业人员就需要把市场条件及影响资产价值的各种因素设定在某种状态下，以便对标的资产进行价值分析和判断，选项A错误；持续经营假设属于评估对象存续及使用状态方面的评估假设，选项C错误；最佳使用，是指一项资产在法律上允许、技术上可能、经济上可行的前提下，经过充分合理的论证，实现其最高价值的使用，选项D错误。

5.【答案】ABD

【解析】公开市场假设、有序清算假设和交易假设都属于资产评估假设。

6.【答案】AD

【解析】资产评估基准日是资产评估结论对应的时间基准，评估委托人需要选择一个恰当的资产时点价值，有效地服务于评估目的，选项C错误，选项A、D正确；资产评估基准日由委托人来选择，与评估机构的工作日程并无关系，选项B错误。

7.【答案】AD

【解析】市场价值主要受到两个方面因素的影响：其一是交易标的因素，即不同的资产，不同获利能力的资产自然会有不同的市场价值。其二是交易市场的因素，不同的市场可能存在不同的供求关系等因素，对交易标的的市场价值产生影响。影响市场价值的因素都具有客观性，不会受到个别市场参与者个人因素的影响。

8.【答案】AB

【解析】如果评估人员在执行资产评估业务时，评估对象是企业或者整体资产组中的要素资产，并只需要考虑以这些资产未来经营收益的方式来确定资产的价值时，评估人员需要选择在用价值。

9.【答案】ABCD

【解析】资产评估的相关当事人包括委托人、评估机构、产权持有人（或被评估单位）和评估报告使用人等。

10.【答案】BD

【解析】确定评估目的是委托人的责任，并不是评估机构的责任，选项A、选项C错误；改制企业以企业的实物、知识产权、土地使用权等非货币财产折算为国有资本出资或者股份的，资产评估的目的是为确定国有资本出资额或者股份数额提供参考依据，选项E错误。

11.【答案】CE

【解析】资产评估对象应当由委托人而不是评估机构依据经济行为要求和法律法规规定提出，并在评估委托合同中明确约定，选项C错误；资产评估目的而不是资产评估对象直接决定和制约资产评估价值类型的选择，选项E错误。

12.【答案】ACD

【解析】资产评估委托人可以有多个，选项B错误；为了保证资产评估的客观公正性，评估委托人不得对评估行为和评估结果进行非法干预，这是资产评估委托人的义务，选项E错误。

13.【答案】ABDE

【解析】公允价值计量的评估对象是需要以公允价值计量的相关资产或负债，因此选项C

错误。

14.【答案】ABD

【解析】主要价值类型包括市场价值、投资价值、在用价值、清算价值和残余价值等，并不包括停用价值，选项 C 错误；清算价值是指在评估对象处于被迫出售、快速变现等非正常市场条件下的价值估计数额，选项 E 错误。

15.【答案】ACD

【解析】评估对象对于具有明确投资目标的特定投资者或者某一类投资者所具有的价值估计数额，是投资价值，选项 B 错误；当评估人员执行的资产评估业务的目的是为正常的交易提供价值参考依据时，评估人员通常应当选择市场价值作为评估结论的价值类型，选项 E 错误。

16.【答案】ACDE

【解析】公开市场假设中，资产的交换价值受市场机制的制约并由市场行情决定，而不是由个别交易案例决定，选项 B 错误。

17.【答案】ACD

【解析】在用价值是指将评估对象作为企业组成部分或者要素资产按其正在使用方式和程度及其对所属企业的贡献的价值估计数额，市场价值是自愿买方和自愿卖方在各自理性行事且未受任何强迫的情况下对交易标的作出的交易价值判断，选项 B 中将在用价值与市场价值的概念偷换，表述错误；清算价值是一个退出价，选项 E 错误。

18.【答案】ABCE

【解析】上市公司股份价值确定的基准日应与国有股东资产评估的基准日一致，且与国有股东产权直接持有单位对该产权变动决策的日期相差不得超过 1 个月，选项 D 错误。

三、综合题

1.【答案及解析】

（1）该评估的评估基准日是 2021 年 6 月 30 日；评估报告日是 2021 年 8 月 15 日；有效期截止到 2021 年 6 月 30 日后满一年。

（2）根据目前评估准则的规定以及社会对评估报告的认识惯例，评估报告日的法律意义是，在评估基准日到评估报告日之间，如果被评估资产发生重大变化，评估机构负有了解和披露这些变化及其可能对评估结论产生影响的义务。评估报告日后，评估机构不再负有对被评估资产重大变化进行了解和披露的义务。

（3）评估专业人员引用审计报告的行为不恰当。根据规定，评估专业人员引用审计报告时，审计的截止日一般应与评估基准日保持一致。评估基准日为 2021 年 6 月 30 日，则要求审计报告的截止日为 2021 年 6 月 30 日，题中引用的是 2021 年 3 月 31 日的审计报告，该行为不恰当。

（4）资产评估期后事项是指评估专业人员撤离评估现场后至评估报告日之间，被评估资产所发生的相关事项以及市场条件发生的变化。

（5）资产评估期后事项的处理原则是：对评估专业人员撤离评估现场后至评估报告日之间，被评估资产所发生的相关事项以及市场条件发生的变化进行了解，并分析判断该事项和变化的重要性，对于较重大的事项应该在评估报告中进行披露，并提醒报告使用者注意该期后事项对评估结论可能产生的影响；如果期后发生的事项非常重大，足以对评估结论产生颠覆性影响，评估机构应当要求评估委托人更改评估基准日重新评估。

悦凯公司的处理并无不当。因为重大变化发生在评估报告日后，评估机构不再负有了解和披露的义务。

2.【答案及解析】

（1）将企业作为一个整体进行评估，其评估对象一般为企业的股权。因此，在本项评估业务中，评估对象应该是标的企业的股权。

（2）由于该交易是国内的企业到加拿大收购当地的公司，并且没有提及特定的买方与卖方的特性，因此应该选择市场价值。同时这个交易应该受到加拿大法律、法规的管辖，因此应该选择加拿大的市场价值，而且这个市场价值应该是加拿大证券交易市场的市场价值，不是一般产权交易市场的市场价值。

（3）标的企业作为企业集团的一个子公司，其历史经营中很可能与集团之间存在某些关联交易，或者是集团为了追求协同效应而有意安排的一些经营业务。一旦将其转让出集团，这些关联交易或者有意安排的业务很可能都不再持续。因此，此时完全按照现状持续经营假设参考标的企业的历史数据预测未来，很可能不符合其未来实际情况，依据也不充分。

（4）评估中，评估师假设该标的公司今后将改进销售网络缺陷、优化销售模式，业绩将大幅度提高。这种假设很可能不合理。

销售模式、销售渠道等属于企业重要的无形资产，也是影响企业价值评估结果的重要因素。如果可以自身完成这些方面的改进，该企业将不再是原来的企业。因此，这种假设属于对企业现行营销条件及模式的重大改变，需要收集说服力强的证据审慎论证其可能性。否则，在企业股权转让评估时，一般不采用企业未来可以改变销售模式的假设。

（5）该评估为法定评估。该评估涉及国有资产，按规定，应当依法委托评估机构评估。

第五章 资产评估程序

考试大纲

第五章	考试目的	考查考生对资产评估程序的基本内容、主要程序履行要求、资产评估程序履行目的、主要工作步骤、评估程序受限处理等相关内容的掌握情况及应用能力。
资产评估程序	考试内容及要求	
	掌握的内容（★★★）	1. 资产评估程序。
		2. 资产评估基本程序及其主要内容。
		3. 资产评估业务基本事项的内容及要求。
		4. 专业能力分析与评价、独立性分析与评价、业务风险分析与评价的内容及要求。
		5. 资产评估委托合同的主要内容及要求，评估委托合同的订立、补充或变更、终止履行及解除。
		6. 现场调查的内容、手段和方式、调查工作受限及处理。
		7. 评估资料的核查验证。
	熟悉的内容（★★）	1. 特殊委托。
		2. 资产评估计划的主要内容及调整。
		3. 评估资料及其分类、分析、归纳、整理。
		4. 评估报告的审核。
	了解的内容（★）	1. 履行资产评估程序的作用。
		2. 资产评估委托合同及形式。
		3. 编制资产评估计划的总体要求和考虑的主要因素。
		4. 评定估算形成结论。
		5. 与委托人或者相关当事人沟通。
		6. 国有资产评估项目核准（备案）中的审核。
		7. 整理归集评估档案。

考情分析

本章主要介绍资产评估八大基本程序，即明确业务基本事项、订立业务委托合同、编制资产评估计划、进行评估现场调查、收集整理评估资料、评定估算形成结论、编制出具评估报告、整理归集评估档案的主要内容，考查考生对资产评估程序具体执行过程的掌握程度。本章考试大纲有修改，在2019年变动的内容较多，2020年变动的内容仍然很多，2021年整体结构无变动，但内容修改不少。本章是教材中内容变化较多的一章，也是重要的一章，考试题型以选择题为主，在综合题中涉及的概率也比较大，并且占有比较高的分值。

教材主要变化

1. 考试大纲：将"专业能力分析与评价、独立性分析与评价、项目风险分析与评价的内容及要求"，改为"专业能力分析与评价、独立性分析与评价、业务风险分析与评价的内容及要求"。

2. 将原《合同法》改为《民法典》，内容做了相应的更新。

3. 订立业务委托合同、现场调查、收集整理评估资料三节内容修改较多。

考点精讲及典型例题解析

【知识点1】资产评估程序（★★★）

（一）资产评估程序的概念

程序是指事情进行的步骤、次序。资产评估程序是对资产评估过程工作次序的安排。本教材所称资产评估程序，是指资产评估机构及资产评估专业人员执行资产评估业务所需履行的系统性工作步骤。

（二）资产评估程序的内容

1. 《资产评估法》规范的评估程序。

《资产评估法》规范的评估程序内容包括：选择评估机构，订立委托合同，指定评估承办人员，评估对象现场调查，评估资料的收集、核查验证和分析整理，选择评估方法形成评估结论，评估报告编制和内部审核，评估报告出具，评估档案保存，评估报告使用等环节。

2. 相关资产评估准则规定的评估程序。

《资产评估基本准则》和《资产评估执业准则——资产评估程序》规定了开展资产评估业务需要履行的八项基本评估程序，即明确业务基本事项、订立业务委托合同、编制资产评估计划、进行评估现场调查、收集整理评估资料、评定估算形成结论、编制出具评估报告、整理归集评估档案。

3. 《资产评估法》和相关资产评估准则在评估程序规范方面的异同。

（1）相同点。《资产评估法》和相关资产评估准则都是通过规范资产评估程序的设置和履行行为保障资产评估业务依法合规地进行，规范的内容都涵盖了评估业务开展的主要环节。

（2）不同点。《资产评估法》和相关资产评估准则所规范的对象存在差异，规范的内容及侧重点也有所不同。①在规范的对象方面，《资产评估法》包括资产评估机构及其资产评估专业人员、资产评估委托人、其他评估报告使用人、资产评估行政管理部门和资产评估行业协会，相关资产评估准则规范的是资产评估机构和资产评估专业人员。②在规范的内容方面，相关资产评估准则从资产评估机构及资产评估专业人员的角度，从受理评估业务直至归集评估档案，规定了执行资产评估业务过程要求的具体工作步骤。《资产评估法》着眼资产评估业务的当事方及管理方，程序规范以委托人选择评估机构为起点，不仅包含了从评估合同订立至评估档案保存的主要工作环节，也包括评估报告使用及异议处理和对违法开展评估业务的投诉、举报及处理，还规定了委托人与评估程序相关的权利和义务。

（三）资产评估机构及其资产评估专业人员执行评估程序的基本要求

不同的资产评估业务由于评估对象、评估目的不同，可获取的资产评估资料完备度以及所选用的评估方法存在差异，资产评估专业人员对每项基本程序需要执行的具体工作步骤的要求很可能存在差异。因此，评估准则规定资产评估机构及其资产评估专业人员可以根据评估业务的具体情况及重要性原则确定履行基本程序的繁简程度，但不得随意减少资产评估基本程序。

【例5-1】（多项选择题）下列关于资产评估程序的表述，正确的是(　　)。

A. 相关资产评估准则规范的是资产评估机构和资产评估专业人员

B. 《资产评估法》和相关资产评估准则规范的内容都涵盖了评估业务开展的主要环节

C. 评估报告使用是相关资产评估准则规范的评估环节

D. 不同的资产评估业务由于评估对象、评估目的不同，资产评估专业人员对每项基本程序需要执行的具体工作步骤的要求是一样的

E. 《资产评估法》从资产评估机构及资产评估专业人员的角度，从受理评估业务直至归集评估档案，规定了执行资产评估业务过程要求的具体工作步骤

【答案】AB

【解析】评估报告使用是《资产评估法》规范的评估环节，选项C错误；不同的资产评估业务由于评估对象、评估目的不同，可获取的资产评估资料完备度以及所选用的评估方法存在差异，资产评估专业人员对每项基本程序需要执行的具体工作步骤的要求很可能存在差异，选项D错误。相关资产评估准则从资产评估机构及资产评估专业人员的角度，从受理评估业

务直至归集评估档案,规定了执行资产评估业务过程要求的具体工作步骤,选项 E 错误。

【例 5-2】(单项选择题)关于资产评估程序,下列选项中,属于《资产评估法》和《资产评估基本准则》《资产评估执业准则——资产评估程序》不同的规范是( )。

A. 订立委托合同　　B. 现场调查
C. 选择评估机构　　D. 出具评估报告

【答案】C

【解析】《资产评估法》规范的评估程序内容包括"选择评估机构",《资产评估基本准则》《资产评估执业准则——资产评估程序》无此规定。

【知识点 2】资产评估基本程序及其主要内容(★★★)

参见图 5-1。

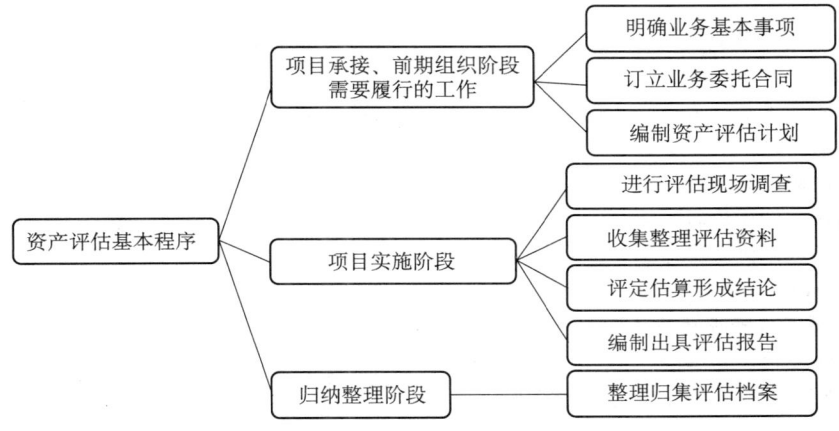

图 5-1　资产评估基本程序

【例 5-3】(单项选择题)下列关于资产评估程序的表述,错误的是( )。

A. 资产评估机构及其资产评估专业人员不得随意减少资产评估基本程序
B. 进行评估现场调查属于资产评估项目承接、组织阶段的基本程序
C. 资产评估业务不同,每项基本程序需要执行的具体工作步骤也有差异
D. 履行资产评估程序有助于防范评估执业风险

【答案】B

【解析】进行评估现场调查属于资产评估项目实施阶段的基本程序。

【例 5-4】(多项选择题)以下选项中,( )是评估项目进入实施阶段前需要做的工作。

A. 收集整理评估资料
B. 订立业务委托合同
C. 进行评估现场调查
D. 明确业务基本事项
E. 编制资产评估计划

【答案】BDE

【解析】项目进入实施阶段前,即项目的承接、组织阶段,需要做的工作包括:明确业务基本事项、订立业务委托合同、编制资产评估计划。

【知识点 3】履行资产评估程序的作用(★)

(一)保证资产评估行为的合法性

履行资产评估程序是资产评估法对评估机构和评估专业人员的基本要求。资产评估法从评估业务委托、评估报告的签署出具、报告的使用等方面对评估程序的履行提出了要求。如果评估机构和评估专业人员未能按照资产评估法的要求,履行必要的评估程序,将可能导致违反评估法,需要承担相应的法律责任。

(二)保障资产评估业务质量

履行资产评估程序是保障资产评估结论合理的要求。从接受委托到出具资产评估报告,评估专业人员必须通过履行必要的工作步骤,才能保障评估结论的合理性,有效服务于评估目的。

(三)防范评估执业风险

资产评估服务于上市公司并购重组、国有

产权变动等多种经济行为，涉及社会公众、国有企业、第三方等众多相关当事人的利益，同时评估业务本身的特点使评估结论的形成过程存在判断的因素，如果评估业务引起法律纠纷，评估机构和评估专业人员要依法承担行政责任、民事责任和刑事责任等。法院、国务院行政管理部门、资产评估行业协会等在对评估机构和评估专业人员应承担的法律责任进行认定时，一个重要的方面是看其是否履行了必要的评估程序。

【例5-5】（多项选择题）履行资产评估程序的作用包括( )。
A. 保证资产评估行为的合法性
B. 保障资产评估业务质量
C. 防范评估执业风险
D. 保证评估结论的客观性
E. 保证资产评估的及时性

【答案】ABC
【解析】履行资产评估程序有利于保证资产评估行为的合法性、保障资产评估业务质量、防范评估执业风险。履行资产评估程序，不一定就能保证评估的客观、及时。

【知识点4】资产评估业务基本事项的内容及要求（★★★）

（一）资产评估业务基本事项的内容

明确业务基本事项是资产评估程序的第一个环节，是指导评估业务承接的评估基本程序。资产评估机构受理资产评估业务前，应当明确下列资产评估业务基本事项：①委托人、产权持有人和委托人以外的其他评估报告使用人；②评估目的；③评估对象和评估范围；④价值类型；⑤评估基准日；⑥资产评估项目所涉及的需要批准的经济行为的审批情况；⑦评估报告使用范围；⑧评估报告提交期限和方式；⑨评估服务费及支付方式；⑩委托人、其他相关当事人与资产评估机构、资产评估专业人员工作配合和协助等其他需要明确的事项。

【例5-6】（多项选择题）资产评估专业人员在受理评估业务前应当明确资产评估业务基本事项。下列事项中属于资产评估业务基本事项的有( )。
A. 评估方法
B. 评估报告使用范围
C. 评估假设
D. 评估服务费及支付方式
E. 评估目的

【答案】BDE
【解析】评估方法、评估假设并非资产评估专业人员在受理评估业务前应当明确的资产评估业务基本事项。

【例5-7】（多项选择题）关于明确评估业务基本事项的目的，下列表述中，正确的是( )。
A. 明确评估业务基本事项的目的，是为了减轻或者免除资产评估专业人员的责任
B. 明确评估业务基本事项的目的，是为了提高资产评估的效率
C. 明确评估业务基本事项的目的，是为了与委托人沟通评估业务收费
D. 明确评估业务基本事项的目的，是为了决定是否受理该评估项目
E. 明确评估业务基本事项的目的，是为了为决定受理项目后的谈判、订立评估委托合同和项目组织实施做好准备

【答案】DE
【解析】明确评估业务基本事项的目的，既是以此为依据，对项目进行风险评估，对本机构及其专业人员从事相关业务的经验和专业胜任能力进行评价，以决定是否受理该评估项目；也是为决定受理项目后的谈判、订立评估委托合同和项目组织实施做好准备。

（二）明确业务基本事项的具体内容及要求

1. 明确委托人、产权持有人和委托人以外的其他评估报告使用人。

（1）明确委托人及产权持有人的基本情况。一般包括但不限于下列内容：①委托人及产权持有人全称；②委托人及产权持有人类型、注册地址和注册资本；③委托人和产权持有人所属行业、经营范围；④委托人与产权持有人的关系；⑤委托人的诚信记录、是否有能力支付合理的评估费用等。

（2）明确评估报告使用人及其基本情况。对应所服务的经济行为，资产评估报告具有特定的使用群体。在可能的情况下，评估机构洽谈人员应要求委托人明确资产评估报告的使用人或使用人范围以及资产评估报告的使用方式。

评估机构应当了解除委托人和国家法律、法规规定的评估报告使用人外，是否还存在其

他的评估报告使用人。

【提示】如果存在除委托人和国家法律、法规规定的评估报告使用人外，还存在其他的评估报告使用人，评估机构应当在适当及切实可行的情况下了解：①其他的评估报告使用人的全称或类型；②其他的评估报告使用人与委托人和被评估企业或资产的关系；③其他评估报告使用人使用评估报告的理由及方式；④其他的评估报告使用人的诚信记录；⑤评估报告使用人之间是否存在利益冲突；⑥是否存在法律禁止性规定的情形等。这有利于最大限度地把握潜在风险和个性要求，计划和控制评估操作与成果披露的重点，规避不必要的报告使用风险。对于已经明确的评估报告其他使用人，应该在后续订立的资产评估委托合同中作出约定。

（3）了解委托人与相关当事人之间的关系。一般情况下，委托人与产权持有人存在某种关系，比如委托人为被评估企业或被评估资产的股东、投资方、融资银行、债权人、管理层等。评估机构洽谈人员应当清晰了解委托人与产权持有人、委托人与其他评估报告使用人、产权持有人与评估报告使用人之间的关系。

【提示】对于普通经济行为涉及的资产评估，第三者委托评估机构对拟评估资产进行评估，一般应事先通知产权持有人、资产管理者或征得资产管理者的同意，这往往是执行评估业务的先决条件。对于司法等部门依法需要对特定资产进行强制性评估的行为，评估委托不需要以产权持有人或资产管理者的同意为先决条件，资产评估专业人员执行此类业务时应当充分考虑相关当事人的不配合行为可能对评估执业产生的影响。

2. 评估目的。

评估目的是由引起资产评估的特定经济行为所决定的，对价值类型、评估方法、评估结论等有重要影响。了解与评估业务相关的经济行为，并明确评估目的和报告用途是项目洽谈双方需沟通确定的重要内容。

【提示】资产评估专业人员应根据委托人所描述的特定的经济行为，正确理解评估目的，在订立委托合同约定评估目的时，应尽量细化评估目的和用途，避免使用"融资""重组""拟了解公司价值"等比较笼统的词语作为评估目的。

3. 评估对象和评估范围。

评估机构洽谈人员应与委托人沟通、了解拟委托评估的评估对象和评估范围，并结合评估目的，理解评估对象和评估范围，同时考虑评估对象和评估范围与经济行为的匹配性，对评估对象和评估范围予以界定。评估范围的界定应服从于评估对象的选择。

4. 价值类型。

评估机构洽谈人员应当根据对评估目的的理解，结合资产评估准则，选择恰当的价值类型，并就价值类型的选择、定义及对应的假设前提与委托人达成一致。

【提示1】影响价值类型的因素有很多，包括资产自身的功能、使用方式、市场条件等，但评估目的是根本。评估目的不但决定着资产评估结果的具体用途，而且会直接或间接地影响资产评估过程。价值类型确定后评估机构洽谈人员才能够确定评估方法，搜集相适应的评估资料，得出合理的评估结论。

【提示2】在接受委托环节就价值类型与委托人达成一致理解，目的是让委托人认识到资产评估专业人员拟出具的评估报告是在双方已明确的评估目的下，按照何种标准体现资产价值，以利于委托人合理理解评估结论，实现评估目的。因此，评估机构洽谈人员应告知委托人拟设定哪种价值类型，它的具体定义是什么，其基于哪些可能存在的各种明显或隐含的假设及前提，为在订立资产评估委托合同时界定项目适用的价值类型做好铺垫。

5. 评估基准日。

委托人需要确定一个评估基准日。评估机构洽谈人员洽商业务时应当了解委托人选择的评估基准日，并从有效服务评估目的和满足其对报告使用要求的角度，对评估基准日的确定提供专业建议。

评估基准日确定下来后，应当作为委托条件之一，反映在资产评估委托合同中。

6. 资产评估项目所涉及的需要批准的经济行为的审批情况。

如果资产评估项目所涉及的经济行为需要有关部门的审批，评估机构洽谈人员应当了解该经济行为获得批准的相关情况。获得有关部门批准的文件应当载明批件名称、批准日期及文号。

7. 评估报告的使用范围。

评估报告的使用范围包括评估报告使用人、目的及用途、使用时效、报告的摘抄引用或披露等事项。评估机构洽谈人员在前期洽商时，应与委托人就评估报告的使用范围加以明确。

8. 评估报告提交期限和方式。

资产评估报告提交时间受多方面因素的限制与约束，如预计的评估工作量、委托人和相关当事人的配合力度、评估所依据和引用的专业或单项资产评估报告（专项审计报告、土地估价报告、矿业权评估报告等）的出具时间等。

评估机构洽谈人员应了解委托人实现评估所服务经济行为的时间计划，根据对上述限制与约束因素的预计和把握，与委托人约定提交报告的时间和方式（当面提交或邮寄），在评估委托合同中加以明确。

【提示】评估报告的提交时间不宜确定具体日期，一般确定为开始现场工作、委托人提供必要资料（包括评估所依据和引用的相关专业报告送达）后的一定期限内。

9. 评估服务费及支付方式。

评估服务费及支付方式是评估机构与委托人洽商沟通的重要内容。

评估机构洽谈人员根据了解的情况提出评估收费标准及报价，并与委托人就评估费用、支付时间和方式进行沟通。委托人需要了解评估机构报价确定依据和口径，除专业服务费以外，差旅及食宿费用、现场办公费用等是否也在预计数额以及如何负担等，应在双方达成一致后，体现在评估委托合同中。

10. 委托人、其他相关当事人、资产评估机构、资产评估专业人员工作配合和协助等其他需要明确的重要事项。

评估机构洽谈人员应当根据评估业务具体情况与委托人沟通，明确委托人与资产评估专业人员工作配合和协助等其他需要明确的重要事项。

【例5-8】（单项选择题）在执行明确资产评估业务基本事项程序时，关于明确委托人、产权持有人和委托人以外的其他评估报告使用人的表述，不正确的是( )。

A. 评估机构应当了解除委托人和国家法律、法规规定的评估报告使用人外，是否还存在其他的评估报告使用人

B. 如果存在其他的评估报告使用人，评估机构应当在适当及切实可行的情况下了解其与委托人和被评估企业或资产的关系

C. 第三者委托评估机构对拟评估资产进行评估，一般应事先通知产权持有人、资产管理者或征得资产管理者的同意，这往往是执行评估业务的先决条件

D. 对于已经明确的评估报告其他使用人，可以在资产评估委托合同外另行约定

【答案】D

【解析】对于已经明确的评估报告其他使用人，应该在订立资产评估委托合同中作出约定。

【例5-9】（多项选择题）资产评估中，明确基本事项时，明确委托人、产权持有人和委托人以外的其他评估报告使用人，具体是指( )。

A. 明确委托人及产权持有人的基本情况
B. 了解委托人与利益相关人之间的关系
C. 明确评估报告使用人及其基本情况
D. 了解委托人与相关当事人之间的关系
E. 明确评估报告使用人与委托人之间的关系

【答案】ACD

【解析】明确基本事项时，明确委托人、产权持有人和委托人以外的其他评估报告使用人，具体是指：①明确委托人及产权持有人的基本情况；②明确评估报告使用人及其基本情况；③了解委托人与相关当事人之间的关系。

【例5-10】（单项选择题）关于明确评估对象和评估范围，下列表述中，正确的是( )。

A. 评估机构应凭借对评估目的的把握和专业经验，合理确定评估范围
B. 评估范围的界定应服从于评估对象的选择
C. 应由资产评估专业人员就具体评估对象所对应的评估范围明细清单进行确认
D. 确定评估对象和评估范围，是资产评估专业人员的履职责任

【答案】B

【解析】评估机构应凭借对评估目的的把握和专业经验，建议委托人合理确定评估范围，选项A、选项D错误；为明确责任，避免日后产生纠纷，应由委托人（或经其授权被评估资

产产权持有人或被评估企业)就具体评估对象所对应的评估范围明细清单进行确认,选项C错误。

【例5-11】(多项选择题)如果资产评估项目所涉及的经济行为需要有关部门的审批,评估机构洽谈人员应当了解该经济行为获得批准的相关情况。获得有关部门批准的文件应当载明( )。

A. 批准负责人　　B. 批件名称
C. 批准部门　　　D. 批准日期
E. 批准文号

【答案】BDE

【解析】如果资产评估项目所涉及的经济行为需要有关部门的审批,评估机构洽谈人员应当了解该经济行为获得批准的相关情况。获得有关部门批准的文件应当载明批件名称、批准日期及文号。

【例5-12】(多项选择题)关于评估服务费及支付方式,下列表述中,正确的是( )。

A. 评估服务费及支付方式,应体现在评估委托合同中
B. 委托人信用是评估收费需要考虑的重要因素之一
C. 除专业服务费以外,差旅及食宿费用、现场办公费用等也是沟通的重要内容
D. 除专业服务费以外,差旅及食宿费用、现场办公费用等,还可以约定根据评估结果的额外收费
E. 评估服务费及支付方式是评估机构与委托人洽商沟通的重要内容

【答案】ACE

【解析】评估服务费及支付方式是评估机构与委托人洽商沟通的重要内容。评估机构洽谈人员根据了解的情况提出评估收费标准及报价,并与委托人就评估费用、支付时间和方式进行沟通。委托人需要了解评估机构报价确定依据和口径,除专业服务费以外,差旅及食宿费用、现场办公费用等是否也在预计数额以及如何负担等,应在双方达成一致后,体现在评估委托合同中。

【例5-13】(多项选择题)在明确评估业务基本事项中,影响价值类型选择的因素包括( )。

A. 资产自身的功能　B. 资产的使用方式

C. 资产的市场条件　D. 资产评估方法
E. 资产评估目的

【答案】ABCE

【解析】影响价值类型的因素有很多,包括资产自身的功能、使用方式、市场条件等,但评估目的是根本。

【例5-14】(单项选择题)下列资产评估委托合同中,关于评估报告提交时间的表述,恰当的是( )。

A. 评估报告应该在评估开始后1个月内提交
B. 评估报告应该在开始现场工作、委托人提供必要资料后15日内提交
C. 评估报告应该在撰写完成报告及有关说明后5日内提交
D. 评估报告应该在评估档案整理归集后10日内提交

【答案】B

【解析】评估报告的提交时间不宜确定具体日期,一般确定为开始现场工作、委托人提供必要资料(包括评估所依据和引用的相关专业报告送达)后的一定期限内,选项B正确。

【例5-15】(多项选择题)在明确评估事项时,影响评估报告提交时间的因素包括( )。

A. 预计的评估工作量
B. 委托人和相关当事人的配合力度
C. 评估所依据和引用的专业或单项资产评估报告的出具时间
D. 约定的评估服务费的多少
E. 委托人的具体要求

【答案】ABC

【解析】资产评估报告提交时间受多方面因素的限制与约束,如预计的评估工作量、委托人和相关当事人的配合力度、评估所依据和引用的专业或单项资产评估报告(专项审计报告、土地估价报告、矿业权评估报告等)的出具时间等。

【例5-16】(多项选择题)在明确评估业务基本事项中,明确评估报告使用范围的内容包括( )。

A. 评估报告使用人
B. 评估报告使用目的及用途
C. 评估报告使用时效
D. 评估报告的摘抄引用或披露

E. 评估对象和评估范围

【答案】ABCD

【解析】评估报告的使用范围包括评估报告使用人、目的及用途、使用时效、报告的摘抄引用或披露等事项。

【知识点5】专业能力分析与评价、独立性分析与评价、项目风险分析与评价的内容及要求（★★★）

（一）专业能力分析与评价

（1）评估机构及评估专业人员是否具有与拟承接业务相应的专业能力及相关经验，特别关注拟承接业务是否存在新型或特殊的业务、专业领域及资产。

（2）对于缺乏专业能力的业务，是否有弥补评估经验和专业能力不足的可行措施，比如聘请专家协助工作、利用或引用专业机构的工作成果；是否有保证相关工作成果合理的制度安排和技术措施。

（二）独立性分析与评价

资产评估机构和评估专业人员主要通过关联关系筛查、申报、核查等方式，了解可能影响独立性的情形，判断是否存在明显或潜在的利益冲突、现实或潜在的利益关系。

【提示】关联关系筛查、申报、核查包括：①对评估机构和评估专业人员已执行的业务进行筛查。②评估机构通过安排评估专业人员填写项目独立性调查表等方式，使评估专业人员对是否存在经济利益关联、人员关联、业务关联等情况向评估机构进行申报。③评估机构对评估专业人员申报的关联情况进行适当核查。

（三）业务风险分析与评价

参见表5-1。

表5-1　　　　　资产评估业务风险

风险来源	具体情况
委托人与产权持有人	委托人和产权持有人不配合资产评估机构履行评估程序，提供的相关资料存在虚假、遗漏、不符合法定要求，缺乏履约能力，非法干预评估执业等。
评估目的	主要是目的不明确、所对应的经济行为无法获得相关审批。
评估对象	因为评估对象的特殊性导致无法按要求履行核查程序、评估对象的产权不明晰、评估对象对应的评估范围不明确、评估对象及评估范围的界定与评估目的不匹配等。
资产评估报告使用	委托人及其他报告使用人不能正确理解评估结论，超范围、不当使用报告等。

【提示】评估机构和评估专业人员应当结合评估业务风险要素，从委托人、产权持有人、评估目的、评估对象、评估报告使用等方面，分析与评价评估业务风险的高低，判断评估业务风险是否超出评估机构可接受的范围，进而决定是否受理该评估业务以及在决定受理时拟采取的风险应对措施。业务风险分析与评价可以采用风险评价表的方式进行，风险评价表可根据评估业务风险要素设计。

（四）综合分析与评价

评估机构和评估专业人员一般在自身专业能力、独立性均满足要求，并且业务风险可承受时，评估机构可以受理该业务。

【例5-17】（多项选择题）关于对评估机构及人员进行专业能力、独立性、业务风险评价，下列表述中，属于专业能力评价的内容是(　　)。

A. 委托人和产权持有人是否配合资产评估机构履行评估程序

B. 是否具有与拟受理的项目相应的专业能力及相关经验，特别关注项目是否存在新型或特殊的业务等

C. 对评估机构和评估专业人员已执行的业务进行筛查

D. 对于缺乏专业能力的业务，是否有弥补评估经验和专业能力不足的可行措施

E. 判断是否存在明显或潜在的利益冲突、现实或潜在的利益关系

【答案】BD

【解析】选项A属于业务风险分析与评价；选项C、选项E属于独立性分析与评价。

【例5-18】（单项选择题）在对评估机构及人员进行专业能力、独立性、业务风险评价时，以下工作内容属于独立性分析的是(　　)。

A. 判断委托人所对应的经济行为是否获得相关审批

B. 确定评估对象的产权是否明晰

C. 判断评估专业人员是否有能力胜任评估工作

D. 筛查与委托人有利益冲突的评估人员

【答案】D

【解析】选项A、选项B属于业务风险分析,选项C属于专业能力分析。

【例5-19】(多项选择题)在资产评估过程中,对业务风险进行分析与评估时,业务风险主要有( )。

A. 来自委托人和产权持有人的风险

B. 来自资产评估报告使用的风险

C. 来自评估机构的风险

D. 来自评估对象的风险

E. 来自评估目的的风险

【答案】ABDE

【解析】资产评估的业务风险从来源角度可以划分为来自委托人和产权持有人的风险、来自评估目的的风险、来自评估对象的风险、来自资产评估报告使用的风险等。

【例5-20】(多项选择题)资产评估机构和评估专业人员了解可能影响独立性的情形,判断是否存在明显或潜在的利益冲突、现实或潜在的利益关系的方式包括( )。

A. 关联关系回避　　B. 关联关系筛查

C. 关联关系申报　　D. 关联关系核查

E. 关联关系函证

【答案】BCD

【解析】资产评估机构和评估专业人员主要通过关联关系筛查、申报、核查等方式,了解可能影响独立性的情形,判断是否存在明显或潜在的利益冲突、现实或潜在的利益关系。

【例5-21】(单项选择题)面对一项资产评估业务,资产评估机构需要考虑是否受理。下列表述中,属于影响资产评估机构是否受理该资产评估业务的因素的是( )。

A. 评估方法的选择

B. 评估基准日

C. 价值类型

D. 评估机构及人员的专业能力

【答案】D

【解析】资产评估机构应当对专业能力、独立性和业务风险进行综合分析与评价。受理资产评估业务应当满足专业能力、独立性和业务风险控制的要求,否则不得受理。

【例5-22】(多项选择题)评估机构和评估专业人员综合考虑自身专业能力、独立性、业务风险确定是否承接资产评估业务,下列有关表述,正确的是( )。

A. 当资产评估机构及评估专业人员的专业能力、独立性满足要求时,评估机构可以受理资产评估业务

B. 来自评估目的的风险主要是目的不明确、所对应的经济行为无法获得相关审批

C. 对于缺乏专业能力的业务,是否有弥补评估经验和专业能力不足的可行措施

D. 业务风险分析与评价可以采用风险评价表的方式进行,风险评价表可根据评估业务风险要素设计

E. 资产评估机构和评估专业人员主要通过关联关系筛查、申报、核查等方式,了解可能影响独立性的情形

【答案】BCDE

【解析】一般在自身专业能力、独立性均满足要求,并且业务风险可承受时,评估机构可以受理该业务,选项A错误。

【知识点6】资产评估委托合同及形式(★)

(一)资产评估委托合同的含义

资产评估委托合同是指评估机构与委托人订立的,明确评估业务基本事项,约定评估机构和委托人权利、义务、违约责任和争议解决等内容的书面合同。

(二)资产评估委托合同的形式

根据我国《民法典》第四百六十九条的规定,当事人订立合同,可以采用书面形式、口头形式或者其他形式。

根据《民法典》第四百六十九条,书面形式是合同书、信件、电报、电传、传真等可以有形地表现所载内容的形式。以电子数据交换、电子邮件等方式能够有形地表现所载内容,并可以随时调取查用的数据电文,视为书面形式。书面形式便于当事人履行,具有权利义务关系明确、有据可查,便于预防和处理纠纷的优点。法律、行政法规规定采用书面形式的,应该采用书面形式。当事人约定采用书面形式的,应当采用书面形式。

由于资产评估往往涉及重大财产权益，且评估行为属于对资本市场、资本运营、资产管理、价值管理等提供市场价值尺度的专业服务，相关当事人及其涉及的利益关系通常较为复杂，为明确双方当事人的权利义务，避免评估工作的纠纷，《资产评估执业准则——资产评估委托合同》规定，资产评估委托合同应当以书面形式订立。

【例5-23】（单项选择题）关于资产评估委托合同，下列表述中，正确的是（   ）。

A. 评估机构在编制资产评估计划之后，应当与委托人订立资产评估委托合同

B. 口头形式便于当事人履行，具有权利义务关系明确，有据可查，便于预防和处理纠纷的优点

C. 数据电文形式属于合同的其他形式

D. 资产评估委托合同应当以书面形式订立

【答案】D

【解析】评估机构在决定承接评估业务之后，应当与委托人订立资产评估委托合同，选项A错误；书面形式便于当事人履行，具有权利义务关系明确，有据可查，便于预防和处理纠纷的优点，选项B错误；以电子数据交换、电子邮件等方式能够有形地表现所载内容，并可以随时调取查用的数据电文，视为书面形式，选项C错误。

【知识点7】资产评估委托合同的主要内容及要求，评估委托合同的订立、补充或变更、终止履行及解除（★★★）

（一）资产评估委托合同的主要内容及要求

1. 资产评估机构和委托人的名称、住所、联系人及联系方式。

评估机构和委托人是合同签约的主体。委托合同应准确列明签约各方的名称、住所以及联系人、联系方式。名称（或姓名）应使用全称，不可简化或使用代号。

2. 评估目的。

资产评估委托合同载明的评估目的应当表述明确、清晰。

【提示】2017年9月修订发布的《资产评估执业准则——资产评估委托合同》，允许双方在合同里约定评估目的不同的一揽子评估业务。

3. 评估对象和评估范围。

资产评估机构应当与委托人进行沟通，根据资产评估业务的要求和特点，在资产评估委托合同中明确表述评估对象和评估范围。

4. 评估基准日。

资产评估委托合同应当明确资产评估基准日。资产评估基准日应当明确到年月日。

5. 资产评估报告使用范围。

《资产评估执业准则——资产评估委托合同》第十条明确"使用范围包括资产评估报告使用人、用途、评估结论的使用有效期及资产评估报告的摘抄、引用或披露"，并根据《资产评估法》《资产评估基本准则》具体规范了评估报告的使用责任。

6. 资产评估报告提交期限和方式。

委托和受托双方应共同协商后，在委托合同中明确提交评估报告的期限。评估报告提交方式包括当面提交或邮寄方式等，双方也应协商后约定。

7. 评估服务费总额或者支付标准、支付时间及支付方式。

（1）评估服务费可以约定为服务费总额，也可以约定为支付标准。

（2）服务费协商时主要考虑的因素：①资产规模和资产分布情况；②评估机构拟投入的人力资源、耗费的工作时间以及不同人力资源的综合成本；③评估业务的难易程度；④评估机构和评估专业人员可能承担的风险和责任；⑤评估机构和评估专业人员的社会信誉和工作水平等。

（3）在收费条款中，还需要约定评估服务费的支付时间。评估机构可以约定委托人一次性支付或者分期支付评估服务费。

（4）评估服务费的支付不应当与委托人经济行为是否完成相联系。

8. 资产评估机构和委托人的其他权利和义务。

委托人应当为资产评估机构及其资产评估专业人员开展资产评估业务提供必要的工作条件和协助，根据评估业务需要，负责评估机构及其评估专业人员与其他相关当事人之间的协调。对评估对象在评估基准日特定目的下的价值进行分析和估算并出具资产评估报告，是资产评估机构及其资产评估专业人员的责任。依法提供资产评估业务需要的资料并保证资料的真实性、完整性、合法性，恰当使用资产评估

报告是委托人和其他相关当事人的责任,如果拒绝提供或者不如实提供,资产评估机构有权拒绝履行资产评估委托合同。

9. 违约责任和争议解决。

在委托合同中,除约定纠纷解决方式、地点外,也应当约定违约责任的承担条件、承担方式(如违约金、赔偿金额及其计算方法)等。

解决争议的方法主要有四种:①协商和解;②调解;③仲裁;④诉讼。当事人可以在委托合同中约定解决争议的方法。

10. 合同当事人签字、盖章的时间。

根据《民法典》,"采用合同书形式订立合同的,自当事人均签名、盖章或者按指印时合同成立"。因此资产评估委托合同的成立日期是资产评估委托人和资产评估机构双方均完成签名并盖章的日期。

《民法典》同时规定,"在签名、盖章或者按指印之前,当事人一方已经履行主要义务,对方接受时,该合同成立"。在资产评估实务中,存在评估委托合同完成签字并盖章之前资产评估机构已经开始提供资产评估服务的情形,并且该等服务事实上已经取得了委托人的配合及认可,按照《民法典》的规定该情形应视为评估委托合同在资产评估机构提供服务之时已经成立。

《民法典》规定,"除法律法规另有规定或者当事人另有约定之外,依法成立的合同,自成立时生效。"合同当事人签字、盖章的时间,对合同的履行、合同的期限、违约责任的确定等合同重要条款均有重大影响。因此,资产评估委托合同中应当包括签字、盖章的时间;如果在评估委托合同完成签字、盖章之前已提供资产评估服务的,资产评估机构应当留存其事实提供资产服务的时间证据,避免由于评估委托合同生效时间不确定而导致的纠纷。

11. 合同当事人签字、盖章的地点。

当事人采用合同书形式订立合同的,最后签名、盖章或者按指印的地点为合同成立的地点,但是当事人另有约定的除外。约定地点以便在出现合同纠纷时为确定司法管辖增加备选信息。

【提示1】需要注意的是,有些内容不能在合同中约定,例如:约定对应纳入评估范围的资产不进行评估、约定不履行现场调查等必要的评估程序、以约定随意指定(或舍弃适用的)评估方法、指定评估结果等,避免评估委托合同成为资产评估机构不遵循评估法规的依据。

【提示2】订立评估委托合同时尚未明确的内容,评估委托合同签约方可以采取订立补充合同或法律允许的其他形式作出后续约定。

【例5-24】(单项选择题)下列不属于资产评估委托合同内容的是( )。

A. 评估目的   B. 评估基准日
C. 评估报告日 D. 评估对象和范围

【答案】C

【解析】评估报告日为评估结论形成的日期,不属于资产评估委托合同的内容。

【例5-25】(多项选择题)签订评估业务委托合同时,需要约定评估服务费,以下关于评估服务费的表述,正确的是( )。

A. 评估服务费实行市场调节价,由评估机构和委托人协商确定

B. 评估业务的难易程度将影响评估服务费的多少

C. 评估服务费的支付取决于委托人经济行为是否完成

D. 评估服务费可以约定为服务费总额,也可以约定为支付标准

E. 评估服务费可以一次性支付,也可以分期支付

【答案】ABDE

【解析】由于资产评估机构及评估专业人员无法左右委托人经济行为的进程,也没有承担保证经济行为按期实现的义务,因此评估服务费的支付不应当与委托人经济行为是否完成相联系,选项C错误。

【例5-26】(多项选择题)关于资产评估争议的解决方法,下列表述中,正确的是( )。

A. 双方通过协商和解
B. 通过财政部门解决
C. 由第三人进行调解
D. 通过仲裁解决
E. 通过诉讼解决

【答案】ACDE

【解析】解决争议的方法主要有四种:①协商和解;②调解;③仲裁;④诉讼。当事人可

以在委托合同中约定解决争议的方法。

【例5-27】（多项选择题）关于支持评估委托合同，下列表述中，正确的是( )。

A. 资产评估委托合同载明的评估目的应当唯一，表述应当明确、清晰

B. 资产评估委托合同采用合同书形式订立合同的，合同当事人达成一致意见的时间即是合同成立的时间

C. 评估服务费是评估机构为委托人提供评估服务收取的费用，实行政府指导价

D. 资产评估机构和委托人的名称（或姓名）应使用全称，不可简化或使用代号

E. 恰当使用资产评估报告是委托人和其他相关当事人的责任

【答案】DE

【解析】2017年9月修订发布的《资产评估执业准则——资产评估委托合同》，允许双方在合同里约定评估目的不同的一揽子评估业务，选项A错误；资产评估委托合同的成立日期是资产评估委托人和资产评估机构双方均完成签名并盖章的日期，选项B错误；评估服务费是评估机构为委托人提供评估服务收取的费用，实行市场调节价，选项C错误。

【例5-28】（多项选择题）国内上市的财旺公司，拟收购境外的丹琴公司全部股权，委托尼康资产评估公司为该经济行为进行资产评估。资产评估委托合同约定的下列重要内容中，不恰当的是( )。

A. 为提高评估效率，约定不必履行现场调查程序

B. 以资产基础法的结果作为评估结论

C. 如果未能就收购达成协议，财旺公司将不支付10%的评估合同款

D. 为保证国有资产不流失，评估结果不应高于5000万美元

E. 约定仲裁为解决争议的方法

【答案】ABCD

【解析】评估准则规定资产评估机构及其资产评估专业人员可以根据评估业务的具体情况及重要性原则确定履行基本程序的繁简程度，但不得随意减少资产评估基本程序，选项A错误；通过合同指定评估方法及评估结论确定方式，取代了评估专业人员在履行程序后依据专业判断选取适用评估方法的权利和责任，属于

不能在合同中约定的内容，选项B错误；将评估服务费支付与经济行为是否实现直接挂钩（包括奖励和扣费），限制了资产评估机构及其专业人员保持独立性，选项C错误；评估结论应当在评估专业人员履行必要的评估程序，经综合分析后得出，不能事先指定，选项D错误。

（二）资产评估委托合同的订立

资产评估机构决定受理评估业务之后，应当要求委托人依法订立评估委托合同。

新颁布的《民法典》明确规定，采用合同书形式订立的合同，当事人的签名和盖章是合同成立的必要条件。资产评估委托合同应当由资产评估机构的法定代表人（或执行合伙事务合伙人）签字并加盖资产评估机构印章。公司制的资产评估机构的分公司可以在总公司的授权范围内对外签订合同，但其对外签订合同的民事责任由总公司承担。对授权内部人员和分支机构签署委托合同的情形，评估机构可以通过内部管理制度加以规范。

《民法典》对于合同订立之前，当事人一方已经提供事实服务，且对方接受，视为合同成立。在资产评估实务中，如果因委托人等原因导致无法及时签订资产评估委托合同，资产评估机构已开始提供资产评估服务，资产评估机构应当关注未及时签订资产评估委托合同可能产生的风险，并注意收集、留存能够证明其提供服务的时间、内容，以及对方事实接受资产评估服务的相关证据。

【例5-29】（多项选择题）下列关于资产评估委托合同的订立的表述，错误的是( )。

A. 公司制的资产评估机构的分公司不具备对外签订合同的主体资格

B. 订立委托合同前，资产评估机构应当全面了解、认知委托人的主体资格

C. 订立委托合同前，资产评估机构应当审查委托人代理人的授权文件及代理事项、代理期限和代理权限

D. 资产评估委托合同应当由资产评估机构的法定代表人（或执行合伙事务合伙人）签字生效

E.《民法典》对于合同订立之前，当事人一方已经提供事实服务，且为对方接受，视为合同成立

【答案】AD

【解析】公司制的资产评估机构的分公司可以在总公司的授权范围内对外签订合同,但其对外签订合同的民事责任由总公司承担,选项A错误;资产评估委托合同应当由资产评估机构的法定代表人(或执行合伙事务合伙人)签字并加盖资产评估机构印章,选项D错误。

(三)资产评估委托合同的补充或变更

根据《民法典》的相关条款,"合同生效后,当事人就质量、价款或者报酬、履行地点等内容没有约定或者约定不明确的,可以协议补充;不能达成补充协议的,按照合同有关条款或者交易习惯确定";"当事人协商一致,可以变更合同。"。

据此,资产评估委托合同可以协议订立补充委托合同或者重新订立评估委托合同,或者协商一致以法律允许的其他方式对评估委托合同的相关条款进行变更。

【例5-30】(单项选择题)资产评估委托合同签订后,发现相关事项存在遗漏、约定不明确,或者合同履行中约定内容发生变化的,不恰当的处理方式是( )。

A. 资产评估机构与委托人协议订立补充委托合同

B. 资产评估机构与委托人重新订立评估委托合同

C. 资产评估机构与委托人提请资产评估协会调整

D. 资产评估机构与委托人协商一致以法律允许的其他方式对评估委托合同的相关条款进行变更

【答案】C

【解析】资产评估委托合同签订后,发现相关事项存在遗漏、约定不明确,或者合同履行中约定内容发生变化的,如评估目的、评估对象、评估基准日发生变化等,资产评估机构与委托人可以协议订立补充委托合同或者重新订立评估委托合同,或者协商一致以法律允许的其他方式,如传真、电子邮件等形式,对评估委托合同的相关条款进行变更。

(四)资产评估委托合同提前终止及解除

由于人为或客观原因,可能会导致提前终止、解除资产评估委托合同的情形。《民法典》第五百六十二条规定,当事人协商一致,可以解除合同。当事人可以约定一方解除合同的事由。解除合同的事由发生时,解除权人可以解除合同。同时,《民法典》第五百六十三条关于合同的法定解除中规定了当事人可以解除合同的五种情形,其中之一即是法律规定的其他情形(见图5-2)。

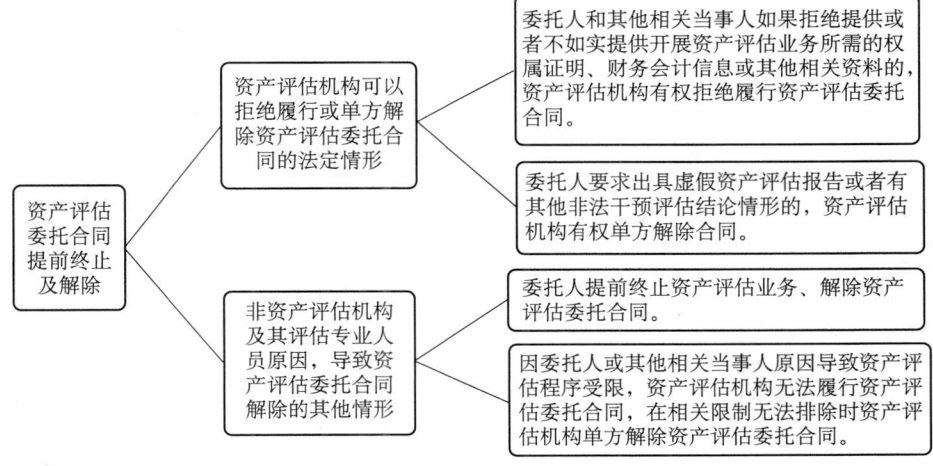

图5-2 资产评估委托合同提前终止及解除的情形

【例5-31】(单项选择题)下列关于提前终止及解除资产评估委托合同的表述,错误的是( )。

A. 委托人和其他相关当事人如果拒绝提供开展资产评估业务所需的权属证明、财务会计信息或其他相关资料的,资产评估机构有权拒绝履行资产评估委托合同

B. 委托人要求出具虚假资产评估报告或者

有其他非法干预评估结论情形的，资产评估机构有权单方解除合同

C. 因委托人或其他相关当事人原因导致资产评估程序受限，资产评估机构无法履行资产评估委托合同，在相关限制无法排除时资产评估机构单方解除资产评估委托合同

D. 资产评估机构提前终止或解除资产评估委托合同，不能向委托人收取评估服务费

【答案】D

【解析】《民法典》第五百六十二条规定，当事人协商一致，可以解除合同。对因法定情由提前终止和解除资产评估委托合同的情形，资产评估机构可以依据法律规定和相关资产评估准则要求，在洽商、订立资产评估委托合同时与委托人约定：相关法定或特定的资产评估委托合同提前终止、解除的情形发生时，由委托人按照已经开展资产评估业务的时间、进度，或者已经完成的工作量支付相应的评估服务费。

【例5-32】（单项选择题）下列关于资产评估委托合同的表述中，错误的是(   )。

A. 订立资产评估委托合同后需要对约定事项做出补充，可以签署补充合同或重新订立合同

B. 资产评估委托合同应当由资产评估机构的法定代表人签名，不得授权他人签名

C. 承接资产评估业务需订立资产评估委托合同，或以符合法律规定的其他形式建立资产评估业务委托关系

D. 资产评估机构在法定情形下可以拒绝履行或单方面解除资产评估委托合同

【答案】B

【解析】选项B错误，资产评估委托合同应当由资产评估机构的法定代表人（或执行合伙事务合伙人）签字并加盖资产评估机构印章。评估实务中，评估机构可以对授权内部人员和分支机构签署委托合同的情形，通过内部管理制度加以规范。

【知识点8】特殊委托（★★）

司法鉴定或其他特殊业务建立评估委托关系所采用的文书并不一定使用资产评估委托合同的形式。同时，资产评估委托合同准则规定，以其他形式建立委托关系的应符合法律要求。

【例5-33】（单项选择题）司法鉴定或其他特殊业务建立评估委托关系所采用的文书并不一定使用资产评估委托合同的形式。下列表述中，错误的是(   )。

A. 对于司法执行中确定财产处置参考价的评估业务，其委托关系的凭证即为人民法院的评估委托书，而无须签订资产评估委托合同

B. 对抵税财物的拍卖，按照规定，除有市场价或可依照通常方法确定价格之外的拍卖对象，应当由税务机关指定评估，无须签订资产评估委托合同

C. 评估机构收到人民法院通过询价评估系统发出的评估委托书，如果无异议，双方可建立司法评估委托关系

D. 针对实践中存在的特殊业务，资产评估委托合同准则规定，以其他形式建立委托关系的应符合法律要求

【答案】B

【解析】对抵税财物的拍卖，按照规定，除有市场价或可依照通常方法确定价格之外的拍卖对象应当委托评估，应当签订资产评估委托合同。

【知识点9】编制资产评估计划的总体要求和考虑的主要因素（★）

（一）资产评估计划的概念

资产评估计划是评估机构和评估专业人员为执行资产评估业务所拟定的资产评估工作思路和实施方案。

【提示】资产评估计划通常包括评估业务实施的主要过程及时间进度、人员安排等内容。

（二）资产评估计划的编制时点

在资产评估机构明确资产评估业务基本事项并受理评估业务后编制。

（三）编制资产评估计划的总体要求

《资产评估执业准则——资产评估程序》规定，资产评估专业人员应当根据资产评估业务具体情况编制资产评估计划，并合理确定资产评估计划的繁简程度。但不论内容繁简，资产评估计划都应思路清晰、简明扼要。

（四）编制资产评估计划需考虑的主要因素

参见图5-3。

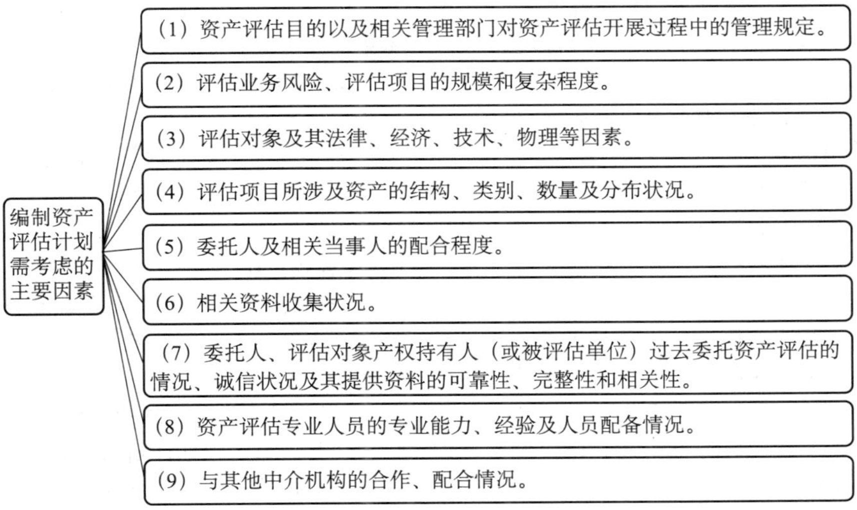

编制资产评估计划需考虑的主要因素

(1) 资产评估目的以及相关管理部门对资产评估开展过程中的管理规定。

(2) 评估业务风险、评估项目的规模和复杂程度。

(3) 评估对象及其法律、经济、技术、物理等因素。

(4) 评估项目所涉及资产的结构、类别、数量及分布状况。

(5) 委托人及相关当事人的配合程度。

(6) 相关资料收集状况。

(7) 委托人、评估对象产权持有人（或被评估单位）过去委托资产评估的情况、诚信状况及其提供资料的可靠性、完整性和相关性。

(8) 资产评估专业人员的专业能力、经验及人员配备情况。

(9) 与其他中介机构的合作、配合情况。

图 5 - 3　编制资产评估计划需考虑的主要因素

【例 5 - 34】（多项选择题）资产评估专业人员编制资产评估计划的目的，包括(　　)。

A. 合理、有效配置各项资源
B. 保障评估程序的履行
C. 满足核查与监管要求
D. 增进与委托人的沟通
E. 高效保质完成资产评估业务

【答案】ABCE

【解析】在资产评估机构明确资产评估业务基本事项并受理评估业务后，资产评估专业人员就可以编制资产评估计划，以合理、有效配置各项资源，保障评估程序的履行，满足核查与监管要求，高效保质完成资产评估业务。

【知识点 10】资产评估计划的主要内容及调整（★★）

（一）资产评估计划的主要内容

参见表 5 - 2。

表 5 - 2　　　　　　　　资产评估计划的主要内容

主要内容	具体含义
资产评估业务实施的主要过程	应当涵盖现场调查、收集评估资料、评定估算、编制和提交资产评估报告等资产评估业务实施的主要过程。
资产评估业务实施的时间进度	应当结合评估报告提交期限、评估业务主要过程的具体步骤、业务实施的重点和难点等来制定评估业务实施的进度安排。
资产评估业务实施的人员安排	应当根据评估项目的资产规模、资产分布、资产专业结构、业务风险因素等情况以及评估方法、评估业务实施主要过程的主要步骤、业务实施的时间安排、费用预算等，综合考虑评估业务实施对评估专业人员的工作经验、技术水平、专业分工、人员数量等配置要求，组建项目团队。

【提示】编制资产评估计划时首先确定各主要过程的具体步骤，需考虑以下因素：一是评估项目的背景和相关条件，包括评估目的、评估对象和评估范围、价值类型、评估基准日、本次评估操作的重点和难点、参与本项目的其他中介机构等。二是采用的评估方法。三是资产清查的工作重点及具体要求，如现场调查工作目标、现场调查工作总体时间安排、现场调查主要工作内容、现场调查的协调方式等内容。四是参与本项目的审计、律师等其他中介机构的对接安排及注意事项等。

【例 5 - 35】（多项选择题）编制资产评估计划考虑的主要因素，包括(　　)。

A. 评估业务风险、评估项目的规模和复杂程度

B. 相关资料收集状况

C. 委托人及相关当事人的配合程度

D. 资产评估专业人员的专业能力、经验及人员配备情况

E. 委托方支付评估服务费的情况

【答案】ABCD

【解析】编制资产评估计划时，应当考虑以下因素：①资产评估目的以及相关管理部门对资产评估开展过程中的管理规定；②评估业务风险、评估项目的规模和复杂程度；③评估对象及其法律、经济、技术、物理等因素；④评估项目所涉及资产的结构、类别、数量及分布状况；⑤委托人及相关当事人的配合程度；⑥相关资料收集状况；⑦委托人、评估对象产权持有人（或被评估单位）过去委托资产评估的情况、诚信状况及其提供资料的可靠性、完整性和相关性；⑧资产评估专业人员的专业能力、经验及人员配备情况；⑨与其他中介机构的合作、配合情况。

【例5-36】（多项选择题）资产评估计划的主要内容，包括（ ）。

A. 评估业务实施的主要过程

B. 时间进度

C. 评估服务费支付方式

D. 资产评估各方的违约责任

E. 人员安排

【答案】ABE

【解析】选项C、选项D通常在资产评估委托合同中进行约定。

【例5-37】（多项选择题）资产评估专业人员在确定各主要过程的具体评估步骤时，需考虑的因素包括（ ）。

A. 评估项目的背景和相关条件

B. 采用的评估方法

C. 评估服务费的支付时间及方式

D. 资产清查的工作重点及具体要求

E. 与参与本项目的审计、律师等其他中介机构的对接安排及注意事项

【答案】ABDE

【解析】评估服务费的支付时间及方式不影响具体评估步骤的确定。

【例5-38】（单项选择题）下列关于资产评估计划的表述，错误的是（ ）。

A. 资产评估计划一般包括资产评估业务实施的主要过程、时间进度、人员安排等内容

B. 资产评估计划一般明确资产评估业务基本事项并受理评估业务后编制

C. 编制资产评估计划时需要考虑到委托人及相关当事人的配合程度

D. 资产评估计划的编制针对的是资产评估项目的具体执行阶段，所以主要涵盖现场调查、收集评估资料

【答案】D

【解析】资产评估计划应当涵盖现场调查、收集评估资料、评定估算、编制和提交资产评估报告等资产评估业务实施的主要过程。

（二）资产评估计划的调整

1. 导致资产评估计划调整的原因。

（1）评估工作本身遇到了障碍，出现了在编制评估计划时没有预料到的操作层面或者技术层面的情况，造成评估工作未能按照原计划推进，需要调整评估计划。

（2）由于委托人经济行为涉及的评估对象、评估范围、评估基准日发生变化而导致的评估计划的调整。

2. 评估人员的应对措施。

遇到需调整的情况时，评估人员的应对遇到需要调整评估计划的情况时，资产评估专业人员应尽快与委托人、其他相关当事人进行沟通，根据已确定的方案及时调整评估计划。

调整计划时，往往涉及对评估专业人员进行调整、对部分评估工作做出重新安排、对评估技术方案进行修正等。

调整计划要兼顾评估效率和工作质量的原则，充分利用已有的工作成果，将评估计划调整导致的成本降低到最低水平。

【例5-39】（多项选择题）以下情形中，会导致评估专业人员需要对资产评估计划做出调整的有（ ）。

A. 评估收费不足，不能按照原定计划完成评估工作

B. 出现了未预料到的资产类型，原计划评估技术思路无法满足需要

C. 被评估单位发生资产重组，新增部分标的公司

D. 委托人出现状况，需要改变评估基准日

E. 现场调查受限导致不能按照原定计划完成评估工作

【答案】BCDE

【解析】导致评估计划调整的原因可以归纳为两大类：一类是评估工作本身遇到了障碍，出现了在编制评估计划时没有预料到的操作层面或者技术层面的情况，造成评估工作未能按照原计划推进，需要调整评估计划。比如，由于前期资料搜集不齐全、现场调查受到限制或委托人提供资料不真实，工作推进后发现需要进一步补充资料和增加现场工作时间，从而造成未能按计划完成进度，这属于操作层面的情况；如果出现了未预料到的资产类型或者业务形态，导致原计划的评估技术思路无法满足需要，从而对评估专业人员和评估重点进行调整，这属于技术层面的情况。另一类通常是由于委托人经济行为涉及的评估对象、评估范围、评估基准日发生变化而导致的评估计划的调整。比如，由于上市公司重大资产重组方案发生改变，导致评估范围出现重大调整，原来的部分标的公司不再纳入重组范围，并且还新增加了部分标的公司。

【例5-40】（单项选择题）下列关于资产评估计划调整的表述，错误的是（   ）。

A. 资产评估项目的执行是一个复杂、动态的过程，如果原编制的评估计划不能适应项目要求，资产评估机构应当对评估计划进行必要的调整

B. 由于委托人提供资料不真实，工作推进后发现需要进一步补充资料和增加现场工作时间，从而造成未能按计划完成进度，这属于技术层面的情况

C. 调整计划要兼顾评估效率和工作质量的原则，充分利用已有的工作成果，将评估计划调整导致的成本降低到最低水平

D. 调整计划时，往往涉及对评估专业人员进行调整、对部分评估工作做出重新安排，对评估技术方案进行修正等

【答案】B

【解析】由于前期资料搜集不齐全、现场调查受到限制或委托人提供资料不真实，工作推进后发现需要进一步补充资料和增加现场工作时间，从而造成未能按计划完成进度，这属于操作层面的情况。

【知识点11】现场调查的内容、手段和方式、调查工作受限及处理（★★★）

（一）现场调查的内容

1. 了解评估对象现状。

（1）核实评估对象的存在性和完整性。①评估对象的存在性是指委托人委托评估的评估对象是否真实存在。不同类型的资产，确定其存在的方式也不同（见图5-4）。②评估对象的完整性要求评估对象符合相关经济行为对资产范围的要求，能够有效实现其预定功能。评估专业人员核实资产的完整性时，既要关注资产物理意义上的完整性，也要关注资产功能上的完整性。

（2）了解评估对象的现实状况（见表5-3）。

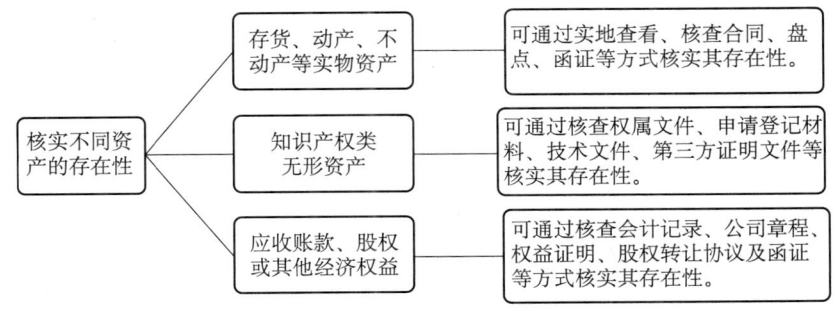

图5-4 核实不同资产的存在性方式

表5-3　　　　　　确定不同资产状况的现场调查内容

资产类型	现场调查内容
整体企业	了解企业的历史沿革、主要股东及其持股比例、主要的产权和经营管理结构；企业的业务、资产、财务、经营管理状况；企业的经营计划、发展规划；影响企业经营的宏观、区域经济因素；企业所在行业现状与发展前景等内容。

续表

资产类型	现场调查内容
房屋建筑物	了解房屋建筑物取得方式、建筑物结构、建成时间、地址、用途、建筑面积、长度、宽度、层高、层数等。
机器设备	了解设备名称、生产厂家、规格型号、安装地点、规定使用年限、购置日期、启用日期、已经使用年限、设备使用状况、设备维修情况等。
存货	了解存货名称及规格型号、计量单位、存放地点、数量、单价等。
应收账款等债权债务	了解债权债务人名称、业务内容、发生日期、履约及回收情况等。

2. 关注评估对象的法律权属。

资产的法律权属,包括所有权、使用权及其他财产权利。资产之所以能为其持有人带来价值,是因为资产持有人拥有对资产占有、使用、收益、处分的权利,从某种意义上讲,对资产的评估也就是对资产权利的评估。

资产的权属状态会影响资产的价值,资产的权属状态不同,资产的价值通常也不相同。

评估专业人员在现场调查时,应当取得评估对象的权属证明,并根据资产评估法的规定,对取得的权属证明进行核查验证,包括但不限于采用与原件核对、向有关登记管理机构查阅登记记录等方式。评估专业人员应当针对不同类别的评估对象,取得相应的有效的权属证明文件。

不同类别的评估对象,其权属证明也不同。

【例5-41】(多项选择题)在进行评估对象的现场调查时,应调查的内容包括( )。

A. 评估对象的存在性
B. 评估对象的完整性
C. 评估对象的现实状况
D. 评估对象的收益性
E. 评估对象的法律权属

【答案】ABCE

【解析】现场调查主要包括了解评估对象的现状和关注评估对象的法律权属两项内容。其中,了解评估对象的现状包括:核实评估对象的存在性和完整性;了解评估对象的现实状况。

【例5-42】(单项选择题)对存货、动产、不动产等实物资产进行现场调查时,评估专业人员通过实地查看、核查合同、盘点、函证等方式是为了核实其( )。

A. 完整性 B. 存在性
C. 准确性 D. 连续性

【答案】B

【解析】评估对象的存在性是指委托人委托评估的评估对象是否真实存在。不同类型的资产,确定其存在的方式也不同。对于存货、动产、不动产等实物资产,评估专业人员可通过实地查看、核查合同、盘点、函证等方式核实其存在性。

【例5-43】(多项选择题)在对评估对象进行现场调查时,需要关注评估对象的法律权属。以下关于评估对象法律权属的表述,正确的是( )。

A. 资产的权属状态会影响资产的价值
B. 不动产、专利权、商标权、著作权、矿业权、车辆等资产,其权属证明为购置合同、购置发票、付款证明等
C. 对于机器设备、存货等资产,其权属证明主要包括购置合同、购置发票、付款证明、出库入库记录等
D. 资产的法律权属,包括所有权及使用权
E. 对于企业价值评估涉及的股东全部权益和股东部分权益,其权属证明主要包括公司章程、工商登记材料、股东登记名册、出资证明、出资协议等,涉及国有资产的,还包括国有资产权登记证

【答案】ACE

【解析】不动产、专利权、商标权、著作权、矿业权、车辆等是实行产权登记制度的资产,其权属证明是相应的产权登记文件,比如不动产权证书、专利权证、著作权登记证书、采矿许可证、勘探许可证、机动车登记证书等,选项B错误;资产的法律权属,包括所有权、使用权及其他财产权利,选项D错误。

【例5-44】(多项选择题)进行现场调查时,若评估对象为应收账款等债权债务,对其进行现场调查的内容包括( )。

A. 了解债权债务人名称

B. 了解业务内容
C. 了解债权债务发生日期
D. 了解被估单位的信用状况
E. 了解债务履约情况、债权回收情况

【答案】ABCE

【解析】对于应收账款等债权债务，现场调查通常应了解债权债务人名称、业务内容、发生日期、履约及回收情况等。

【例5-45】（单项选择题）下列关于现场调查的表述，错误的是（　　）。

A. 现场调查需要对评估对象现状进行分析

B. 评估专业人员确定资产状况的调查内容，既要与资产价值的影响因素相关，支持资产价值的评定和估算，同时，也要能系统、全面、充分反映资产价值影响因素的实际状况，没有遗漏

C. 核实资产的完整性就是核实资产物理意义上的完整性

D. 评估人员在做现场调查时需要核对资产权属的相关证件

【答案】C

【解析】评估专业人员核实资产的完整性时，既要关注资产物理意义上的完整性，也要关注资产功能上的完整性。

（二）现场调查的手段

参见表5-4。

表5-4　　　　　　　　　现场调查的手段

调查手段	具体含义
询问	询问是最常用的调查手段，通常是指评估专业人员在阅读、分析评估申报资料的基础上，与评估对象的管理、使用、采购、营销等相关人员提问，以了解资产规模、来源、使用现状、未来利用方式等基本情况，或者企业经营状况、历史经营业绩、行业地位、未来发展规划等企业整体相关信息。
访谈	访谈也是现场调查的重要手段之一，是资产评估专业人员通过对特定人员或者相关人员的访问并交谈，从被访对象的答复中获取相关评估信息的调查方法。
核对	核对是资产评估专业人员对书面资料的相关记录、书面资料的记录与相关实物进行审核查对，以查证其是否相符的调查手段。
监盘	监盘也是运用较多的核实方法，即资产评估专业人员通过现场监督企业对现金、存货等资产的清查核对工作，主要对盘点实施方案、人员安排、盘点方式（逐项清点或者抽样清点）、盘点结果等进行了解，判断盘点结果能否反映实际状况，并根据盘点结果对资产数量、质量、金额等做出恰当的判断。
勘查	勘查主要是指对实物资产的数量、质量、分布、运行和利用情况（经营情况）等所做的实地调查或查看，对相关技术检测结果的收集、观察，对其运行记录和定期专业检测报告的收集和分析等工作。

（三）现场调查的方式

1. 逐项调查。

（1）含义。逐项调查是指对纳入评估范围的所有资产及负债进行逐项核实，并进行相应的勘查和法律权属资料核实。

（2）适用情形。①评估范围内资产数量少、单项资产的价值量大，比如不动产评估项目；②资产存在管理不善等风险，产权持有人或被评估单位提供的相关资料无法反映资产的实际状况，并且从其他途径也无法获取充分、恰当的评估证据，比如停产多年的企业资产评估项目、企业破产清算项目等。

2. 抽样调查。

（1）含义。抽样调查是指按一定程序从研究对象的全体（总体）中抽取一部分单位（样本）进行调查或观察获取数据，并以此对总体的一定目标量作出推断。

（2）基本方法。抽样调查的基本方法包括简单随机抽样、分层抽样、系统抽样、整群抽样、不等概率抽样、多阶段抽样、重点项目抽样等。

（3）适用情形。对于无法或不宜对评估范围内所有资产、负债等有关内容进行逐项调查的，如资产项数庞大、同质性强，可以采用抽样调查方式进行现场调查。重点项目抽样是对纳入评估范围内的资产及负债，遵循重要性原则，对于价值量大的、关键或重要的资产进行调查。

（4）误差。通常抽样调查的误差有两种：一种是工作误差（也称登记误差或调查误差），一种是代表性误差（也称抽样误差）。对于工作误差，由于调查单位少，代表性强，所需调查

人员少，工作误差比全面调查要小。对于代表性误差，可以通过抽样设计，通过计算并采用一系列科学的方法，把代表性误差控制在允许的范围之内。

【提示】选择抽样调查方式的理由要形成评估工作底稿。

【例5-46】（多项选择题）现场调查的手段包括( )。

A. 逐项调查　　　　B. 抽样调查
C. 询问　　　　　　D. 访谈
E. 核对

【答案】CDE

【解析】选项A、选项B属于现场调查的方式。

【例5-47】（单项选择题）资产评估专业人员通过现场监督企业对现金、存货等资产的清查核对工作，主要对盘点实施方案、人员安排、盘点方式（逐项清点或者抽样清点）、盘点结果等进行了解，判断盘点结果能否反映实际状况，并根据盘点结果对资产数量、质量、金额等做出恰当的判断。这属于现场调查的( )手段。

A. 勘查　　　　　　B. 函证
C. 监盘　　　　　　D. 核对

【答案】C

【解析】监盘也是运用较多的核实方法，即资产评估专业人员通过现场监督企业对现金、存货等资产的清点核对工作，主要对盘点实施方案、人员安排、盘点方式（逐项清点或者抽样清点）、盘点结果等进行了解，判断盘点结果能否反映实际状况，并根据盘点结果对资产数量、质量、金额等作出恰当的判断。

【例5-48】（单项选择题）评估范围内资产数量少，单项资产价值量大时现场调查应当采用( )的方法。

A. 分层抽样调查
B. 简单随机抽样调查
C. 逐项调查
D. 整群抽样调查

【答案】C

【解析】评估范围内资产数量少、单项资产的价值量大，比如不动产评估项目，资产评估专业人员应当考虑进行逐项调查。

【例5-49】（多项选择题）现场调查中，进行抽样调查的基本方法包括( )。

A. 单阶段抽样　　　B. 分层抽样
C. 简单随机抽样　　D. 不等概率抽样
E. 系统抽样

【答案】BCDE

【解析】选项A单阶段抽样并不是一种抽样方法；选项B、选项C、选项D、选项E属于抽样调查的基本方法，除此之外还有整群抽样、多阶段抽样、重点项目抽样等。

【例5-50】（多项选择题）和其他调查方式一样，抽样调查也有风险，主要由调查的误差造成。通常抽样调查的误差包括( )。

A. 系统性误差　　　B. 工作误差
C. 代表性误差　　　D. 不等概率误差
E. 重要性误差

【答案】BC

【解析】和其他调查方式一样，抽样调查也有风险，主要由调查的误差造成。通常抽样调查的误差有两种：一种是工作误差（也称登记误差或调查误差），一种是代表性误差（也称抽样误差）。对于工作误差，由于调查单位少，代表性强，所需调查人员少，工作误差比全面调查要小。对于代表性误差，可以通过抽样设计，通过计算并采用一系列科学的方法，把代表性误差控制在允许的范围之内。

（四）现场调查工作受限及处理

1. 现场调查工作受限的相关概念。

在评估实务中，经常会遇到因客观原因无法正常进行现场调查的情形，也就是履行现场调查程序受到了限制。这时，资产评估专业人员应当在不违背资产评估准则基本要求前提下，采取必要的替代程序，并保证程序和方法的合理性。

【提示】实务中存在的应当、能够履行程序，而以"受限"为由不履行的，不属于准则认可的程序履行受限情形。

2. 现场调查工作受限的情形。

（1）受法律法规限制的情形。例如，属于军工企业涉密资产等涉及国家秘密的资产，因《保守国家秘密法》等涉密管理法律法规的要求，可能会对评估开展现场调查的人员，以及能够调查的范围、内容和方式等存在限制。属于此类受限的一种情形。

（2）受资产特殊性能或其置放地点限制的

情形。例如，地下深埋的管线、养殖的水产、海上航行的船舶、生产过程中的在产品、异地置放的资产、分散分布的资产、置放在危险地带的资产等，属于此类受限情形。

（3）受调查技术手段限制的情形。例如，空中架设输配电线路的长度和材质、输油管道中的存货、鉴定环境危害性和合规性、建筑结构强度测定、建筑面积测量、房屋建筑物沉降测试、白蚁蚁害检测、危房鉴定等事项，属于此类受限情形。

（4）受委托人或者其他相关当事人等方面限制的情形。此类受限情形通常是由于相关当事人不配合导致资产评估专业人员不能进入现场工作，或者不提供进行现场调查所需要的资料等等。例如，涉及非控股股东（尤其是少数股东）的评估项目控股股东不配合资产评估专业人员履行现场调查程序，金融不良资产处置、司法纠纷所涉资产等评估业务中债务（或担保人）以及涉案资产产权持有人等不配合资产评估专业人员履行现场调查程序。

3. 现场调查工作受限的处理（见图5-5）。

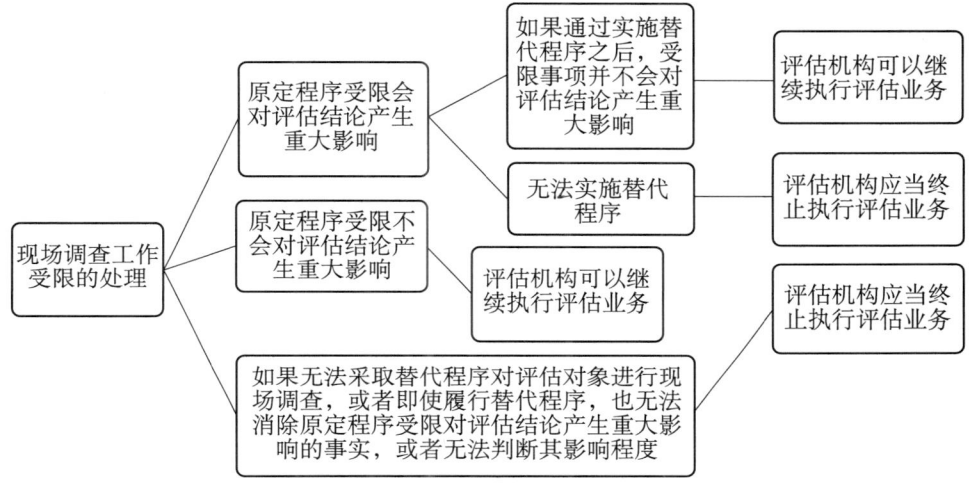

图5-5 现场调查工作受限的处理

【例5-51】（多项选择题）进行现场调查时，因资产特殊性能、资产置放地点限制现场调查的情形，通常包括（ ）。

A. 养殖的水产
B. 置放在危险地带的资产
C. 输油管道中的存货
D. 生产过程中的在产品
E. 属于军工企业涉密资产等涉及国家秘密的资产

【答案】ABD

【解析】现场调查中，地下深埋的管线、养殖的水产、海上航行的船舶、生产过程中的在产品、异地置放的资产、分散分布的资产、置放在危险地带的资产等，属于受资产特殊性能或其置放地点限制的情形。

【例5-52】（多项选择题）下列关于现场调查工作受限的相关表述，正确的是（ ）。

A. 地下深埋的管线属于资产性能、资产置放地点限制现场调查限制现场调查的情形

B. 司法纠纷所涉资产等评估业务中可能导致债务（或担保人）以及涉案资产产权持有人等不配合评估

C. 当现场调查工作受限时，若所受限制对评估结论有重大影响且无法实施替代措施，评估机构应该终止执行评估业务

D. 若实施替代程序之后，受限事项并不会对评估结论产生重大影响，评估机构可以继续执行评估业务，并且不需要在工作底稿中说明

E. 空中架设输配电线路的长度和材质可能导致调查技术手段限制现场调查

【答案】ABCE

【解析】选项D错误。如果通过实施替代程序之后，受限事项并不会对评估结论产生重大影响，评估机构可以继续执行评估业务，但是资产评估专业人员应当在工作底稿中予以说明，分析其对评估结论的影响程度，并在资产评估

报告中说明所受限制情况、所采取的替代程序及其对评估结论合理性的影响。

【知识点12】评估资料及其分类、分析、归纳、整理（★★）

（一）评估资料及其分类

1. 评估资料的概念。

评估资料是指资产评估专业人员在执行资产评估业务时可以通过合法途径获得并使用的有关文件、证明和资料。评估资料是资产评估机构和评估专业人员形成合理的评估结论和出具评估报告的依据。

2. 评估资料的分类（见图5-6）。

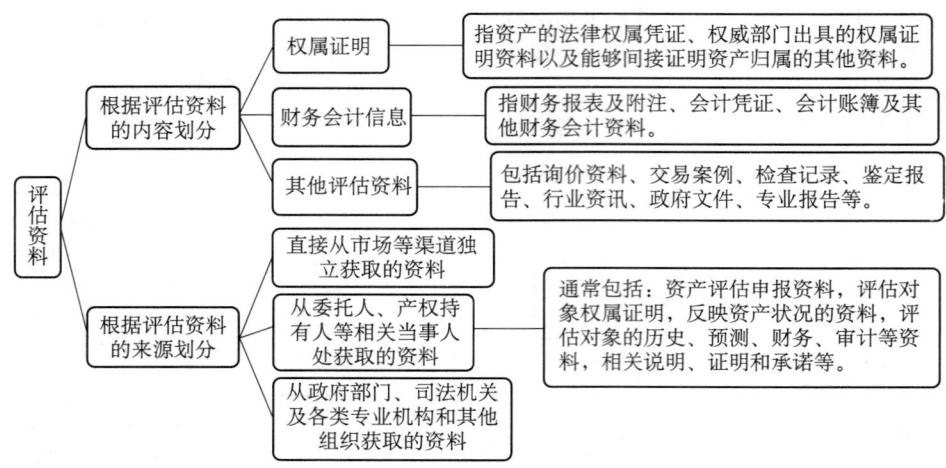

图5-6 评估资料的分类

【提示】资产评估专业人员应当要求委托人等相关当事人对其提供的评估资料以签字、盖章及法律允许的其他方式等进行确认。

（二）评估资料的分析、归纳、整理

（1）对评估资料的分析，就是根据资产价值评定估算和评估报告编制及信息披露对资料的使用要求，对已收集资料的相关性、逻辑性进行分析和甄别。

（2）对评估资料的归纳和整理，就是在分析基础上，通过归集、加工和分类使评估资料成为支持评定估算和信息披露的基础信息和支持依据，以便后续评估流程的最后使用。

（3）归纳和整理后评估资料一般可以按照可用性原则和加工处理程度划分（见图5-7）。

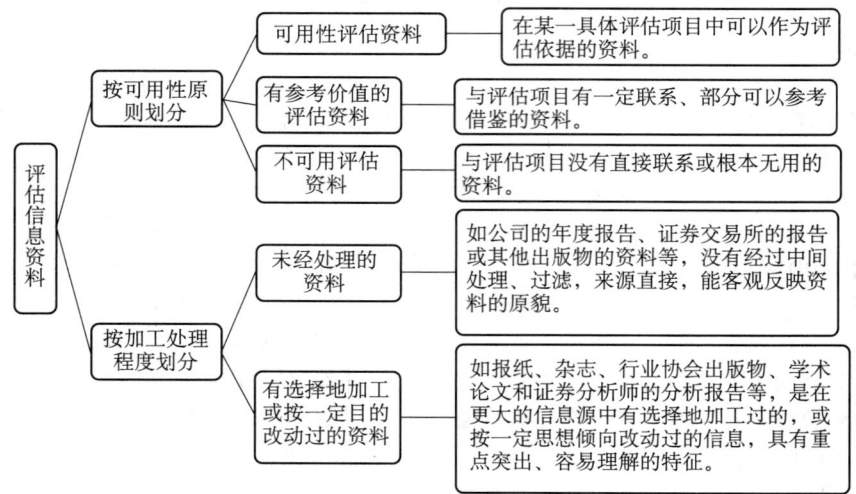

图5-7 评估信息资料的划分

【例5-53】（多项选择题）对评估资料的分析，需要分析和甄别已收集的资料的（　　）。
A. 合法性　　　　B. 合理性
C. 相关性　　　　D. 有效性
E. 逻辑性
【答案】CE
【解析】对评估资料的分析，就是根据资产价值评定估算和评估报告编制及信息披露对资料的使用要求，对已收集资料的相关性、逻辑性进行分析和甄别。

【例5-54】（单项选择题）资产评估机构和评估专业人员形成合理的评估结论和出具评估报告的依据是（　　）。
A. 评估程序　　　B. 评估目的
C. 评估资料　　　D. 评估准则
【答案】C
【解析】评估资料是指资产评估专业人员在执行资产评估业务时可以通过合法途径获得并使用的有关文件、证明和资料。评估资料是资产评估机构和评估专业人员形成合理的评估结论和出具评估报告的依据。

【例5-55】（多项选择题）以下选项中，可作为评估资料来源的是（　　）。
A. 市场等独立渠道
B. 委托人、产权持有人等相关当事人
C. 政府部门、司法机关
D. 评估专业人员的从业经验
E. 各类专业机构和其他组织
【答案】ABCE
【解析】根据具体来源，评估资料可划分为：直接从市场等渠道独立获取的资料，从委托人、产权持有人等相关当事人处获取的资料，从政府部门、司法机关及各类专业机构和其他组织获取的资料。

【例5-56】（多项选择题）在对评估资料进行归纳整理时，按照信息加工处理程度，可将信息资料划分为（　　）。
A. 未经处理的信息资料
B. 可用性评估资料
C. 有参考价值的评估资料
D. 不可用评估资料
E. 有选择地加工过或按一定目的改动过的信息资料
【答案】AE

【解析】选项B、选项C、选项D属于按照可用性原则对评估资料进行分类。

【例5-57】（单项选择题）在对鉴定后的评估信息资料进行归纳整理时，若按照信息资料加工处理程度划分，那么证券交易所的报告属于（　　）。
A. 可用性评估资料
B. 未经处理的信息资料
C. 有参考价值的评估资料
D. 有选择地加工过的信息资料
【答案】B
【解析】按照加工处理程度，评估资料可以划分为未经处理的资料和有选择地加工或按一定目的改动过的资料。未经处理的资料，如公司的年度报告、证券交易所的报告或其他出版物的资料等，没有经过中间处理、过滤，来源直接，能客观反映资料的原貌。

【例5-58】（单项选择题）对评估资料进行归纳整理时，以下不属于按照可用性原则对鉴定后的评估信息资料分类的是（　　）。
A. 可用性评估资料
B. 有选择地加工过或按一定目的改动过的信息资料
C. 有参考价值的评估资料
D. 不可用评估资料
【答案】B
【解析】选项B属于按照信息资料加工处理程度对评估信息资料进行分类。

【知识点13】评估资料的核查验证（★★★）
（一）评估资料核查验证的一般要求
1. 核查验证的概念。
评估资料的核查验证，是指资产评估专业人员依法对资产评估活动中所使用资料的真实性、准确性和完整性，采取适当的方式进行必要的、审慎的核查审验，从中筛选出作为评估依据的资料，以保证评估结果的合理性。

【提示1】评估专业人员对收集的评估资料进行核查验证，既是法律和评估准则的要求，也是合理得出评估结论的需要。

【提示2】《资产评估法》第二十五条要求评估人员应当"收集权属证明、财务会计信息和其他资料并进行核查验证"，第十三条规定的评估人员应当履行的义务中包括"对评估活动中使用的有关文件、证明和资料的真实性、准确性、完整性进行核查和验证"。《证券法》第一百六十三条也要求"证券服务机构为证券的发行、上市、交易等证券业务活动制作、出具审计报告及其他鉴证报告、资产评估报告、财务顾问报告、资信评级报告或者法律意见书等文件，应当勤勉尽责，对所依据的文件资料内容的真实性、准确性、完整性进行核查和验证"。

【提示3】《资产评估基本准则》第十条规定"资产评估专业人员应当依法对资产评估活动中使用的资料进行核查和验证"。《资产评估执业准则——资产评估程序》还在此基础上对核查验证的方式，以及超出资产评估专业人员专业能力范畴的核查验证事项和因法律法规规定、客观条件限制无法实施核查验证的事项的处理进行了规范。

【提示4】资产评估专业人员对评估资料进行核查验证，可以在其力所能及的条件下，剔除不具有可靠来源和不合理的资料，有助于合理形成评估结论。

2. 核查验证的常用方式。

资产评估专业人员应当根据各类资料的特点，合理地确定核查验证的方式。对某些复杂的资料，可以通过采取多种方式相结合的形式进行核查验证。常用方式包括：观察、询问、书面审查、实地调查、查询、函证、复核等。

3. 核查验证范围的确定和内部审核要求。

（1）在符合项目风险以及业务质量控制要求的前提下，根据资料对评估结论的重要性水平确定核查验证的范围。重要性水平由评估专业人员根据评估目的、被评估单位内部控制状况、相关资料收集情况、评估对象金额及数量等因素进行综合分析后予以确定。

（2）对核查验证程序执行情况的内部审核，应当关注核查验证所采用的实施方式或者选取的替代措施是否适用、恰当、有效。

4. 核查验证受限及处理方式。

（1）如果计划采用的核查验证实施方式无法执行，资产评估专业人员应当对该具体事项进行评判，确定是否需要采取其他替代措施完成核查验证工作。

（2）对超出资产评估专业人员胜任能力的核查验证事项，资产评估机构可以委托或者要求委托人委托相关专业机构出具专业意见，具体参照《资产评估执业准则——利用专家工作及相关报告》。

（3）对于因法律法规规定、客观条件限制无法实施核查和验证的事项，资产评估专业人员应当在工作底稿中予以说明，分析其对评估结论的影响程度，确信不足以对评估结论产生重大影响的前提下，在资产评估报告中予以披露。如果无法核查验证事项对评估结论产生重大影响或者无法判断其影响程度，评估机构不得出具资产评估报告。

【例5-59】（多项选择题）无法采用实地调查方式对有关资料进行核查验证的，可以分析采用的替代程序包括(　　)。

A. 取得委托人的书面承诺
B. 在线调查
C. 在工作底稿中充分说明
D. 电话调查
E. 书面调查

【答案】BDE

【解析】如果计划采用的核查验证实施方式无法执行，资产评估专业人员应当对该具体事项进行评判，确定是否需要采取其他替代措施完成核查验证工作。例如，无法采用实地调查方式对有关资料进行核查验证的，可以分析采用在线、电话或书面调查等方式进行替代核查的可行性。

【例5-60】（多项选择题）对于某项对外投资的在建工程项目进行评估，评估专业人员无法对委托人或其他相关当事人提供的成本资料进行验证，也无法确定付款进度和工程进度的一致性，评估机构可以采取的恰当做法是(　　)。

A. 要求委托建设项目审计机构出具专项报告，说明在建工程成本的确认及实际支出情况
B. 适当缩小核查验证的具体范围，并在评估报告中进行详细披露
C. 与委托人或其他相关当事人沟通，得到其对所提供材料真实性的承诺
D. 对于相关专业机构出具专业意见，评估专业人员经过核查验证后在评估中使用并披露
E. 与境外施工单位联络，得到其对成本资料、付款进度、工程进度的意见反馈

【答案】AD

【解析】对超出资产评估专业人员胜任能力的核查验证事项，资产评估机构可以委托或者要求委托人委托相关专业机构出具专业意见，具体参照《资产评估执业准则——利用专家工作及相关报告》。例如，对于某项对外投资的在建工程项目进行评估，评估专业人员无法对委托人或其他相关当事人提供的成本资料进行验证，也无法确定付款进度和工程进度的一致性，评估机构可以要求委托建设项目审计机构出具专项报告，说明在建工程成本的确认及实际支出情况。评估专业人员经过核查验证后在评估中使用并披露。

【例5-61】（单项选择题）如果无法核查验证事项对评估结论产生重大影响或者无法判断其影响程度，评估机构的恰当做法是( )。

A. 应当在工作底稿中予以说明
B. 应当在评估报告中予以说明
C. 要求委托人委托相关专业机构出具专业意见
D. 不得出具资产评估报告

【答案】D

【解析】对于因法律法规规定、客观条件限制无法实施核查和验证的事项，资产评估专业人员应当在工作底稿中予以说明，分析其对评估结论的影响程度，确信不足以对评估结论产生重大影响的前提下，在资产评估报告中予以披露。如果无法核查验证事项对评估结论产生重大影响或者无法判断其影响程度，评估机构不得出具资产评估报告。

（二）主要评估资料及其核查验证

参见表5-5。

表5-5　　　　主要评估资料及其核查验证

主要评估资料		核查验证方法
法律法规资料		具有权威性，符合规定适用条件的可以在评估中直接使用。
权属证明资料	股权	采用书面审查、实地调查、查询等方式，对企业提供的投资协议、公司章程、公司制度、股权买卖协议或者回购协议等资料进行核查。
	不动产	采用书面审查的方式核查《不动产权证书》等权属证明资料。
	矿业权	采用书面审查的方式核查《划定矿区范围批复》等权属证明文件。
	知识产权	采用书面审查的方式核查《专利证书》等权属证明资料。对知识产权的权属信息可以与国家相关政府网站公示信息核对是否一致，以确认评估基准日真实有效的权属状态。
	机器设备	采用书面审查的方式核查《机动车登记证》等权属证明资料；对于重要设备的购买合同、发票（及报关单、装箱单等）、竣工决算资料等，自行判断是否采取其他延伸核查方式。
财务会计资料		（1）采用询问、书面审查、复核等方式对已经审计的财务报表及其附注进行核查。
		（2）采用询问、书面审查以及复核等方式对未经审计的财务资料进行核查。根据重要性原则采用抽样方法对相关会计凭证进行查阅。
		（3）采用实地调查、书面审查等方式对现金、票据以及实物性资产等涉及的各类资料进行核查。
		（4）采用函证方式对银行存款、异地存货、往来账款、交易性金融资产等涉及的各类资料进行核查。
专业报告、单项资产评估报告	专业报告	采用询问、书面审查以及复核等方式对其他专业机构提供的专业报告进行核查。
	单项资产评估报告	采用询问、书面审查以及复核等方式对拟引用的由其他专业机构出具的单项资产评估报告进行核查。

续表

主要评估资料		核查验证方法
其他资料	宏观经济资料等	宏观经济资料、区域经济资料、行业现状和发展前景资料,来自政府部门、行业协会的,应当从有关权威发布平台取得,一般可以视为具有权威性,可以直接引用,但应当关注该类资料的时效性。
	来自市场的有关资料	(1) 对于直接从上市公司年报获取的数据资料,在进行必要分析调整后可以直接采用。
		(2) 对于来自不同资讯网站的数据或者研究成果,可以结合网站的知名度和权威性综合判断获取的数据或者研究成果的可靠性。对于从浏览量较少的网站获取的数据或者研究成果,必要时获取两个以上途径的有效数据,从而相互验证其可靠性。
		(3) 对于询价资料、交易案例等资料,采用查询、查阅、核对等方式进行核查,应当将通过文献查阅以及查询相关网址信息等获取的结论形成书面记录。
	涉及诉讼、仲裁、担保的资料	(1) 采用书面审查、查询、复核等方式对被评估单位涉及诉讼、仲裁的资料进行核查。
		(2) 采用书面审查、查询等方式对被评估单位涉及对外担保的资料进行核查。

【例5-62】(单项选择题)资产评估专业人员收集的与被评估业务相关的法律、行政法规、部门规章和规范性文件等材料,恰当的做法是( )。

A. 采用函证方式核查验证
B. 采用询问、书面审查方式核查验证
C. 采用实地调查、查询方式核查验证
D. 符合规定适用条件的可以在评估中直接使用

【答案】D

【解析】资产评估专业人员收集的与被评估业务相关的法律、行政法规、部门规章和规范性文件等材料分别由立法机关、政府及相关部门颁布,具有权威性,符合规定适用条件的可以在评估中直接使用。

【例5-63】(单项选择题)资产评估专业人员采用书面审查、实地调查、查询等方式,对企业提供的投资协议、公司章程、公司制度、股权买卖协议或者回购协议等资料进行核查,应当查看的重点是( )。

A. 相关资料是否完整
B. 相关资料是否与政府部门公示的资料一致
C. 相关印章、签字是否清晰、完整
D. 相关印章、签字是否与法人代表的印章、签字一致

【答案】C

【解析】资产评估专业人员采用书面审查、实地调查、查询等方式,对企业提供的投资协议、公司章程、公司制度、股权买卖协议或者回购协议等资料进行核查,应当查看相关印章、签字是否清晰、完整,与企业管理层进行访谈,利用"国家企业信用信息公示系统"查询公开信息。如果需要,还可以到市场监督管理等政府部门查询相关资料。

【例5-64】(多项选择题)如果评估对象没有办理产权证,资产评估专业人员的恰当做法是( )。

A. 查验取得不动产的相关证明文件、发票以及合同等资料
B. 根据具体情况和重要性原则在资产评估报告中披露评估对象的权利状况
C. 根据具体情况和重要性原则在资产评估报告中披露评估对象未办理产权证的原因
D. 根据具体情况和重要性原则在资产评估报告中披露核查处理方法
E. 根据具体情况和重要性原则在资产评估报告中披露可能对评估结论产生的影响

【答案】ACDE

【解析】如果评估对象没有办理产权证,资产评估专业人员应当查验取得不动产的相关证明文件、发票以及合同等资料,并根据具体情况和重要性原则在资产评估报告中披露评估对象未办理产权证的原因、核查处理方法以及可能对评估结论产生的影响。

【例5-65】(单项选择题)资产评估专业

人员采用书面审查的方式核查《采矿权许可证》等权属证明文件的，应当核对证书（或者资料）原件、复印件是否一致，资产评估专业人员采取的恰当方法是（　　）。

A. 可以根据需要通过委托人或其他相关当事人官方网站查询相关信息，对资产权属相关数据的一致性进行核查

B. 可以根据需要通过矿业权行政管理部门官方网站查询相关信息，对资产权属相关数据的一致性进行核查

C. 可以根据需要通过国有资产管理部门官方网站查询相关信息，对资产权属相关数据的一致性进行核查

D. 可以根据需要通过税收管理部门官方网站查询相关信息，对资产权属相关数据的一致性进行核查

【答案】B

【解析】矿业权权属证明资料主要包括：划定矿区范围批复、采矿权许可证、矿产资源勘查许可证、矿业权出让（转让）合同以及相关付款凭证、矿业权抵押备案相关资料等。资产评估专业人员采用书面审查的方式核查上述权属证明文件的，应当核对证书（或者资料）原件、复印件是否一致，资产评估专业人员可以根据需要通过矿业权行政管理部门官方网站查询相关信息，对资产权属相关数据的一致性进行核查。

【例5-66】（多项选择题）采用函证方式对银行存款、异地存货、往来账款、交易性金融资产等涉及的各类资料进行核查的，对利用第三方机构询证函结果的，资产评估专业人员应当采取的恰当做法是（　　）。

A. 记录取得第三方机构函证结果的过程

B. 分析该函证行为的目的

C. 核实函证基准日

D. 了解第三方机构对函证的控制措施

E. 记录委托人对函证的态度

【答案】ABCD

【解析】采用函证方式对银行存款、异地存货、往来账款、交易性金融资产等涉及的各类资料进行核查的，对利用第三方机构询证函结果的，应当记录取得第三方机构函证结果的过程、分析该函证行为的目的、核实函证基准日、了解第三方机构对函证的控制措施等。无法获取上述信息的，应当实施替代程序并获取相关证据，对该函证结果的可靠性进行分析判断。

【例5-67】（多项选择题）根据《资产评估执业准则——利用专家工作及相关报告》，评估专业人员引用单项资产评估报告应关注但不仅限于以下事项（　　）。

A. 对所引用单项资产评估报告的评估结论与账面价值的变动情况进行客观分析，对拟发表的评估意见不利的不得引用

B. 分析拟引用单项资产评估报告载明的评估结论，判断其对应的资产类型与资产评估的资产类型的一致性

C. 拟引用单项资产评估报告的相关备案审核文件资料，分析其可能对拟引用单项资产评估报告评估结论产生的影响

D. 关注所引用单项资产评估报告披露的特殊事项说明，判断其是否可以引用及其对资产评估结论的影响

E. 将所引用单项资产评估报告作为工作底稿

【答案】BCDE

【解析】根据《资产评估执业准则——利用专家工作及相关报告》，评估专业人员引用单项资产评估报告还应关注以下事项：①拟引用单项资产评估报告的性质、评估目的、评估基准日、评估对象、评估依据、参数选取、假设前提、使用限制等是否满足资产评估报告的引用要求；不满足资产评估报告引用要求的，不得引用。②分析拟引用单项资产评估报告载明的评估结论，判断其对应的资产类型与资产评估的资产类型的一致性；分析是否存在相关负债，并予以恰当处理。对于账面无记录的单项资产，应当考虑引用或者确认的资产类型是否符合相关规定；分析是否存在相关负债，并予以恰当处理。③拟引用单项资产评估报告的相关备案审核文件资料，分析其可能对拟引用单项资产评估报告评估结论产生的影响。④对所引用单项资产评估报告的评估结论与账面价值的变动情况进行客观分析，不得发表超出自身执业能力和范围的评论意见。⑤关注所引用单项资产评估报告披露的特殊事项说明，判断其是否可以引用及其对资产评估结论的影响。⑥将所引用单项资产评估报告作为工作底稿。

【知识点 14】评定估算形成结论（★）

（一）评估方法的选择

资产评估专业人员应当根据评估目的和价值类型、评估对象、评估方法的适用条件、评估方法应用所依据数据的质量和数量等影响评估方法选择的因素恰当选择评估方法。

（二）形成初步评估结论

在选定评估方法之后，资产评估专业人员需要合理选择技术参数，应用评估模型等，形成初步评估结论。

（三）对初步评估结论进行分析，判断其合理性

资产评估专业人员应当对形成的初步结论进行分析，判断采用该种评估方法形成的评估结论的合理性：

（1）应当对评估资料的充分性、有效性、客观性以及评估参数的合理性、评估模型推算和应用的正确性进行判断。

（2）对评估结论与评估目的、价值类型、评估方法的适应性进行分析。

（3）对评估增减值进行分析，确定资产评估增值或者减值的原因，并判断其合理性。

（4）可以通过对类似资产交易案例的分析，对评估结论的合理性进行判断。

（四）确定最终评估结论

当采用两种以上评估方法时，资产评估专业人员应当对采用各种方法评估形成的初步结论进行分析比较，对所使用评估资料、数据、参数的数量和质量等进行分析。在此基础上，分析不同方法评估结论的合理性以及不同方法评估结论差异的原因，综合考虑评估目的、价值类型、评估对象现实状况等因素，最终形成合理的评估结论。

【例 5-68】（多项选择题）资产评估专业人员在对具体评估方法得出的初步结论进行分析，判断其合理性时，可以考虑的内容包括（　　）。

A. 评估资料的充分性、有效性、客观性

B. 评估参数的合理性、评估模型推算和应用的正确性

C. 评估结论与评估目的、价值类型、评估方法的适应性

D. 评估增减值的原因及其合理性

E. 评估结论是否能被评估单位接受

【答案】ABCD

【解析】资产评估应该客观，被评估单位的意愿不是确定评估结论合理性的标准。

【知识点 15】评估报告的审核（★★）

（一）评估报告审核的形式与要求

1. 审核的形式（见图 5-8）。

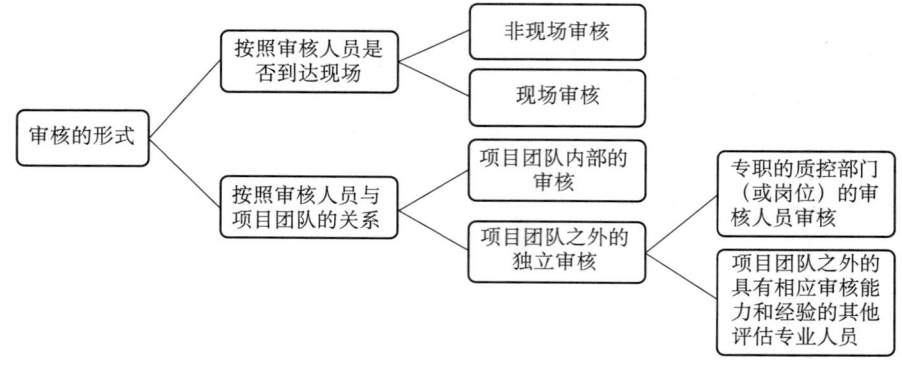

图 5-8　评估报告审核的形式

2. 审核的级次。

目前资产评估准则并未对审核级次做出具体的规定，评估机构可以根据评估机构的项目管理要求和质量控制制度确定其内部审核的级次。目前实践中，有的实行两级审核制度，有的实行三级审核制度。

3. 对项目审核人员的要求及其职责（见图 5-9）。

（2）对资产评估报告审核的主要内容参见图 5-10。

（二）项目团队层级和质量控制部门（岗位）等审核的主要内容

参见表 5-6。

第五章 资产评估程序

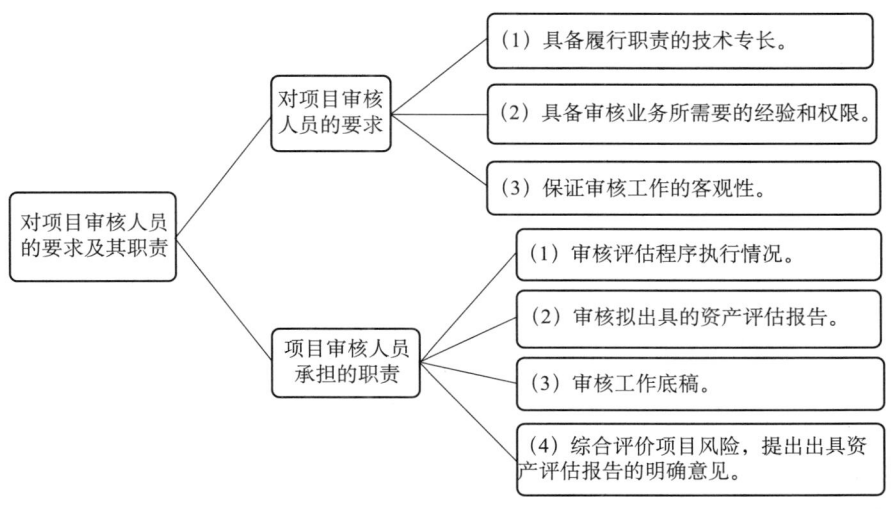

图 5-9　对项目审核人员的要求及其职责

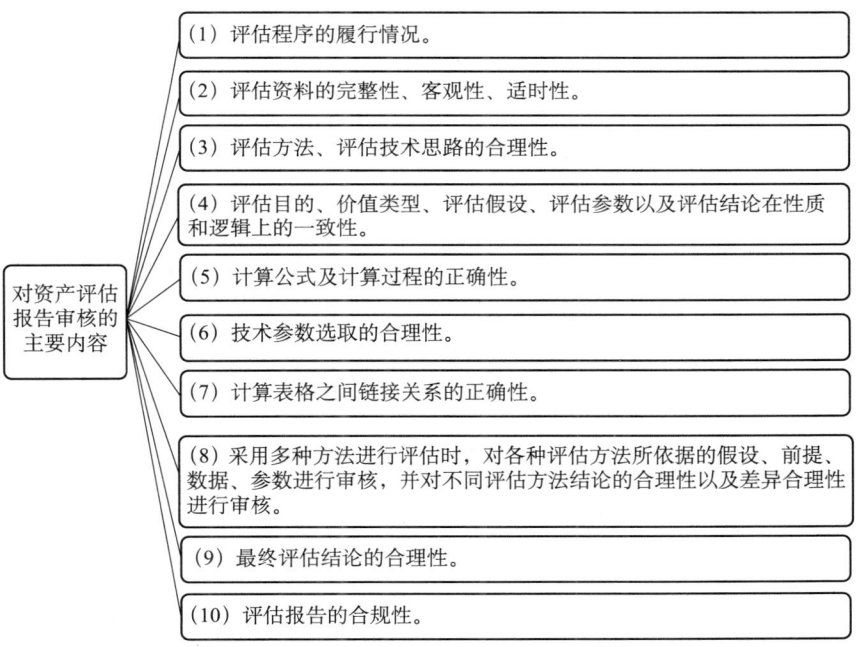

图 5-10　对资产评估报告审核的主要内容

表 5-6　　　　　　　　　　　各级审核内容

审核层级	审核的主要内容
项目团队层级审核	(1) 对被评估资产自身的状况是否进行了必要的了解，对评估风险是否有正确的评价。 (2) 评估程序是否按计划要求进行。 (3) 原始资料及收集的评估资料是否满足评估要求，是否由资料提供方以盖章等方式确认。 (4) 评估调查过程是否记录在工作底稿中。 (5) 评估依据是否充分。 (6) 评估方式的选择及运用是否正确。 (7) 评估模型应用、表格链接关系是否正确。

续表

审核层级	审核的主要内容
项目团队层级审核	（8）评估报告的格式、内容是否符合规定要求。 （9）评估结论是否合理，表格与报告的相关数据和信息是否一致。 （10）重大问题是否按规定进行请示汇报和处理，重大问题的处理结果是否合理。 （11）各项内容是否完整，有无遗漏、缺陷事项。
质量控制部门（岗位）审核	（1）评估程序是否完整履行，是否形成了相应的工作底稿。 （2）整体报告的内容及格式是否符合相关法规及评估准则的规定。 （3）评估目的、价值类型、评估假设、评估方法、评估结论是否逻辑一致。 （4）重大问题的处理是否适当。 （5）评估结论是否有合理的依据支持，影响评估结果的特别事项是否完整披露。 （6）对于外部审核的意见答复和报告修改是否合理有据。

【例5-69】（多项选择题）在进行评估报告审核时，审核的主要内容包括( )。
A. 评估方法、评估技术思路的合理性
B. 评估目的、价值类型、评估假设、评估参数以及评估结论在性质和逻辑上的一致性
C. 计算公式及计算过程的正确性
D. 评估过程节约评估成本的合理性
E. 最终评估结论的合理性
【答案】ABCE
【解析】对资产评估报告审核的主要内容：①评估程序的履行情况；②评估资料的完整性、客观性和适时性；③评估方法、评估技术思路的合理性；④评估目的、价值类型、评估假设、评估参数以及评估结论在性质和逻辑上的一致性；⑤计算公式及计算过程的正确性；⑥技术参数选取的合理性；⑦计算表格之间链接关系的正确性；⑧采用多种方法进行评估时，对各种评估方法所依据的假设、前提、数据、参数进行审核，并对不同评估方法结论的合理性以及差异合理性进行审核；⑨最终评估结论的合理性；⑩评估报告的合规性。

【例5-70】（单项选择题）评估机构的内部审核可以采用多种层次和形式，目前实践中多实行( )，必要时，也可引入外部审核资源。
A. 一级审核制度
B. 二级审核制度
C. 三级审核制度
D. 二级或三级审核制度
【答案】D
【解析】评估机构的内部审核可以采用多种层次和形式，目前实践中多实行二级或三级审核制度。

【例5-71】（单项选择题）在进行评估报告审核时，以下不属于质量控制部门（岗位）审核的内容是( )。
A. 整体报告的内容及格式是否符合相关法规及评估准则的规定
B. 对被评估资产自身的状况是否进行了必要的了解，对评估风险是否有正确的评价
C. 重大问题的处理是否适当
D. 评估结论是否有合理的依据支持，影响评估结果的特别事项是否完整披露
【答案】B
【解析】选项B属于项目团队层级审核的内容。

【知识点16】与委托人或相关当事人沟通（★）
（一）沟通的作用
资产评估机构及评估专业人员与委托人或者相关当事人进行必要的沟通，既有助于了解委托人或者相关当事人对评估结论的反馈意见，也有助于委托人或者相关当事人合理理解评估结论，正确使用评估报告。
（二）沟通的时间
通常在评估报告由评估机构内部审核后，项目团队可以安排相关沟通工作。
（三）沟通的主要内容
（1）是否存在与评估对象实际情况不一致的情况。
（2）是否履行了评估委托合同约定的内容。
（3）评估方法的适用性，参数选取的合理性，模型计算的正确性，评估目的、价值类型和评估方法的匹配性等。

（4）评估报告披露信息的正确性和恰当性。

（四）沟通后的调整

沟通如导致评估专业人员修改评估结论或者评估报告，需要详细说明理由，并履行必要的内部审核程序。

（五）沟通时应注意及禁止的事项

参见图5-11。

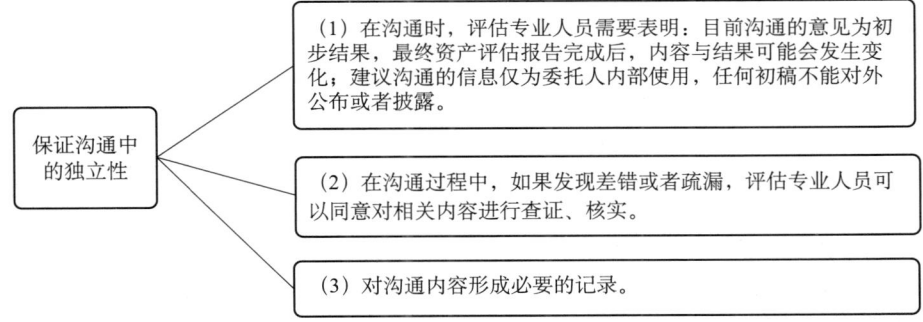

图5-11 沟通时应注意及禁止的事项

【例5-72】（单项选择题）关于资产评估机构与委托方或相关当事人就评估报告进行沟通，下列表述中，错误的是（　　）。

A. 进行必要的沟通，既有助于了解委托人或者相关当事人对评估结论的反馈意见，也有助于委托人或者相关当事人合理理解评估结论，正确使用评估报告

B. 沟通工作通常在正式提交评估报告之后进行

C. 资产评估机构及评估专业人员与委托方或相关当事人应该就评估报告披露信息的正确性和恰当性进行沟通

D. 应在不影响资产评估机构及评估专业人员对最终评估结论进行独立判断的前提下进行沟通

【答案】B

【解析】通常在评估报告由评估机构内部审核后，项目团队可以安排相关沟通工作。

【知识点17】国有资产评估项目核准（备案）中的审核（★）

对于涉及企业国有资产管理部门、金融企业国有资产管理部门和文化企业国有资产管理部门等管理的国有资产评估项目，在资产评估机构提交评估报告后，相关管理部门按国家有关规定组织专家对资产评估报告进行外部审核。例如，根据现行的国有资产评估管理规定，对国有资产评估项目实行"核准（备案）"的管理制度。国有资产评估项目的核准（备案）通常实行专家评审制度，对于需要核准的国有资产评估项目，由负责核准的国有资产管理机构组织专家对资产评估报告进行评审；对于需要备案的国有资产评估项目，由负责备案的国有资产管理机构或其授权的国家出资企业组织专家对资产评估报告进行评审（见图5-12）。

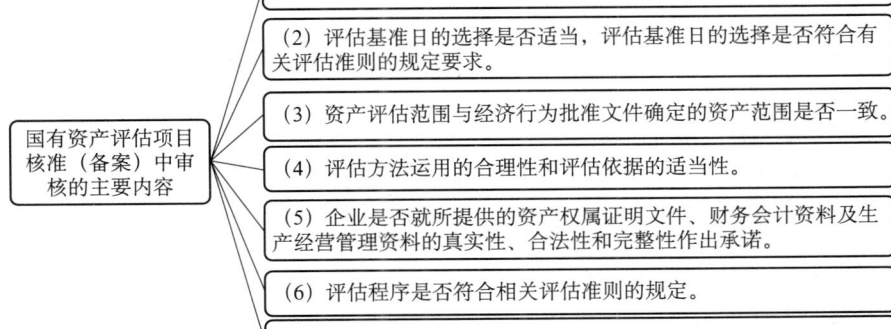

图5-12 国有资产评估项目核准（备案）中审核的主要内容

【例5-73】（多项选择题）根据规定，国有资产评估项目的核准（备案）通常实行专家评审制度，由国有资产管理部门组织专家对资产评估报告进行评审。下列各选项，属于审核主要内容的是（　　）。

A. 资产评估所涉及的经济行为批准情况

B. 资产评估范围与经济行为批准文件确定的资产范围是否一致

C. 评估方式的选择及运用是否正确

D. 评估方法运用的合理性和评估依据的适当性

E. 评估程序是否符合相关评估准则的规定

【答案】ABDE

【解析】评估方式的选择及运用是否正确，属于项目团队层级审核的内容。

【知识点18】整理归集评估档案（★）

（一）评估档案整理归集的范围

整理归集包括准备阶段、实施阶段形成的工作底稿、评估报告和其他相关资料。

1. 资产评估准备阶段应归入评估档案的文件材料。

准备阶段包括明确业务基本事项、订立业务委托合同、编制资产评估计划等三个程序，所形成的文件资料主要是对应的管理类工作底稿。

2. 资产评估实施阶段应归入评估档案的文件材料。

实施阶段包括进行评估现场调查、收集整理评估资料、评定估算形成结论、编制出具评估报告四个程序，所形成的文件资料主要是与之对应的管理类工作底稿和操作性工作底稿、评估报告和其他相关资料。

（二）评估档案整理归集的要求

资产评估档案应当由本机构的档案管理部门集中统一管理，不得由原制作人单独分散保存。

1. 实行评估档案整理归集责任制。

根据《资产评估机构业务质量控制指南》，评估项目负责人应当组织整理归集评估档案。资产评估机构可以在制定内部管理制度时具体落实和细化评估档案的归集和移交责任。

2. 评估档案的介质要求。

资产评估委托合同、资产评估报告应当形成纸质文档。评估明细表、评估说明可以是纸质文档、电子文档或者其他介质形式的文档。其内容应当相互匹配，不一致的以纸质文档为准。

3. 移交评估档案的时间要求。

资产评估专业人员通常应当在资产评估报告日后90日内将工作底稿、资产评估报告及其他相关资料归集形成资产评估档案，并在归档目录中注明文档介质形式。重大或者特殊项目的归档时限为评估结论使用有效期届满后30日内，资产评估机构可以在内部管理制度中规定适用的项目标准。

【例5-74】（单项选择题）下列有关评估档案的表述中，错误的是（　　）。

A. 评估档案归集是《资产评估法》和资产评估准则规定的资产评估必备程序

B. 纸质文档、电子文档或者其他介质形式的文档，其内容不一致的，以纸质文档为准

C. 资产评估委托合同所形成的文件资料是操作类工作底稿

D. 资产评估档案应当由本机构的档案管理部门集中统一管理，不得由原制作人单独分散保存

【答案】C

【解析】资产评估委托合同所形成的文件资料是管理类工作底稿。

精选练习题

一、单项选择题

1. 资产评估专业人员采用书面审查的方式核查《不动产权证书》等权属证明资料的，应当查阅并核对的重点是（　　）。

A. 评估对象的不动产权属是否真实

B. 评估对象的不动产权属原件、复印件是否一致

C. 评估对象的不动产权属是否有效

D. 评估对象的不动产权属是否经过公证

2. 对机器设备权属资料不完备、毁损、丢失等瑕疵事项，以及资产评估专业人员根据重要性原则应当收集但未能取得的相关权属资料，资产评估专业人员可以采取的恰当做法是（　　）。

A. 要求产权持有人提供产权归属承诺，并在评估报告中披露相关事项

B. 要求委托人登报声明缺失评估资料情

况，并在评估报告中披露

C. 要求产权持有人提供相关资料的复印件，并记载于工作底稿

D. 终止提供资产评估专业服务

3. 下列关于整理归集评估档案的表述，错误的是（　　）。

A. 资产评估专业人员应当整理归集的评估档案包括工作底稿、评估报告和其他相关资料

B. 资产评估专业人员通常应当在资产评估报告日后 90 日内，整理工作底稿，并与其他相关资料形成评估档案，交由所在资产评估机构妥善管理

C. 资产评估委托合同、资产评估报告应当形成纸质文档

D. 重大或者特殊项目的归档时限为评估结论使用有效期届满后 60 日内

4. 明确委托人及产权持有人的基本情况，不包括（　　）。

A. 委托人及产权持有人类型、注册地址和注册资本

B. 委托人和产权持有人所属行业、经营范围

C. 委托人及产权持有人是否有能力持续经营

D. 委托人的诚信记录、是否有能力支付合理的评估费用

5. 如果无法采取替代程序对评估对象进行现场调查，或者即使履行替代程序，也无法消除原定程序受限对评估结论产生重大影响的事实，或者无法判断其影响程度，评估机构应当（　　）。

A. 重新制定评估计划

B. 终止执行评估业务

C. 利用专业报告

D. 与评估单位进行协商

6. 委托人将抵押目的的评估报告用于资产转让，这属于（　　）。

A. 委托人与产权持有人的风险

B. 资产评估报告使用的风险

C. 评估对象的风险

D. 评估报告不确定的风险

7. （　　）主要是指对实物资产的数量、质量、分布、运行和利用情况（经营情况）等所做的实地调查或查看，对相关技术检测结果的收集、观察，对其运行记录和定期专业检测报告的收集和分析等工作。

A. 勘查　　　　B. 函证

C. 监盘　　　　D. 核对

8. 下列有关现场调查受限以及评估资料核查验证受限的表述，错误的是（　　）。

A. 被调查资产已被司法部门依法采取查封、扣押、冻结等诉讼保全措施属于受法律法规原因限制现场调查的情形

B. 金融不良资产处置可能导致所涉资产等评估业务中债务（或担保人）不配合评估

C. 现场调查受限时，只要可以采取替代措施，评估机构就不应当终止执行资产评估业务

D. 对超出资产评估专业人员胜任能力的核查验证事项，资产评估机构可以委托或者要求委托人委托相关专业机构出具专业意见

9. 下列关于评估报告审核的表述，错误的是（　　）。

A. 资产评估机构应当根据法律、行政法规、资产评估准则的规定和评估机构内部质量控制制度，对资产评估报告进行必要的审核

B. 目前资产评估准则并未对审核级次作出具体的规定，评估机构可以根据评估机构的项目管理要求和质量控制制度确定其内部审核的级次

C. 评估机构的质量审核体系应当包括项目团队内部相关层级的审核以及质量控制部门（岗位）等独立于项目团队之外的的审核

D. 进行质量控制部门（岗位）等审核时，要审核对被评估资产自身状况是否进行了必要的了解，对评估风险是否有正确的评价

10. （　　）应当根据资产评估业务具体情况编制资产评估计划，并合理确定资产评估计划的繁简程度。

A. 资产评估机构

B. 资产评估专业人员

C. 资产评估师

D. 委托人及其他相关当事人

11. 在评估实务中，对特殊资产实施勘查，可以聘请（　　）协助开展工作，但应当采取必要措施确信其工作的合理性。

A. 高级会计师　　B. 注册会计师

C. 资深律师　　　D. 行业专家

12. 资产评估程序的第一个环节是（　　）。

A. 编制资产评估计划
B. 进行评估现场调查
C. 明确资产评估业务基本事项
D. 收集整理评估资料

13. 下列关于评定估算形成资产评估结论的表述，错误的是（　　）。
A. 资产评估专业人员应当根据评估目的和价值类型、评估对象、评估方法的适用条件、评估方法应用所依据数据的质量和数量等影响评估方法选择的因素恰当选择评估方法
B. 采用市场法，应当合理选择可比案例，分析评估对象和可比参照物的相关资料和价值影响因素，通过可比因素的差异调整，得出评估对象的价值
C. 资产评估专业人员应当对形成的初步评估结论进行分析，判断采用该种评估方法形成的评估结论的合理性
D. 对于使用不同评估方法得出的评估结论，应该进行比较，选择对委托人最有利的结果，作为资产评估最终结果

14. 根据评估资料的（　　）来划分，评估资料可以分为权属证明、财务会计信息和其他评估资料。
A. 来源　　　B. 可信度
C. 内容　　　D. 获取方式

15. 下列属于因为委托人的经济行为导致资产评估计划需要调整的情形是（　　）。
A. 前期资料收集不全
B. 出现了未预料到的资产类型或业务形态
C. 委托人提供资料不真实
D. 由于上市公司重大资产重组方案改变，导致评估范围发生重大调整

16. 以下不属于在资产评估专业人员与委托方沟通的过程中保持独立性的措施的是（　　）。
A. 建议沟通的信息仅为委托人内部使用，任何初稿不能对外公布或披露
B. 对沟通内容形成必要的记录
C. 沟通完毕后，直接修改评估结论
D. 在沟通中，如果发现差错或疏漏，评估人员可以同意对相关内容进行查证、核实

17. 下列关于评估服务费的表述，错误的是（　　）。
A. 评估服务费的相关内容通常要在资产评估委托合同中加以约定
B. 评估服务费可以约定服务费总额，也可以约定为支付标准
C. 评估机构和评估专业人员可能承担的风险和责任是影响评估服务费高低的因素之一
D. 评估服务费多少应该按委托人经济行为完成进度支付

二、多项选择题

1. 对许可使用的知识产权使用权，资产评估专业人员在进行评估资料的核查验证时，应当采取的恰当做法是（　　）。
A. 书面查询委托人及其他相关当事人
B. 查阅主管部门官方网站
C. 查阅授权协议以及付款记录
D. 必要时可以向权利人函证
E. 查阅专业审计报告

2. 资产评估机构及其评估专业人员利用的专业报告，通常包括（　　）。
A. 公开发表的相关专业报告
B. 已经正式出具的相关专业报告
C. 通过网络搜寻的相关专业报告
D. 委托人及其他相关当事人提供的相关专业报告
E. 专门聘请专业机构完成的相应专业报告

3. 资产评估专业人员采用书面审查、查询等方式对被评估单位涉及对外担保的资料进行核查，应当包括但不仅限于下列恰当做法（　　）。
A. 获取被评估单位出具的有关对外担保事项声明
B. 获取被评估单位出具的有关对外担保事项担保合同、协议等资料
C. 获取被评估单位的专业审计报告
D. 利用央行全国联网的企业征信系统进行查询
E. 利用企业产权交易市场网络系统进行查询

4. 下列关于资产评估委托合同的表述，正确的是（　　）。
A. 资产评估专业人员可以个人名义订立评估委托合同
B. 评估委托合同应当采用书面形式
C. 委托人要求出具虚假资产评估报告或者有其他非法干预评估结论情形的，资产评估机构有权单方解除合同

D. 因委托人原因无法及时签订委托合同，评估机构可以先行开展评估业务

E. 委托关系一定要以委托合同的形式建立

5. 下列资产评估程序中，评估项目进入实施阶段应当完成的程序包括( )。

A. 编制资产评估计划

B. 编制出具评估报告

C. 进行评估现场调查

D. 收集整理评估资料

E. 评定估算形成评估结论

6. 资产评估业务委托合同的基本内容包括( )。

A. 评估目的　　B. 评估基准日

C. 评估计划　　D. 评估假设

E. 评估收费

7. 由委托人及相关当事人提供的财务会计资料，资产评估机构及专业人员要进行核查验证。核查验证的方式包括( )。

A. 询问　　　　B. 书面审查及复核

C. 实地调查　　D. 函证

E. 观察

8. 在出具正式资产评估报告之前，资产评估机构可以在保证其独立性的前提下与委托方进行沟通。资产评估专业人员与委托方沟通的主要内容有( )。

A. 是否存在与评估对象实际情况不一致的情况

B. 评估服务费是否能够及时足额支付

C. 是否履行了评估委托合同约定的内容

D. 评估方法的适用性，参数选取的合理性，模型计算的正确性，评估目的、价值类型和评估方法的匹配性等

E. 评估报告披露信息的正确性和恰当性

9. 下列关于资产评估的表述，错误的是( )。

A. 只要执行了资产评估程序就可以避免资产评估风险

B. 资产评估计划一经确定就不得变更

C. 资产评估委托合同中包括关于收取评估服务费的事项

D. 在出具资产评估报告前，评估机构与委托方的任何沟通都有悖于资产评估独立性原则

E. 从公开媒体上取得的信息资料就可以直接用于资产评估中

10. 下列关于资产评估计划的表述中，错误的是( )。

A. 资产评估计划一般在项目进行时编制，根据项目的进行情况，编制评估计划

B. 资产评估专业人员应当合理确定资产评估计划的繁简程度

C. 资产评估计划通常包括评估业务实施的主要过程及时间进度、人员安排等内容

D. 资产评估计划是评估机构和评估专业人员为执行资产评估业务，拟定的资产评估工作思路和实施方案

E. 为保持独立性，调整评估计划不应该与委托人沟通

11. 下列关于评估资料的表述，错误的是( )。

A. 从政府部门获取的法律、行政法规、部门规章、规范性文件等资料可直接使用

B. 对机器设备权属资料不完备、毁损、丢失等瑕疵等事项，可以要求产权持有人提供产权归属承诺，并在评估报告中披露相关事项

C. 对银行存款、异地存货、往来账款、交易性金融资产等涉及的各类资料采用询问方式进行核查

D. 评估专业人员利用专业机构出具的专业报告应当关注其披露的、对专业报告结论存在重大影响的事项

E. 引用其他评估机构出具的单项资产评估报告，作为资产评估报告的组成部分，并将所引用单项资产评估报告作为工作底稿

12. 下列关于资产评估专业人员利用某一领域中具有专门资质或者相关经验的机构所出具的专业报告的做法，错误的是( )。

A. 资产评估机构聘请专业机构出具专业报告，必要时应当征得委托人同意

B. 公开发表的相关专业报告是可利用的专业报告之一

C. 资产评估专业人员可以采用函证方式对其他专业机构提供的专业报告进行核查

D. 将所利用的专业报告作为工作底稿，不必将其作为资产评估报告附件

E. 资产评估专业人员其他专业机构提供的专业报告进行核查，应当了解专业机构的组织形式

13. 下列关于评估档案及其整理归集的表

述，正确的是(　　)。

　　A. 评估档案归集是《资产评估法》和资产评估准则规定的资产评估必备程序
　　B. 资产评估机构专业人员通常应当在资产评估报告日后 90 日内，将工作底稿交由所在资产评估机构妥善管理
　　C. 资产评估专业人员整理的评估档案包括工作底稿、评估报告和其他相关资料
　　D. 重大或特殊项目的归档时限为评估结论使用有效期届满后 30 日内
　　E. 评估档案是确定资产评估收费标准的重要依据之一

14. 编制资产评估计划，需要考虑的主要因素包括(　　)。

　　A. 资产评估专业人员的专业能力、经验及人员配备情况
　　B. 评估业务风险、评估项目的规模和复杂程度
　　C. 出具资产评估报告的时间要求
　　D. 相关资料收集状况
　　E. 委托人及相关当事人的配合程度

15. 下列关于评估资料的核查验证及程序受限的处理的表述中，错误的是(　　)。

　　A. 对评估资料进行核查验证，既是资产评估法的要求，也是合理得出评估结论的需要
　　B. 对于银行存款，可以通过复核银行对账单、向银行函证等方式进行核查验证
　　C. 对于客观条件限制无法实施核查验证的事项，资产评估机构不得出具资产评估报告
　　D. 对于置放在危险地带的资产，与委托人协商后，可以不进行核查验证
　　E. 对于超出资产评估专业人员专业能力范畴的核查验证事项，资产评估专业人员应当委托或要求委托人委托其他专业机构出具意见

三、综合题

1. A 公司为上市公司，拥有大量的珠宝首饰，将要进行资产重组。2021 年 3 月，A 公司欲委托 W 资产评估公司评估其拥有的珠宝首饰的价值，W 资产评估公司为了开拓其在新领域的资产评估业务，在评估机构无具有相关经验的专业人员的情况下，受理了该资产评估业务，由于聘请有关专家及专业机构花费较多，W 资产评估公司也不打算聘请专家协助工作。评估公司决定由其法定代表人王某与 A 公司订立资产评估委托合同。但是，在订立合同的当天，A 公司法定代表人因公司出现紧急情况不能出席签约。为了显示彼此之间充分的信任，W 资产评估公司决定先开展资产评估业务，待 A 公司法定代表人有空时再订立资产评估委托合同，A 公司对此无异议。3 个月后，A 公司与 W 资产评估公司正式订立了资产评估委托合同。1 个月后，评估项目负责人李某发现双方未约定评估报告的提交期限和方式，于是他联系了 A 公司法定代表人，双方在口头上补充了评估报告的提交期限和方式。

请根据上述资料，回答以下问题：

（1）W 资产评估机构应当如何决定是否受理评估业务？W 资产评估公司的做法是否恰当？为什么？
（2）订立资产评估委托合同前，资产评估机构的恰当做法是什么？
（3）资产评估委托合同应当采用何种形式？为什么？
（4）该资产评估委托合同是否成立？资产评估机构和评估专业人员的正确做法是什么？
（5）评估项目负责人李某与 A 公司口头补充资产评估委托合同的行为是否恰当？为什么？

2. 2021 年 4 月 2 日，A 资产评估机构接受了 B 公司的资产评估委托，评估对象为 B 公司拥有的若干台大型机器设备。B 公司需要尽快使用资产评估报告，于是要求 A 资产评估机构在 2021 年 4 月 30 日提交资产评估报告，A 资产评估机构同意了其要求。在正式订立资产评估委托合同后，在执行资产评估程序的过程中，A 资产评估机构发现前期资料收集不够齐全，对资产评估计划进行了一部分调整，为了保持独立性，A 资产评估机构未将资产评估计划的调整情况告知 B 公司。在进行现场调查时，有部分机器设备因诉讼保全限制无法实施现场调查，A 资产评估机构便终止执行评估业务。

请根据上述资料，回答以下问题：

（1）上述过程中，双方约定在 2021 年 4 月 30 日提交资产评估报告的行为是否恰当？为什么？
（2）A 资产评估机构调整资产评估计划的行为是否恰当？为什么？
（3）什么是现场调查？
（4）现场调查受限的原因是什么？请举例

说明。

（5）当现场调查受限时如何处理？A 资产评估机构的做法是否恰当？

精选练习题参考答案及解析

一、单项选择题

1. 【答案】B

【解析】资产评估专业人员采用书面审查的方式核查《不动产权证书》等权属证明资料的，应当查阅并核对评估对象的不动产权属原件、复印件是否一致。

2. 【答案】A

【解析】对机器设备权属资料不完备、毁损、丢失等瑕疵事项，以及资产评估专业人员根据重要性原则应当收集但未能取得的相关权属资料，可以要求产权持有人提供产权归属承诺，并在评估报告中披露相关事项。

3. 【答案】D

【解析】重大或者特殊项目的归档时限为评估结论使用有效期届满后 30 日内。

4. 【答案】C

【解析】明确委托人及产权持有人的基本情况，一般包括但不限于下列内容：①委托人及产权持有人全称；②委托人及产权持有人类型、注册地址和注册资本；③委托人和产权持有人所属行业、经营范围；④委托人与产权持有人的关系；⑤委托人的诚信记录、是否有能力支付合理的评估费用等。

5. 【答案】B

【解析】如果无法采取替代程序对评估对象进行现场调查，或者即使履行替代程序，也无法消除原定程序受限对评估结论产生重大影响的事实，或者无法判断其影响程度，评估机构应当终止执行评估业务。如果通过实施替代程序之后，受限事项并不会对评估结论产生重大影响，评估机构可以继续执行评估业务。

6. 【答案】B

【解析】来自资产评估报告使用的风险主要为超范围、不当使用报告等，如：委托人将抵押目的的评估报告用于资产转让、标的公司的股东再次转让股权时忽视评估基准日等差异使用其前次受让股权的评估报告等。

7. 【答案】A

【解析】勘查主要是指对实物资产的数量、质量、分布、运行和利用情况（经营情况）等所做的实地调查或查看，对相关技术检测结果的收集、观察，对其运行记录和定期专业检测报告的收集和分析等工作。

8. 【答案】C

【解析】选项 C 错误。在现场调查程序受限的情况下，如果即使履行替代程序，也无法消除其对评估结论产生重大影响的事实，评估机构应当终止执行评估业务。

9. 【答案】D

【解析】对被评估资产自身状况是否进行了必要的了解，对评估风险是否有正确的评价属于项目团队层级审核的主要内容之一。

10. 【答案】B

【解析】资产评估专业人员应当根据资产评估业务具体情况编制资产评估计划，并合理确定资产评估计划的繁简程度。

11. 【答案】D

【解析】在评估实务中，对特殊资产实施勘查，可以聘请行业专家协助开展工作，但应当采取必要措施确信专家工作的合理性。

12. 【答案】C

【解析】明确业务基本事项是开展和实施评估业务的第一个环节，明确业务基本事项可以对评估业务有充分、全面的了解，为评估业务的承接和执行做好准备。

13. 【答案】D

【解析】当采用两种以上评估方法时，资产评估专业人员应当对采用各种方法评估形成的初步结论进行分析比较，对所使用评估资料、数据、参数的数量和质量等进行分析，在此基础上，分析不同方法评估结论的合理性以及不同方法评估结论差异的原因，综合考虑评估目的、价值类型、评估对象现实状况等因素，最终形成合理的评估结论。选项 D 错误。

14. 【答案】C

【解析】根据具体内容，评估资料可划分为：权属证明、财务会计信息和其他评估资料。

15. 【答案】D

【解析】选项 A、选项 B、选项 C 均属于评估工作本身遇到了障碍，从而需要调整评估计划的情形，其中，选项 A、选项 C 属于操作层面的情况，选项 B 属于技术层面的情况。

16. 【答案】C

【解析】沟通如导致评估专业人员修改评估结论或者评估报告，需要详细说明理由，并履行必要的内部审核程序。

17.【答案】D
【解析】由于资产评估机构及评估专业人员无法左右委托人经济行为的进程，也没有承担保证经济行为按期实现的义务，因此评估服务费的支付不应当与委托人经济行为是否完成相联系。

二、多项选择题
1.【答案】CD
【解析】对许可使用的知识产权使用权，资产评估专业人员应当查阅授权协议以及付款记录，必要时可以向权利人函证，确认该类使用权的许可期限、许可范围、使用条件、许可费支付等相关条款的约定。

2.【答案】ABE
【解析】资产评估机构及其评估专业人员利用的专业报告通常包括：①公开发表的相关专业报告；②已经正式出具的相关专业报告；③专门聘请专业机构完成的相应专业报告。资产评估机构聘请专业机构出具专业报告，必要时应当征得委托人同意。

3.【答案】ABD
【解析】资产评估专业人员采用书面审查、查询等方式对被评估单位涉及对外担保的资料进行核查，应当获取被评估单位出具的有关对外担保事项声明以及担保合同、协议等资料，利用央行全国联网的企业征信系统进行查询。

4.【答案】BC
【解析】评估专业人员承办资产评估业务，应当由其所在的资产评估机构统一受理，并由评估机构与委托人订立书面评估委托合同，选项A错误；如果因委托人等原因导致无法及时签订资产评估委托合同，资产评估机构和资产评估专业人员应关注未及时签订资产评估委托合同可能产生的风险，并采取必要的措施，选项D错误；司法鉴定或其他特殊业务建立评估委托关系所采用的文书并不一定使用资产评估委托合同的形式，选项E错误。

5.【答案】BCDE
【解析】八大基本评估程序中，前三项程序是项目承接阶段和项目组织阶段需要履行的工作，从第四项程序开始，评估项目进入实施阶段，包括现场调查、收集整理评估资料、评定估算和编制出具评估报告等，第八项程序是对已经履行的各项工作内容的归纳整理，包括评估工作底稿的整理和档案建立等工作。各项程序的具体工作步骤和工作目标构成了评估程序的主要内容。

6.【答案】ABE
【解析】评估计划、评估假设不属于资产评估委托合同的内容。

7.【答案】ABCD
【解析】由委托人及相关当事人提供的财务会计资料，资产评估机构及专业人员要进行核查验证。核查验证的方式包括：询问、书面审查、复核、实地调查、函证等，不包括观察。

8.【答案】ACDE
【解析】在出具正式报告之前，评估机构与委托方进行沟通主要是就资产评估报告的有关内容进行沟通，评估服务费在订立资产评估委托合同时就已经明确了，选项B错误。

9.【答案】ABDE
【解析】选项A错误，表述过于绝对，执行资产评估程序可以防范资产评估执业风险但是不能完全避免资产评估风险；选项B错误，资产评估项目的执行是一个复杂、动态的过程，如果原编制的评估计划不能适应项目要求，资产评估机构应当对评估计划进行必要的调整；选项D错误，资产评估机构及评估专业人员提交正式评估报告前，可以在不影响对最终评估结论进行独立判断的前提下，与委托人或者委托人许可的相关当事人就评估报告的有关内容进行必要沟通；选项E错误，公开媒体可以作为获取评估信息的来源，但是媒体上的信息并非完全是真实准确的，在引用相关信息时要注意甄别。

10.【答案】AE
【解析】选项A错误，资产评估计划一般在项目正式开展前编制。选项E错误，遇到需要调整评估计划的情况时，资产评估专业人员应尽快与委托人、其他相关当事人进行沟通，根据已确定的方案及时调整评估计划。

11.【答案】AC
【解析】资产评估专业人员收集的与被评估业务相关的法律、行政法规、部门规章和规范性文件等材料分别由立法机关、政府及相关部门颁布，具有权威性，符合规定适用条件的可以在评估中直接使用，选项A错误；对银行存款、异地存货、往来账款、交易性金融资产等涉及的各类资料可以采用函证方式进行核查，选项C错误。

12.【答案】DE

【解析】资产评估专业人员采用询问、书面审查以及复核等方式对其他专业机构提供的专业报告进行核查，选项C错误；将所利用的专业报告作为工作底稿，必要时将其作为资产评估报告附件，选项D错误；资产评估专业人员其他专业机构提供的专业报告进行核查，应当了解专业机构的业务范围、执业资质以及独立性，选项E错误。

13.【答案】ABCD

【解析】评估收费考虑的重要依据，并不包括评估档案，选项E错误。

14.【答案】ABDE

【解析】编制资产评估计划，需要考虑的主要因素包括：①资产评估目的以及相关管理部门对资产评估开展过程中的管理规定；②评估业务风险、评估项目的规模和复杂程度；③评估对象及其法律、经济、技术、物理等因素；④评估项目所涉及资产的结构、类别、数量及分布状况；⑤委托人及相关当事人的配合程度；⑥相关资料收集状况；⑦委托人、评估对象产权持有人（或被评估单位）过去委托资产评估的情况、诚信状况及其提供资料的可靠性、完整性和相关性；⑧资产评估专业人员的专业能力、经验及人员配备情况；⑨与其他中介机构的合作、配合情况。

15.【答案】CD

【解析】对于客观条件限制无法实施核查验证的事项，资产评估专业人员应当在工作底稿中予以说明，并根据其对评估结论的影响程度判断是否出具资产评估报告，选项C错误；对于置放在危险地带的资产，可视其重要程度委托专业机构核查验证或者采取替代程序，甚至可能导致终止执行评估业务，选项D错误。

三、综合题

1.【答案及解析】

（1）资产评估机构应当根据所了解的评估业务基本事项，对本机构专业能力、独立性和业务风险进行综合分析与评价。受理资产评估业务应当满足专业能力、独立性和业务风险控制的要求，否则不得受理。

W资产评估公司的做法不恰当。其原因是：该公司在决定是否受理资产评估业务时，没有正确的评价其专业能力。

资产评估机构一般从以下两方面分析和评价是否具有执行拟承接业务的专业能力：①评估机构及评估专业人员是否具有与拟承接业务相应的专业能力及相关经验，特别关注拟承接业务是否存在新型或特殊的业务、专业领域及资产；②对于缺乏专业能力的业务，是否有弥补评估经验和专业能力不足的可行措施，比如聘请专家协助工作、利用或引用专业机构的工作成果；是否有保证相关工作成果合理的制度安排和技术措施。W资产评估公司既没有专业能力及相关经验也不寻求专家的协助，其专业能力不能胜任该评估业务，不应该受理评估业务。

（2）订立委托合同前，资产评估机构应当全面了解、认知委托人的主体资格、信用资质、履约能力等信息，收集委托人的营业执照、资质文件、代理人的授权文件等资料，审查委托代理人的授权文件及代理事项、代理期限和代理权限，避免与不能独立承担民事责任的组织（如公司部门）签订合同，也避免签订与委托人履约能力明显不相符的合同。

（3）由于资产评估往往涉及重大财产权益，且评估行为属于对资本市场、资本运营、资产管理、价值管理等提供市场价值尺度的专业服务，相关当事人及其涉及的利益关系通常较为复杂，为明确双方当事人的权利义务，避免评估工作的纠纷，《资产评估执业准则——资产评估委托合同》规定，资产评估委托合同应当以书面形式订立。

（4）该资产评估委托合同成立。《民法典》规定，"在签名、盖章或者按指印之前，当事人一方已经履行主要义务，对方接受时，该合同成立"。在资产评估实务中，存在评估委托合同完成签字并盖章之前资产评估机构已经开始提供资产评估服务的情形，并且该等服务事实上已经取得了委托人的配合及认可，按照《民法典》的规定该情形应视为评估委托合同在资产评估机构提供服务之时已经成立。

《民法典》规定，如果在评估委托合同完成

签字、盖章之前已提供资产评估服务的，资产评估机构应当留存其事实提供资产服务的时间证据，避免由于评估委托合同生效时间不确定而导致的纠纷。

（5）评估项目负责人李某与A公司口头补充资产评估委托合同的行为是不恰当的。

根据《民法典》的相关条款，"合同生效后，当事人就质量、价款或者报酬、履行地点等内容没有约定或者约定不明确的，可以协议补充；不能达成补充协议的，按照合同有关条款或者交易习惯确定"，补充评估委托合同的相关条款，不能只进行口头上的约定。

2.【答案及解析】

（1）双方约定在2021年4月30日提交资产评估报告的行为不恰当。原因是：资产评估报告提交时间受多方面因素的限制与约束，如预计的评估工作量、委托人和相关当事人的配合力度、评估所依据和引用的专业或单项资产评估报告（专项审计报告、土地估价报告、矿业权评估报告等）的出具时间等。评估机构洽谈人员应了解委托人实现评估所服务经济行为的时间计划，根据对上述限制与约束因素的预计和把握，与委托人约定提交报告的时间和方式（当面提交或邮寄），并在评估委托合同中加以明确。评估报告的提交时间不宜确定具体日期，一般确定为开始现场工作、委托人提供必要资料（包括评估所依据和引用的相关专业报告送达）后的一定期限内。

（2）A资产评估机构调整资产评估计划的行为不恰当。原因是：遇到需要调整评估计划的情况时，资产评估专业人员应尽快与委托人、其他相关当事人进行沟通，根据已确定的方案及时调整评估计划。调整计划时，往往涉及对评估专业人员进行调整、对部分评估工作作出重新安排，对评估技术方案进行修正等。调整计划要兼顾评估效率和工作质量的原则，充分利用已有的工作成果，将评估计划调整导致的成本降低到最低水平。

（3）现场调查是了解资产状况的重要方法，是其他方法不能替代的。现场调查针对评估对象，在法律允许的范围内，由评估专业人员通过勘查、询问、核对等手段，收集资产状况相关的信息，对影响资产价值的物理、技术、法律、经济等因素进行客观、全面的了解，为判断资产整体状况、估算资产价值提供合理依据。

（4）现场调查受限的情形包括：①受法律法规限制的情形。例如，属于军工企业涉密资产等涉及国家秘密的资产，因《保守国家秘密法》等涉密管理法律法规的要求，可能会对评估开展现场调查的人员，以及能够调查的范围、内容和方式等存在限制。属于此类受限的一种情形。②受资产特殊性能或其置放地点限制的情形。例如，地下深埋的管线、养殖的水产、海上航行的船舶、生产过程中的在产品、异地置放的资产、分散分布的资产、置放在危险地带的资产等，属于此类受限情形。③受调查技术手段限制的情形。例如，空中架设输配电线路的长度和材质、输油管道中的存货、鉴定环境危害性和合规性、建筑结构强度测定、建筑面积测量、房屋建筑物沉降测试、白蚁蚁害检测、危房鉴定等事项，属于此类受限情形。④受委托人或者其他相关当事人等方面限制的情形。此类受限情形通常是由于相关当事人不配合导致资产评估专业人员不能进入现场工作，或者不提供进行现场调查所需要的资料等。例如，涉及非控股股东（尤其是少数股东）的评估项目控股股东不配合资产评估专业人员履行现场调查程序，金融不良资产处置、司法纠纷所涉资产等评估业务中债务（或担保人）以及涉案资产产权持有人等不配合资产评估专业人员履行现场调查程序。

（5）当现场调查工作受限时，资产评估专业人员应当从对评估结论的影响程度和替代程序两个角度，判断是否继续执行或终止评估业务。如果无法采取替代程序对评估对象进行现场调查，或者即使履行替代程序，也无法消除原定程序受限对评估结论产生重大影响的事实，或者无法判断其影响程度，评估机构应当终止执行评估业务。如果通过实施替代程序之后，受限事项并不会对评估结论产生重大影响，评估机构可以继续执行评估业务，但是资产评估专业人员应当在工作底稿中予以说明，分析其对评估结论的影响程度，并在资产评估报告中说明所受限制情况、所采取的替代程序及其对评估结论合理性的影响。A资产评估机构直接终止执行评估业务的做法不恰当。

第六章 资产评估方法

考试大纲

第六章	考试目的	考查考生对资产评估基本方法内涵、使用前提、具体方法的掌握情况，以及对资产评估基本方法和具体方法的应用能力。
资产评估方法	考试内容及要求	
	掌握的内容（★★★）	1. 市场法及其应用前提。
		2. 市场法的可比因素。
		3. 常用的市场法具体方法及应用。
		4. 收益法及其应用前提。
		5. 收益额、折现率和收益期限及其确定。
		6. 收益法具体情形的公式及应用。
		7. 成本法及其应用前提。
		8. 重置成本、实体性贬值、功能性贬值和经济性贬值及其确定。
	熟悉的内容（★★）	1. 市场法评估的基本步骤。
		2. 收益法评估的基本步骤。
		3. 货币时间价值。
		4. 成本法评估的基本步骤。
		5. 恰当选择资产评估方法的要求和内容。
	了解的内容（★）	1. 市场法、收益法和成本法的适用范围。
		2. 市场法、收益法和成本法的局限。

考情分析

本章主要介绍资产评估的基本方法，需要考生掌握市场法及其应用前提，收益法及其应用前提，成本法及其应用前提，具备对资产评估基本方法和具体方法的应用能力。资产评估基本方法涵盖的具体方法较为复杂，是评估实务中必须掌握的内容，也是考试中重要的一章，可以在选择题中命题，亦可在综合题中体现计算的要求。

本章内容变动不大，计算方法较为基础，但考试命题变化多样，考试题的复杂程度高于教材中的例题，是很有可能的，考生学习时需要予以高度关注，有针对性地多做练习，提高熟练程度。

教材主要变化

本章考试大纲无变化，教材中只对部分文字表述做了适当修订，增加、删除了一些内容。

考点精讲及典型例题解析

【知识点1】市场法及其应用前提（★★★）

（一）市场法的概念

市场法也称比较法、市场比较法，是指通过将评估对象与可比参照物进行比较，以可比参照物的市场价格为基础确定评估对象价值的评估方法的总称。

【提示】市场法是根据替代原理，采用比较

或类比的思路及其方法估测资产价值的评估技术方法。

(二) 市场法的应用前提

参见图 6-1。

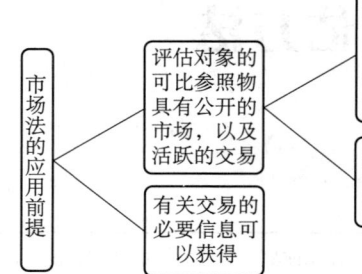

图 6-1　市场法的应用前提

【例 6-1】（多项选择题）下列有关市场法的表述，正确的是（　　）。

A. 市场法是资产评估中若干评估思路的一种，也是实现该评估技术思路的若干评估技术方法的集合

B. 企业价值评估中的交易案例比较法和上市公司比较法都属于市场法

C. 运用市场法评估资产的价值，直接利用参照物的价格，有利于节约评估成本

D. 运用市场法评估资产的价值，直观明了，较容易被资产评估业务各当事人理解和接受

E. 市场法也称比较法、市场比较法，是指通过将评估对象与可比参照物进行比较，以可比参照物的市场价格作为评估对象价值的评估方法的总称

【答案】ABD

【解析】市场法也称比较法、市场比较法，是指通过将评估对象与可比参照物进行比较，以可比参照物的市场价格为基础确定评估对象价值的评估方法的总称。市场法是资产评估中若干评估思路的一种，也是实现该评估技术思路的若干评估技术方法的集合。市场法包括多种具体方法。例如，企业价值评估中的交易案例比较法和上市公司比较法，单项资产评估中的直接比较法和间接比较法等。市场法是根据替代原理，采用比较或类比的思路及方法估测资产价值的评估技术方法。运用市场法评估资产的价值，直观明了，较容易被资产评估业务各当事人理解和接受。因此，市场法是资产评估中常用的评估方法之一。

【例 6-2】（多项选择题）下列选项中属于市场法应用前提的是（　　）。

A. 应当具备可利用的历史资料

B. 评估对象的可比参照物具有公开的市场，以及活跃的交易

C. 评估对象预期获利年限可以预测

D. 评估对象的未来预期收益可以预测并可以用货币来衡量

E. 有关交易的必要信息可以获得

【答案】BE

【解析】应用市场法进行资产评估需要满足两个基本的前提条件：一是评估对象的可比参照物具有公开的市场，以及活跃的交易；二是有关交易的必要信息可以获得。

【知识点 2】市场法评估的基本步骤（★★）

参见图 6-2。

【例 6-3】（多项选择题）关于市场法评估的基本步骤，下列表述中，错误的是（　　）。

A. 为了避免某个参照物个别交易中的特殊因素和偶然因素对成交价及评估值的影响，运用市场法评估资产时选择的参照物越多越好

B. 对参照物的选取关键是资产的可比性问题，包括功能、市场条件及成交时间等

C. 影响资产价值的基本因素大致相同，具体到每一种资产时，影响资产价值的因素也是大致相同的

D. 运用市场法的一个重要环节就是将参照物与评估对象对比指标之间的差异数量化和货币化

E. 评估专业人员可以采用算术平均法或加权平均法等方法将初步结果转换成最终评估结果

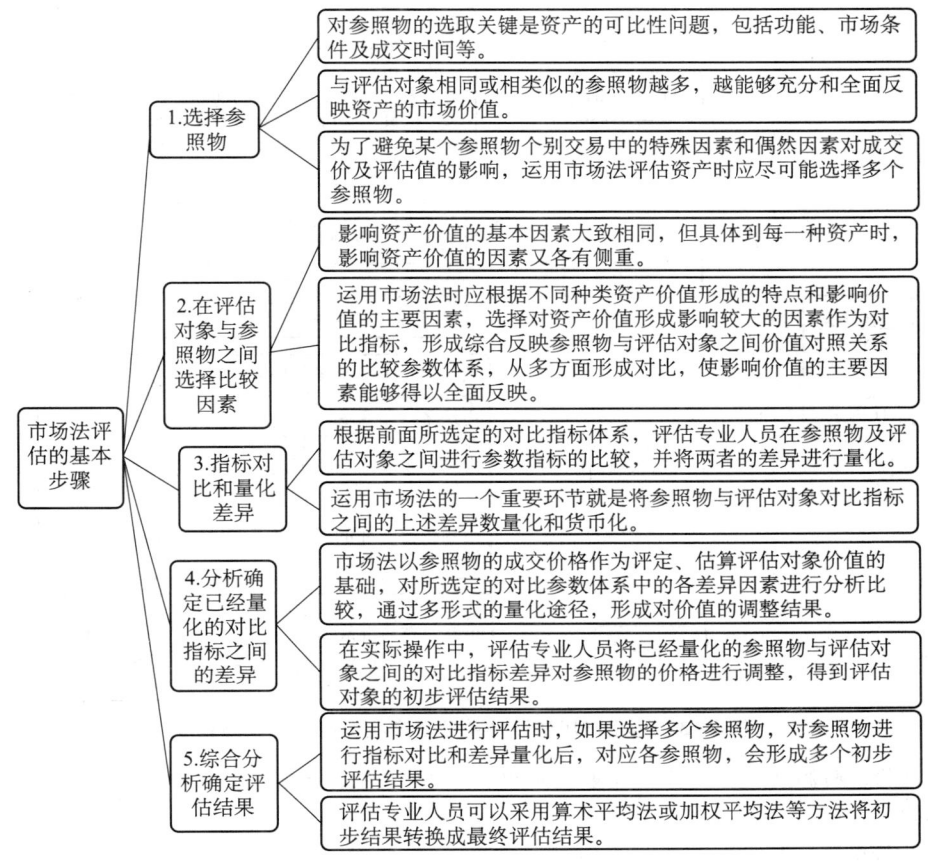

图 6-2 市场法评估的基本步骤

【答案】AC

【解析】为了避免某个参照物个别交易中的特殊因素和偶然因素对成交价及评估值的影响,运用市场法评估资产时应尽可能选择多个参照物,但并不意味着参照物越多越好,选项 A 错误;从理论上讲,影响资产价值的基本因素大致相同,如资产性质、功能、规模、市场条件等。但具体到每一种资产时,影响资产价值的因素又各有侧重,选项 C 错误。

【例 6-4】(多项选择题)运用市场法评估资产价值时,基本步骤包括(   )。

A. 选择参照物
B. 在评估对象与参照物之间选择比较因素
C. 指标对比和量化差异
D. 分析测算折现率或资本化率
E. 分析确定已经量化的对比指标之间的差异,综合分析确定评估结果

【答案】ABCE

【解析】市场法的基本步骤包括:①选择参照物;②在评估对象与参照物之间选择比较因素;③指标对比和量化差异;④分析确定已经量化的对比指标之间的差异;⑤综合分析确定评估结果。

【知识点 3】市场法的可比因素(★★★)

(一)运用市场法评估单项资产

参见图 6-3。

(二)运用市场法评估企业价值

运用市场法评估企业价值时,应当重点考虑所选取参照公司的可比性。

可比性可以通过以下两个标准来判断:

1. 行业标准。

处于同一行业的企业具有一定的可比性。

【提示】在确认被评估企业所属行业时,评估专业人员可以参考国民经济行业分类、证监会上市公司行业分类、国际通用的标准行业代码等。但需要注意的是,在依照行业标准时,评估专业人员应当尽量选取与被评估企业在主营

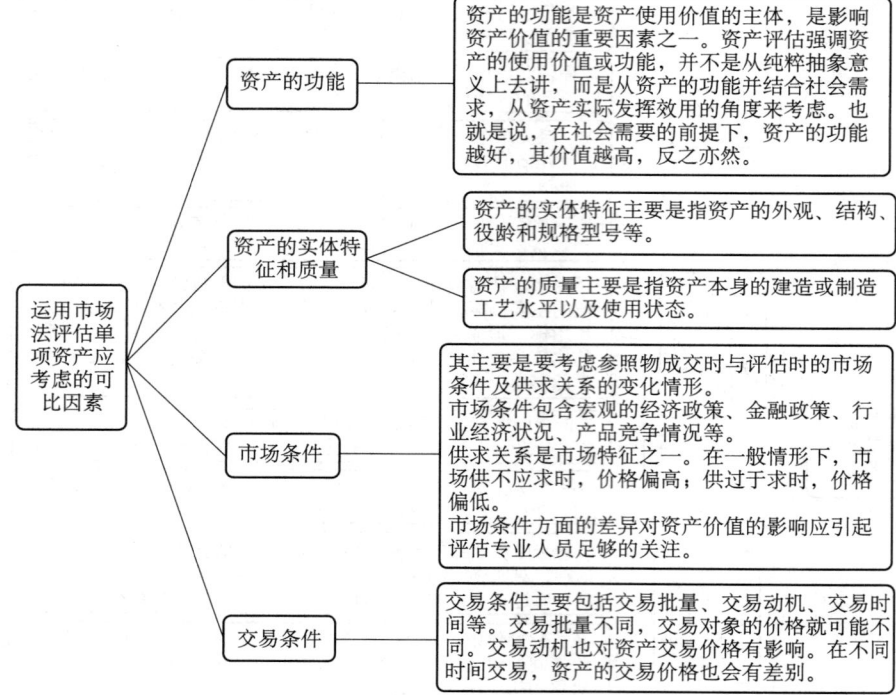

图6-3 运用市场法评估单项资产应考虑的可比因素

业务收入结构、利润结构、经营模式等方面相似的参照物。

2. 财务标准。

评估专业人员需要通过必要的分析,从业务类型及资本构成、财务指标等方面进行比较,以此体现被评估企业和可比案例之间的风险和成长差异。

【提示】除上述因素之外,评估专业人员还应当考虑股权评估交易的背景、交易日期、交易价格、收购股权的比重、影响交易价格的其他重要交易条款等。

【例6-5】(多项选择题)运用市场法评估企业价值时,应当重点考虑所选取参照公司的可比性,可比性判断的标准主要包括( )。

A. 行业标准 B. 时间标准
C. 规模标准 D. 盈亏标准
E. 财务标准

【答案】AE

【解析】运用市场法评估企业价值时,应当重点考虑所选取参照公司的可比性。可比性可以通过以下两个标准来判断:①行业标准;②财务标准。

【例6-6】(多项选择题)关于运用市场法评估单项资产应考虑的可比因素,下列表述中,正确的是( )。

A. 资产的功能
B. 资产的实体特征和质量
C. 资产的收益水平
D. 市场条件
E. 交易条件

【答案】ABDE

【解析】运用市场法评估单项资产应考虑的可比因素主要有:①资产的功能;②资产的实体特征和质量;③市场条件;④交易条件。

【例6-7】(单项选择题)资产本身的建造或制造工艺水平以及使用状态,是从( )方面对资产的描述。

A. 资产的功能 B. 资产的实体特征
C. 资产的质量 D. 资产的供求关系

【答案】C

【解析】资产的质量主要是指资产本身的建造或制造工艺水平以及使用状态。

【知识点4】常用的市场法具体方法及应用(★★★)

(一)市场法的具体方法体系

参见图6-4。

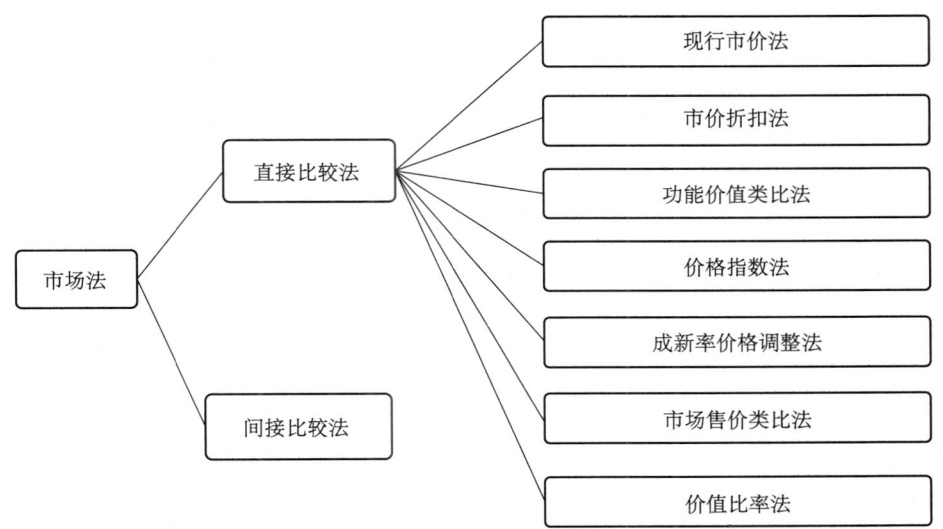

图6-4 市场法的具体方法

【提示】关于间接比较法的说明。间接比较法是利用资产的国家标准、行业标准或市场标准（标准可以是综合标准，也可以是分项标准）作为基准，分别将评估对象和参照物整体或分项对比打分从而得到评估对象和参照物各自的分值。再利用参照物的市场交易价格以及评估对象的分值与参照物的分值的比值（系数）求得评估对象价值的一类评估方法。该方法并不要求参照物与评估对象必须一样或者基本一样。

由于间接比较法需要利用国家、行业或市场标准，应用起来有较多的局限，在资产评估实践中应用并不广泛。本节重点介绍直接比较法的具体方法。

（二）直接比较法的定义及公式

直接比较法是指利用参照物的交易价格，以评估对象的某一或若干特征与参照物的同一及若干特征直接进行比较，得到两者的特征修正系数或特征差额，在参照物交易价格的基础上进行修正从而得到评估对象价值的方法。

其基本计算公式为：

评估对象价值 = 参照物成交价格 × 修正系数1 × 修正系数2 × … × 修正系数n

或：

评估对象价值 = 参照物成交价格 ± 特征差额1 ± 特征差额2 ± … ± 特征差额n

【提示】直接比较法直观简洁、便于操作，但通常对参照物与评估对象之间的可比性要求较高。参照物与评估对象要达到相同或基本相同的程度，或参照物与评估对象的差异主要体现在某几项明显的因素上，例如新旧程度、交易时间、功能、交易条件等。根据存在差异因素的不同，直接比较法的具体技术方法也不相同。

（三）直接比较法的具体方法

当参照物与评估对象的差异仅仅体现在某一基本特征上的时候，直接比较法会演变成现行市价法、市价折扣法、功能价值类比法、价格指数法和成新率价格调整法等具体评估方法。

1. 现行市价法。

当评估对象本身具有现行市场价格或与评估对象基本相同的参照物具有现行市场价格的时候，可以直接利用评估对象或参照物在评估基准日的现行市场价格作为评估对象的评估价值。

【提示】现行市价法是以成交价格为标准的，有的资产在市场交易过程中，报价或目录价与实际成交价之间会因交易对象、交易批量等原因存在差异。在运用现行市价法时要注意，评估对象或参照物在评估基准日的现行市场价格要与评估对象的价值内涵相同。

【例6-8】（多项选择题）下列资产中，可以考虑采用现行市价法评估的是（　　）。

A. 可转让的非专利技术
B. 可上市流通的股票和债券
C. 企业拥有的原材料
D. 批量生产的设备

E. 同品牌、同型号、同规格、同厂家、同批量的汽车

【答案】BCDE

【解析】可上市流通的股票和债券可按其在评估基准日的收盘价作为评估价值;企业拥有的原材料、备品备件、批量生产的设备、汽车等可按同品牌、同型号、同规格、同厂家、同批量的设备、汽车等的现行市场价格作为评估价值。

2. 市价折扣法。

市价折扣法是以参照物成交价格为基础,考虑到评估对象在销售条件、销售时限或销售数量等方面的差异,按照评估人员的经验或有关部门的规定,设定一个价格折扣率来估算评估对象价值的方法。其计算公式为:

资产评估价值 = 参照物成交价格 × (1 - 价格折扣率)

【提示】此方法一般只适用于评估对象与参照物之间仅存在交易条件方面差异的情形。

【例6-9】(单项选择题)评估某拟快速变现资产,在评估基准日与其完全相同资产的正常变现价为20万元,经资产评估师综合分析,认为快速变现的折扣率应为30%。因此,确定该拟快速变现资产的评估价值为( )万元。

A. 14 B. 6
C. 7 D. 10

【答案】A

【解析】根据题中条件,应用市价折扣法评估。资产评估价值 = 20 × (1 - 30%) = 14 (万元)。

3. 功能价值类比法。

功能价值类比法(亦称类比估价法)是以参照物的成交价格为基础,考虑参照物与评估对象之间的功能差异进行调整来估算评估对象价值的方法。

根据资产的功能与其价值之间的关系可分为线性关系和指数关系两种情形。

(1) 资产价值与其功能呈线性关系的情形,通常被称作生产能力比例法,其计算公式为:

资产评估价值 = 参照物成交价格 × 评估对象生产能力 ÷ 参照物生产能力

【提示】功能价值类比法不仅仅表现在资产的生产能力这一项指标上,还可以通过对参照物与评估对象的其他功能指标的对比,利用参照物成交价格推算出评估对象价值。

【例6-10】(单项选择题)评估对象年生产能力为100吨,参照资产的年生产能力为150吨,评估基准日参照资产的市场价格为9万元,由此确定评估对象的评估价值为( )万元。

A. 5 B. 10
C. 6 D. 9

【答案】C

【解析】根据题中条件,应用生产能力比例法评估。资产评估价值 = 9 × 100 ÷ 150 = 6 (万元)。

(2) 资产价值与其功能呈指数关系的情形,通常被称作规模经济效益指数法,其计算公式为:

资产评估价值 = 参照物成交价格 × (评估对象生产能力 ÷ 参照物生产能力)^x

式中,x 为功能价值指数。

【例6-11】(单项选择题)评估对象年生产能力为80吨,参照资产的年生产能力为100吨,评估基准日参照资产的市场价格为10万元,该类资产的功能价值指数为0.6,由此确定评估对象的评估值大约为( )万元。

A. 5.0 B. 9.6
C. 9.8 D. 8.7

【答案】D

【解析】根据题中条件,应用规模经济效益指数法评估。资产评估价值 = 10 × (80 ÷ 100)$^{0.6}$ = 8.7 (万元)。

4. 价格指数法。

价格指数法(亦称物价指数法)是基于参照物的成交时间与评估对象的评估基准日之间的时间间隔引起的价格变动对资产价值的影响,以参照物成交价格为基础,利用价格变动指数(或价格指数)调整参照物成交价,从而得到评估对象价值的方法。其计算公式为:

(1) 资产评估价值 = 参照物成交价格 × (1 + 价格变动指数)

①运用定基价格变动指数修正。

资产评估价值 = 参照物资产交易价格 × $\dfrac{1 + 评估基准日资产定基价格变动指数}{1 + 参照物交易日资产定基价格变动指数}$

②运用环比价格变动指数修正。

资产评估价值 = 参照物成交价格 × 参照物交易期日至评估基准日各期 (1 + 环比价格变动指数) 乘积

(2) 资产评估价值＝参照物成交价格×价格指数

①运用定基指数修正。

资产评估价值＝参照物资产交易价格 × $\dfrac{评估基准日资产定基价格指数}{参照物交易日资产定基价格指数}$

②运用环比指数修正。

资产评估价值＝参照物成交价格×参照物交易日至评估基准日各期环比价格指数乘积

【提示】价格指数法一般只运用于评估对象与参照物之间仅有时间因素存在差异的情形，且时间差异不能过长。

【例6-12】（单项选择题）与评估对象完全相同的参照资产6个月前的正常成交价格为8万元，半年间该类资产的价格上升了10%，该评估对象的评估价值为（　　）万元。

A. 8　　　　　　　　B. 9
C. 8.8　　　　　　　D. 10.8

【答案】C

【解析】根据题中条件，应用价格指数法评估。评估对象的评估价值为：资产评估价值＝8×（1＋10%）＝8.8（万元）。

【例6-13】（单项选择题）已知某资产在2020年1月初的交易价格为800万元，该类资产已不再生产，该类资产价格的变化情况如下：2020年1-5月的环比价格指数为：101.6%、97.3%、102.5%和104.7%，则评估对象在2020年5月初的评估价值为（　　）万元。

A. 848.7　　　　　　B. 761.2
C. 881.6　　　　　　D. 892.5

【答案】A

【解析】根据题中条件，应用价格指数法评估。资产评估价值＝800×101.6%×97.3%×102.5%×104.7%＝848.7（万元）。

【例6-14】（单项选择题）被评估设备于2019年6月30日进行评估。该类设备2019年上半年各月月末的价格同2018年年底相比，分别上涨了3.5%、4.7%、5.8%、6.3%、8.6%和9.5%。其中参照设备在2019年3月底的正常成交价格为88600元，则被评估设备于2019年6月30日的价值为（　　）元。

A. 92662　　　　　　B. 90945
C. 91698　　　　　　D. 90569

【答案】C

【解析】评估价值＝88600×（1＋9.5%）÷（1＋5.8%）＝91698（元）。

5. 成新率价格调整法。

成新率价格调整法是以参照物的成交价格为基础，考虑参照物与评估对象新旧程度上的差异，通过成新率调整估算出评估对象的价值。

其计算公式为：

资产评估价值＝参照物成交价格×评估对象成新率/参照物成新率

其中

资产的成新率＝$\dfrac{资产的尚可使用年限}{资产的已使用年限＋资产的尚可使用年限}$×100%

【提示】此方法一般只运用于评估对象与参照物之间仅有成新程度差异的情形。当然，此方法略加改造也可以作为计算评估对象与参照物成新程度差异调整率和差异调整值的方法。

【例6-15】（多项选择题）运用使用年限法估测资产的成新率，涉及的基本参数是（　　）。

A. 资产的总使用年限
B. 资产的技术水平
C. 资产的已使用年限
D. 资产的生产能力
E. 资产的尚可使用年限

【答案】ACE

【解析】资产的总使用年限＝资产的已使用年限＋资产的尚可使用年限，资产的成新率＝$\dfrac{资产的尚可使用年限}{资产的已使用年限＋资产的尚可使用年限}$×100%。

6. 市场售价类比法。

市场售价类比法是以参照物的成交价格为基础，考虑参照物与评估对象在功能、市场条件和销售时间等方面的差异，通过对比分析和量化差异，调整估算出评估对象价值的一种方法。其计算公式为：

资产评估价值＝参照物售价＋功能差异值＋时间差异值＋…＋交易情形差异值

或：

资产评估价值＝参照物售价×功能价值修正系数×交易时间修正系数×…×交易情形修正系数

【例6-16】（单项选择题）运用市场售价类比法评估资产价值时，可能用到的下列修正系数中，错误的计算公式是（　　）。

A. 功能价值修正系数＝评估对象生产能力÷参照物生产能力

B. 交易时间修正系数＝评估对象的定基价格指数÷参照物的定基价格指数

C. 成新程度修正系数＝评估对象成新率÷参照物成新率

D. 交易情形修正系数＝参照物交易情形÷正常交易情形

【答案】D

【解析】交易情形修正系数＝正常交易情形÷参照物交易情形。

7. 价值比率法。

（1）价值比率法概述。价值比率法，是指利用参照物的市场交易价格，其与某一经济参数或经济指标相比较形成的价值比率作为乘数或倍数，乘以评估对象的同一类经济参数或经济指标，从而得到评估对象价值的一种具体评估方法。常用的价值比率如图6－5所示。

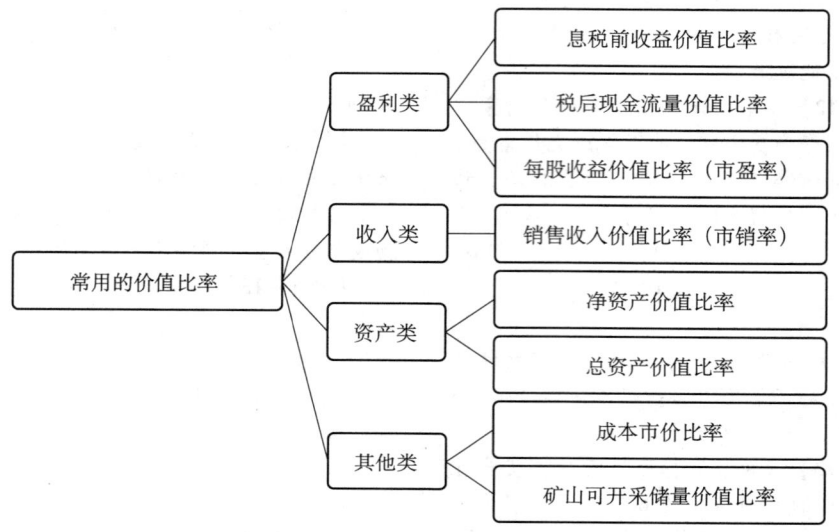

图6－5 常用的价值比率

（2）价值比率法的两种方法。

①上市公司比较法。是指获取并分析可比上市公司的经营和财务数据，计算适当的价值比率，在与被评估企业比较分析的基础上，确定被评估企业价值的具体方法。

【提示】上市公司比较法中的可比企业应当是公开市场上正常交易的上市公司。

②交易案例比较法。是指获取并分析可比企业的买卖、收购及合并案例资料，计算适当的价值比率，在与被评估企业比较分析的基础上，确定被评估企业价值的具体方法。

运用交易案例比较法时，应当考虑被评估企业与交易案例的差异因素对价值的影响。

【提示】计算企业价值的关键点参见图6－6。

【提示】尽管价值比率有很多种，但在评估实务中，最常用的有市销率、市净率和市盈率。

【例6－17】（多项选择题）采用价值比率法评估企业价值，关于价值比率的选取，下列表述中，正确的是(　　)。

A. 亏损企业一般不采用与净利润相关的价值乘数

B. 可比参照物与被评估企业的资本结构存在较大差异，则不宜选择部分投资口径的价值乘数

C. 轻资产企业不宜选择与资产规模相关的价值乘数，应当考虑与收益口径相关的指标

D. 对于成本和利润较为稳定的企业，可以采用收益口径的价值乘数进行评估

E. 可比参照物与被评估企业的税收政策不一致，偏向于采用与税后收益相关的指标

【答案】ABCD

【解析】可比参照物与被评估企业的税收政策不一致，偏向于采用与税前收益相关的指标，从而避免了由于税收不一致而导致的价值差异性。

（3）两种简单的价值比率及其相应的具体评估方法。

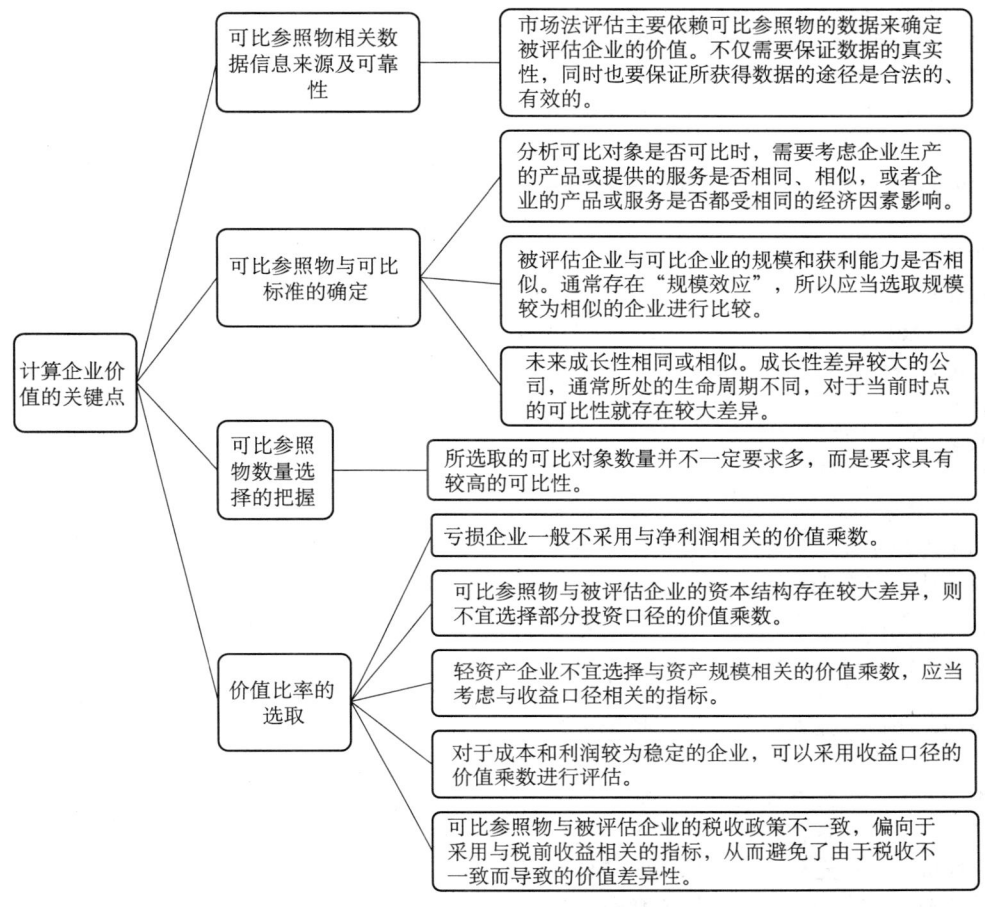

图6-6 计算企业价值的关键点

①成本市价法。成本市价法是以评估对象的现行合理成本为基础，利用参照物的成本市价比率来估算评估对象价值的方法。

计算公式：

资产评估价值 = 参照物成交价 × 评估对象现行合理成本/参照物现行合理成本

【例6-18】（单项选择题）评估基准日某设备的成本市价率为120%，已知被估全新设备的现行合理成本为30万元，则其市价为（　　）万元。

A. 30　　　　　　B. 32
C. 36　　　　　　D. 40

【答案】C

【解析】根据题中条件，应用成本市价法评估。资产评估价值 = 30 × 120% = 36（万元）。

②市盈率倍数法。市盈率倍数法主要适用于企业价值的评估。市盈率倍数法是以参照物（企业）的市盈率作为乘数（倍数），以此乘数与被评估企业相同口径的收益额相乘估算被评估企业价值的方法。

计算公式：

企业评估价值 = 被评估企业相同口径收益额 × 参照物（企业）市盈率

【例6-19】（单项选择题）某被估企业的年净利润为800万元，评估基准日资本市场上同类企业平均市盈率为15倍，则该企业的评估价值为（　　）万元。

A. 10000　　　　B. 12000
C. 15000　　　　D. 18000

【答案】B

【解析】根据题中条件，应用市盈率倍数法评估。该企业的评估价值 = 800 × 15 = 12000（万元）。

（四）直接比较法的评价

直接比较法具有适用性强、应用广泛的特点。虽然比较直观、简单明了，但此方法强调参照对象与评估对象之间的可比性。另外，该法对信息资料的数量和质量要求较高，而且要求评估专业人员要有较丰富的评估经验、市场阅历和评估技巧。

【知识点5】市场法的适用范围与局限（★）

（一）市场法的适用范围

市场法通常被用于评估具有活跃公开市场且有可比成交案例的资产。市场法被用于评估整体资产价值时，通常是用来评估企业价值。其中，最常用的是价值比率法，以参照企业的价值比率作为调整手段，以此比率与被评估企业的相关的财务指标（如利润、息税前利润、销售收入）相乘估算被评估企业价值。

（二）市场法的局限

如果不存在资产的成本和效用以及市场对其价值的认知严重偏离的情形下，市场法通常是三大方法中较为有效、可理解、客观的方法，运用比较广泛。然而，目前我国市场对诸如企业价值等资产的认知和反映仍会受到非理性因素的影响，评估专业人员在使用市场法进行资产评估的过程中就需要特别关注可比案例和评估对象在风险、收益方面的差异，深刻把握当前市场价格和资产价值之间的差异性，避免用价格取代价值；在充分分析市场认知与价值内在差异性的基础上，合理调整价值乘数等相关因子，得到评估对象的评估价值。

【例6-20】（单项选择题）下列选项中，一般不适合用市场法评估的是( )。

A. 二手机器设备　　B. 房地产
C. 部分软件著作权　D. 非专利技术

【答案】D

【解析】市场法通常被用于评估具有活跃公开市场且有可比性的资产，比如二手机器设备和房地产以及部分软件著作权等，非专利技术通常不存在活跃公开市场。

【知识点6】货币时间价值（★★）

（一）货币时间价值的概念

货币时间价值，是指一定量货币资本在不同时点上的价值量差额。货币的时间价值来源于货币进入社会再生产过程后的价值增值。通常情况下，它是指没有风险也没有通货膨胀情况下的社会平均资金利润率，是利润平均化规律发生作用的结果。

（二）货币时间价值的计算

根据货币时间价值理论，可以将某一时点的货币价值金额折算为其他时点的价值金额。

1. 复利终值和现值。

复利计息方法是指每经过一个计息期，就要将该期所派生的利息加入本金再计算利息，逐期滚动计算，俗称"利滚利"。这里所说的计息期，是指相邻两次计息的间隔，如年、月、日等。除非特别说明，计息期一般为一年。

（1）复利终值。复利终值指一定量的货币按复利计算的若干期后的本利总和。复利终值的计算公式如下：

$$F = P(1+r)^n$$

式中，F为终值，P为现值，r为利率，n为计息期（下同），$(1+r)^n$为复利终值系数，一般记作$(F/P, r, n)$。

【例6-21】（单项选择题）小明将10000元存入银行，复利年利率为3.5%，存满3年，她可以取出( )元。

A. 12125　　　　B. 11087
C. 11099　　　　D. 12065

【答案】B

【解析】本题中，$P = 10000$元，$r = 3.5\%$，$n = 3$，则$F = P(1+r)^3 = 10000 \times (1+3.5\%)^3 = 11087$（元）。

（2）复利现值。复利现值是指未来某期的一定量的货币按复利贴现至现在的价值。复利现值的计算公式如下：

$$p = \frac{F}{(1+r)^n}$$

式中，$\frac{1}{(1+r)^n}$为复利现值系数，一般记作$(P/F, r, n)$。

【例6-22】（单项选择题）小明为了3年后能从银行取出20000元，在复利年利率为3.5%的情况下，她当前应存入( )元。

A. 19012　　　　B. 18067
C. 18039　　　　D. 19036

【答案】C

【解析】本例中，$F = 20000$元，$r = 3.5\%$，$n = 3$，则$P = \frac{F}{(1+r)^n} = \frac{20000}{(1+3.5\%)^3} = 18039$（元）。

2. 年金终值和年金现值。

年金分类如图6-7所示。

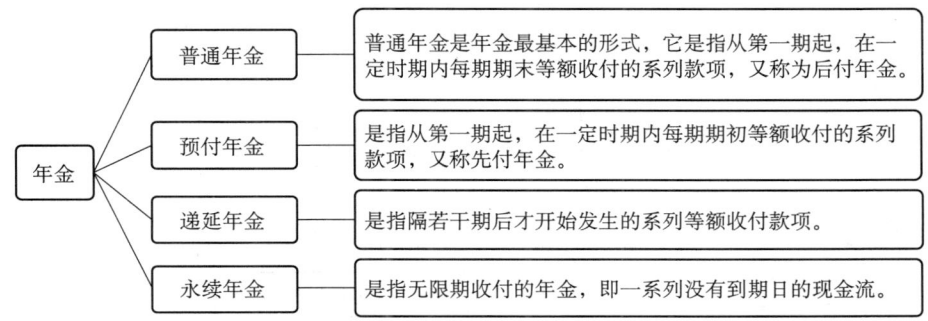

图 6-7 年金的分类

(1) 年金终值。

①普通年金终值。普通年金终值是指普通年金最后一次收付时点的本利和，它是每次收付款项的复利终值之和。普通年金终值的计算实际上就是已知年金 A，求终值 F_A。

根据复利终值的方法，计算年金终值的公式为：

$$F_A = A\sum_{i=1}^{n}(1+r)^{i-1} = A\frac{(1+r)^n - 1}{r}$$

式中，$\frac{(1+r)^n - 1}{r}$ 称为年金终值系数，记作 $(F/A, r, n)$。如图 6-8 所示。

②预付年金终值。预付年金终值是指一定时期内每期期初等额收付的系列款项的终值。预付年金终值的计算公式为：

(2) 年金现值。

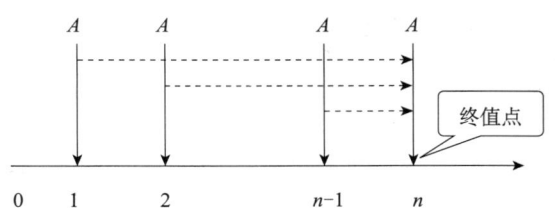

$F = A(1+r)^{n-1} + A(1+r)^{n-2} + \cdots + A(1+r) + A$

$= A \times \frac{(1+r)^n - 1}{r}$ 年金终值系数 $(F/A, r, n)$

图 6-8

$$F_A = A(1+r)\sum_{i=1}^{n}(1+r)^{i-1} = A\frac{(1+r)^n - 1}{r}(1+r)$$

如图 6-9 所示。

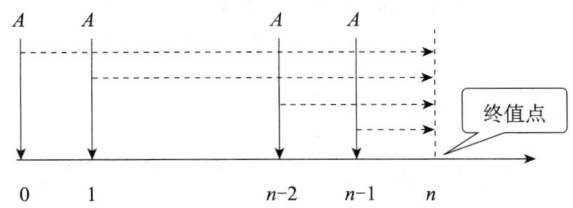

$F = A(1+r)^n + A(1+r)^{n-1} \cdots + A(1+r)^2 + A(1+r)$

$= A \times \frac{(1+r)^n - 1}{r}(1+r)$ 预付年金终值系数 $(F/A, r, n) \times (1+r)$

图 6-9

①普通年金现值。普通年金现值是指普通年金折算到第一期期初的现值之和。根据复利现值的方法计算年金现值的公式为：

$$P_A = A\sum_{i=1}^{n}\frac{1}{(1+r)^i} = A\frac{1-(1+r)^{-n}}{r}$$

式中，$\frac{1-(1+r)^{-n}}{r}$ 称为年金现值系数，记作 $(P/A, r, n)$。如图 6-10 所示。

②预付年金现值。预付年金现值是指将预付年金折算到第一期期初的现值之和。预付年金现值的计算公式如下：

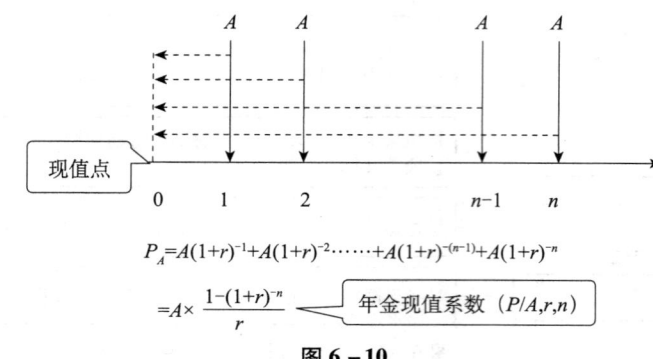

图 6-10

$$P_A = A\frac{1-(1+r)^{-n}}{r}(1+r)$$

如图 6-11 所示。

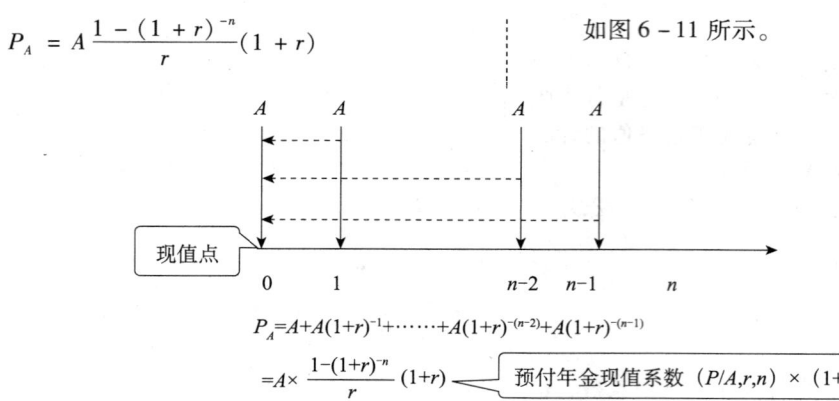

图 6-11

③递延年金现值。递延年金现值是指对递延年金按照复利计息方式折算的现时价值。递延年金现值的计算方法有三种。

计算方法一：先将递延年金视为 n 期普通年金，求出递延期期末的普通年金现值，然后再折算到现在，即第 0 期价值。

$$P_A = A\ (P/A,\ r,\ n)\ (P/F,\ r,\ m)$$

式中，m 为递延期，n 为连续收支期数，即年金期。

计算方法二：先计算 $m+n$ 期年金现值，再减去 m 期年金现值。

$$P_A = A\ [\ (P/A,\ r,\ m+n)\ -\ (P/A,\ r,\ m)\ ]$$

计算方法三：先求递延年金终值，再折现为现值。

$$P_A = A\ (F/A,\ r,\ n)\ (P/F,\ r,\ m+n)$$

④永续年金现值。永续年金现值可以看成是一个 n 无穷大时普通年金的现值，永续年金现值计算如下：

$$P_A(n \to \infty) = A\frac{1-(1+r)^{-n}}{r} = A/r$$

（3）年偿债基金的计算。

年偿债基金是指为了在约定的未来某一时点清偿某笔债务或积累一定数额的资金而必须分次等额形成的存款准备金，也就是使年金终值达到既定金额的年金数额（即已知终值 F，求年金 A）。在普通年金终值公式中解出 A，这个 A 就是年偿债基金。

$$A = F_A\frac{r}{(1+r)^n - 1}$$

式中，$\dfrac{r}{(1+r)^n - 1}$ 称为偿债基金系数，记作 $(A/F,\ r,\ n)$。

（4）年资本回收额的计算。

年资本回收额是指在约定年限内每期等额回收初始投入资本的金额。年资本回收额的计算实际上是已知普通年金现值 P，求年金 A。

$$A = P_A\frac{r}{1-(1+r)^{-n}}$$

式中，$\dfrac{r}{1-(1+r)^{-n}}$ 称为资本回收系数，记作 $(A/P,\ r,\ n)$。

【提示】货币时间价值计算公式总结。参见表 6-1。

表 6-1　　　　　　　　　　　　货币时间价值计算公式

	终值	现值
一次性复利	$F = P(1+r)^n = P(F/P, r, n)$	$P = \dfrac{F}{(1+r)^n} = F(P/F, r, n)$
普通年金	$F_A = A\dfrac{(1+r)^n - 1}{r} = A(F/A)$	$P_A = A\dfrac{1-(1+r)^{-n}}{r} = A(P/A, r, n)$
预付年金	$F_A = A(F/A, r, n) \times (1+r)$	$P_A = A(P/A, r, n) \times (1+r)$
递延年金	$F_A = A(F/A, r, n)$，终值计算与递延期无关	① $P_A = A(P/A, r, n)(P/F, r, m)$ ② $P_A = A[(P/A, r, m+n) - (P/A, r, m)]$ ③ $P_A = A(F/A, r, n)(P/F, r, m+n)$
永续年金	无终值	$P_A = A/r$
偿债基金系数	普通年金终值系数的倒数，$(A/F, r, n)$	——
资本回收系数		普通年金现值系数的倒数，$(A/P, r, n)$

【例 6-23】（单项选择题）下列各项中，可以直接或间接利用普通年金终值系数计算出确切结果的是（　　）。

A. 偿债基金　　　B. 预付年金现值
C. 永续年金现值　D. 永续年金终值

【答案】A

【解析】普通年金终值系数和偿债基金系数互为倒数。

【例 6-24】（单项选择题）小王拟购置一处房产，开发商开出的付款条件是：3 年后每年年末支付 15 万元，连续支付 10 次，共 150 万元，假设资本成本率为 10%。则下列计算其现值的表达式正确的是（　　）。

A. $15 \times (F/A, 10\%, 10)(P/F, 10\%, 14)$
B. $15 \times (P/A, 10\%, 10)(P/F, 10\%, 3)$
C. $15 \times [(P/A, 10\%, 14)(P/A, 10\%, 4)]$
D. $15 \times (P/A, 10\%, 10)(P/F, 10\%, 4)$

【答案】B

【解析】"3 年后每年年末支付 15 万元，连续支付 10 次"意味着从第 4 年开始每年年末支付 15 万元，连续支付 10 次。因此，递延期 $m = 3$，年金个数 $n = 10$，因此正确答案为选项 B。

【例 6-25】（单项选择题）如果（F/P，12%，5）= 1.7623，则（P/F，12%，5）等于（　　）。

A. 0.6839　　　B. 0.7623
C. 0.5674　　　D. 0.9885

【答案】C

【解析】（P/F，12%，5）= 1/（F/P，12%，5）= 1/1.7623 = 0.5674。

【例 6-26】（单项选择题）根据货币时间价值理论，在普通年金现值系数的基础上，期数减 1，系数加 1 得到的是（　　）。

A. 递延年金现值系数
B. 预付年金现值系数
C. 后付现金现值系数
D. 永续年金现值系数

【答案】B

【解析】在普通年金现值系数的基础上，期数减 1，系数加 1 将得到预付年金现值系数。

【例 6-27】（单项选择题）某公司 2020 年年初向银行贷款 1000 万元，计划于 5 年之后一次还清所有贷款，假定银行利息率为 10%，（F/A，10%，5）= 6.1051，（P/A，10%，5）= 3.7908，则应从现在起每年年末等额存入银行（　　）万元。

A. 255.6　　　B. 263.8
C. 278.4　　　D. 163.8

【答案】B

【解析】本题属于已知年金现值倒求年金的问题，即计算年资本回收额。$A = P_A \dfrac{r}{1-(1+r)^{-n}}$ = 1000/3.7908 = 263.8（万元）。

3. 利率的计算。

（1）插值法。

已知现值和终值的情况下，如何计算利率？复利计息方式下，利率与现值（或者终值）系数之间存在一定的数量关系。已知现值（或者终值）系数，则可以通过插值法计算对应的利率。

$$r = r_1 + \frac{B - B_1}{B_2 - B_1}(r_2 - r_1)$$

式中，所求利率为 r，r 对应的现值/终值系数为 B，B_1、B_2 为现值/终值系数表中与 B 相邻的系数，r_1、r_2 为 B_1、B_2 对应的利率。

①若已知复利现值（或者终值）系数 B 以及期数 n，可以查"复利现值（或者终值）系数表"，找出与已知复利现值（或者终值）系数最接近的两个系数及其对应的利率，按插值法公式计算利率。

【例 6-28】（单项选择题）小明将 100000 元存入银行，她想在 20 年后连本带利取出 500000 元，则银行存款的年利率为（　　）。

A. 9.28%　　　　B. 7.76%
C. 8.84%　　　　D. 8.36%

【答案】D

【解析】小明将 100000 元存入银行，她想在 20 年后连本带利取出 500000 元，说明复利终值系数要达到 5，即 $100000 \times (F/P, r, 20) = 500000$（元），亦即 $(F/P, r, 20) = 5$，需要应用插值法求出 r 值。

当 $r = 8\%$ 时，$(F/P, r, 20) = 4.6610$
当 $r = 9\%$ 时，$(F/P, r, 20) = 5.6044$
因此，r 介于 8% 和 9% 之间

$$r = r_1 + \frac{B - B_1}{B_2 - B_1}(r_2 - r_1)$$
$$= 8\% + \frac{5 - 4.6610}{5.6044 - 4.6610} \times (9\% - 8\%)$$
$$= 8.36\%$$

②若已知年金现值（或者终值系数）以及期数 n，可以查"年金现值（或者终值）系数表"，找出与已知年金现值（或者终值）系数最接近的两个系数及其对应的利率，按插值法公式计算利率。

【例 6-29】（单项选择题）某公司年初借入资本 2000 万元，借款期为 9 年，每年的还本付息额为 400 万元，则该笔借款的利率为（　　）。

A. 13.72%　　　　B. 13.82%
C. 13.92%　　　　D. 15.36%

【答案】A

【解析】本题需要利用插值法求利息率。某公司年初借入资本 2000 万元，借款期为 9 年，每年的还本付息额为 400 万元，说明如下等式成立：$2000 = 400 \times (P/A, r, 9)$，即 $(P/A, r, 9) = 5$。

查表可得：
$(P/A, 12\%, 9) = 5.3282$，$(P/A, 14\%, 9) = 4.9464$，r 介于 12%—14%，则应用插值法，求得 $r = 13.72\%$。

③永续年金的利率可以通过公式 $r = A/P$ 计算。

【例 6-30】小明投资一项非专利技术，投入 1000000 元，该项资产预计未来每年可为小明带来 50000 元收益。若该项投资为永续收益性投资（永续年金），则收益率为（　　）。

A. 2%　　　　B. 5%
C. 1%　　　　D. 10%

【答案】B

【解析】由于每年收益为 50000 元，且为永续收益性投资，其现值应为 1000000 元，因此：$r = 50000/1000000 = 5\%$。

（2）名义利率与实际利率。

名义利率是指票面利率，实际利率是指投资者得到利息回报的真实利率。

①一年多次计息时的名义利率和实际利率。

如果以"年"作为基本计息期，每年计算一次复利，这种情况下的实际利率等于名义利率。如果按照短于一年的计息期计算复利，这种情况下的实际利率高于名义利率。名义利率与实际利率的换算关系如下：

$$i = (1 + r/m)^m - 1$$

式中，i 为实际利率，r 为名义利率，m 为每年复利计息次数。

【例 6-31】小明从银行借款 1000000 元，1 年期，合同约定的年利率为 6%，按季度复利计息，则该笔借款的实际利率是（　　）。

A. 6.14%　　　　B. 5.86%
C. 6.58%　　　　D. 5.94%

【答案】A

【解析】本题中，$r = 6\%$，$m = 4$，则 $i = (1 + r/m)^m - 1 = (1 + 6\%/4)^4 - 1 = 6.14\%$。

②通货膨胀情况下的名义利率与实际利率。

通货膨胀情况下，名义利率与实际利率之间的关系为：

1 + 名义利率 =（1 + 实际利率）×（1 + 通货膨胀率）

因此，实际利率的计算公式为：

实际利率＝（1＋名义利率）÷（1＋通货膨胀率）－1

【例6－32】小明在某商业银行存入100000元，银行规定的一年期存款年利率为4%，假设同期通货膨胀率为2.5%，则小明获得的实际利率是（　　）。

　　A．1.50%　　　　　　B．1.38%
　　C．1.58%　　　　　　D．1.46%

【答案】D

【解析】本题中，名义利率为4%，通货膨胀率为2.5%，则实际利率＝（1＋名义利率）÷（1＋通货膨胀率）－1＝（1＋4%）÷（1＋2.5%）－1＝1.46%。

【知识点7】收益法及其应用前提（★★★）

（一）收益法的概念

收益法是指通过将评估对象的预期收益资本化或者折现，来确定其价值的各种评估方法的总称。用数学式可表示为：

$$P = \sum_{i=1}^{n} \frac{R_i}{(1+r)^i}$$

式中：

P——评估价值；

R_i——未来第i年的预期收益；

r——折现率；

n——收益年限；

i——年序号。

（二）收益法的应用前提

收益法是依据资产未来预期收益经折现或本金化处理来估测资产价值的，涉及三个基本要素：①评估对象的预期收益；②折现率或资本化率；③评估对象取得预期收益的持续时间。因此，能否清晰地把握上述三要素就成为能否运用收益法的应用前提。从这个意义上来讲，应用收益法必须具备的前提条件如图6－12所示。

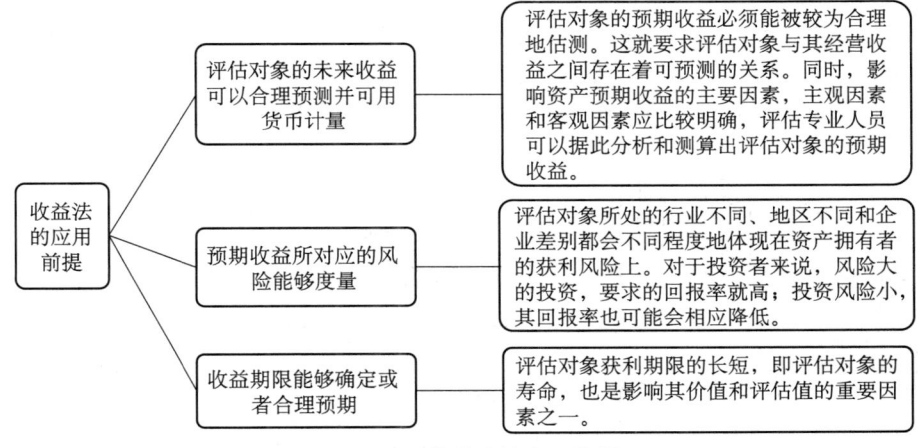

图6－12　收益法的应用前提

【例6－33】（单项选择题）下列选项中，不属于收益法应用前提的是（　　）。

　A．评估对象的未来收益可以合理预测并可用货币计量

　B．评估对象的成本可以预测并可以用货币来衡量

　C．预期收益所对应的风险能够度量

　D．收益期限能够确定或者合理预期

【答案】B

【解析】应用收益法必须具备的前提条件是：①评估对象的未来收益可以合理预期并用货币计量；②预期收益所对应的风险能够度量；③收益期限能够确定或者合理预期。

【知识点8】收益法评估的基本步骤（★★）

（一）收益法应用的主要工作

从收益法的概念可以看到，资产未来的预期收益和风险的量化是收益法应用的主要工作。

（二）收益法的基本步骤

（1）搜集或验证与评估对象未来预期收益有关的数据资料；

（2）分析测算评估对象的未来预期收益；

（3）分析测算评估对象预期收益持续的时间；

（4）分析测算折现率或资本化率；

（5）用折现率或资本化率将评估对象的未来预期收益折算成现值；

（6）分析确定评估结果。

【提示】搜集或验证与评估对象未来预期收益有关的数据资料，包括资产配置、生产能力、资金条件、经营前景、产品结构、销售状况、历史和未来的财务状况、市场形势与产品竞争、行业水平、所在地区收益状况以及经营风险等。

【例6-34】（多项选择题）下列选项中，属于收益法评估的基本步骤的是( )。

A. 搜集或验证与评估对象未来预期收益有关的数据资料

B. 分析测算评估对象的未来预期收益

C. 测算评估对象的预期贬值

D. 分析测算折现率或资本化率

E. 用折现率或资本化率将评估对象的未来预期收益折算成现值

【答案】ABDE

【解析】采用收益法进行评估，其基本步骤如下：①搜集或验证与评估对象未来预期收益有关的数据资料，包括资产配置、生产能力、资金条件、经营前景、产品结构、销售状况、历史和未来的财务状况、市场形势与产品竞争、行业水平、所在地区收益状况以及经营风险等；②分析测算评估对象的未来预期收益；③分析测算评估对象预期收益持续的时间；④分析测算折现率或资本化率；⑤用折现率或资本化率将评估对象的未来预期收益折算成现值；⑥分析确定评估结果。

【知识点9】收益额、折现率和收益期限及其确定（收益法的主要参数）（★★★）

（一）收益额

资产评估中的收益额有两个比较明确的特点：①收益额是资产未来预期收益额，而不是资产的历史收益额或现实收益额；②用于资产评估的收益额通常是资产的客观收益，而不一定是资产的实际收益。

一般来说，资产预期收益有三种可以选择的类型：净利润，净现金流量和利润总额。

净现金流量 = 净利润 + 折旧 - 追加投资（包含资本性支出和营运资金追加投资）

【提示1】从资产评估的角度看，净现金流量更适宜作为预期收益指标（见图6-13）。

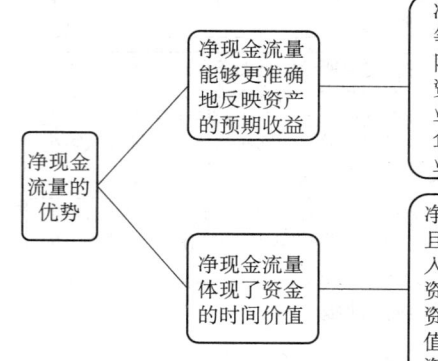

图6-13 净现金流量的优势

在评估实务操作中，为了反映评估对象的价值内涵，在预期收益的口径上会进行适当的调整，对于现金流量而言，资产评估采用的是自由现金流量。

【提示2】预测资产未来收益的方法（见图6-14）。

（二）折现率

1. 折现率的概念。

从本质上讲，折现率是一种期望投资报酬率，是投资者在投资风险一定的情形下，对投资所期望的回报率。折现率就其构成而言，由无风险报酬率和风险报酬率组成。在资产评估中，因资产的行业分布、种类、市场条件等的不同，其获取回报的风险不同，折现率亦不相同。

2. 折现率的确定。

（1）加和法。加和法是以折现率包含无风险报酬率与风险报酬率两部分为计算基础的，通过分别求取每一部分的数值，然后相加即得到折现率。

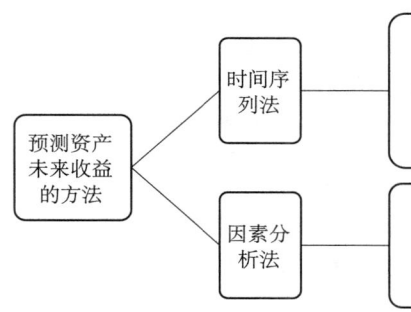

图 6-14 预测资产未来收益的方法

无风险报酬率的确定比较容易,政府债券收益率常被用来测量无风险收益率。通常认为政府短期债券(如 3 个月期限的政府债券)是最没有风险的投资对象,但由于评估通常涉及基于长期收益趋势的资产,选择长期债券利率作为无风险报酬率更为合适。因此,资产评估时最好选用较长期的政府债券收益率(1 年或 1 年以上)作为基本收益率。实务中具体采用的政府债券收益期间,应当与评估对象的预期收益期间相匹配。

折现率的风险报酬率部分反映两种风险:一是市场风险,二是与特定的评估对象或企业相联系的风险。表 6-2 以企业为例列出了风险报酬率确定过程中需考虑的主要因素。

表 6-2　　　　　　　风险报酬率相关考虑因素

与市场相关的风险		与评估对象相联系的风险	
1	行业的总体状况	1	产品或服务的类型
2	宏观经济状况	2	企业规模
3	资本市场状况	3	财务状况
4	地区经济状况	4	管理水平
5	市场竞争状况	5	资产状况
6	法律或法规约束	6	收益数量及质量
7	国家产业政策	7	区位

由上表可知,风险报酬率的量化实际上是相当困难的,且对于每一个潜在的投资者而言都会有所不同,在评估实践中风险报酬率的确定方法有多种,需根据评估对象的具体状况选择。

(2)资本资产定价模型(Capital Asset Pricing Model,CAPM)。

资本资产定价模型是通过 β 系数来量化折现率中的风险报酬率部分的常用方法。其计算公式为:

$$R = R_f + \beta(R_m - R_f)$$

式中:R——股权投资的投资报酬率;

R_m——市场平均收益率;

R_f——无风险报酬率;

β——风险系数。

(3)资本成本加权法。资本成本加权法是以企业的各种资本在企业全部资本中所占的比重为权数,对各种长期资金的资本成本加权平均计算出来的资本总成本。

如果我们把资产视作投入资金总额,即构成一个持续经营的所有有形资产和无形资产减去流动负债的净额,那么企业资产可以理解为长期负债与所有者权益之和。

当我们从长期负债和所有者权益两个方面来认识资产,长期负债和所有者权益所表现出的利息率和投资收益率必然影响折现率的计算。对于这一问题,可以采用加权平均法来处理,其计算公式为:

折现率 = 长期负债占资产总额的比重 × 长期负债利息率 × (1 - 所得税率) + 所有者权益占资产总额的比重 × 投资报酬率

其中,投资报酬率 = 无风险报酬率 + 风险报酬率,在企业价值评估中一般使用股权资本报酬率。

（4）市场法。市场法是通过寻找与评估对象相类似的资产的市场价格以及该资产的收益来倒求折现率，而不像加和法那样由折现率的各组成部分相加得出。用公式表示为：

评估对象的折现率 = ($\sum_{i=1}^{n}$ 样本资产的收益/样本资产价格) ÷ n

【提示】所谓样本资产，是指与评估对象在行业、销售类型、收益水平、风险程度、流动性等方面相类似的资产。同时市场法要求尽可能多的样本，否则不能准确反映市场对某项投资回报的普遍要求。市场法的具体运用需视具体评估对象而定。

（三）收益期限

收益期限是指资产具有获利能力并产生资产净收益的持续时间。通常以年为时间单位。它由评估专业人员根据评估对象自身效能、资产未来的获利能力、资产损耗情形及相关条件以及有关法律、法规、契约、合同等加以确定。收益期分为有限期和无限期（永续）。

【例6-35】（单项选择题）某企业在股票市场购买了A公司的股票，已知A公司股票风险收益率为14%，市场上短期国债收益率为3%，市场平均收益率为8%，则A公司股票的β系数为（　　）。

A. 2.8　　　　　　　B. 1.29
C. 2.1　　　　　　　D. 1.8

【答案】A

【解析】根据资本资产定价模型：14% = β(8% - 3%)，求得β = 2.8。

【例6-36】（单项选择题）按照资本资产定价模型，影响特定股票必要收益率的因素不包括（　　）。

A. 无风险收益率
B. 市场所有股票的平均收益率
C. 特定股票的β系数
D. 特定股票的价格

【答案】D

【解析】根据资本资产定价模型可知，影响特定股票必要收益率的因素有三个：无风险收益率、该股票的β系数和市场所有股票的平均收益率。

【例6-37】（单项选择题）某公司的资本总额为1亿元人民币，其中长期负债占40%，平均利息率为6%，所有者权益占60%。评估时五年期国债的到期收益率为5.5%，社会平均投资报酬率为7%，该公司的所得税率为25%。该公司的β系数估计为1.5。该公司的加权平均资本成本为（　　）。

A. 5.58%　　　　　　B. 6.28%
C. 6.45%　　　　　　D. 6.86%

【答案】C

【解析】该公司的所有者权益资本成本率 = 5.5% + 1.5 × (7% - 5.5%) = 7.75%；加权平均资本成本 = 60% × 7.75% + 40% × 6% × (1 - 25%) = 6.45%。

注：本题综合了资本资产定价模型和资本成本加权法。

【知识点10】收益法具体情形的公式及应用（★★★）

收益法实际上是在预期收益还原思路下若干具体方法的集合（见图6-15）。

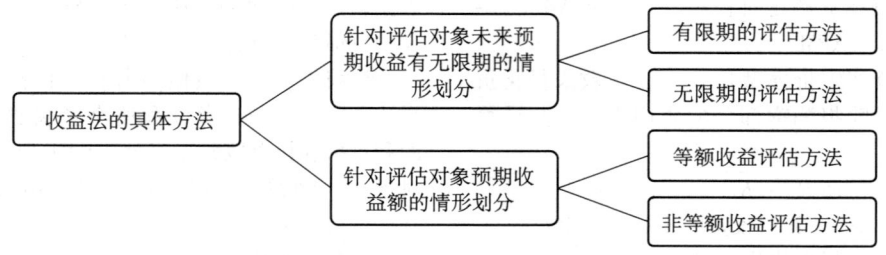

图6-15　收益法的具体方法

这些具体方法中所用的字符含义统一定义如下：

P——评估值；

i——年序号；

P_n——未来第n年的预计变现值；

R_i——未来第i年的预期收益；

r——折现率或资本化率;
n——收益年期;
t——收益年期;

A——年金。

（一）净收益不变

如表6-3所示。

表6-3　　　　　　　　　净收益不变情形下收益法的应用

净收益具体情形	计算公式	成立条件
收益永续、各因素不变	$P = A/r$	(1) 净收益每年不变; (2) 资本化率固定且大于零; (3) 收益年期无限。
收益年期有限，折现率大于零	$P = \dfrac{A}{r}\left[1 - \dfrac{1}{(1+r)^n}\right]$	(1) 净收益每年不变; (2) 折现率固定且大于零; (3) 收益年期有限为 n。
收益年期有限，折现率等于零	$P = A \times n$	(1) 净收益每年不变; (2) 收益年期有限为 n; (3) 折现率为0。

【例6-38】（单项选择题）某企业有一非专利技术，在严格保密的情况下，该技术将能持续稳定地为企业带来收益。假设在未来无限年期，该技术所产生的年收益为200万元，资本化率为8%，则该技术的评估值为（　　）万元。

A. 2000　　　　　B. 2800
C. 2500　　　　　D. 2600

【答案】C
【解析】$P = A/r = 200/8\% = 2500$（万元）。

【例6-39】（单项选择题）某啤酒生产企业欲以其生产某特制啤酒的专利权质押，从银行取得贷款。资产评估专业人员了解到，在评估基准日，该专利权的尚可使用年限为3年；根据以往的经营数据和市场对该品牌特制啤酒的认可程度，预计未来年收益将会维持在300万元。折现率假定为10%。则该特制啤酒专利权的评估价值为（　　）万元。

A. 900　　　　　B. 746
C. 782　　　　　D. 390

【答案】B
【解析】$P = \dfrac{A}{r}\left[1 - \dfrac{1}{(1+r)^n}\right] = \dfrac{300}{10\%} \times \left[1 - \dfrac{1}{(1+10\%)^3}\right] = 746$（万元）。

（二）净收益在若干年后保持不变

如表6-4所示。

表6-4　　　　　净收益在若干年后保持不变情形下收益法的应用

收益年期	计算公式	成立条件
无限年期收益	$P = \sum_{i=1}^{t} \dfrac{R_i}{(1+r)^i} + \dfrac{A}{r(1+r)^t}$	(1) 净收益在 t 年（含第 t 年）以前有变化; (2) 净收益在 t 年（不含第 t 年）以后保持不变; (3) 收益年期无限; (4) r 大于0。
有限年期收益	$P = \sum_{i=1}^{t} \dfrac{R_i}{(1+r)^i} + \dfrac{A}{r(1+r)^t}\left[1 - \dfrac{1}{(1+r)^{n-t}}\right]$	(1) 净收益在 t 年（含第 t 年）以前有变化; (2) 净收益在 t 年（不含第 t 年）以后保持不变; (3) 收益年期有限为 n; (4) r 大于0。 *这里需要注意的是，净收益 A 的收益年期是 $(n-t)$ 而不是 n。

【例6-40】（单项选择题）某公司预计一项非专利技术未来5年收益现值之和为3200万元，折现率与资本化率均为9%，第6年起该非专利技术的预期收益固定为1800万元。在持续

经营假设下，该非专利技术的评估价值约为（　　）万元。

A. 23200　　　　B. 18576
C. 16198　　　　D. 15954

【答案】C

【解析】该非专利技术的评估价值 = 3200 + 1800/9% × (P/F, 9%, 5) = 3200 + 20000 × 0.6499 = 16198（万元）。

【例6-41】（单项选择题）评估某公司一项土地使用权价值，经资产评估专业人员分析预测，该土地使用权评估基准日后未来3年的预期净收益分别为200万元、220万元、230万元，从未来第四年至第十年预期净收益将保持在240万元水平上，公司在未来第十年末的土地使用权预计变现价值为1280万元，假定适用的折现率与资本化率均为10%，该公司的该项土地使用权评估值最接近于（　　）万元。

A. 1986　　　　B. 1908
C. 1777　　　　D. 1882

【答案】B

【解析】根据该项土地使用权的收益情况，本题评估需将收益分3段计算。

第一段：第1—3年，使用复利现值系数计算：
$P_1 = 200 \times (P/F, 10\%, 1) + 220 \times (P/F, 10\%, 2) + 230 \times (P/F, 10\%, 3)$
$= 200 \times 0.9091 + 220 \times 0.8264 + 230 \times 0.7513 = 536.43$（万元）；

第二段：第4—10年，使用普通年金现值系数计算，然后使用复利现值系数将其折现到第1年年初：
$P_2 = 240 \times (P/A, 10\%, 7) \times (P/F, 10\%, 3)$
$= 240 \times 4.8684 \times 0.7513 = 877.83$（万元）；

第三段：将第10年末的预计变现值1280万元，使用复利现值系数将其折现到第1年年初：
$P_3 = 1280 \times (P/F, 10\%, 10)$
$= 1280 \times 0.3855 = 493.44$（万元）；

该项土地使用权评估值 = $P_1 + P_2 + P_3$ = 536.43 + 877.83 + 493.44 = 1907.7（万元）。

（三）净收益按等差级数变化

如表6-5所示。

表6-5　　　　净收益按等差级数变化情形下收益法的应用

净收益具体情形	计算公式	成立条件
净收益按等差级数递增，收益年期无限	$P = \dfrac{A}{r} + \dfrac{B}{r^2}$	(1) 净收益按等差级数递增； (2) 净收益逐年递增额为 B； (3) 收益年期无限； (4) r 大于0。
净收益按等差级数递增，收益年期有限	$P = \left(\dfrac{A}{r} + \dfrac{B}{r^2}\right)\left[1 - \dfrac{1}{(1+r)^n}\right] - \dfrac{B}{r} \times \dfrac{n}{(1+r)^n}$	(1) 净收益按等差级数递增； (2) 净收益逐年递增额为 B； (3) 收益年期有限为 n； (4) r 大于0。
净收益按等差级数递减，收益年期无限	$P = \dfrac{A}{r} - \dfrac{B}{r^2}$	(1) 净收益按等差级数递减； (2) 净收益逐年递减额为 B； (3) 收益年期无限； (4) r 大于0； (5) 收益递减到零为止。 ＊该数学计算公式是成立的，但完全套用于资产评估是不合适的，因为资产产权主体会根据替代原则，在资产收益递减为零之前停止使用该资产或变现资产，不会无限制地永续使用下去。
净收益按等差级数递减，收益年期有限	$P = \left(\dfrac{A}{r} - \dfrac{B}{r^2}\right)\left[1 - \dfrac{1}{(1+r)^n}\right] + \dfrac{B}{r} \times \dfrac{n}{(1+r)^n}$	(1) 净收益按等差级数递减； (2) 净收益逐年递减额为 B； (3) 收益年期有限为 n； (4) r 大于0。

（四）净收益按等比级数变化

如表6-6表示。

表 6-6　　　　　　　　净收益按等比级数变化情形下收益法的应用

净收益具体情形	计算公式	成立条件
净收益按等比级数递增，收益年期无限	$P = \dfrac{A}{r-s}$	(1) 净收益按等比级数递增； (2) 净收益逐年递增比率为 s； (3) 收益年期无限； (4) r 大于 0； (5) $r > s > 0$。
净收益按等比级数递增，收益年期有限	$P = \dfrac{A}{r-s}\left[1 - \left(\dfrac{1+s}{1+r}\right)^n\right]$	(1) 净收益按等比级数递增； (2) 净收益逐年递增比率为 s； (3) 收益年期有限； (4) r 大于 0； (5) $r > s > 0$。
净收益按等比级数递减，收益年期无限	$P = \dfrac{A}{r+s}$	(1) 净收益按等比级数递减； (2) 净收益逐年递减比率为 s； (3) 收益年期无限； (4) r 大于 0； (5) $r > s > 0$。
净收益按等比级数递减，收益年期有限	$P = \dfrac{A}{r+s}\left[1 - \left(\dfrac{1-s}{1+r}\right)^n\right]$	(1) 净收益按等比级数递减； (2) 净收益逐年递减比率为 s； (3) 收益年期有限为 n； (4) r 大于 0； (5) $0 < s \leq 1$。

（五）已知未来若干年后资产价格

计算公式为：

$$P = \dfrac{A}{r}\left[1 - \dfrac{1}{(1+r)^n}\right] + \dfrac{P_n}{(1+r)^n}$$

其成立条件是：（1）净收益在第 n 年（含 n 年）前保持不变；（2）预知资产在第 n 年的价格为 P_n；（3）r 大于 0。

（六）资产未来收益有期限，且不等值

计算公式为：

$$P = \sum_{i=1}^{n} \dfrac{R_i}{(1+r)^i}$$

其成立条件是：（1）每年预期收益不等额；（2）预期收益有限期 n；（3）r 大于 0，且固定。

【知识点 11】收益法的适用范围和局限（★）

（一）收益法的适用范围

参见图 6-16。

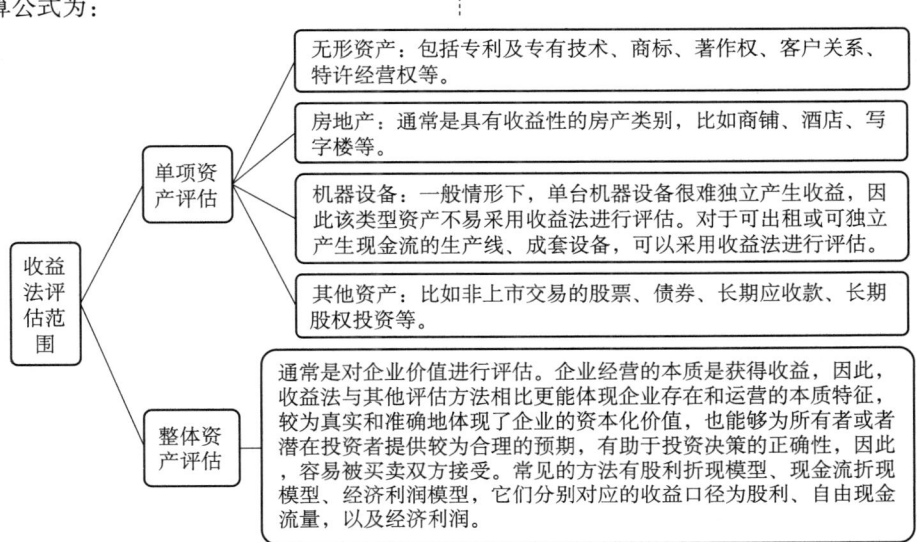

图 6-16　收益法评估范围

【提示1】用于企业评估的收益额可以有不同的口径，如净利润、净现金流量（股权自由现金流量）、息前净利润、息前净现金流量（企业自由现金流量）等。而折现率作为一种价值比率，要注意其计算口径。在运用收益法评估资产价值时，必须注意收益额与计算折现率所使用的收益额之间口径上的匹配和协调，以保证评估结果合理且有意义。

【提示2】对于企业价值评估尤其是轻资产类型的企业价值评估，收益法通常具有很强的适用性。与传统生产性企业相比，轻资产企业所拥有的固定资产、有形资产较少，其获利的主要来源是无法体现在企业财务报表中的大量无形资产。因而，如果采用资产基础法对其进行评估，则其作为盈利主体而具有的价值可能无法全面体现出来，企业价值或被严重低估。在此状况下，收益法就成为更合理的方法。

（二）收益法的局限

（1）收益法的应用需具备一定的前提条件，对于没有收益或收益无法用货币计量以及风险报酬率无法计算的资产，该方法将无法使用。

（2）收益法的操作含有较大成分的主观性，例如对未来收益的预测，对风险报酬率的确定等，从而使评估结果较难把握。

【提示】虽然从理论上讲收益法的计算公式较完美，但是如果所使用的假设条件和基于假设条件选取的数据存在问题，那么由此进行的预测也不可能准确，评估结果也就没有意义。它既需要评估人员具有科学的态度，又需要掌握预测收益和确定风险报酬率的正确方法。

【例6-42】（单项选择题）下列资产中，不宜采用收益法进行评估的是(   )。

A. 单台机器设备
B. 非上市交易的股票
C. 商铺
D. 专利及专有技术

【答案】A

【解析】一般情形下，单台机器设备很难独立产生收益，因此该类型资产不宜采用收益法进行评估。对于可出租的机器设备或可独立产生现金流的生产线、成套设备，可以采用收益法进行评估。

【知识点12】成本法及其应用前提（★★★）

（一）成本法的概念

成本法也是资产评估的基本方法之一。成本法是指按照重建或者重置被评估对象的思路，将重建或者重置成本作为确定评估对象价值的基础，扣除相关贬值，以此确定评估对象价值的评估方法的总称。上述评估思路可用公式表述为：

评估价值＝重置成本－实体性贬值－功能性贬值－经济性贬值

成本法也是一种被广泛应用的评估方法。其包括多种具体方法，如复原重置成本法、更新重置成本法、成本加和法（也称资产基础法）等。

（二）成本法的应用前提

成本法从再取得资产的角度反映资产价值，即通过资产的重置成本扣减各种贬值来反映资产价值。成本法主要适用于继续使用前提下的资产评估。对于非继续使用前提下的资产，如果运用成本法进行评估，需对成本法的基本要素做必要的调整。从相对准确合理，减少风险和提高评估效率的角度，把继续使用作为运用成本法的前提是有积极意义的（见图6-17）。

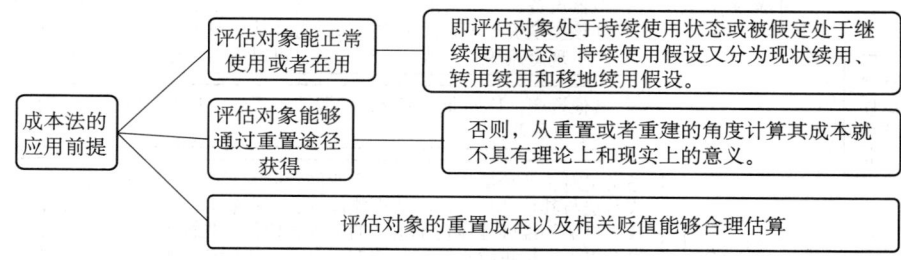

图6-17 成本发的应用前提

（三）运用成本法评估的注意事项

参见图6-18。

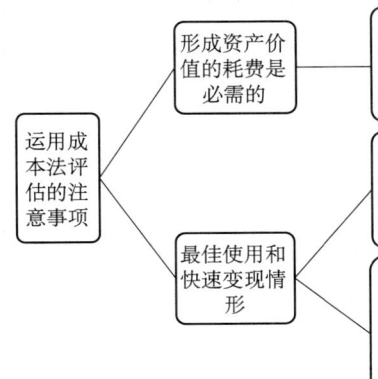

图 6-18　运用成本法评估的注意事项

【例 6-43】（单项选择题）关于成本法，下列表述中，错误的是(　　)。

A. 成本法是以评估对象的历史成本为基础的评估方法

B. 从被评估资产重建或重置的角度考虑是成本法的基本思路

C. 评估对象能正常使用或者在用是成本法的应用前提之一

D. 成本法通常要求采用能使资产价值最大化的用途

【答案】A

【解析】成本法是以评估对象的重置成本为基础的评估方法，选项 A 错误。

【例 6-44】（多项选择题）下列选项中，属于采用成本法评估资产的前提条件是(　　)。

A. 评估对象能正常使用或者在用

B. 评估对象能够通过重置途径获得

C. 评估对象的风险可以预测并可以用货币来衡量

D. 评估对象的重置成本以及相关贬值能够合理估算

E. 评估对象的预期使用寿命是有限的

【答案】ABD

【解析】采用成本法评估资产的前提条件是：①评估对象能正常使用或者在用，即评估对象处于持续使用状态或被假定处于继续使用状态。持续使用假设又分为现状续用、转用续用和移地续用假设。②评估对象能够通过重置途径获得。否则，从重置或者重建的角度计算其成本就不具有理论上和现实上的意义。③评估对象的重置成本以及相关贬值能够合理估算。

【知识点 13】成本法评估的基本步骤（★★）

参见图 6-19。

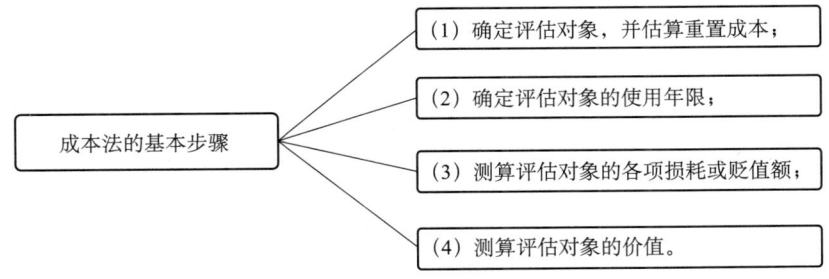

图 6-19　成本法的基本步骤

【例 6-45】（多项选择题）下列选项中，属于采用成本法评估资产的基本步骤是(　　)。

A. 确定评估对象的使用年限

B. 确定评估对象，并估算重置成本

C. 分析测算评估对象预期收益持续的时间

D. 测算评估对象的各项损耗或贬值额

E. 分析确定已经量化的对比指标之间的差异

【答案】ABD

【解析】资产评估专业人员运用成本法对评估对象进行评估时，应当遵循以下步骤：①确定评估对象，并估算重置成本；②确定评估对象的使用年限；③测算评估对象的各项损耗或贬值额；④测算评估对象的价值。

【知识点14】重置成本、实体性贬值、功能性贬值和经济性贬值及其确定（成本法的主要参数）（★★★）

（一）成本法的主要参数及其估算方法概述

就一般意义上讲，成本法的运用涉及四个基本要素，即资产的重置成本、资产的实体性贬值、资产的功能性贬值和资产的经济性贬值。在实际评估实践中，或者说在具体运用成本法评估资产的项目中，不是所有的评估项目一定都存在三种贬值，这需要根据评估项目的具体情形来定。就成本法理论而言，上述四个参数都可能存在。

各参数及其估算方法如图6-20所示。

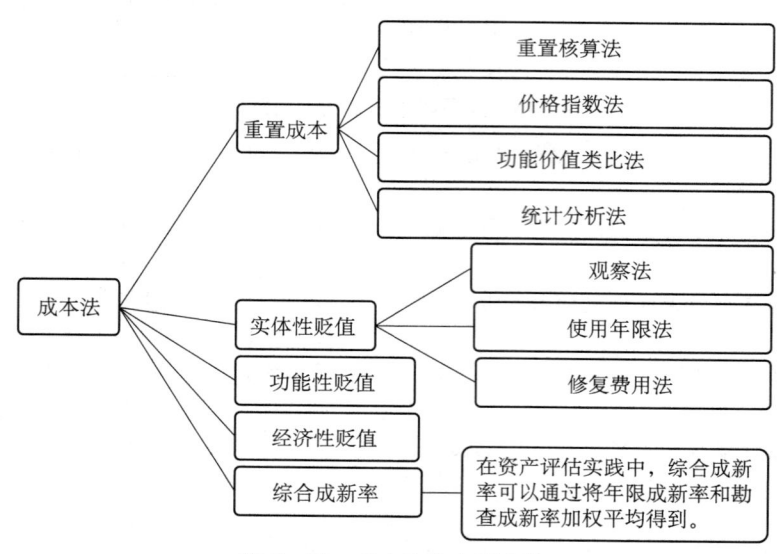

图6-20　成本法的主要参数

1. 重置成本。

资产的重置成本就是资产的现行再取得成本。重置成本的构成要素一般包括建造或者购置评估对象的直接成本、间接成本、资金成本、税费及合理的利润。重置成本应当是社会一般生产力水平的客观必要成本，而不是个别成本。重置成本的分类如图6-21所示。

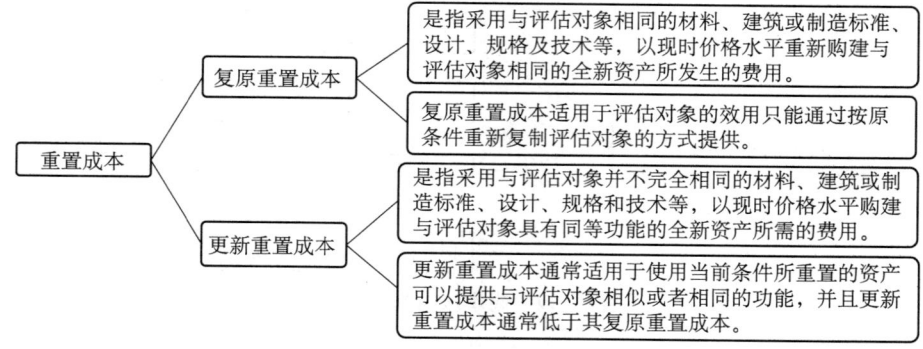

图6-21　重置成本的分类

2. 资产的实体性贬值。

资产的实体性贬值，亦称有形损耗，是指资产由于使用和自然力的作用导致资产的物理性能损耗或下降引起的资产价值损失。资产的实体性贬值通常采用相对数计量，即实体性贬值率。

3. 资产的功能性贬值。

资产的功能性贬值，是指由于技术进步引起资产功能相对落后而造成的资产价值损失。功能性贬值的具体情形如图6-22所示。

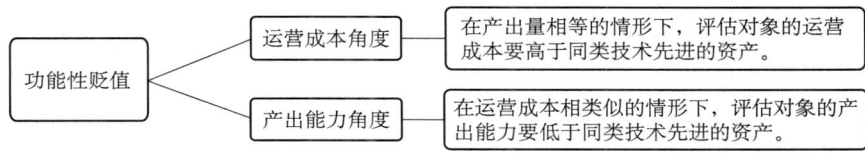

图6-22 功能性编制的分类

【提示】估算功能性贬值时，主要根据资产的效用、生产加工能力、工耗、物耗、能耗水平等功能方面的差异造成的成本增加或效益降低，相应确定功能性贬值额。同时，还要重视技术进步因素，注意替代设备、替代技术、替代产品的影响，以及行业技术装备水平现状和资产更新换代速度。

4. 资产的经济性贬值。

资产的经济性贬值，是指由于外部条件的变化引起资产闲置、收益下降等而造成的资产价值损失。就表现形式而言，资产的经济性贬值有两种，一是资产利用率下降，甚至闲置等；二是资产的运营收益减少。

【例6-46】（单项选择题）由于技术进步引起的资产功能相对落后而造成的资产价值损失是指（　　）。

A. 资产的重置成本
B. 资产的实体性贬值
C. 资产的经济性贬值
D. 资产的功能性贬值

【答案】D

【解析】资产的功能性贬值是指由于技术进步引起的资产功能相对落后而造成的资产价值损失。

【例6-47】（单项选择题）下列关于经济性贬值形成原因的表述中，正确的是（　　）。

A. 资产持续使用造成的磨损
B. 资产的生产加工质量持续降低
C. 资产的运营成本持续增加
D. 资产生产产品的市场需求持续萎缩

【答案】D

【解析】经济性贬值，是指由于外部条件的变化引起资产闲置、收益下降等而造成的资产价值损失。

(二) 成本法各个参数的估算方法

1. 重置成本的估算方法。

(1) 重置核算法。重置核算法亦称细节分析法、核算法等，是利用成本核算的原理，根据重新取得资产所需的费用项目，逐项计算然后累加得到资产的重置成本。

【提示1】购买型是以购买资产的方式作为资产的重置过程，购买的结果一般是资产的购置价，如果评估对象属于不需要运输、安装的资产，购置价就是资产的重置成本。如果评估对象属于需要运输、安装的资产，资产的重置成本具体由资产的现行购买价格、运杂费、安装调试费以及其他必要费用构成，将上述取得资产的必需费用累加起来，便可计算出资产的重置成本。自建型是把自建资产作为资产重置方式，根据重新建造资产所需的料、工、费及必要的资金成本和开发者的合理收益等分析和计算出资产的重置成本。

【提示2】资产的重置成本应包括开发者的合理收益。一是重置成本是按在现行市场条件下重新购建一项全新资产所支付的全部货币总额，应该包括资产开发和制造商的合理收益。二是资产评估旨在了解评估对象在模拟条件下的交易价格，一般情形下，价格都应该含有开发者或制造者的合理收益部分。资产重置成本中的收益部分的确定，应以开发者或制造者所在行业平均资产收益水平为依据。

【例6-48】（单项选择题）重置购建设备一台，现行市场价格为每台60000元，运杂费1500元，直接安装成本1000元，其中原材料500元，人工成本500元。根据分析，计算求得安装成本中的间接成本为每人工成本1.0元，该机器设备的重置成本为（　　）元。

A. 62500　　　　　　B. 64000

C. 63000   D. 61500

【答案】C

【解析】直接成本 = 60000 + 1500 + 1000 = 62500（元）

其中：买价 60000 元

运杂费 1500 元

直接安装成本 1000 元

其中：原材料 500 元

人工成本 500 元

间接安装成本 = 500（元）

重置成本合计 = 62500 + 500 = 63000（元）

（2）价格指数法。价格指数法也称物价指数法，是利用与资产有关的价格变动指数，将评估对象的历史成本（账面价值）调整为重置成本的一种方法。

既无法获得处于全新状态的评估对象的现行市价，也无法获得与评估对象相类似的参照物的现行市价时，可以利用与资产有关的价格变动指数计算评估对象的重置价值。其计算公式为：

重置成本 = 资产的历史成本 × 价格指数

或：

重置成本 = 资产的历史成本 × （1 + 价格变动指数）

式中，价格指数可以是定基价格指数或环比价格指数。

定基价格指数是指在一定时期内对比基期固定不变的价格指数，即：

（评估基准日价格指数 ÷ 资产购建时点的价格指数）× 100%

环比价格指数可考虑按下式求得：

$X = (1 + a_1) \times (1 + a_2) \times (1 + a_3) \times \cdots \times (1 + a_n) \times 100\%$

式中：

X——环比价格指数；

a_n——第 n 年环比价格变动指数，$n = 1, 2, 3, \cdots, n$。

【提示1】需要强调的是，该方法所依据的历史成本应当是原始购置所发生的支出，经评估调整后以及二手交易价格均不能作为该方法使用的依据。

【提示2】价格指数法与重置核算法是重置成本估算较常用的方法，但二者具有明显的区别：①价格指数法估算的重置成本仅考虑了价格变动因素，因而确定的是复原重置成本；而重置核算法既考虑了价格因素，也考虑了生产技术进步和劳动生产率的变化因素，因而可以用来估算更新重置成本。②价格指数法建立在不同时期的某一种或某类甚至全部资产的物价变动水平上；而重置核算法则建立在现行价格水平与购建成本费用核算的基础上。

【例6－49】（单项选择题）某评估对象历史成本（账面价值）为 300000 元，2014 年建成，2019 年进行评估，经调查已知同类资产环比价格变动指数分别为：2015 年为 10.7%，2016 年为 15%，2017 年为 20.5%，2018 年为 8.9%，2019 年为 9.8%，该资产重置成本为（   ）元。

A. 392000   B. 456000
C. 523000   D. 549000

【答案】D

【解析】评估对象重置成本 = 300000 × （1 + 10.7%）× （1 + 15%）× （1 + 20.5%）× （1 + 8.9%）× （1 + 9.8%）× 100% = 300000 × 183% = 549000（元）。

【例6－50】（单项选择题）评估一台机器设备，该设备三年前购置，目前尚无替代产品。账面原值 12 万元，其中买价 10 万元，运输费 0.5 万元，安装费用（包括材料）1 万元，调试费用 0.5 万元。现行价格 13 万元，运输费、安装费、调试费分别比三年前上涨 20%、40%、50%。该设备的重置成本为（   ）万元。

A. 15.75   B. 12.75
C. 15.00   D. 13.25

【答案】A

【解析】13 + 0.5 × （1 + 20%）+ 1 × （1 + 40%）+ 0.5 × （1 + 50%）= 15.75（万元）。

（3）功能价值类比法。功能价值类比法，是指利用某些资产的功能（生产能力）的变化与其价格或重置成本的变化呈某种指数关系或线性关系，通过参照物的价格或重置成本以及功能价值关系估测被评估对象价格或重置成本的技术方法（该方法亦称为类比估价法—指数估价法）。当资产的功能变化与其价格或重置成本的变化呈线性关系时，人们习惯把线性关系条件下的功能价值类比法称为生产能力比例法，而把非线性关系条件下的功能价值类比法称为规模经济效益指数法（见图6－23）。

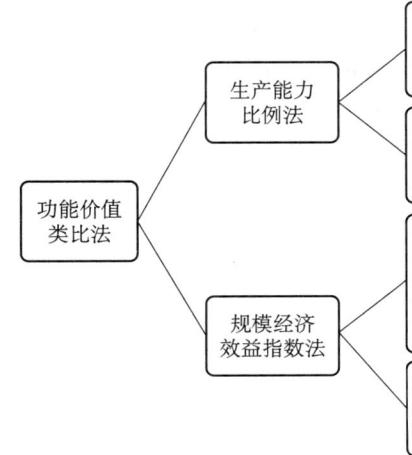

图 6-23 功能价值类比法的分类

【提示】规模经济效益指数法公式中的 x 被称为规模经济效益指数，事实上它的取得是靠统计分析得到的。在美国，这个经验数据一般在 0.4—1.2，这些数据也会随着社会经济的发展和行业发展等而发生变化。

【例 6-51】（单项选择题）某重置全新的一台机器设备价格为 9 万元，年产量为 6000 件。现知评估对象的年产量为 4000 件，由此可以确定其重置成本为（　　）元。

A. 60000　　　　B. 50000
C. 135000　　　D. 90000

【答案】A

【解析】评估对象重置成本 = 4000 ÷ 6000 × 90000 = 60000（元）。

（4）统计分析法。其步骤如图 6-24 所示。

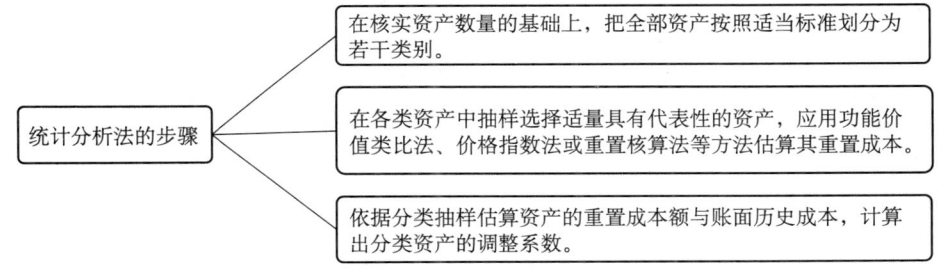

图 6-24 统计分析法的步骤

其分类资产的调整系数计算公式为：

$K = R'/R$

式中：

K——资产重置成本与历史成本的调整系数；

R'——某类抽样资产的重置成本；

R——某类抽样资产的历史成本。

根据调整系数 K 估算评估对象的重置成本，计算公式为：

评估对象重置成本 = ∑某类资产账面历史成本 × K

某类资产账面历史成本可从会计记录中取得。

【例 6-52】（单项选择题）评估某企业某类通用设备，经抽样选择具有代表性的通用设备 6 台，估算其重置成本之和为 50 万元，而该 6 台具有代表性的通用设备历史成本之和为 25 万元，该类通用设备账面历史成本之和为 600 万元。则该类通用设备的重置成本为（　　）万元。

A. 1000　　　　B. 1200
C. 1500　　　　D. 300

【答案】B

【解析】$K = 50 ÷ 25 = 2$，该类通用设备重置成本 = 600 × 2 = 1200（万元）。

2. 资产的实体性贬值估算方法。

（1）观察法。观察法是指由具有专业知识

和丰富经验的工程技术人员,对评估对象的实体各主要部位进行现场勘查,并综合分析资产的设计、制造、使用、磨损、维护、修理、大修理、改造情形和物理寿命等因素,将评估对象与其全新状态相比较,考察由于使用磨损和自然损耗对资产的功能、使用效率带来的影响,判断评估对象的成新率,从而估算资产的实体性贬值。计算公式为:

资产实体性贬值 = 重置成本 × 实体性贬值率

或:

资产实体性贬值 = 重置成本 × (1 - 实体性成新率)

【例6-53】(单项选择题)评估对象于2017年1月1日购进,其购置时成本为150万元。该设备于评估基准日2019年12月31日的全新购置价格为200万元。经过专家鉴定,该设备由于使用磨损所造成的贬值率为30%。则,在不考虑其他因素的条件下,该设备的实体性贬值为( )万元。

A. 50 B. 45
C. 60 D. 75

【答案】C

【解析】实体性贬值 = 重置成本 × 实体性贬值率 = 200 × 30% = 60(万元)。

(2)使用年限法(或称年限法)。使用年限法是利用评估对象的实际已使用年限与其总使用年限的比值来判断其实体贬值率(程度),进而估测资产的实体性贬值。

使用年限法的数学表达式为:

$$资产实体性贬值率 = \frac{实际已使用年限}{总使用年限} \times 100\%$$

资产实体性贬值 = 重置成本 × 资产实体性贬值率

$$资产实体性贬值 = 重置成本 \times \frac{实际已使用年限}{总使用年限}$$

式中:总使用年限指的是实际已使用年限与尚可使用年限之和。

其计算公式为:

总使用年限 = 实际已使用年限 + 尚可使用年限

实际已使用年限 = 名义已使用年限 × 资产利用率

尚可使用年限是根据资产的有形损耗因素,预计资产的继续使用年限。名义已使用年限,是指资产从购进使用到评估时的年限。实际已使用年限是指资产在使用中实际损耗的年限。实际已使用年限与名义已使用年限的差异,可以通过资产利用率来调整。资产利用率的计算公式为:

$$资产利用率 = \frac{截至评估日资产累计实际利用时间}{截至评估日资产累计法定利用时间} \times 100\%$$

当资产利用率 > 1 时,表示资产超负荷运转,资产实际已使用年限比名义已使用年限要长;

当资产利用率 = 1 时,表示资产满负荷运转,资产实际已使用年限等于名义已使用年限;

当资产利用率 < 1 时,表示开工不足,资产实际已使用年限小于名义已使用年限。

【提示】评估中经常遇到评估对象是经过更新改造过的情形。对于更新改造过的资产而言,其实体性贬值的计量还应充分考虑更新改造投入的资金对资产寿命的影响,否则可能会过高地估计实体性贬值。对于更新改造问题,一般采取加权法来确定资产的实体性贬值。也就是说,先计算加权更新成本,再计算加权平均已使用年限。其计算公式为:

加权更新成本 = 已使用年限 × 更新成本(或购建成本)

加权平均已使用年限 = ∑加权更新成本(或购建成本) / ∑更新成本(或购建成本)

【例6-54】(单项选择题)某资产于2010年1月购进,2020年1月评估时,名义已使用年限是10年。根据该资产技术指标,在正常使用情形下,每天应工作8小时,该资产实际每天工作7小时。由此可以计算其实际已使用年限为( )年。

A. 8.5 B. 8.75
C. 9.1 D. 8.1

【答案】B

【解析】资产利用率 = 10 × 360 × 7 ÷ (10 × 360 × 8) × 100% = 87.5%,实际已使用年限 = 10 × 87.5% = 8.75(年)。

【例6-55】(单项选择题)被评估车辆可行驶的总里程为60万公里。截至评估基准日,该车辆已经行使15万公里,重置成本为40万元。假定不考虑其他因素,则该车辆在基准日的实体性贬值额为( )万元。

A. 15　　　　　B. 20
C. 10　　　　　D. 25

【答案】C

【解析】实体性贬值额＝重置成本×已行驶里程/总里程＝40×15/60＝10（万元）。

（3）修复费用法。修复费用法是利用恢复资产功能所需支出的费用金额来直接估算资产实体性贬值的一种方法。所谓修复费用包括资产主要零部件的更换或者修复、改造、停工损失等费用支出。如果资产可以通过修复恢复到其全新状态，可以认为资产的实体性损耗等于其修复费用。

【例6-56】（单项选择题）对一座简易车间进行评估，该车间已使用4年，经鉴定尚可使用8年，但车间顶棚需要维修，维修费用大约8000元。该车间的重置成本为12万元。按照修复费用法计算，其实体性贬值额和成新率分别是( )。

A. 8000元，93.33%　B. 40870元，65.65%
C. 44960元，62.53%　D. 52320元，58.96%

【答案】C

【解析】根据题中资料，该车间可修复部分的实体性贬值额＝修复费用＝8000（元）；不可修复部分的实体性贬值率＝4÷（4＋8）×100%＝33%，不可修复部分的实体性贬值额＝不可修复部分的重置成本×不可修复部分的实体性贬值率＝（120000－8000）×33%＝36960（元）。则，该车间的实体性贬值额＝可修复部分的实体性贬值额＋不可修复部分的实体性贬值额＝8000＋36960＝44960（元），该车间的成新率＝（1－44960/120000）×100%＝62.53%。

3. 资产功能性贬值估算的步骤及方法（见图6-25）。

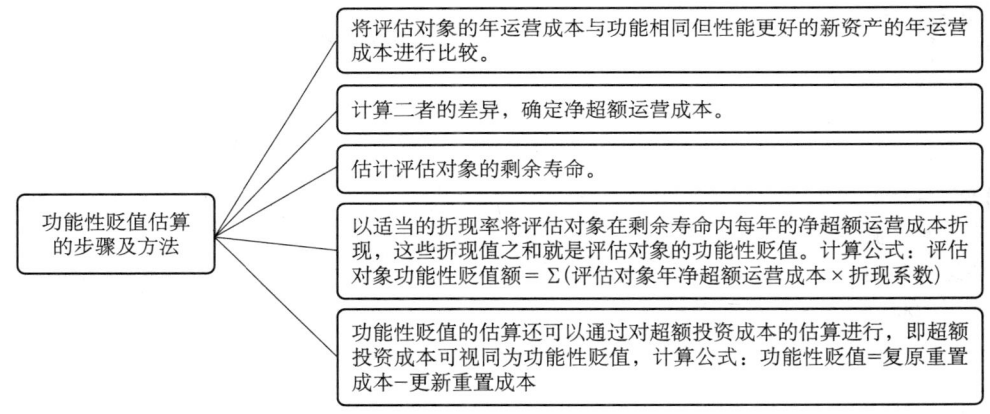

图6-25 功能性贬值估算的步骤及方法

【提示】在实际评估工作中也有功能性溢价的情形，即当评估对象功能明显优于参照资产功能时，评估对象就可能存在功能性溢价。

【例6-57】（单项选择题）某被评估设备比新设备多使用8名工人，每年多耗电150万度。工人年平均工资为12万元，每度电1元，该设备尚可使用5年，折现率为10%，企业所得税率为25%，则该设备的功能性贬值约为( )万元。

A. 699.4　　　　B. 756.5
C. 636.8　　　　D. 709.2

【答案】A

【解析】年净超额运营成本＝（8×12＋150×1）×（1－25%）＝184.5（万元）；功能性贬值＝年净超额运营成本×（P/A,10%,5）＝184.5×3.7908＝699.4（万元）。

4. 资产的经济性贬值的估算方法。

（1）间接计算法。该方法主要测算的是因资产利用率下降所导致的经济性贬值。

$$经济性贬值率 = \left[1 - \left(\frac{资产预计可被利用的生产能力}{资产原设计生产能力}\right)^x\right] \times 100\%$$

式中：x 为规模经济效益指数，实践中多采用经验数据，数值一般在0.6—0.7。

经济性贬值额的计算应以评估对象的重置成本或重置成本减去实体性贬值和功能性贬值

后的结果为基数,按确定的经济性贬值率估测。

(2) 直接计算法。该方法主要测算的是因收益额减少所导致的经济性贬值。

经济性贬值额 = 资产年收益损失额 × (1 - 所得税税率) × (P/A, r, n)

式中:(P/A, r, n)——年金现值系数。

【提示】在实际评估工作中也有经济性溢价的情形,即当评估对象及其产品有良好的市场及市场前景,或有重大政策利好时,评估对象就可能存在着经济性溢价。

【例6-58】(单项选择题)某被评估生产线的设计生产能力为年产18000台产品,因市场需求结构发生变化,在未来可使用年限内,每年产量估计要减少5000台左右,假定规模经济效益指数为0.7。根据上述条件,该生产线的经济性贬值率约为( )。

A. 31% B. 25%
C. 19% D. 21%

【答案】D

【解析】经济性贬值率 = $\{1 - [(18000 - 5000) \div 18000]^{0.7}\} \times 100\%$
$\approx (1 - 0.79) \times 100\%$
$\approx 21\%$

【例6-59】(单项选择题)某被评估生产线的设计生产能力为年产18000台产品,因市场需求结构发生变化,在未来可使用年限内,每年减少5000台产品,每台产品损失利润80元,该生产线尚可继续使用5年,企业所在行业的投资回报率为8%,所得税税率为25%。该生产线的经济性贬值额为( )元。

A. 1197810 B. 1253890
C. 1307850 D. 1287640

【答案】A

【解析】经济性贬值额 = (5000 × 80) × (1 - 25%) × (P/A, 8%, 5)
= 400000 × (1 - 25%) × 3.9927
= 1197810(元)

5. 综合成新率的估算。

年限成新率的确定考虑了资产的经济寿命。在使用过程中资产的价值随着使用年限的消耗降低。

勘查成新率是评估专业人员通过现场勘查、查阅资产的历史资料,向操作人员询问资产的使用情形、维修保养情形等,对所获得信息进行分析后综合确定的成新率。

在资产评估实践中,综合成新率可以通过将年限成新率和勘查成新率加权平均得到。

【例6-60】(单项选择题)评估某建筑物,已知该建筑物耐用年限为50年,经测算其实际已使用年限为10.26年;经现场勘查打分,鉴定其成新率为75%。评估时,决定采用综合成新率,年限成新率与勘查成新率的权重分别为0.45和0.55,则该建筑物的综合成新率为( )。

A. 77.46% B. 77.02%
C. 80.07% D. 76.79%

【答案】B

【解析】年限成新率 = (建筑物耐用年限 - 建筑物已使用年限) ÷ 建筑物耐用年限 × 100% = (50 - 10.26) ÷ 50 × 100% = 79.48%;该建筑物的综合成新率 = 79.48% × 0.45 + 75% × 0.55 = 77.02%。

【知识点15】成本法的适用范围和局限(★★)

(一)成本法的适用范围

1. 成本法的一般适用范围。

成本法之所以能够从一定层面上反映资产的价值,是因为资产的成本反映了资产在购建过程中的必要花费,也体现了取得该项资产所需要付出的代价。

成本法适用于资产的功能作用具有可替代性、资产重置没有法律和技术障碍、重置资产所需要的物化劳动易于计量的评估对象。

2. 单项资产评估中成本法的运用。

单项资产的价值不仅可以由成本部分反映,在使用过程中的消耗、磨损以及由于市场情形的变化而产生的价值减损都会影响单项资产的价值。因而,在使用成本法评估单项资产时,既要考虑重置成本,也要将由使用和其他因素所造成的实体性贬值、由技术落后带来的功能性贬值,以及由市场状况、政治因素等外部因素造成的经济性贬值考虑在内。

3. 企业价值评估中成本法的运用。

成本法运用于企业价值评估中,是将各项可以确认的资产、负债的现实价值逐项评估出来,最终确定企业价值。单项资产作为企业的一部分而存在,其发挥作用的价值与它作为一项单独的资产发挥作用,这两者的价值可能有所不同。

在采用成本法对企业价值进行评估时，可以根据不同资产的实际状态、使用方式等特殊性选用合适的评估方法进行评估。成本法作为企业价值评估的一种方法，更多地体现为一种加和的理念和方式，并不一定要求对其中各单项资产和负债均采用成本法进行评估。

（二）成本法的局限

成本法是资产评估中最为基础的评估方法。它充分考虑了资产的损耗，使得评估结果更能反映市场对于获得某单项资产愿意付出的平均价格，有利于评估单项资产和具有特定用途的资产；另外，在无法预测资产未来收益和市场交易活动不频繁的情形下，成本法给出了比较客观和可行的测算思路和方法。

但是，由于成本法的理论基础是成本价值论，因而使用该方法所测算出的企业价值无法从未来收益的角度反映企业真实能为其投资者或所有者带来的收益。尤其是对于轻资产的企业而言，如果使用成本法进行评估，则通常很难将账面没有记载的各类无形资产算入评估资产的价值之中，因此其成本法评估值与使用收益法或市场法得出的结果可能差异极大。

尽管如此，成本法在以企业并购为目的的评估中并非完全没有意义。收购方虽然重视被收购方未来的获利能力，但同时也关注收购行为真正所获得的实物资产价值。此外，成本法评估企业价值也为可能的破产清算、资产分割提供了一定的价值参考。

【例 6-61】（单项选择题）关于成本的适用范围与局限，下列表述中，错误的是（　　）。

A. 成本法所测算出的企业价值无法从未来收益的角度反映企业能力投资者带来的收益

B. 对轻资产企业而言，成本法难以全面反映账外无形资产的价值

C. 使用成本法评估企业价值时，要求对被评估企业的各单项资产和负债均采用成本法

D. 使用成本法评估单项资产时，既要考虑重置成本，也要考虑实体性贬值、功能性贬值和经济性贬值

【答案】C

【解析】在采用成本法对企业价值进行评估时，可以根据不同资产的实际状态、使用方式等特殊性选用合适的评估方法进行评估。比如，对于某些二手办公设备，可采用市场法评估；对于自主研发的专利，则可以采用收益法评估，等等。因此，成本法作为企业价值评估的一种方法，更多地体现为一种加和的理念和方式，并不一定要求对其中各单项资产和负债均采用成本法进行评估，所以选项 C 错误。

【知识点 16】恰当选择资产评估方法的要求和内容（★★）

（一）评估方法选择的要求

资产评估专业人员在选择资产评估方法时，应当充分考虑影响评估方法选择的因素。所考虑的因素如图 6-26 所示。

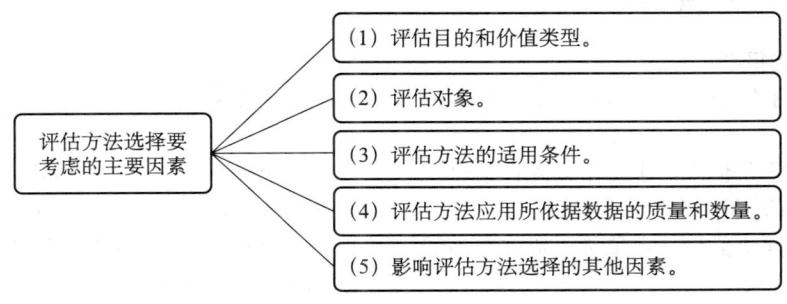

图 6-26　评估方法选择要考虑的主要因素

评估方法选择的要求：①评估方法应当与评估目的和评估价值类型相适应；②评估方法的选取应当与评估对象的类型和现实状态相适应；③评估方法的选取应当与资料收集情况相适应。

（二）可以采用一种评估方法的情形

根据《资产评估执业准则——资产评估方法》规定，资产评估专业人员在评估实践中，当存在下列情形时，可以采用一种评估方法：①基于相关法律、行政法规和财政部门规章的规定可以采用一种评估方法；②由于评估对象仅满足一种评估方法的适用条件而采用一种评估方法；③因操作条件限制而采用一种评估方法。操作条件限制应当是资产评估行业通常

的执业方式普遍无法排除的,而不得以个别资产评估机构或者个别资产评估专业人员的操作能力和条件作为判断标准。

（三）评估方法选择的披露

资产评估专业人员应该在资产评估报告中对资产评估方法的选择及其理由进行披露。因适用性受限而选择一种评估方法的应当在资产评估报告中披露其他基本评估方法不适用的原因；因操作条件受限而选择一种评估方法的,应当对所受的操作条件限制进行分析、说明和披露。

【例6-62】（多项选择题）资产评估专业人员在选择资产评估方法时,应当充分考虑影响评估方法选择的因素。所考虑的因素主要包括（　　）。

A. 评估目的和价值类型
B. 评估对象
C. 评估方法的适用条件
D. 评估方法应用所依据数据的质量和数量
E. 委托人及其他相关当事人的要求

【答案】ABCD

【解析】资产评估专业人员在选择资产评估方法时,应当充分考虑影响评估方法选择的因素。所考虑的因素主要包括:①评估目的和价值类型；②评估对象；③评估方法的适用条件；④评估方法应用所依据数据的质量和数量；⑤影响评估方法选择的其他因素。

精选练习题

一、单项选择题

1. 下列关于货币时间价值的表述,错误的是(　　)。

A. 货币时间价值来源于货币进入社会再生产过程后的价值增值
B. 货币时间价值指一定量货币资本在不同时点上的价值量差额
C. 货币时间价值指没有风险也没有通货膨胀情况下的社会平均资金利润率
D. 货币时间价值指没有风险但含有通货膨胀情况下的社会平均资金利润率

2. 某资产年金收益额为7500元,剩余使用年限为8年,假定折现率为10%,则其评估值约为(　　)元。

A. 60000　　　　B. 40012
C. 45806　　　　D. 38468

3. 某企业有一台生产设备,因为转产拟快速变现。评估专业人员了解到,在评估时点与其完全相同设备的正常变现价为35万元,经综合分析,快速变现的折扣率应为20%,据此,该设备的评估价值接近于(　　)万元。

A. 7　　　　B. 28
C. 42　　　　D. 24

4. 被评估房地产于2020年6月30日进行评估,该类房地产2020年上半年各月月末的价格同2019年年底相比,分别上涨了3.6%、4.7%、6.2%、7.8%、8.6%和11.5%。其中参照房地产在2020年4月底的价格为4800元/平方米,该房地产的评估价值为(　　)元/平方米。

A. 4960.76　　　　B. 4875.25
C. 4959.54　　　　D. 4964.75

5. 某人在2021年3月初购入房屋一套,成交价格为400万元。2021年6月初,欲以该房屋抵押,从银行贷款,需要评估该房屋的价值。评估专业人员了解到,该类房屋的价格变化情形如下:2021年3—6月的环比价格指数分别为102.6%、99.3%和105.5%。该房屋在2021年6月初的评估价值为(　　)万元。

A. 435.86　　　　B. 456.24
C. 425.38　　　　D. 429.94

6. 某生产线的年生产能力为120吨,为评估其价值,评估师决定采用功能价值类比法,取得的参照生产线的年生产能力为110吨,评估时点参照生产线的市场价格为95万元,由此确定被评估生产线的评估价值接近于(　　)万元。

A. 105.31　　　　B. 100.55
C. 103.64　　　　D. 87.08

7. 欲评估的某设备的年生产能力为160吨,评估师取得的参照设备的年生产能力为150吨,了解到评估时点参照设备的市场价格为120万元,该类设备的功能价值指数约为0.7,由此确定该设备的评估价值接近于(　　)万元。

A. 128　　　　B. 123
C. 131　　　　D. 126

8. 某被评估生产线的设计生产能力为年产15000台产品,因市场需求结构发生变化,在未来可使用年限内,每年减少4000台产品,每台产品损失利润 60 元，该生产线尚可继续使用 6 年，企业所在行业的投资回报率为 8%，所得税税率为 25%。则该生产线的经济性贬值额大约为（　　）元。

A. 832122　　　　B. 982563
C. 542368　　　　D. 783215

9. 某评估对象购建于 2015 年，账面原值为 40000 元，当时该类资产的定基价格指数为 90%，评估基准日该类资产的定基价格指数为 150%，则评估对象重置成本为（　　）元。

A. 66667　　　　B. 68592
C. 63574　　　　D. 68742

10. 重置购建设备一台，现行市场价格为每台 80000 元，运杂费 2000 元，直接安装成本 1000 元，其中原材料 200 元，人工成本 800 元。根据统计分析，计算求得安装成本中的间接成本为 960 元，求该机器设备的重置成本为（　　）元。

A. 83960　　　　B. 80000
C. 83000　　　　D. 89620

11. 评估对象为某一服装品牌的特许经营权。根据许可方与被许可方所签订的合同，在评估基准日，该品牌的尚可使用年限为 4 年；根据以往的经营数据和市场对该品牌的认可程度，预计未来年收益将会维持在 250 万元。折现率假定为 8%。则该品牌的特许经营权价值为（　　）万元。

A. 896.88　　　　B. 828.03
C. 856.25　　　　D. 886.24

12. 下列选项中，不属于市场法评估步骤的是（　　）。

A. 选择参照物
B. 指标对比和量化差异
C. 选择比较因素
D. 测算各项贬值

13. 下列选项中，表述正确的是（　　）。

A. 间接比较法直观简洁、便于操作，但通常对参照物与评估对象之间的可比性要求较高
B. 市价折扣法一般只适用于评估对象与参照物之间仅存在交易条件方面差异的情形
C. 市价折扣法的计算公式为：资产评估价值 = 参照物成交价格 × $\dfrac{评估对象生产能力}{参照物生产能力}$
D. 成新率价格调整法一般只运用于评估对象与参照物之间仅有时间因素存在差异的情形，且时间差异不能过长

14. 在运用收益法进行资产评估时，下列选项中不涉及收益法基本要素的是（　　）。

A. 评估对象的预期收益
B. 折现率或资本化率
C. 评估对象取得预期收益的持续时间
D. 评估对象的使用时间

15. 在运用市场法进行评估时，市场法的应用前提不包括（　　）。

A. 评估对象的可比参照物具有公开的市场
B. 可比参照物具有公开市场活跃的交易
C. 有关交易的必要信息可以获得
D. 公开市场上要有评估监管制度

16. 在运用成本法进行资产评估时，下列表述错误的是（　　）。

A. 重置核算法和价格指数法都是建立在利用历史资料的基础之上
B. 价格指数法估算的重置成本仅考虑了价格变动因素，因而确定的是复原重置成本
C. 价格指数法建立在现行价格水平与购建成本费用核算的基础上
D. 重置核算法既考虑了价格因素，也可考虑生产技术进步和劳动生产率的变化因素，因而可以用来估算更新重置成本

17. 被评估蒸汽锅炉为 1 年前购建，评估时该锅炉由于蒸汽系统损坏而无法使用，更换全部蒸汽系统需投入 12 万元，将其他部分修复到全新状态需投入全部重置成本的 4%。该设备的重置成本为 185 万元，不考虑其他因素，则该设备的成新率约为（　　）。

A. 75.9%　　　　B. 91.3%
C. 89.5%　　　　D. 88.8%

18. 某设备重置成本 15 万元，预计残值 0.5 万元，尚可使用年限与名义已使用年限均为 5 年，资产利用率 90%，则该设备的实体性贬值额为（　　）万元。

A. 6.87　　　　B. 5.96
C. 6.58　　　　D. 7.06

二、多项选择题

1. 下列各项中，属于普通年金形式的项目有（　　）。

A. 零存整取储蓄的整取额
B. 定期定额支付的养老金
C. 年资本回收额

D. 年偿债基金
E. 学校每年定期等额发放的奖学金

2. 资产的功能性贬值可以体现在（　　）。

A. 从产出能力角度看，在运营成本相类似的情形下，评估对象的产出能力要低于同类技术先进的资产

B. 从运营成本角度看，在产出量相等的情形下，评估对象的运营成本要高于同类技术先进的资产

C. 从收入角度看，在产出量相等的情形下，评估对象的收入要高于同类技术先进的资产

D. 从产出能力角度看，在运营成本相类似的情形下，评估对象的产出能力要高于同类技术先进的资产

E. 从运营成本角度看，在产出量相等的情形下，评估对象的运营成本要低于同类技术先进的资产

3. 运用市场法评估单项资产时，需要考虑的因素包括但不限于(　　)。

A. 资产的功能　　B. 生产成本
C. 交易动机　　D. 市场供求关系
E. 销售利润率

4. 估算资产重置成本的功能价值类比法，主要包括(　　)。

A. 市场售价类比法
B. 生产能力比例法
C. 物价指数法
D. 规模经济效益指数法
E. 统计分析法

5. 下列选项中，成本法评估企业价值的步骤不包括(　　)。

A. 分析确定已经量化的对比指标之间的差异
B. 分析测算评估对象预期收益持续的时间
C. 确定评估对象的使用年限
D. 测算评估对象的各项损耗或贬值额
E. 分析测算评估对象的未来预期收益

6. 下列选项中，收益法的评估步骤不包括(　　)。

A. 分析确定已经量化的对比指标之间的差异
B. 分析测算评估对象预期收益持续的时间
C. 指标对比和量化差异
D. 测算评估对象的各项损耗或贬值额
E. 分析测算评估对象的未来预期收益

7. 下列关于收益法中收益额的表述，正确的是(　　)。

A. 收益额是资产的历史收益额
B. 收益额是资产的现实收益额
C. 收益额是资产的预期收益额
D. 收益额是资产的实际收益额
E. 收益额是资产的客观收益额

8. 下列选项中，表述错误的是(　　)。

A. 成新率价格调整法一般只运用于评估对象与参照物之间仅有成新程度差异的情形

B. 市场售价类比法的计算公式为：资产评估价值 = 参照物售价 + 功能差异值 + 时间差异值 + … + 交易情形差异值

C. 资产的实体特征和质量是运用市场法评估单项资产应考虑的可比因素之一

D. 类比估价法的计算公式为：资产评估价值 = 参照物成交价格 × (1 - 价格折扣率)

E. 市价折扣法一般只运用于评估对象与参照物之间仅有时间因素存在差异的情形，且时间差异不能过长

9. 资产评估专业人员在评估实践中，可以采用一种评估方法进行评估的情形是(　　)。

A. 基于相关法律、行政法规、规章的规定可以采用一种评估方法

B. 由于评估对象仅满足一种评估方法的适用条件而采用一种评估方法

C. 由于委托人要求只采用一种评估方法

D. 因操作条件限制而采用一种评估方法

E. 因评估时间紧迫只能选择一种评估方法

10. 对资产评估专业人员选择评估方法的要求，下列表述中，正确的有(　　)。

A. 评估价值类型的确定首先取决于评估目的，评估目的是根本，资产评估方法需要与价值类型相适应

B. 委托人的特殊要求是评估专业人员选择评估方法需要考虑的因素之一

C. 评估方法的选取应当与资料收集情况相适应

D 评估方法的选取应当考虑评估时限的长短及专业能力的高低

E. 评估方法的选取应当与评估对象的类型和现实状态相适应

11. 关于资产评估专业人员运用市场法评估,下列选项中,表述正确的是( )。

A. 评估对象的可比参照物具有公开的市场,以及活跃的交易,是市场法运用的前提之一

B. 不论评估对象是单项资产还是整体资产,运用市场法评估时都需要选择具有可比性的参照物

C. 运用市场法评估资产时应尽可能选择多个参照物,是确定收费标准的重要依据

D. 分析测算评估对象预期收益持续的时间是市场法的操作步骤之一

E. 市场条件是运用市场法评估单项资产应考虑的可比因素之一

12. 在用市场法评估资产时,下列选项中,表述错误的是( )。

A. 间接比较法直观简洁、便于操作,但通常对参照物与评估对象之间的可比性要求较高

B. 类比估价法一般只适用于评估对象与参照物之间仅存在交易条件方面差异的情形

C. 价格指数法一般只运用于评估对象与参照物之间仅有时间因素存在差异的情形,且时间差异不能过长

D. 成新率价格调整法一般只运用于评估对象与参照物之间仅有成新程度差异的情形

E. 成新率价格调整法计算公式为:资产评估价值=参照物成交价格×评估对象成新率/参照物成新率

13. 下列关于市场法评估的表述,正确的有( )。

A. 市场法是资产评估重要方法之一,评估结果直观明了,较容易被资产评估业务各当事人理解和接受

B. 市场法是资产评估三种方法中最为有效、可理解、客观的方法

C. 市场法是根据替代原理,采用比较或类比的思路及方法估测资产价值的评估技术方法

D. 市场法对参照物的选取关键是资产的可比性问题,包括功能、市场条件及成交时间等

E. 市场法需要评估专业人员对若干评估初步结果进行综合分析,以确定最终的评估值

14. 关于收益法评估,下列的表述中,正确的有( )。

A. 轻资产类型的企业价值评估,收益法通常占据极为重要的地位

B. 净利润、净现金流量只能用加权平均资本成本模型获得的折现率

C. 息前净利润、息前净现金流量或企业自由现金流量等,只能运用股权投资回报率作为折现率

D. 依据收益口径的不同,选择不同的收益法具体方法进行评估

E. 因素分析法是一种间接预测收益的方法

15. 采用收益法评估企业价值时,公式 $P = A/(r-s)$ 适用的前提条件包括( )。

A. 净收益按等比级数递增

B. 收益年期有限

C. $r > 0$

D. $r > s > 0$

E. 收益年期无限

三、综合题

1. 对某企业的一台加工炉进行评估,该加工炉是每周7天,每天24小时连续运转。经现场观察并与操作人员和技术人员交谈,了解到这台设备是8年前安装的,现在需要对炉内的耐火材料、一部分管道及外围设备更换。

如果更换耐火材料、管道和外围设备,该加工炉就能再运转15年。经与设备维修和技术部门讨论,可知更换耐火材料需投资15万元,更换管道及外围设备需投资7万元,共22万元。采用成本法求得该加工炉的重置成本为160万元。

根据题中资料,回答以下问题:

(1) 该加工炉适用的评估方法是什么?该方法的适用范围是什么?

(2) 常用的资产实体性贬值的估算方法有哪些?

(3) 估测该加工炉的成新率。

(4) 计算该加工炉的评估值。

2. 评估对象为某机器设备,其生产时间为2012年,评估基准日为2021年1月。搜集到一交易案例,该机器设备和待估设备型号相同,属同一厂家生产,交易时间为2020年12月,交易价格为124000元,该机器设备的生产时间为2012年。经调查了解,待估设备的已使用年限为7.5年,尚可使用年限为13年;参照资产已使用年限为8年,尚可使用年限为15年。

根据题中资料,回答以下问题:

（1）运用市场法评估单项资产应考虑的可比因素有哪些？

（2）如果评估对象与参照资产的差异主要体现在新旧程度这一指标上，请评估该机器设备的价值。

3. 某机器设备生产能力为年产 30000 台产品，因市场需求结构发生变化，在未来可使用年限内，每年产量估计要减少 6000 台左右，每台产品损失利润 20 元，该生产线尚可继续使用 3 年，企业所在行业的投资回报率为 10%，所得税税率为 25%。假定规模经济效益指数为 0.4。

根据题中资料，回答以下问题：

（1）根据上述资料判断该机器设备产生的是哪项贬值，并说明理由。

（2）计算该机器设备的贬值率。

（3）计算该机器设备的贬值额。

4. 某企业 2020 年利润表记载实现的净利润为 260 万元，补贴收入 100 万元（包括企业增值税出口退税 28 万元和因洪灾政府专项补贴 72 万元）；营业外支出 82 万元（为企业遭受洪灾的损失支出）。评估人员经分析，预计从 2021—2025 年企业的净利润将在 2020 年正常净利润水平上每年递增 5%，2026—2030 年企业净利润将保持在 2025 年净利润水平上。企业将在 2030 年底停止生产、整体变现，预计变现值约为 750 万元。若折现率为 12%，企业所得税税率为 25%。

根据题中资料，回答以下问题：

（1）该企业 2020 年的正常净利润是多少？

（2）该企业 2021—2025 年，每年的净利润是多少？

（3）如果对该企业股东全部权益价值进行评估，应当采用什么方法？该方法的主要参数是什么？

（4）试评估 2020 年 12 月 31 日该企业股东全部权益价值。（计算结果以万元为单位，保留两位小数）。

5. 某公司欲进行合资，需要评估其股东全部权益价值。资产评估专业人员依据掌握的资料，预计该公司未来 5 年的预期利润总额分别为 340 万元、350 万元、340 万元、350 万元和 360 万元。评估时市场平均收益率为 11.75%，无风险报酬率为 5.25%，公司所在行业的平均

风险与社会平均风险的比率为 1.5，适用的企业所得税税率为 25%。该公司生产经营比较平稳。

根据题中资料，回答以下问题：

（1）该公司适用的折现率如何求得？折现率是多少？

（2）该项评估所采用评估方法的基本步骤是什么？

（3）在持续经营假设下，该项评估的评估思路是什么？

（4）计算该公司股东全部权益价值的评估值。（计算结果以"万元"为单位，保留两位小数）

精选练习题参考答案及解析

一、单项选择题

1.【答案】D

【解析】货币时间价值是指没有风险没有通货膨胀情况下的社会平均资金利润率，因此选项 D 不正确。

2.【答案】B

【答案解析】评估值 = 7500 × (P/A，10%，8) = 7500 × 5.3349 = 40012（元）。

3.【答案】B

【解析】资产评估价值 = 35 × (1 − 20%) = 28（万元）。

4.【答案】D

【解析】评估对象于 2020 年 6 月 30 日的价值为：4800 × (1 + 11.5%) / (1 + 7.8%) = 4964.75（元/平方米）。

5.【答案】D

【解析】该房屋在 2021 年 6 月初的评估价值 = 400 × 102.6% × 99.3% × 105.5% = 429.94（万元）。

6.【答案】C

【解析】被评估生产线的评估价值 = 95 × 120 ÷ 110 = 103.64（万元）。

7.【答案】D

【解析】该设备的评估价值 = 120 × (160 ÷ 150)$^{0.7}$ = 126（万元）。

8.【答案】A

【解析】经济性贬值额 = (4000 × 60) × (1 − 25%) × (P/A，8%，6)

= 180000 × 4.6229

= 832122（元）。

9.【答案】A

【解析】评估对象重置成本 = 40000 × (150%÷90%) ≈66667（元）。

10.【答案】A

【解析】直接成本 = 80000 + 2000 + 1000 = 83000（元），间接安装成本 = 960（元），重置成本合计 = 83000 + 960 = 83960（元）。

11.【答案】B

【解析】$P = 250 × (P/A, 8\%, 4) = 250 × 3.3121 = 828.03$（万元）。

12.【答案】D

【解析】市场法的基本步骤包括：①选择参照物；②在评估对象与参照物之间选择比较因素；③指标对比和量化差异；④分析确定已经量化的对比指标之间的差异；⑤综合分析确定评估结果。

13.【答案】B

【解析】直接比较法直观简洁、便于操作，但通常对参照物与评估对象之间的可比性要求较高。生产能力比例法其计算公式为：资产评估价值 = 参照物成交价格 × $\dfrac{评估对象生产能力}{参照物生产能力}$。价格指数法一般只运用于评估对象与参照物之间仅有时间因素存在差异的情形，且时间差异不能过长。

14.【答案】D

【解析】收益法涉及三个基本要素：①收益额（评估对象的预期收益）；②折现率（或资本化率）；③收益期限（评估对象取得预期收益的持续时间）。

15.【答案】D

【解析】市场法的应用前提的包括：①评估对象的可比参照物具有公开的市场，以及活跃的交易；②有关交易的必要信息可以获得。

16.【答案】C

【解析】重置核算法建立在现行价格水平与购建成本费用核算的基础上。

17.【答案】C

【解析】假定不考虑其他因素，该锅炉可修复的蒸汽系统的实体性贬值 = 12（万元），其他可修复部分的实体性贬值 = 185 × 4% = 7.4（万元），则该锅炉的实体性贬值率 = (12 + 7.4) ÷185 × 100% = 10.5%，成新率 = 1 − 10.5% = 89.5%。

18.【答案】A

【解析】该设备的实际已使用年限 = 5 × 90% = 4.5（年），实体性贬值率 = [1 − 5÷(5 + 4.5)] × 100% = 47.4%；实体性贬值额 = (原值 − 预计残值) × 实体性贬值率 = (15 − 0.5) ×47.4% = 6.87（万元）。

二、多项选择题

1.【答案】BCDE

【解析】普通年金是年金最基本的形式，它是指从第一期起在一定时期内每期期末等额收付的系列款项，又称为后付年金。选项 A 属于年金终值，不属于普通年金。

2.【答案】AB

【解析】功能性贬值可以体现在两个方面：一是从运营成本角度看，在产出量相等的情形下，评估对象的运营成本要高于同类技术先进的资产。二是从产出能力角度看，在运营成本相类似的情形下，评估对象的产出能力要低于同类技术先进的资产。

3.【答案】ACD

【解析】可比因素主要有：①资产的功能，是资产使用价值的主体；②资产的实体特征和质量；③市场条件，主要是考虑参照物成交时与评估时的市场条件及供求关系的变化情形；④交易条件，主要包括交易批量、交易动机、交易时间等。

4.【答案】BD

【解析】资产的重置成本的估算方法包括：重置核算法、价格指数法、功能价值类比法和统计分析法，其中，功能价值类比法包括生产能力比例法和规模经济效益指数法。

5.【答案】ABE

【解析】运用成本法对评估对象进行评估时，应当遵循以下步骤：①确定评估对象，并估算重置成本；②确定评估对象的使用年限；③测算评估对象的各项损耗或贬值额；④测算评估对象的价值。

6.【答案】ACD

【解析】运用收益法对评估对象进行评估时，应当遵循以下步骤：①搜集或验证与评估对象未来预期收益有关的数据资料，包括资产配置、生产能力、资金条件、经营前景、产品结构、销售状况、历史和未来的财务状况、市场形势与产品竞争、行业水平、所在地区收益状况以及经营风险等；②分析测算评估对象的未来预期收益；③分析测算折现率或资本化率；④分析测算评估对象预期收益持续的时间；⑤用折现率或资本化率将评估对象的未来预期收益折算成现值；⑥分析确定评估结果。

7.【答案】CE

【解析】资产评估中的收益额有两个比较明确的特点：①收益额是资产未来预期收益额，而不是资产的历史收益额或现实收益额；②用于资产评估的收益额通常是资产的客观收益，而不一定是资产的实际收益。

8.【答案】DE

【解析】市价折扣法的计算公式为资产评估价值＝参照物成交价格×（1－价格折扣率）。价格指数法一般只运用于评估对象与参照物之间仅有时间因素存在差异的情形，且时间差异不能过长。

9.【答案】ABD

【解析】根据《资产评估执业准则——资产评估方法》规定，资产评估专业人员在评估实践中，当存在下列情形时，可以采用一种评估方法：①基于相关法律、行政法规和财政部部门规章的规定可以采用一种评估方法；②由于评估对象仅满足一种评估方法的适用条件而采用一种评估方法；③因操作条件限制而采用一种评估方法。操作条件限制应当是资产评估行业通常的执业方式普遍无法排除的，而不得以个别资产评估机构或者个别资产评估专业人员的操作能力和条件作为判断标准。

10.【答案】ACE

【解析】资产评估专业人员选择评估方法的要求，主要包括：①评估方法应当与评估目的和评估价值类型相适应；②评估方法的选取应当与评估对象的类型和现实状态相适应；③评估方法的选取应当与资料收集情况相适应。

11.【答案】ABE

【解析】运用市场法评估资产时应尽可能选择多个参照物，是为了避免某个参照物个别交易中的特殊因素和偶然因素对成交价及评估值的影响，并不是确定收费标准的重要依据，选项C错误；分析测算评估对象预期收益持续的时间是收益法的操作步骤之一，选项D错误。

12.【答案】AB

【解析】直接比较法直观简洁、便于操作，但通常对参照物与评估对象之间的可比性要求较高。市价折扣法一般只适用于评估对象与参照物之间仅存在交易条件方面差异的情形。

13.【答案】ACDE

【解析】市场法作为目前资产评估的重要方法之一，有其重要的意义和优势。它是相对来说具有客观性的方法，也比较容易被交易双方所理解和接受。因而，如果不存在资产的成本和效用以及市场对其价值的认知严重偏离的情形下，市场法通常是资产评估三种方法中较为有效、可理解、客观的方法。

14.【答案】ADE

【解析】折现率作为一种价值比率，要注意其计算口径。有些折现率是从股权投资回报率的角度考虑，有些折现率既考虑了股权投资的回报率同时又考虑了债权投资的回报率。净利润、净现金流量（股权自由现金流量）是股权收益形式，因此只能用股权投资回报率作为折现率。而息前净利润、息前净现金流量或企业自由现金流量等是股权与债权收益的综合形式，因此，只能运用股权与债权综合投资回报率，即只能运用通过加权平均资本成本模型获得的折现率。

15.【答案】ACDE

【解析】计算公式"$P = A/(r-s)$"成立的条件是：①净收益按等比级数递增；②净收益逐年递增比率为s；③收益年期无限；④r大于0；⑤$r > s > 0$。

三、综合题

1.【答案及解析】

（1）题中只有重置成本、使用年限等资料，适用成本法评估。成本法适用于资产的功能作用具有可替代性、资产重置没有法律和技术障碍、重置资产所需要的物化劳动易于计量的评估对象。

（2）常用的资产实体性贬值的估算方法有：①观察法。观察法是指由具有专业知识和丰富经验的工程技术人员，对评估对象的实体各主要部位进行现场勘查，并综合分析资产的设计、制造、使用、磨损、维护、修理、大修理、改造情形和物理寿命等因素，将评估对象与其全新状态相比较，考察由于使用磨损和自然损耗对资产的功能、使用效率带来的影响，判断评估对象的成新率，从而估算资产的实体性贬值。②使用年限法（或称年限法）。使用年限法是利用评估对象的实际已使用年限与其总使用年限的比值来判断其实体贬值率（程度），进而估测资产的实体性贬值。③修复费用法。修复费用法是利用恢复资产功能所支出的费用金额来直接估算资产实体性贬值的一种方法。所谓修复费用包括资产主要零部件的更换或者修复、改造、停工损失等费用支出。如果资产可以通过修复恢复到其全新状态，可以认为资产的实体性损耗等于其修复费用。

（3）成新率的估算。

①估测不可修复部分的重置成本。用加工炉的重置成本扣减可修复的实体性损耗得：160 - 22 = 138（万元）；

②计算不可修复部分的损耗率和损耗额。

损耗率 = 8 ÷ （8 + 15） = 34.78%；

损耗额 = 138 × 34.78% = 48（万元）；

③计算实体性贬值及成新率：

实体性贬值 = 22 + 48 = 70（万元）；

成新率 = 1 - 70/160 = 56.25%。

（4）该加工炉的评估值 = 重置成本 × 成新率 = 160 × 56.25% = 90（万元）。

2.【答案及解析】

（1）运用市场法评估单项资产应考虑的可比因素有：①资产的功能。在社会需要的前提下，资产的功能越好，其价值越高，反之亦然。②资产的实体特征和质量。资产的实体特征主要是指资产的外观、结构、役龄和规格型号等。资产的质量主要是指资产本身的建造或制造工艺水平以及使用状态。③市场条件。供求关系是市场特征之一。在一般情形下，市场供不应求时，价格偏高；供过于求时，价格偏低。④交易条件。交易条件主要包括交易批量、交易动机、交易时间等。交易批量不同，交易对象的价格就可能不同。交易动机也对资产交易价格有影响。在不同时间交易，资产的交易价格也会有差别。

（2）如果资产存在公开的市场，有活跃的交易，有关交易的必要信息可以获得，应采用市场法进行评估。评估对象与参照资产的差异主要体现在新旧程度这一指标上，可通过对成新率指标的调整来估算评估对象的市场价值。

评估对象的成新率 = 评估对象尚可使用年限/（评估对象已使用年限 + 评估对象尚可使用年限）× 100% = 13 ÷ （7.5 + 13） × 100% = 63%；

参照资产的成新率 = 15 ÷ （8 + 15） × 100% = 65%；

评估对象的评估值 = 参照资产的成交价格 × （评估对象成新率/参照资产的成新率） = 124000 × （63% ÷ 65%） ≈ 120184.6（元）。

3.【答案及解析】

（1）该贬值属于经济性贬值。资产的经济性贬值是指由于外部条件变化引起资产闲置、收益下降等造成的资产价值损失。本题中的机器设备是由于市场需求结构发生变化导致产量减少，应该属于经济性贬值。

（2）经济性贬值率 = $\{1 - [(30000 - 6000)/30000]^{0.4}\}$ × 100% = （1 - 0.91） × 100% = 9%。

（3）经济性贬值额 = （6000 × 20） × （1 - 25%） × （P/A，10%，3） = 120000 × 2.4869 = 298428（元）。

4.【答案及解析】

（1）计算企业 2020 年的正常净利润：

正常净利润 = 260 + （82 - 72） × （1 - 25%） = 267.5（万元）。

（2）计算 2021—2025 年各年净利润：

①2021 年净利润：267.5 × （1 + 5%） = 280.875（万元）；

②2022 年净利润：280.875 × （1 + 5%） = 294.919（万元）；

③2023 年净利润：294.919 × （1 + 5%） = 309.665（万元）；

④2024 年净利润：309.665 × （1 + 5%） = 325.148（万元）；

⑤2025 年净利润：325.148 × （1 + 5%） = 341.405（万元）。

（3）题中所述涉及净利润、折现率、收益年限等资料，适合采用收益法评估。运用收益法进行评估涉及许多经济技术参数，其中最主要的参数有三个：收益额、折现率和收益期限。

（4）2020 年 12 月 31 日该企业股东全部权益价值评估值 = 280.875/（1 + 12%） + 294.919/（1 + 12%）^{2} + 309.665/（1 + 12%）^{3} + 325.148/（1 + 12%）^{4} + 341.405/（1 + 12%）^{5} + 341.405 × （P/A，12%，5） × （P/F，12%，5） + 750/（1 + 12%）^{10} = 2046.47（万元）。

5.【答案及解析】

（1）根据题中条件，应采用资本资产定价模型求得折现率。根据资本资产定价模型，$R = R_f + \beta (R_m - R_f) = 5.25\% + 1.5 \times (11.75\% - 5.25\%) = 15\%$，即折现率为15%。

（2）该评估应当采用收益法，其基本步骤是：①搜集或验证与评估对象未来预期收益有关的数据资料，包括资产配置、生产能力、资金条件、经营前景、产品结构、销售状况、历史和未来的财务状况、市场形势与产品竞争、行业水平、所在地区收益状况以及经营风险等；②分析测算评估对象的未来预期收益；③分析测算评估对象预期收益持续的时间；④分析测算折现率或资本化率；⑤用折现率或资本化率将评估对象的未来预期收益折算成现值；⑥分析确定评估结果。

（3）在持续经营假设下，该项评估的评估思路是：根据收益法评估的基本步骤，需要将预计的未来收益现值年金化，用折现率或资本化率将评估对象的未来预期年金化收益折算成现值，确定评估结果。

（4）计算该公司股东全部权益价值的评估值：

①预计的未来收益现值 $= 340 \times (1-25\%) \times (1+15\%)^{-1} + 350 \times (1-25\%) \times (1+15)^{-2} + 340 \times (1-25\%) \times (1+15\%)^{-3} + 350 \times (1-25\%) \times (1+15\%)^{-4} + 360 \times (1-25\%) \times (1+15\%)^{-5} = 221.75 + 198.48 + 167.66 + 150.10 + 134.24 = 872.23$（万元）；

②资本回收系数 $= (A/P, 15\%, 5) = 1/(P/A, 15\%, 5) = 1/3.3522 = 0.2983$；

③预计的未来收益现值年金化金额 $= 872.23 \times 0.2983 = 260.19$（万元）；

④该公司股东全部权益价值的评估值 $= A/r = 260.19/15\% = 1734.6$（万元）。

第七章 资产评估报告与档案

考试大纲

第七章	考试目的	考查考生对资产评估报告和档案的基本内容，国有资产评估报告的特殊编写要求，资产评估档案的编制、归集与管理等相关内容的掌握情况，以及编制资产评估报告及资产评估档案的能力。
资产评估报告与档案	考试内容及要求	
	掌握的内容（★★★）	1. 资产评估报告的基本要求。
		2. 资产评估报告的基本内容。
		3. 工作底稿的编制要求。
		4. 资产评估档案的归集和管理。
	熟悉的内容（★★）	1. 资产评估报告的分类。
		2. 国有资产评估报告的特殊要求。
		3. 评估档案及作用。
		4. 工作底稿的分类、内容。
	了解的内容（★）	1. 资产评估报告及规范要求
		2. 评估档案的保密与查阅。

考情分析

本章主要介绍资产评估报告的分类、基本要求和基本内容，国有资产评估报告的特殊内容，工作底稿的编制要求，资产评估档案的归集、管理、保密与查阅等内容。考试目的中有考查编制资产评估报告及资产评估档案能力的要求，考生应该通过系统学习，掌握资产评估报告和资产评估档案的编制要求与编制方法。

2020年，本章内容有增、删，文字表述修改较多，2021年仍然有修订和增加，考生需要对修订、增加的内容予以更多关注。考试题型以单项选择题、多项选择题为主，经常结合其他章节在综合题中考查本章的重要知识点。考生应全面掌握知识点，着重把握重点内容，提高评估报告与档案的编制能力。

教材主要变化

本章考试大纲无变化，但教材内容有部分增、删和修订。

考点精讲及典型例题解析

【知识点1】资产评估报告及规范要求（★）

（一）资产评估报告的概念

资产评估报告是指资产评估机构及其资产评估专业人员遵守法律、行政法规和资产评估准则，根据委托履行必要的评估程序后，由资产评估机构对评估对象在评估基准日特定目的下的价值出具的专业报告。

【提示】资产评估专业人员应当根据评估业务的具体情况，提供能够满足委托人和其他评估报告使用人合理需求的评估报告，并在评估报告中提供必要信息，使评估报告使用人能够正确理解和使用评估结论。资产评估报告应当按照一定格式和内容进行编写，反映评估目的、假设、程序、标准、依据、方法、结果及适用条件等基本信息。

（二）资产评估报告的规范要求

我国在资产评估监管中一直重视对资产评估报告的规范。20 世纪 90 年代，资产评估主要服务于国有企业的改革和对外开放，对资产评估报告的规范最初也由国有资产管理部门制定。参见表 7-1。

表 7-1　　　　　　　　　　我国资产评估报告的规范要求

时间	规范文件	规范要求
1992 年	国家国有资产管理局出台《国有资产评估管理办法施行细则》。	对国务院《国有资产评估管理办法》要求资产评估机构出具的资产评估结果报告书应当包含的内容提出了要求。
1993 年	国家国有资产管理局制定和发布《关于资产评估报告书的规范意见》。	进一步规范了资产评估报告的出具和内容。
1996 年	1993 年资产评估协会成立后，资产评估报告的专业标准改由行业协会制定。国家国有资产管理局转发了中国资产评估协会制定的《资产评估操作规范意见（试行）》。	规定了资产评估报告书及送审专用材料的具体要求，以及资产评估工作底稿和项目档案管理，进一步完善了资产评估报告制度[注1]。
1999 年	1998 年国资局被撤销，财政部行使国有资产管理和资产评估行业管理职能。财政部颁布《关于印发〈资产评估报告基本内容与格式的暂行规定〉的通知》（财政部财评字〔1999〕91 号）。	对原有的资产评估报告制度做了进一步修改完善。按照该规定，凡按当时资产评估管理有关规定进行资产评估的各类资产评估项目必须遵循该规定，该规定所称的资产评估报告是由资产评估报告书正文、资产评估说明、资产评估明细表及相关附件构成[注2]。
2007 年	中国资产评估协会发布《资产评估准则——评估报告》。	该准则是我国资产评估行业规范各类资产评估报告编制和出具行为的执业准则。
2008 年、2010 年	中国资产评估协会先后制定和发布了《企业国有资产评估报告指南》和《金融企业国有资产评估报告指南》。	形成专门规范不同类型企业的国有资产评估报告编制和出具的执业准则。
2017 年、2018 年	《资产评估法》出台后，中国资产评估协会于 2017 年依据《资产评估法》对《资产评估执业准则——资产评估报告》《企业国有资产评估报告指南》和《金融企业国有资产评估报告指南》进行了修订。2018 年又对《资产评估执业准则——资产评估报告》的部分内容进行了修订，增加了对只采用一种评估方法的披露要求，补充要求在特别事项说明部分披露委托人未提供的其他关键资料的情况、"评估程序受限的有关情况、评估机构采取的弥补措施及对评估结论的影响情况"，在附件中增加资产账面价值与评估结论存在较大差异的说明。	

【提示】《资产评估执业准则——资产评估报告》主要是从基本遵循、报告内容、出具要求等方面对评估报告进行规范；《企业国有资产评估报告指南》和《金融企业国有资产评估报告指南》是从国有资产评估报告的基本内容与格式方面，对评估报告的标题、文号、目录、声明、摘要、正文、附件、评估明细表和评估说明，以及出具与装订等进行规范。

【注1】资产评估报告书包括正文和附件两部分，《资产评估报告书送审专用材料》专门报送国有资产评估行政主管部门或评估行业管理机构，其内容主要包括该送审专用材料使用范围的声明、评估结果汇总表、各项资产负债的清查评估明细表、"企业清查资产和资产评估机构抽查、核实情况"、"各类资产、负债评估情况详细说明"、关于无形资产的情况说明、企业资产负债表等原始会计资料、评估对象是整体企业时"运用收益现值法或其他方法对整体企业进行分析、验证评估的情况"等文件资料。

【注2】这个时期资产评估报告主要为国有资产监管服务，为国有资产评估行政主管部门或评估行业管理机构审查确认资产评估报告服务。因此，资产评估报告在内容上需要满足国有资产监管的要求。

【例 7-1】（单项选择题）下列选项中，从基本遵循、报告内容、出具要求等方面对评估报告进行规范的是（　　）。

A.《资产评估执业准则——资产评估报告》

B. 《资产评估法》
C. 《企业国有资产评估报告指南》
D. 《金融企业国有资产评估报告指南》

【答案】A

【解析】《资产评估执业准则——资产评估报告》主要是从基本遵循、报告内容、出具要求等方面对评估报告进行规范。

【知识点2】资产评估报告的分类（★★）

参见图7-1。

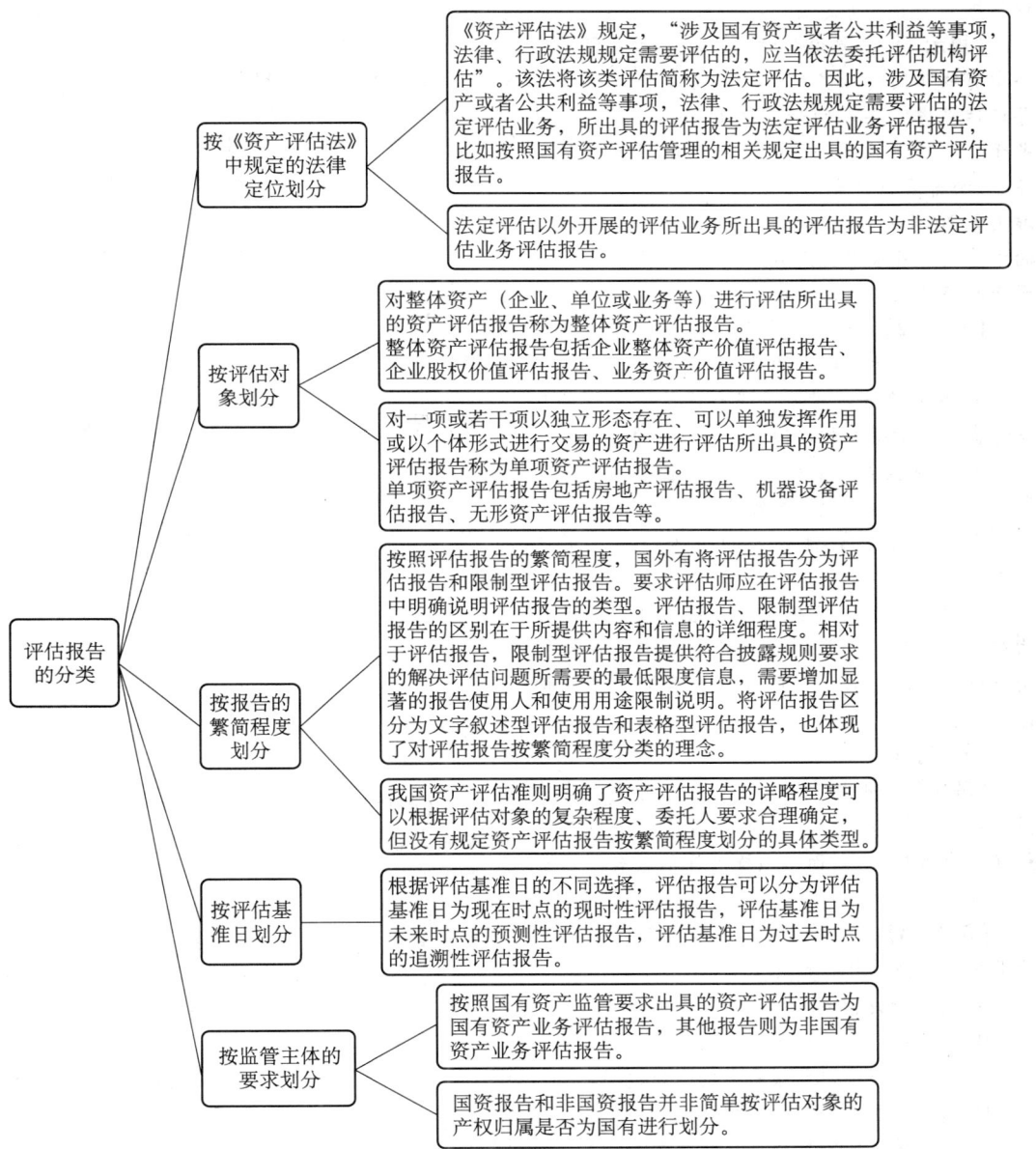

图7-1 评估报告的分类

【提示1】《企业国有资产法》《国有资产评估管理办法》等对国有资产应当评估的情形作出了规定，包括国有企业合并、分立、改制、转让重大财产，以非货币财产对外投资，清算等行为；但是涉及国有资产的评估业务并不一定都是法定业务，如以服务于财务报告目的资产评估就不属于法定评估业务。《公司法》规定，对作为出资的非货币财产应当评估作价。该类资产评估业务也属于法定评估业务。

【提示2】尽管资产评估报告的基本格式是

一样的，但因整体资产评估与单项资产评估在具体业务上存在一些差别，两者在报告的内容上也必然会存在一些差别。一般情况下，整体资产评估报告的报告内容不仅包括资产，也包括负债和股东权益（所有者权益），而单项资产评估报告一般不考虑负债。

【提示3】需要说明的是，在实际监管和实务中有些非国资业务的评估报告也采用国资业务评估报告所要求的形式编制出具。比如，服务于资本市场的并购重组等行为的资产评估业务，《公开发行证券的公司信息披露内容与格式准则第26号——上市公司重大资产重组》规定的申请文件目录中就列有"拟购买（或拟出售）资产的评估报告及评估说明"。

【例7-2】（单项选择题）下列关于评估报告的分类的表述，错误的是( )。

A. 按资产评估对象，资产评估报告可分为整体资产评估报告和单项资产评估报告
B. 评估报告、限制型评估报告的区别在于所提供内容和信息的详细程度
C. 整体资产评估报告的报告一般不考虑负债
D. 某银行发放抵押贷款，银行欲了解抵押物在两年后某一时点的市场价值，委托评估机构进行评估，此时出具的评估报告即是预测性评估报告

【答案】C

【解析】一般情况下，整体资产评估报告的报告内容不仅包括资产，也包括负债和股东权益（所有者权益）。而单项资产评估报告一般不考虑负债。

【例7-3】（多项选择题）国有资产业务评估报告，其编制出具的依据包括( )。

A. 《资产评估法》
B. 《资产评估执业准则——资产评估报告》
C. 《关于资产评估报告书的规范意见》
D. 《企业国有资产评估报告指南》
E. 《金融企业国有资产评估报告指南》

【答案】BDE

【解析】国有资产业务评估报告是指根据国有资产评估管理规定从事涉及国有资产的评估业务，依据《资产评估执业准则——资产评估报告》《企业国有资产评估报告指南》或《金融企业国有资产评估报告指南》编制出具的资产评估报告。

【知识点3】资产评估报告的基本要求(★★★)
参见图7-2。

【提示1】如果程序受限对评估结论产生重大影响或者无法判断其影响程度的，不应出具资产评估报告。

【提示2】对于现时性资产评估业务，通常只有当评估基准日与经济行为实现日相距不超过一年时，才可以使用资产评估报告。当然，有时评估基准日至经济行为发生日尽管不到一年，但市场条件或资产状况发生重大变化，评估报告的结论不能反映经济行为实现日价值，这时也应该重新评估。

【例7-4】（单项选择题）下列关于评估报告的基本要求的表述，错误的是( )。

A. 评估报告作为一个具有法律意义的文件，用语必须清晰、准确、不应有意或无意地使用存在歧义或误导性的表述
B. 判定一份评估报告是否包括了必要的信息，就要看评估报告使用人在阅读评估报告后能否对评估结论有正确的理解
C. 资产评估报告的详略程度应当根据评估对象的复杂程度、委托人的合理需求来确定
D. 如果程序受限对评估结论产生重大影响或者无法判断其影响程度的，可以出具资产评估报告，但是需要说明情况

【答案】D

【解析】如果程序受限对评估结论产生重大影响或者无法判断其影响程度的，不应出具资产评估报告。

【例7-5】（多项选择题）下列关于评估报告基本要求的表述，正确的有( )。

A. 资产评估报告应当由至少两名承办该项业务的资产评估专业人员签名并加盖资产评估机构印章
B. 资产评估报告应当使用中文撰写，需要同时出具外文资产评估报告的，以中文资产评估报告为准
C. 评估结论反映评估基准日的价值判断，仅在评估基准日成立，所以资产评估报告应当明确评估结论的使用有效期
D. 对于现时性资产评估业务，通常只有当评估基准日与经济行为实现日相距不超过半年时，才可以使用资产评估报告

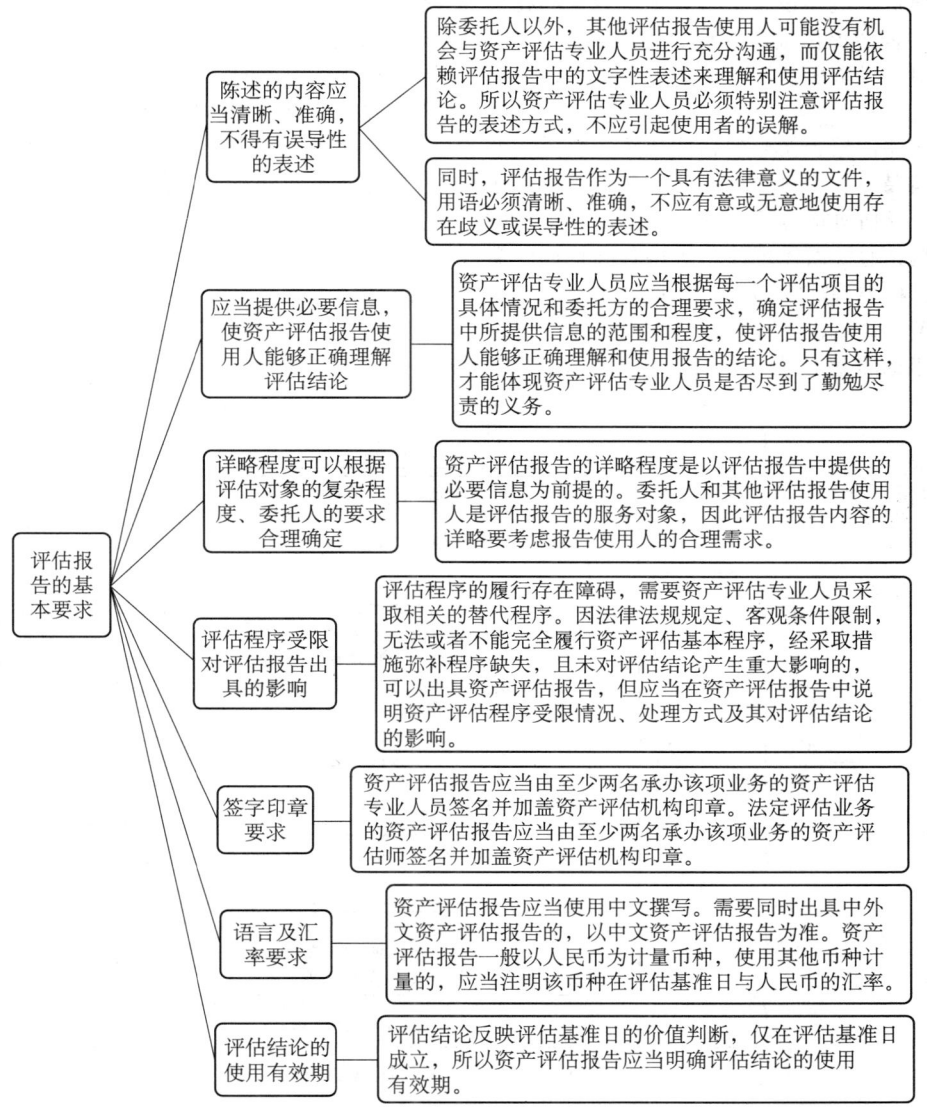

图 7-2 评估报告的基本要求

E. 资产评估报告一般以人民币为计量币种,使用其他币种计量的,应当注明该币种在评估基准日与人民币的汇率

【答案】ABCE

【解析】对于现时性资产评估业务,通常只有当评估基准日与经济行为实现日相距不超过一年时,才可以使用资产评估报告。

【知识点4】资产评估报告的基本内容(★★★)

(一)评估报告

资产评估报告封面的左上方标示有"本资产评估报告依据中国资产评估准则编制"。在其下方的中部依行书写评估报告的标题、文号、册数(包括装订总册数、装订册序号)、评估机构名称和资产评估报告日。

根据《资产评估执业准则——资产评估报告》,资产评估报告的内容包括:标题及文号、目录、声明、摘要、正文、附件。

1. 标题及文号、目录、声明、摘要。

(1) 标题及文号、目录。只有符合资产评估报告定义的评估报告,才能以"评估报告"标题出具。资产评估报告的标题格式要求:"企业名称+经济行为关键词+评估对象+资产评估报告"。例如,A 公司委托资产评估机构对其拟用于出资的机器设备进行评估，为该委托事项出具的资产评估报告的标题相应表述为"A公司拟对外投资所涉及的机器设备资产评估报告"。

资产评估报告文号的格式要求：包括资产评估机构特征字、种类特征字、年份、报告序号。资产评估机构特征字用于识别出具报告的评估机构，通常以体现评估机构名称特征的简称表述；种类特征字用于体现报告对应的专业服务类型（评估、咨询等），资产评估报告的种类特征字通常表述为"评报字"。例如，北京AB资产评估有限公司2020年出具的顺序为第100号的资产评估报告，对应的资产评估报告文号可以表述为"AB评报字（2020）第100号"。在实践中，资产评估机构还可以根据内部管理的需要对报告序号的编制要求加以细化。例如，一些评估机构就在报告文号的报告序号中增加了识别其内部具体承办业务的部门（分公司）的特征字段。目录应当包括每一部分的标题和相应页码。

（2）评估报告声明（见图7-3）。

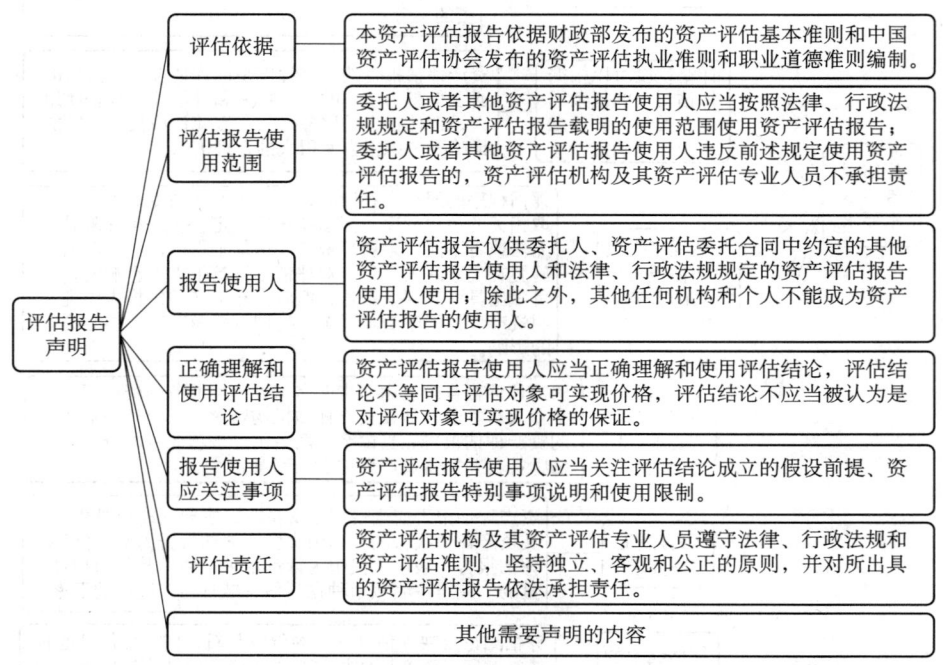

图7-3 评估报告声明包含的内容

【提示】需要注意的是，准则的要求仅是一般性声明内容，资产评估专业人员在执行具体评估业务时，还应根据评估项目的具体情况，调整或细化声明内容。

【例7-6】（单项选择题）资产评估报告的标题格式要求，一般为（ ）的形式。

A. 企业名称+评估对象+经济行为关键词+资产评估报告

B. 企业名称+经济行为关键词+评估对象+资产评估报告

C. 经济行为关键词+评估对象+企业名称+资产评估报告

D. 企业名称+资产评估报告+经济行为关键词+评估对象

【答案】B

【解析】资产评估报告的标题格式要求："企业名称+经济行为关键词+评估对象+资产评估报告"。

【例7-7】（多项选择题）下列关于资产报告声明内容的表述，正确的有（ ）。

A. 委托人或者其他资产评估报告使用人应当按照法律、行政法规规定和资产评估报告载明的使用范围使用资产评估报告

B. 委托人或者其他资产评估报告使用人违反规定使用资产评估报告的，资产评估机构及其资产评估专业人员将酌情承担连带责任

C. 资产评估报告仅供委托人、资产评估委托合同中约定的其他资产评估报告使用人和法

律、行政法规规定的资产评估报告使用人使用

D. 资产评估报告使用人应当正确理解评估结论，评估结论不等同于评估对象可实现价格，评估结论不应当被认为是对评估对象可实现价格的保证

E. 资产评估机构及其资产评估专业人员遵守法律、行政法规和资产评估准则，坚持独立、客观和公正的原则，并对所出具的资产评估报告依法承担责任

【答案】ACDE

【解析】委托人或者其他资产评估报告使用人违反规定使用资产评估报告的，资产评估机构及其资产评估专业人员不承担责任。

【例7-8】（多项选择题）资产评估报告声明部分的内容，通常包括（　　）。

A. 资产评估报告依据财政部发布的资产评估基本准则和中国资产评估协会发布的资产评估执业准则和职业道德准则编制

B. 资产评估报告使用人应当正确理解和使用资产评估结论

C. 委托人或者其他资产评估报告使用人应当按照法律、行政法规规定和资产评估报告载明的使用范围使用资产评估报告

D. 资产评估报告所使用的评估方法和价值类型符合相关资产评估执业准则的要求

E. 资产评估机构及其资产评估专业人员对所出具的资产评估报告依法承担责任

【答案】ABCE

【解析】资产评估报告的声明通常包括以下内容：①本资产评估报告依据财政部发布的资产评估基本准则和中国资产评估协会发布的资产评估执业准则和职业道德准则编制。②委托人或者其他资产评估报告使用人应当按照法律、行政法规规定和资产评估报告载明的使用范围使用资产评估报告；委托人或者其他资产评估报告使用人违反前述规定使用资产评估报告的，资产评估机构及其资产评估专业人员不承担责任。③资产评估报告仅供委托人、资产评估委托合同中约定的其他资产评估报告使用人和法律、行政法规规定的资产评估报告使用人使用；除此之外，其他任何机构和个人不能成为资产评估报告的使用人。④资产评估报告使用人应当正确理解和使用评估结论，评估结论不等同于评估对象可实现价格，评估结论不应当被认为是对评估对象可实现价格的保证。⑤资产评估报告使用人应当关注评估结论成立的假设前提、资产评估报告特别事项说明和使用限制。⑥资产评估机构及其资产评估专业人员遵守法律、行政法规和资产评估准则，坚持独立、客观和公正的原则，并对所出具的资产评估报告依法承担责任。⑦其他需要声明的内容。

（3）评估报告摘要。《资产评估执业准则——资产评估报告》规定，资产评估报告摘要通常提供资产评估业务的主要信息及评估结论。但该准则没有对这些主要信息的披露提出具体的要求，实务中通常参考企业国有资产评估报告对"评估报告摘要"的披露要求撰写。

【提示1】资产评估专业人员可以根据评估业务的性质、评估对象的复杂程度、委托人要求等，合理确定摘要中需要披露的其他信息。

【提示2】摘要应当与评估报告揭示的相关内容一致，不得有误导性内容。

2. 评估报告正文。

（1）委托人及其他资产评估报告使用人。资产评估报告使用人包括委托人、资产评估委托合同中约定的其他资产评估报告使用人和法律、行政法规规定的资产评估报告使用人。在评估报告中应当阐明委托人和其他评估报告使用人的身份，包括名称或类型。

（2）评估目的。资产评估目的应当披露资产评估所服务的具体经济行为（如股权转让、抵押贷款、非货币资产出资等），说明评估结论的具体用途。清晰、准确地揭示评估目的是资产评估报告使用人理解资产评估专业人员界定评估对象、选择评估结论价值类型的基础。资产评估报告载明的评估目的应当唯一，有利于评估结论有效服务于评估目的。

（3）评估对象和评估范围。资产评估报告中应当载明评估对象和评估范围，并描述评估对象的基本情况。但《资产评估执业准则——资产评估报告》并未对此要求作出进一步的说明。对于企业价值评估，评估对象可以分为两类，即企业整体价值和股东权益价值（全部或部分），与此对应的评估范围是评估对象涉及的资产及负债。将股东全部权益价值或股东部分权益价值作为评估对象，股东全部权益或股东部分权益对应的法人资产和负债属于评估范围，本身并不是评估对象。对于单项资产评估，各具体准

则中均对评估对象进行了规范。参见表7-2。

表7-2　　　　　　　　　　单项资产评估中评估对象的规范

评估准则	具体规范
《金融不良资产评估指导意见》第十三条	金融不良资产评估业务中，根据项目具体情况和委托人的要求，评估对象可能是债权资产，也可能是用以实现债权清偿权利的实物类资产、股权类资产和其他资产。
《文化企业无形资产评估指导意见》第十五条	文化企业无形资产评估对象，是指文化企业无形资产的财产权益，或者特定无形资产组合的财产权益。文化企业无形资产通常包括著作权、专利权、专有技术、商标专用权、销售网络、客户关系、特许经营权、合同权益、域名和商誉等。
《资产评估执业准则——机器设备》	机器设备的评估对象分为单台机器设备和机器设备组合对应的全部或者部分权益。单台机器设备是指以独立形态存在、可以单独发挥作用或者以单台的形式进行销售的机器设备。机器设备组合是指为了实现特定功能，由若干机器设备组成的有机整体。
《实物期权评估指导意见》	执行涉及实物期权评估的业务涉及的实物期权主要包括增长期权和退出期权等。

(4) 价值类型。资产评估报告应当说明选择价值类型的理由，并明确其定义。一般情况下可供选择的价值类型包括市场价值、投资价值、在用价值、清算价值和残余价值等。

(5) 评估基准日。资产评估报告应当明确披露评估基准日。与追溯性、现时性、预测性业务相对应，评估基准日分别是过去、现在或者未来的时点。评估基准日一般应以具体的日期（××××年××月××日）体现。资产评估报告载明的评估基准日应当与资产评估委托合同约定的评估基准日保持一致。

(6) 评估依据。资产评估报告应当说明资产评估采用的法律依据、准则依据、权属依据及取价依据等。但《资产评估执业准则——资产评估报告》没有规范这些"依据"需要披露的具体内容，实务中通常结合评估项目的具体情况，参考企业国有资产评估报告对法律法规依据、评估准则依据、权属依据、取价依据的披露要求进行撰写。

【例7-9】（单项选择题）国有资产产权登记证书，投资人出资权益的证明等文件属于(　　)。

A. 法律法规依据　　B. 权属依据
C. 取价依据　　　　D. 评估准则依据

【答案】B

【解析】国有资产产权登记证书，投资人出资权益的证明等文件能够证明产权归属，属于权属依据。

(7) 评估方法。资产评估报告应当说明所选用的评估方法名称、定义及选择理由。根据《资产评估执业准则——资产评估方法》，确定资产价值的评估方法主要包括市场法、收益法和成本法三种基本方法及其衍生方法。资产评估专业人员在选择评估方法时应当充分考虑影响评估方法选择的因素。这些因素包括：评估目的和价值类型、评估对象、评估方法的适用条件、评估方法应用所依据数据的质量和数量等。在披露评估方法的选择理由时需要注意以下影响评估方法选用的因素：①评估方法的选择与评估目的、评估时的市场条件、被评估对象的具体状况，以及由此所决定的资产评估价值类型的适应性。②各种评估方法运用所需的数据资料及主要经济技术参数的收集条件对选择评估方法的制约。③评估方法运用的条件和程序要求对选择评估方法的约束。在披露资产评估方法的运用情况时，需要在说明总体思路和主要评估方法的基础上，按照评估对象和所涉及的资产（负债）类型说明所选用的具体评估方法及其应用情况。参见图7-4。

【提示】采用多种评估方法时，不仅要确保满足各种方法使用的条件要求和程序要求，还应当对各种评估方法得到的评估结果进行比较，分析可能存在的问题并做相应的调整，确定最终评估结论。

【例7-10】（多项选择题）资产评估报告应当说明所选用的评估方法名称、定义及选择理由。资产评估专业人员在披露评估方法的选择理由时需要注意的影响评估方法选用的因素包括(　　)。

A. 评估方法的选择与评估目的、评估时的市场条件、被评估对象的具体状况，以及由此所决定的资产评估价值类型的适应性

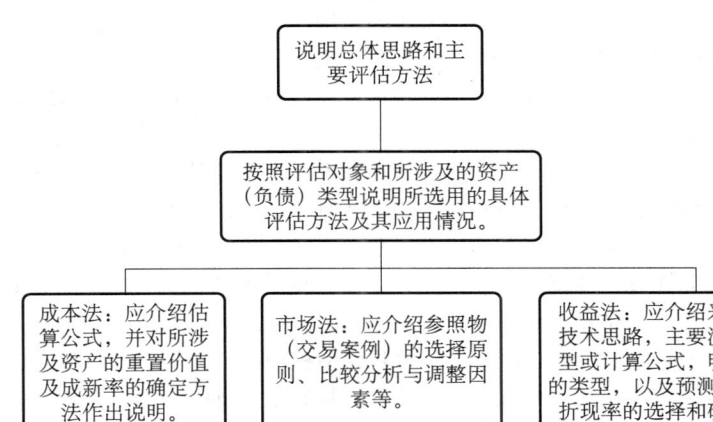

图7-4 披露资产评估方法的应用时需要说明的事项

B. 各种评估方法运用所需的数据资料及主要经济技术参数的收集条件对选择评估方法的制约

C. 评估方法运用的条件和程序要求对选择评估方法的约束

D. 在选择评估方法时，应充分考虑委托人对评估结果的要求

E. 在选择评估方法时，应充分考虑资产评估专业人员的从业经验与专长

【答案】ABC

【解析】在披露评估方法的选择理由时需要注意以下影响评估方法选用的因素：①评估方法的选择与评估目的、评估时的市场条件、被评估对象的具体状况，以及由此所决定的资产评估价值类型的适应性。②各种评估方法运用所需的数据资料及主要经济技术参数的收集条件对评估方法的制约。③评估方法运用的条件和程序要求对选择评估方法的约束。

（8）评估程序实施过程和情况。资产评估报告应当说明资产评估程序实施过程中现场调查、收集整理评估资料、评定估算等主要内容，一般包括：①接受项目委托，确定评估目的、评估对象与评估范围、评估基准日，拟定评估计划等过程；②指导被评估单位清查资产、准备评估资料，核实资产与验证资料等过程；③选择评估方法、收集市场信息和估算等过程；④评估结论汇总、评估结论分析、撰写报告和内部审核等过程。

（9）评估假设。资产评估报告应当披露所使用的资产评估假设。资产评估专业人员应当在评估报告中清晰说明评估项目中采用的反映交易及市场条件、评估对象存续或使用状态、国家宏观环境条件、行业及地区环境条件、评估对象特点的各项具体评估假设的具体内容。合理体现在具体的评估项目使用的评估假设，与资产评估目的及其对评估市场条件的限定情况、评估对象自身的功能和在评估时点的使用方式与状态、产权变动后评估对象的可能用途及利用方式和利用效果等条件的联系和匹配性，使评估结论建立在合理的基础之上。资产评估专业人员还应当在评估报告中明确提示如果评估报告所披露的评估假设不成立，将对评估结论产生重大影响。

（10）评估结论。《资产评估执业准则——资产评估报告》规定，资产评估报告应当以文字和数字形式表述评估结论，并明确评估结论的使用有效期。评估结论通常是确定的数值。经与委托人沟通，评估结论可以是区间值或者其他形式的专业意见。在评估准则中引入区间值或者其他形式的专业意见表达形式是为了顺应对评估业务发展的多元化服务需求。

（11）特别事项说明。资产评估报告中应当对特别事项进行说明，并重点提示评估报告使用人对其予以关注。资产评估报告的特别事项说明包括：①权属等主要资料不完整或者存在瑕疵的情形。②委托人未提供的其他关键资料情况。③未决事项、法律纠纷等不确定因素。④重要的利用专家工作及相关报告情况。⑤重大期后事项。⑥评估程序受限的有关情况、评估机构采取的弥补措施及对评估结论影响的情况。⑦其他需要说明的事项。

【提示】特别事项是指在已确定评估结论的前提下，资产评估专业人员在评估过程中已发现可能影响评估结论，但非执业水平和能力所能评定估算的有关事项。

（12）资产评估报告使用限制说明。包括：①使用范围。②委托人或者其他资产评估报告使用人未按照法律、行政法规规定和资产评估报告载明的使用范围使用资产评估报告的，资产评估机构及其资产评估专业人员不承担责任。③除委托人、资产评估委托合同中约定的其他资产评估报告使用人和法律、行政法规规定的资产评估报告使用人之外，其他任何机构和个人不能成为资产评估报告的使用人。④资产评估报告使用人应当正确理解和使用评估结论。评估结论不等同于评估对象可实现价格，评估结论不应当被认为是对评估对象可实现价格的保证。

（13）资产评估报告日。资产评估专业人员应当在评估报告中说明资产评估报告日。资产评估报告载明的资产评估报告日通常为评估结论形成的日期，这一日期可以不同于资产评估报告的签署日。资产评估报告日应当以具体的日期（××××年××月××日）体现。

（14）资产评估专业人员签名和资产评估机构印章。资产评估报告至少应由两名承办该业务的资产评估专业人员签名，最后加盖资产评估机构的印章。对于国有资产评估等法定业务资产评估报告，资产评估报告正文应当由至少两名承办该业务的资产评估师签名，并加盖资产评估机构印章。

3. 评估报告附件。

（1）评估对象所涉及的主要权属证明资料。房地产权证、无形资产权利（权属）证明、交通运输设备的行驶证及相关权属证明、重大机器设备的购置发票等。

（2）委托人和其他相关当事人的承诺函。通常情况下，委托人和被评估单位应当承诺如下内容：①资产评估所对应的经济行为符合国家规定；②我方所提供的财务会计及其他资料真实、准确、完整、合规，有关重大事项如实地充分揭示；③我方所提供的企业生产经营管理资料客观、真实、完整、合理；④纳入资产评估范围的资产与经济行为涉及的资产范围一致，不重复、不遗漏；⑤纳入资产评估范围的资产权属明确，出具的资产权属证明文件合法、有效；⑥纳入资产评估范围的资产在评估基准日期后发生影响评估行为及结果的事项，对其披露及时、完整；⑦不干预评估机构和评估人员独立、客观、公正地执业。

（3）资产评估机构及签名资产评估专业人员的备案文件或者资格证明文件。评估报告应当将评估机构的从事资产评估业务备案公告复印件、从事证券服务的机构备案名单复印件（开展相关资产评估业务时适用），资产评估师的职业资格证书登记卡复印件作为评估报告附件进行装订。

（4）资产评估汇总表或明细表。为了让委托人和其他评估报告使用人能够更好地了解委托被评估资产的构成及具体情况，资产评估专业人员应当以报告附件的形式提供资产评估汇总表或明细表。

（5）资产账面价值与评估结论存在较大差异的说明。实务中，通常还会将委托人和被评估单位或产权持有人的法人营业执照、评估机构的营业执照复印件也作为评估报告的附件。

【例7-11】（多项选择题）通常情况下，委托人和其他相关当事人的承诺函应当承诺的内容有（　　）。

A. 资产评估所对应的经济行为符合国家规定

B. 资产评估目的符合有关法律、行政法规的要求

C. 不干预评估机构和评估人员独立、客观、公正地执业

D. 及时支付评估费用

E. 纳入资产评估范围的资产与经济行为涉及的资产范围一致，不重复、不遗漏

【答案】ACE

【解析】通常情况下，委托人和被评估单位应当承诺如下内容：①资产评估所对应的经济行为符合国家规定；②我方所提供的财务会计及其他资料真实、准确、完整、合规，有关重大事项如实地充分揭示；③我方所提供的企业生产经营管理资料客观、真实、完整、合理；④纳入资产评估范围的资产与经济行为涉及的

资产范围一致，不重复、不遗漏；⑤纳入资产评估范围的资产权属明确，出具的资产权属证明文件合法、有效；⑥纳入资产评估范围的资产在评估基准日期后发生影响评估行为及结果的事项，对其披露及时、完整；⑦不干预评估机构和评估人员独立、客观、公正地执业。

（二）评估明细表

《资产评估执业准则——资产评估报告》要求评估报告的附件包括"资产评估汇总表或明细表"，但并未对相关附表的编制提出具体要求，由资产评估机构通过内部业务标准自行规范。实务中通常参考国有资产评估业务的要求提出具体的参考式样。

【知识点5】国有资产评估报告的特殊要求（★★）

（一）国有资产评估报告的构成

国有资产评估报告主要包括企业国有资产评估报告、金融企业国有资产评估报告、文化企业国有资产评估报告、行政事业单位国有资产评估报告等。

（二）国有资产评估报告的特殊要求

1. 评估报告声明。

根据《企业国有资产评估报告指南》和《金融企业国有资产评估报告指南》，国有资产评估报告的声明通常可以表述如下：

（1）本资产评估报告依据财政部发布的资产评估基本准则和中国资产评估协会发布的资产评估执业准则和职业道德准则编制。

（2）委托人或者其他资产评估报告使用人应当按照法律、行政法规规定及资产评估报告载明的使用范围使用资产评估报告；委托人或者其他资产评估报告使用人违反前述规定使用资产评估报告的，资产评估机构及其资产评估师不承担责任。

（3）资产评估报告仅供委托人、资产评估委托合同中约定的其他资产评估报告使用人和法律、行政法规规定的资产评估报告使用人使用；除此之外，其他任何机构和个人不能成为资产评估报告的使用人。

（4）资产评估报告使用人应当正确理解评估结论，评估结论不等同于评估对象可实现价格，评估结论不应当被认为是对评估对象可实现价格的保证。

（5）资产评估机构及其资产评估师遵守法律、行政法规和资产评估准则，坚持独立、客观和公正的原则，并对所出具的资产评估报告依法承担责任。

（6）资产评估报告使用人应当关注评估结论成立的假设前提、资产评估报告特别事项说明和使用限制。

（7）其他需要声明的内容。《企业国有资产评估报告指南》和《金融企业国有资产评估报告指南》所附的"声明"编写指引还列出以下供参考的声明事项：①评估对象涉及的资产、负债清单由委托人、被评估单位申报并经其采用签名、盖章或法律允许的其他方式确认；委托人和其他相关当事人依法对其提供资料的真实性、完整性、合法性负责。②资产评估机构及资产评估师与资产评估报告中的评估对象没有现存或者预期的利益关系；与相关当事人没有现存或者预期的利益关系，对相关当事人不存在偏见。③资产评估师已经（或者未）对资产评估报告中的评估对象及其所涉及资产进行现场调查；已经对评估对象及其所涉及资产的法律权属状况给予必要的关注，对评估对象及其所涉及资产的法律权属资料进行了查验，对已经发现的问题进行了如实披露，并且已提请委托人及其他相关当事人完善产权以满足出具资产评估报告的要求。④资产评估机构出具的资产评估报告中的分析、判断和结果受资产评估报告中假设和限制条件的限制，资产评估报告使用人应当充分考虑资产评估报告中载明的假设、限制条件、特别事项说明及其对评估结论的影响。

2. 评估报告摘要。

资产评估报告摘要应当简明扼要地反映经济行为、评估目的、评估对象和评估范围、价值类型、评估基准日、评估方法、评估结论及其使用有效期、对评估结论产生影响的特别事项等关键内容。

对影响评估结论的特别事项，无须将评估报告正文的"特殊事项说明"的内容全部反映在评估报告摘要中，而应主要反映在已经确定评估结论的前提下，所发现的可能影响评估结论但非资产评估师执业水平和能力所能评定估算的有关重大事项。

对评估结论影响重大、可能直接导致评估结论使用时不确定的"评估基准日期后重大事项",资产评估师也应在摘要中提醒报告使用人注意,评估结论未反映该期后事项的影响。

3. 评估报告正文。

(1)"绪言"的内容。国有资产业务资产评估报告正文的"绪言"一般采用包含下列内容的表述格式:

"×××(委托人全称):

×××(资产评估机构全称)接受贵单位(公司)的委托,按照法律、行政法规和资产评估准则的规定,坚持独立、客观和公正的原则,采用×××评估方法(评估方法名称),按照必要的评估程序,对×××(委托人全称)拟实施×××行为(事宜)涉及的×××(资产—单项资产或者资产组合、企业整体价值、股东全部权益、股东部分权益)在××××年××月××日的××价值(价值类型)进行了评估。现将资产评估情况报告如下。"

(2)委托人、被评估单位和资产评估委托合同约定的其他资产评估报告使用人的概况。委托人和资产评估委托合同约定的其他评估报告使用人概况介绍的内容要求比较简单,一般包括名称、法定住所及经营场所、法定代表人、注册资本及主要经营范围等。对被评估单位(或者产权持有单位)的概况,区分企业价值评估和单项资产或者资产组合评估两种不同的业务,提出了不同的要求。委托人与被评估单位为同一企业,按对被评估单位的要求编写。

(3)评估依据的内容。与非国有资产评估业务不同,国有资产评估业务要求在评估报告的"评估依据"部分披露本次评估业务所对应的经济行为依据。对于法律法规、评估准则、权属、取价等依据,《企业国有资产评估报告指南》不仅对需要披露的具体内容提出了要求,还规定应包括与国有资产评估有关的法律法规等针对性评估依据(见表7-3)。

表7-3　　　　　　　　　　　　评估依据的内容

评估依据分类		评估依据的内容
经济行为依据	有效批复文件	包括国务院、各级人民政府、国务院国有资产监督管理机构、地方国有资产监督管理机构、中央与地方国有企业及其各级子企业等按照规定权限签发经济行为批准文件。
	其他文件资料	是可以说明经济行为及其所涉及的评估对象与评估范围的其他文件资料。例如:①国有企业在诉讼过程中以及民事强制执行中,由人民法院委托资产评估机构评估涉诉国有资产价值的情形,人民法院出具的委托函;②国有企业涉经济行为决策的党组会议纪要;③国有独资公司董事会决议、国有资本控股公司、国有资本参股公司股东会、股东大会或者董事会决议;④资产转让、置换合同协议;⑤人民法院破产公告;⑥可以说明经济行为及其所涉及的评估对象与评估范围的其他文件资料。
法律法规依据	法律、行政法规	《资产评估法》《公司法》《证券法》《拍卖法》《国有资产评估管理办法》《资产评估行业财政监督管理办法》
	部门规章和政府规范性文件	财政部、国务院国有资产监督管理委员会和地方政府国有资产监督部门发布的涉及国有资产及评估的有关规定等。
评估准则依据	资产评估准则和相关规范	主要有财政部发布的作为我国资产评估准则体系基础的《资产评估基本准则》,以及中国资产评估协会发布的《资产评估职业道德准则》《资产评估执业准则——资产评估报告》《资产评估执业准则——资产评估程序》《资产评估执业准则——资产评估委托合同》等一系列程序性准则和《资产评估执业准则——企业价值》《资产评估执业准则——无形资产》等一系列实体性准则、指南和指导意见。

续表

评估依据分类		评估依据的内容
权属依据	与评估项目相关的权属依据	《企业国有资产评估报告指南》和《金融企业国有资产评估报告指南》规定的权属依据通常包括：国有资产产权登记证书、基准日股份持有证明、出资证明、信贷合同、保险合同、委托理财合同、国有土地使用证（或者国有土地使用权出让合同）、房屋所有权证、房地产权证（或者不动产权证书）、采矿许可证、勘查许可证、林权证、专利证书（发明专利证书、实用新型专利证书、外观设计专利证书）、商标注册证、著作权（版权）相关权属证明、船舶所有权登记证书、船舶国籍证书、机动车行驶证、有关产权转让合同、抵债合同、抵押登记资料、其他权属证明文件等。
	取价依据	《企业国有资产评估报告指南》规定的取价依据通常包括企业提供的财务会计、经营方面的资料，国家有关部门发布的统计资料、技术标准资料和政策文件，以及评估机构收集的有关询价资料、参数资料等。

（4）评估对象和评估范围。国有资产评估业务，要求资产评估报告应当对评估对象进行具体描述，以文字、表格的方式说明评估范围。

委托评估对象和评估范围与经济行为涉及的评估对象和评估范围的一致性，一般不应由资产评估师来确认，而是由委托人和相关当事人根据其经批准拟实施的经济行为确认并提供给评估机构。资产评估师一般应要求委托人和相关当事人在申报表或申报材料上以签名盖章等符合法律规定的方式，确认评估对象和评估范围。

（5）评估基准日。在满足《资产评估执业准则——资产评估报告》在资产评估报告中说明评估基准日要求的基础上，国有资产评估业务还规定在评估报告中说明确定评估基准日所考虑的主要因素，披露信息包括下列主要内容：①本项目评估基准日是××××年××月××日；②确定评估基准日所考虑的主要因素（如经济行为的实现、会计期末、利率和汇率变化等）。

（6）评估结论。国有资产监督管理机构下达的资产评估项目核准文件和经国有资产监督管理机构或所出资企业备案的资产评估项目备案表，是企业办理产权登记、股权设置和产权转让等相关手续的必备文件。《企业国有资产评估管理暂行办法》规定，"企业进行与资产评估相应的经济行为时，应当以经核准或备案的资产评估结论为作价依据，当交易价格低于评估结论的90%时，应当暂停交易，在获得原经济行为批准机关同意后方可继续交易"。

企业国有资产评估要求评估结论通常是确定的数值。

（7）特别事项说明。国有资产评估业务，要求资产评估报告应当说明评估程序受到的限制、评估特殊处理、评估结论瑕疵等特别事项，以及期后事项。

对国有资产评估报告特别提出的特别事项披露内容包括：①引用其他机构出具报告的结论；②关于担保、租赁及其或有负债（或有资产）事项；③关于经济行为本身对评估结论的影响；④资产评估对特别事项的处理方式对评估结论的影响。

（8）资产评估师签名和资产评估机构印章。国有资产评估业务的资产评估报告正文，应当由至少两名承办该评估业务的资产评估师签名，并加盖资产评估机构印章。声明、摘要和评估明细表上通常不需要另行签名盖章。

4. 评估报告附件的要求。

（1）与评估目的相对应的经济行为文件。

（2）被评估单位的专项审计报告。

（3）委托人和被评估单位产权登记证。

（4）签名资产评估师的承诺函。

（5）资产评估机构法人营业执照副本。

（6）资产评估委托合同。

（7）关于引用其他机构报告的批准（备案）文件。

（8）其他重要文件。

【例7-12】（单项选择题）根据《企业国有资产评估管理暂行办法》的有关规定，需要进行资产评估的经济行为应当以经核准或备案的资产评估结论为作价依据，未获得原经济行为批准机关的同意，交易价格不得低于评估结论的( )。

A. 85% B. 50%
C. 75% D. 90%

【答案】D

【解析】《企业国有资产评估管理暂行办法》规定,"企业进行与资产评估相应的经济行为时,应当以经核准或备案的资产评估结论为作价依据,当交易价格低于评估结论的90%时,应当暂停交易,在获得原经济行为批准机关同意后方可继续交易"。

【例7-13】（多项选择题）对国有资产评估报告特别提出的特别事项披露内容包括( )。

A. 引用其他机构出具报告的结论
B. 关于担保、租赁及其或有负债（或有资产）事项
C. 评估基准日后重大期后事项对评估结论的影响
D. 关于经济行为本身对评估结论的影响
E. 资产评估对特别事项的处理方式对评估结论的影响

【答案】ABDE

【解析】对国有资产评估报告特别提出的特别事项披露内容说明如下：①引用其他机构出具报告的结论。②关于担保、租赁及其或有负债（或有资产）事项。③关于经济行为本身对评估结论的影响。④资产评估对特别事项的处理方式对评估结论的影响。

【例7-14】（多项选择题）下列选项中,作为国有资产评估报告附件的是( )。

A. 委托人、被评估单位和资产评估委托合同约定的其他资产评估报告使用人的概况
B. 与评估目的相对应的经济行为文件
C. 签名资产评估师的承诺函
D. 资产评估委托合同
E. 资产评估计划

【答案】BCD

【解析】国有资产评估报告附件的要求：①与评估目的相对应的经济行为文件。②被评估单位的专项审计报告。③委托人和被评估单位产权登记证。④签名资产评估师的承诺函。⑤资产评估机构法人营业执照副本。⑥资产评估委托合同。⑦关于引用其他机构报告的批准（备案）文件。⑧其他重要文件。

【例7-15】（多项选择题）下列选项中,属于国有资产评估业务要求披露的与本次评估业务所对应的经济行为依据的是( )。

A. 资产转让、置换合同协议
B. 发明专利证书
C. 人民法院破产公告
D. 国有企业涉及经济行为决策的党组会议纪要
E. 国有资产监督部门发布的涉及国有资产及评估的有关规定

【答案】ACD

【解析】选项B属于权属依据；选项E属于法律法规依据。

【例7-16】（单项选择题）根据《企业国有资产评估报告指南》和《金融企业国有资产评估报告指南》,国有资产评估报告应声明( )。

A. 本资产评估报告依据财政部发布的资产评估法和中国资产评估协会发布的资产评估基本准则和职业道德准则编制
B. 本资产评估报告依据财政部发布的资产评估基本准则和中国资产评估协会发布的资产评估具体准则和职业道德准则编制
C. 本资产评估报告依据财政部发布的资产评估基本准则和中国资产评估协会发布的资产评估执业准则和职业道德准则编制
D. 本资产评估报告依据财政部发布的资产评估执业准则和中国资产评估协会发布的资产评估基本准则和职业道德准则编制

【答案】C

【解析】根据《企业国有资产评估报告指南》和《金融企业国有资产评估报告指南》,国有资产评估报告应声明：本资产评估报告依据财政部发布的资产评估基本准则和中国资产评估协会发布的资产评估执业准则和职业道德准则编制。

(三)国有资产评估报告所附评估明细表的内容及格式要求

1. 评估明细表可以根据《企业国有资产评估报告指南》的基本要求和企业会计核算所设置的会计科目,结合评估方法特点进行编制。

(1)单项资产或者资产组合评估、采用资产基础法进行企业价值评估,评估明细表包括按会计科目设置的资产、负债评估明细表和各级汇总表。

（2）采用收益法进行企业价值评估，可以根据收益法评估参数和盈利预测项目的构成等具体情况设计评估明细表的格式和内容。

（3）采用市场法进行企业价值评估，可以根据评估技术说明的详略程度决定是否单独编制符合市场法特点的评估明细表。

2. 资产、负债会计科目的评估明细表格式和内容基本要求。

（1）表头应当含有资产或负债类型（会计科目）名称、被评估单位、评估基准日、表号、金额单位、页码。

（2）表中应当含有资产负债的名称（明细）、经营业务或者事项内容、技术参数、发生（购、建、创）日期、账面价值、评估价值、评估增减幅度等基本内容。必要时，在备注栏对技术参数或者经营业务、事项情况进行注释。

（3）表尾应当标明被评估单位填表人员、填表日期和评估人员。

（4）评估明细表按会计明细科目、一级科目逐级汇总，并编制资产负债表（方式）的评估汇总表及以人民币万元为金额单位的评估结果汇总表。

（5）会计计提的减值准备在相应会计科目（资产负债类型）合计项下和相关科目汇总表中列示。

（6）评估结果汇总表应当按以下顺序和项目内容列示：流动资产、非流动资产、资产总计、流动负债、非流动负债、负债总计、净资产等类别和项目。

3. 采用收益法中的现金流量折现法进行企业价值评估的评估明细表。

评估明细表通常包括以下内容：

（1）资产负债、利润调整表（如果有调整时）。

（2）现金流量测算表。

（3）营业收入预测表。

（4）营业成本预测表。

（5）营业税金及附加预测表。

（6）销售费用预测表。

（7）管理费用预测表。

（8）财务费用预测表。

（9）营运资金预测表。

（10）折旧摊销预测表。

（11）资本性支出预测表。

（12）折现率计算表。

（13）溢余资产和非经营性资产分析表。

收益法评估明细表表头应当含有评估参数或预测项目名称、被评估单位、评估基准日、表号、金额单位等。

【提示】被评估单位为两家以上时，评估明细表应当按被评估单位分别归集，自成体系。

（四）国有资产评估报告的评估说明要求

1. 评估说明使用范围声明。

关于评估说明使用范围的声明，应当写明评估说明使用单位或部位的范围及限制条款。

2. 企业关于进行资产评估有关事项的说明。

委托人和被评估单位可以共同编写或者分别编写《企业关于进行资产评估有关事项的说明》，委托人单位负责人和被评估单位负责人应当对所编写的说明签名，加盖相应单位公章并签署日期。《企业关于进行资产评估有关事项的说明》通常包括：委托人、被评估单位概况；关于经济行为的说明；关于评估对象与评估范围的说明；关于评估基准日的说明；可能影响评估工作的重大事项说明；资产负债清查情况、未来经营和收益状况预测的说明；资料清单。

3. 评估对象与评估范围说明。

（1）评估对象与评估范围内容。包括三个方面：①委托评估的评估对象与评估范围；②委托评估的资产类型、账面金额；③委托评估的资产权属状况（含应当评估的相关负债）。

（2）实物资产的分布情况及特点。

（3）企业申报的账面记录或者未记录的无形资产情况。

（4）企业申报的表外资产（如有申报）的类型、数量。

（5）引用其他机构出具的报告的结果所涉及的资产类型、数量和账面金额（或者评估值）。

4. 资产核实总体情况说明。

资产核实总体情况说明通常包括人员组织、实施时间、核实过程、影响事项及处理方法、核实结论。包括：①资产核实人员组织、实施时间和过程。②影响资产核实的事项及处理方法。③核实结论。

这部分内容应当说明以下内容：①资产核实结果是否与账面记录存在差异及其程度。②权属资料不完善等权属不清晰的资产。③企业申报的账外资产的核实结论。④资产核实结论。

5. 评估技术说明。

评估技术说明应当考虑不同经济行为和不同评估方法的特点介绍评定估算的思路及过程。

6. 评估结论及分析。

（1）评估结论。采用两种或两种以上方法进行企业价值评估时，应当说明不同评估方法结论的差异及其原因和最终确定评估结论的理由。评估结论应含有"评估结论根据以上评估工作得出"的字样。对于存在多家被评估单位的情况，应当分别说明其评估价值。对于不纳入评估汇总表的评估结论，应当单独列示。

（2）评估价值与账面价值比较变动情况及说明。说明账面价值与评估价值比较变动情况，包括绝对变动额和相对变动率。分析评估价值与账面价值比较变动原因。

（3）折价或者溢价情况。企业价值评估如果考虑了控股权和少数股权等因素产生的溢价或折价，应当说明溢价与折价测算的方法，对其合理性作出判断。

（五）国有资产评估报告的制作要求

（1）资产评估报告标题及文号一般在封面上方居中位置，资产评估机构名称及资产评估报告日应当在封面下方居中位置。资产评估报告应当用 A4 规格纸张印刷。

（2）资产评估报告一般分册装订，各册应当具有独立的目录。①声明、摘要、正文和附件合订成册，其目录中应当含有其他册的目录，但其他册目录的页码不予标注。②评估说明和评估明细表一般分别独立成册。必要时附件可以独立成册。③单独成册的，其封面格式、标题中的"企业名称+经济行为关键词+评估对象"及文号等应当与资产评估报告相关格式和内容保持一致。④评估明细表一般按会计科目顺序装订。

（3）资产评估报告封底或者其他适当位置应当标注资产评估机构名称、地址、邮政编码、联系电话、传真、电子邮箱等。

【例7-17】（多项选择题）关于国有资产评估报告的制作要求，下列表述中，错误的是（　　）。

A. 资产评估报告标题及文号一般在封面上方居中位置

B. 评估说明和评估明细表一般分别独立成册

C. 资产评估报告一般分册装订，各册应当统一编制目录

D. 资产评估报告封底或者其他适当位置应当标注资产评估机构名称等

E. 评估明细表一般按评估对象重要程度顺序装订

【答案】CE

【解析】资产评估报告一般分册装订，各册应当具有独立的目录，选项C错误；评估明细表一般按会计科目顺序装订，选项E错误。

【例7-18】（单项选择题）关于国有资产评估报告的评估说明要求，下列选项中，表述正确的是（　　）。

A. 关于评估说明使用范围的声明，应当写明评估说明使用单位或部门的范围及限制条款

B. 资产评估机构及其专业人员编写《企业关于进行资产评估有关事项的说明》

C. 评估对象与评估范围说明应当根据现场调查的不同情况确定内容的详略程度

D. 对于不能采用现场调查方式直接核实的资产，应当说明委托人的具体承诺

【答案】A

【解析】委托人和被评估单位可以共同编写或者分别编写《企业关于进行资产评估有关事项的说明》，选项B错误；评估对象与评估范围说明应当根据企业价值评估、单项资产或者资产组合评估的不同情况确定内容的详略程度，选项C错误；对于不能采用现场调查方式直接核实的资产，应当说明原因、涉及范围及处理方法，选项D错误。

【知识点6】评估档案及作用（★★）

资产评估档案，是指资产评估机构开展资产评估业务形成的，反映资产评估程序实施情况、支持评估结论的工作底稿、资产评估报告及其他相关资料。

纳入资产评估档案的资产评估报告应当包括初步资产评估报告和正式资产评估报告。

工作底稿是资产评估专业人员在执行评估业务过程中形成的，反映评估程序实施情况、支持评估结论的工作记录和相关资料。

工作底稿是判断一个评估项目是否执行了这些基本程序的主要依据，应反映资产评估专

业人员实施现场调查、评定估算等执行程序，支持评估结论。

【例7-19】（单项选择题）关于资产评估档案及作用，下列表述中，错误的是（ ）。

A. 资产评估档案包括工作底稿、资产评估报告及其他相关资料

B. 工作底稿要反映资产评估专业人员评估程序实施情况

C. 纳入资产评估档案的资产评估报告应当是正式资产评估报告

D. 工作底稿是判断一个评估项目是否执行了评估基本程序的主要依据

【答案】C

【解析】纳入资产评估档案的资产评估报告应当包括初步资产评估报告和正式资产评估报告，选项C错误。

【知识点7】工作底稿的分类、内容（★★）

（一）工作底稿的分类

1. 按工作底稿的载体分类。

按照工作底稿的载体，可以分为纸质文档、电子文档或者其他介质形式的文档。

资产评估机构及其资产评估专业人员应当根据资产评估业务具体情况和工作底稿介质的理化特性谨慎选择工作底稿的介质形式，并在评估项目归档目录中按照评估准则要求注明文档的介质形式。

2. 按工作底稿的内容分类（见表7-4）。

表7-4　　按工作底稿的内容分类

类别	概念
管理类工作底稿	在执行资产评估业务过程中，为受理、计划、控制和管理资产评估业务所形成的工作记录及相关资料。
操作类工作底稿	在履行现场调查、收集评估资料和评定估算程序时所形成的工作记录及相关资料。

【例7-20】（多项选择题）下列关于资产评估档案的类型的表述，正确的是（ ）。

A. 按照工作底稿的内容，可以分为管理类工作底稿和操作类工作底稿

B. 操作类工作底稿是指在执行资产评估业务过程中，为受理、计划、控制和管理资产评估业务所形成的工作记录及相关资料

C. 管理类工作底稿是指在履行现场调查、收集评估资料和评定估算程序时所形成的工作记录及相关资料

D. 按照工作底稿的载体，可以分为纸质文档、电子文档或者其他介质形式的文档

E. 同时以纸质和其他介质形式保存的文档，其内容应当相互匹配，不一致的以纸质文档为准

【答案】ADE

【解析】管理类工作底稿是指在执行资产评估业务过程中，为受理、计划、控制和管理资产评估业务所形成的工作记录及相关资料；操作类工作底稿是指在履行现场调查、收集评估资料和评定估算程序时所形成的工作记录及相关资料，选项B、选项C错误。

（二）工作底稿的内容

1. 管理类工作底稿（见图7-5）。

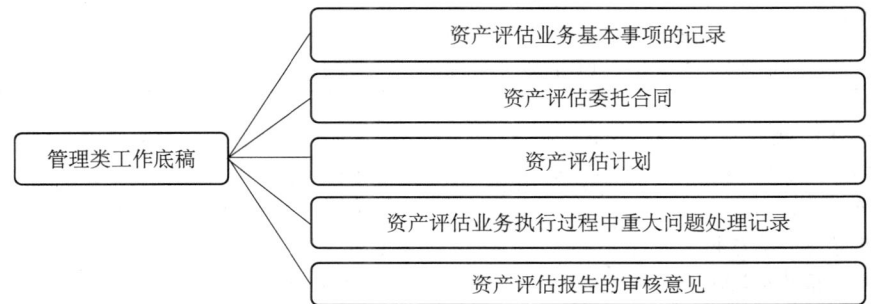

图7-5　管理类工作底稿的内容

以企业价值评估为例,上述五项内容可以细化。参见表7-5。

表7-5　　　　　　　　　企业价值评估中的管理类工作底稿

分类	内容
1. 资产评估业务基本事项的记录	(1) 评估项目的洽谈人、委托人名称、联系人,其他相关当事人(主要是被评估单位)名称、地址、法定代表人、企业性质、注册资金、经营期限、经营范围、联系人等基本情况。
	(2) 其他相关当事人和委托人的关系。
	(3) 评估报告使用人及与委托人、被评估单位等其他相关当事人的关系。
	(4) 相关经济行为的背景情况及评估目的。
	(5) 评估对象和评估范围。
	(6) 评估范围内的资产状况。
	(7) 价值类型。
	(8) 评估基准日。
	(9) 评估假设、限制条件。
	(10) 评估报告提交期限和方式。
	(11) 评估服务费总额或者支付标准、支付时间及支付方式。
2. 资产评估项目风险评价	(1) 项目洽谈人通过对委托人和其他相关当事人的要求、评估目的、资产状况等基本情况的了解,对评估项目是否存在风险作出的判断。
	(2) 风险可控情况,化解风险、防范风险的主要措施。
	(3) 评估机构按规定流程通过对评估项目基本情况了解、评估项目风险调查分析,对是否承接项目作出的决定或签署的意见。
3. 资产评估委托合同	评估委托合同的工作底稿应反映评估委托合同签订以及评估目的、评估对象和范围、评估基准日、价值类型、评估服务费、评估报告类型、评估报告提交期限和方式发生变更等的过程。
4. 资产评估计划	(1) 对实施资产评估业务的主要过程及时间进度、人员安排等的安排。
	(2) 在评估过程中根据情况变化作出的调整记录。
	(3) 评估机构对评估计划的审核、批准情况。
5. 聘请专家的主要情况	评估项目聘用专家有关情况的工作底稿应反映聘请专家个人解决的问题,拟聘请专家个人的简况、专业或专长。
6. 资产评估过程中重大问题处理记录	评估过程中重大问题处理记录工作底稿应反映评估项目实施过程中,资产评估专业人员遇到重大问题逐级请示、资产评估专业人员根据批示意见处理的记录。
7. 资产评估报告审核情况	审核工作底稿应反映评估机构内部各级审核情况,明确列示审核意见。此外,委托人提供的反馈意见、管理部门提出的评审意见,以及资产评估专业人员对相关意见的处理信息等也属于报告审核情况的工作底稿。

【例7-21】 (多项选择题)下列选项中,属于管理类工作底稿内容的是(　　)。

A. 资产评估计划
B. 现场调查记录与相关资料
C. 评定估算过程记录
D. 资产评估业务执行过程中重大问题处理记录
E. 资产评估报告的审核意见

【答案】ADE

【解析】管理类工作底稿通常包括以下内容:①资产评估业务基本事项的记录;②资产评估委托合同;③资产评估计划;④资产评估业务执行过程中重大问题处理记录;⑤资产评估报告的审核意见。选项B、选项C属于操作类工作底稿的内容。

2. 操作类工作底稿。

（1）操作类工作底稿的内容。操作类工作底稿产生于评估工作的全过程，由资产评估专业人员及其助理人员编制，反映资产评估专业人员在执行具体评估程序时所形成的工作成果。参见表 7-6。

（2）不同评估方法对操作类工作底稿的侧重点。按照评估方法划分，操作类工作底稿一般可分为成本法工作底稿、收益法工作底稿和市场法工作底稿。不同评估方法对操作类工作底稿的侧重点，参见表 7-7。

表 7-6　　　　　　　　　　　　操作类工作底稿的内容

操作类工作底稿	工作底稿的内容
现场调查记录与相关资料	（1）委托人或者其他相关当事人提供的资料，如：资产评估明细表，评估对象的权属证明资料，与评估业务相关的历史、预测、财务、审计等资料，以及相关说明、证明和承诺等；资产评估项目所涉及的经济行为需要批准的经济行为批准文件。
	（2）现场勘查记录、书面询问记录、函证记录等。
	（3）其他相关资料。
收集的评估资料	（1）市场调查及数据分析资料。
	（2）询价记录。
	（3）其他专家鉴定及专业人士报告。
	（4）其他相关资料。
评定估算过程记录	（1）重要参数的选取和形成过程记录。
	（2）价值分析、计算、判断过程记录。
	（3）评估结论形成过程记录。
	（4）与委托人或者其他相关当事人的沟通记录。
	（5）其他相关资料。

表 7-7　　　　　　　　不同评估方法对操作类工作底稿的侧重点

评估方法	对操作类工作底稿的侧重点
市场法	（1）资产评估专业人员在采用市场法评估企业整体价值时，应在工作底稿中反映收集的参考企业、市场交易案例的资料，反映所选择的参考企业、市场交易案例与被评估企业具有可比性的资料。
	（2）资产评估专业人员应对被评估企业与参考企业、市场交易案例之间的相似性和差异性进行比较、分析、调整的过程，以及对所选价值乘数计算的过程编制相应的工作底稿。
	（3）在评估股东部分权益价值时，应在工作底稿中反映资产评估专业人员对流动性和控制权对评估对象价值影响的处理情况。
收益法	（1）资产评估专业人员进行现场调查后，应汇集资产的账面值、调查值形成工作底稿。
	（2）工作底稿应完整地反映对企业资产、负债、盈利状况进行调整的原因，调整的内容、过程和结果，企业财务报表数据调整前后的变化。
	（3）资产评估专业人员应在工作底稿中反映对企业财务指标进行分析的过程等内容。
	（4）在采用收益法对企业整体价值进行分析和评估时，企业如有非经营性资产、负债和溢余资产，应当编制相应的非经营性资产、负债和溢余资产的现场调查、评定估算工作底稿。
成本法（或资产基础法）	资产评估专业人员运用资产基础法对企业进行整体价值评估时，应在工作底稿中反映被评估企业拥有的有形资产、无形资产以及应当承担的负债，记录根据其具体情况分别选用市场法、收益法、成本法的现场调查、评定估算过程。

【例7-22】（单项选择题）在收益法工作底稿中，下列不属于资产评估专业人员应在工作底稿中反映内容的是（　　）。

A. 对企业财务指标进行分析的过程
B. 合理确定资本化率或折现率的过程
C. 资产评估专业人员对流动性和控制权对评估对象价值影响的处理情况
D. 对企业未来经营状况和收益状况进行的分析、判断和调整过程

【答案】C
【解析】在市场法工作底稿中，在评估股东部分权益价值时，应在工作底稿中反映资产评估专业人员对流动性和控制权对评估对象价值影响的处理情况。

【知识点8】工作底稿的编制要求（★★★）

（一）应当遵守法律、行政法规和资产评估准则

（1）应当遵守工作底稿编制和管理涉及的法律、行政法规，如《档案法》《资产评估法》《国有资产评估管理办法》《国有资产评估管理若干问题的规定》等。

（2）应当遵守相关资产评估准则对编制和管理工作底稿的规范要求，如《资产评估基本准则》《资产评估执业准则——资产评估程序》《资产评估执业准则——资产评估档案》等。

（二）应当反映资产评估程序实施情况，支持评估结论

根据《资产评估基本准则》工作底稿应当真实完整、重点突出、记录清晰，能够反映资产评估程序实施情况、支持评估结论。

1. 工作底稿必须如实反映和记录评估全过程。

在评估程序实施的各个阶段，如订立评估业务委托合同，编制资产评估计划，进行评估现场调查，收集整理评估资料，评定估算形成结论，编制出具评估报告等各阶段，都应当将工作过程如实记录和反映在工作底稿中。

2. 工作底稿必须支持评估结论。

工作底稿是用来反映评估过程有关资料、数据内容的记录，是为最终完成评估业务服务的，其目的是支持评估结论。与评估报告有关或支持评估结论的所有资料均应形成相应的工作底稿。

（三）应当真实完整、重点突出、记录清晰

1. 工作底稿应当真实完整地反映评估全过程。

（1）工作底稿反映的内容和情况应当是实际存在和实际发生的，强调评估委托事项、评估对象、评估程序实施过程的真实性。

（2）工作底稿所反映的评估内容是完整的。

2. 工作底稿必须重点突出。

工作底稿应当真实完整，并不是说非重点资产的现场调查、评定估算不可以简略。重点突出是要求对工作底稿中支持评估结论的资料要突出，凡对评估结论有重大影响的文件资料和现场调查、评定估算过程，都应当形成工作底稿。

3. 记录清晰。

（1）记录内容要清晰，使审核人员、工作底稿使用者通过查阅对评估过程的描述，对评估过程有清晰的认识。

（2）记录字迹要清晰。

【提示】资产评估机构及其资产评估专业人员可以根据资产评估业务具体情况，合理确定工作底稿的繁简程度。

（四）委托人和其他相关当事人提供的档案应由提供方确认

资产评估专业人员收集委托人和相关当事人提供的重要资料作为工作底稿，应当由提供方对相关资料进行确认，确认方式包括但不限于签字、盖章、法律允许的其他方式。

（五）工作底稿中应当反映内部审核过程

工作底稿一般是评估项目组的成员在评估时编制的，由于种种原因，编制人可能产生差错、遗漏等问题，因此，在工作底稿的编制过程中，需要经过必要的审核程序，包括对文字、数字、计算过程等内容的审核。

（六）编制目录和索引号

资产评估专业人员应当根据评估业务特点和工作底稿类别，编制工作底稿目录，建立必要的索引号，以反映工作底稿间的勾稽关系。

【例7-23】（多项选择题）下列关于工作底稿编制要求的表述，正确的是（　　）。

A. 应当遵守法律、行政法规和资产评估准则
B. 资产评估专业人员收集委托人和相关当事人提供的重要资料作为工作底稿，应当由评

估专业人员对相关资料进行确认

C. 在工作底稿的编制过程中，需要经过必要的审核程序，包括对文字、数字、计算过程等内容的审核

D. 资产评估专业人员应当根据评估业务特点和工作底稿类别，编制工作底稿目录，建立必要的索引号，以反映工作底稿间的勾稽关系

E. 应当真实完整、重点突出、记录清晰

【答案】ACDE

【解析】资产评估专业人员收集委托人和相关当事人提供的重要资料作为工作底稿，应当由提供方对相关资料进行确认，确认方式包括但不限于签字、盖章、法律允许的其他方式。

【知识点9】资产评估档案的归集和管理（★★★）

（一）资产评估档案的归集期限

资产评估专业人员通常应当在资产评估报告日后90日内将工作底稿、资产评估报告及其他相关资料归集形成资产评估档案，并在归档目录中注明文档介质形式。重大或者特殊项目的归档时限不晚于评估结论使用有效期届满后30日，并由所在资产评估机构按照国家有关法律、行政法规和相关资产评估准则的规定妥善管理。

（二）资产评估档案的保管期限

根据《资产评估法》规定，一般评估业务的评估档案保存期限不少于15年，法定评估业务的评估档案保管期限不少于30年。评估档案的保存期限，自资产评估报告日起算。

《资产评估执业准则——资产评估档案》规定，资产评估档案自资产评估报告日起保存期限不少于15年；属于法定资产评估业务的，不少于30年。资产评估机构应当在法定保存期限内妥善保存资产评估档案，以保证资产评估档案的安全和持续使用。资产评估档案应当由资产评估机构集中统一管理，不得由原制作人单独分散保存。资产评估机构不得对在法定保存期限内的资产评估档案非法删除或者销毁。

【例7-24】（单项选择题）关于资产评估报告的归集和管理，下列表述中，错误的是(　　)。

A. 法定评估业务的评估档案保管期限不少于30年

B. 评估档案的保存期限，自资产评估报告日起算

C. 资产评估档案应当由原制作人保存，评估结论使用有效期届满后由资产评估机构集中统一管理

D. 一般评估业务的评估档案保存期限不少于15年

【答案】C

【解析】资产评估档案应当由资产评估机构集中统一管理，不得由原制作人单独分散保存。

【知识点10】评估档案的保密与查阅（★）

资产评估档案涉及客户的商业秘密，评估机构、资产评估专业人员有责任为客户保密。资产评估档案的管理应当严格执行保密制度。

除下列情形外，资产评估档案不得对外提供：①国家机关依法调阅的；②资产评估协会依法依规调阅的；③其他依法依规查阅的。

【提示】本机构评估人员需要查阅评估档案，应按规定办理借阅手续。

【例7-25】（单项选择题）下列选项中，属于资产评估档案不得对外提供情形的是(　　)。

A. 国家机关依法调阅的

B. 资产评估协会依法依规调阅的

C. 其他依法依规查阅的

D. 委托方或被评估单位需要查阅的

【答案】D

【解析】除下列情形外，资产评估档案不得对外提供：①国家机关依法调阅的；②资产评估协会依法依规调阅的；③其他依法依规查阅的。

精选练习题

一、单项选择题

1. 下列关于评估报告的分类的表述，错误的是(　　)。

A. 按照国有资产监管要求出具的资产评估报告为国有资产业务评估报告，其他报告则为非国有资产业务评估报告

B. 评估报告、限制型评估报告的区别在于评估报告的用途不同

C. 国资报告和非国资报告并非简单按评估对象的产权归属是否为国有进行划分

D. 一般情况下，整体资产评估报告的报告内容不仅包括资产，也包括负债和股东权益

（所有者权益）

2. 一般情况下，只有当评估基准日与经济行为实现日相距不超过（　　）时，才可以使用资产评估报告。
A. 一年　　　　　B. 二年
C. 三年　　　　　D. 半年

3. 资产评估报告摘要通常提供资产评估业务的主要信息及评估结论。下列不属于资产评估报告摘要披露内容的是（　　）。
A. 评估目的　　　B. 价值类型
C. 评估结论　　　D. 评估假设

4. 以下不属于资产评估报告文号格式要求的是（　　）。
A. 报告序号　　　B. 文号说明
C. 评估机构特征字　D. 种类特征字

5. 下列关于资产评估报告的表述，错误的是（　　）。
A. 资产评估报告应当按照一定格式和内容进行编写，反映评估目的、假设、程序、标准、依据、方法、结果及适用条件等基本信息
B. 资产评估报告应当使用中文撰写，需要同时出具外文资产评估报告的，以中文资产评估报告为准
C. 评估结论反映评估基准日的价值判断，仅在评估基准日成立
D. 资产评估报告载明的资产评估报告日是签署资产评估报告的日期

6. 国有资产评估中，下列属于经济行为依据中有效批复文件的是（　　）。
A. 人民法院破产公告
B. 国有资产监督管理机构签发的经济行为批准文件
C. 资产转让、置换合同协议
D. 国有企业涉及经济行为决策的党组会议纪要

7. 下列关于国有资产评估报告评估说明的表述中，错误的是（　　）。
A. 关于评估说明使用范围的声明，应当写明评估说明使用单位或部门的范围及限制条款
B. 评估对象与评估范围说明应当根据企业价值评估、单项资产或者资产组合评估的不同情况确定内容的详略程度
C. 按照规定，《企业关于进行资产评估有关事项的说明》应当由委托人独立编写

D. 资产核实总体情况说明通常包括人员组织、实施时间、核实过程、影响事项及处理方法、核实结论

8. 下列关于资产评估档案的表述，错误的是（　　）。
A. 按照工作底稿的内容分类，可以分为纸质文档、电子文档或者其他介质形式的文档
B. 资产评估档案，是指资产评估机构开展资产评估业务形成的，反映资产评估程序实施情况、支持评估结论的工作底稿、资产评估报告及其他相关资料
C. 管理类工作底稿是指在执行资产评估业务过程中，为受理、计划、控制和管理资产评估业务所形成的工作记录及相关资料
D. 操作类工作底稿是指在履行现场调查、收集评估资料和评定估算程序时所形成的工作记录及相关资料

9. 在编制工作底稿的过程中，下列不属于应当遵守工作底稿编制和管理涉及的法律、行政法规的是（　　）。
A. 《资产评估基本准则》
B. 《国有资产评估管理若干问题的规定》
C. 《国有资产评估管理办法》
D. 《资产评估法》

10. 在市场法工作底稿中，资产评估专业人员应在工作底稿中反映的内容是（　　）。
A. 反映对企业财务指标进行分析的过程
B. 反映市场交易案例与被评估企业具有可比性的资料
C. 反映被评估企业拥有的有形资产、无形资产以及应当承担的负债
D. 反映合理确定资本化率或折现率的过程

11. 在资产评估档案归集时，重大或者特殊项目的归档时限不晚于评估结论使用有效期届满后（　　）日。
A. 90　　　　　　B. 60
C. 30　　　　　　D. 120

12. 下列选项中，不属于工作底稿编制要求的是（　　）。
A. 应当遵守法律、行政法规和资产评估准则
B. 应当真实完整、重点突出、记录清晰
C. 应当采用纸质文档，装订成册
D. 委托人和其他相关当事人提供的档案应

由提供方确认

13. 根据《企业国有资产评估报告指南》，下列关于评估结论的表述，错误是（　　）。

A. 评估结论采用区间值的，应当在区间之内确定一个最大可能值，并说明确定依据

B. 采用两种以上方法进行企业价值评估的，除单独说明评估价值和增减变动幅度外，应当说明两种以上评估方法结果的差异及其原因和最终确定评估结论的理由

C. 境外企业国有资产评估报告的评估结论不可以用区间值表达，评估结论应是确定的数值

D. 单项资产或者资产组合评估，应当以文字形式说明账面价值、评估价值及其增减幅度

14. 关于资产评估报告正文中的特别事项及其说明，下列表述中，错误的是（　　）。

A 资产评估报告中应当对特别事项进行说明，并重点提示评估报告使用人对其予以关注

B. 资产评估专业人员在评估过程中发现评估对象存在产权瑕疵，应当说明法律权属瑕疵的事实及对评估结论合理性可能的影响

C. 应当说明评估程序受限的有关情况、评估机构采取的弥补措施及对评估结论影响的情况

D. 特别事项是指在未确定评估结论的前提下，资产评估专业人员在评估过程中已发现可能影响评估结论，但非执业水平和能力所能评定估算的有关事项

15. 某资产评估基准日为2019年12月31日，资产评估现场调查完成日为2020年1月11日，资产评估报告日为2020年2月12日。假设发生的下列事项中，应当在资产评估报告中作为期后事项披露的是（　　）。

A. 2020年2月18日中央银行调整存贷款利率政策

B. 2019年12月15日被评估单位处置大笔应收账款

C. 2020年2月8日因新冠疫情影响被评估单位大批存货变质

D. 2020年3月1日所享受的所得税优惠政策发生变化

二、多项选择题

1. 工作底稿应当记录清晰。下列选项中，能够反映记录清晰要求的是（　　）。

A. 记录不可以简略　　B. 记录不能有遗漏
C. 记录内容要清晰　　D. 记录字迹要清晰
E. 记录重点要清晰

2. 资产评估报告的声明通常包括（　　）。

A. 委托人或者其他资产评估报告使用人违反规定使用资产评估报告的，资产评估机构及其资产评估师仅承担有限责任

B. 本资产评估报告依据财政部发布的资产评估基本准则和中国资产评估协会发布的资产评估执业准则和职业道德准则编制

C. 委托人或者其他资产评估报告使用人应当按照法律、行政法规规定及资产评估报告载明的使用范围使用资产评估报告

D. 资产评估报告使用人应当正确理解评估结论，评估结论不等同于评估对象可实现价格

E. 资产评估机构及其资产评估师遵守法律、行政法规和资产评估准则，坚持独立、客观和公正的原则

3. 资产评估工作底稿一般分为（　　）。

A. 管理类工作底稿　　B. 会计类工作底稿
C. 评估类工作底稿　　D. 审计类工作底稿
E. 操作类工作底稿

4. 下列关于资产评估报告的语句表述，符合评估报告基本要求的有（　　）。

A. 评估对象股票的评估值在10元/股—10.5元/股之间

B. 评估对象机器设备的评估值大约在10万元左右

C. 本资产评估报告仅供委托人、资产评估委托合同中约定的其他资产评估报告使用人和委托人认可的资产评估报告使用人使用，除此之外，其他任何机构和个人不能成为资产评估报告的使用人

D. 委托人和其他相关当事人依法对其提供资料的真实性、完整性、合法性负责

E. 本评估报告只能由委托人使用，评估报告的使用权归委托人所有

5. 关于资产评估报告的基本内容，下列表述中，正确的是（　　）。

A. 资产评估报告封面的左上方标示有"本资产评估报告依据中国资产评估准则编制"

B. 评估报告目录应当包括每一部分的标题和相应页码

C. 对不同方法的评估结果只能采用算术平

均或加权平均等数学方法综合得出评估结论

D. 资产评估报告应当披露所使用的资产评估假设

E. 在国有资产评估报告中，声明、摘要和评估明细表上通常不需要另行签名盖章

三、综合题

资料：以下资料来源于某资产评估机构出具的资产评估报告摘要：

大地路桥股份有限公司拟转让股权
资产评估报告
瑞智评报字［2021］第 923 号
摘要

瑞智资产评估有限公司接受大地路桥股份有限公司的委托，就大地路桥股份有限公司拟转让其持有的广东省大地路桥第一工程有限公司股权之经济行为，对所涉及的广东省大地路桥第一工程有限公司股东全部权益在评估基准日的市场价值进行了评估。

评估对象为广东省大地路桥第一工程有限公司股东全部权益，评估范围是广东省大地路桥第一工程有限公司的全部资产。

评估基准日为 2020 年 12 月 31 日。

本次评估的价值类型为市场价值。

本次评估以持续使用和公开市场为前提，结合委估对象的实际情况，综合考虑各种影响因素及评估方法的适用前提和满足评估目的，采用收益法及资产基础法两种方法对广东省大地路桥第一工程有限公司进行整体评估，然后加以校核比较。考虑评估方法的适用前提和满足评估目的，本次选用收益法评估结果作为最终评估结论。

经实施清查核实、实地查勘、市场调查和询证、评定估算等评估程序，得出广东省大地路桥第一工程有限公司股东全部权益在 2021 年 1 月 1 日的评估结论如下：

净资产账面价值 32475.87 万元，评估后股东全部权益价值 35678.69 万元，评估增值 2355.26 万元，增值率 7.34%。

根据国有资产评估管理的相关规定，资产评估报告须经备案后使用，评估结果使用有效期半年。

在使用本评估结论时，特别提请报告使用者使用本报告时注意报告中所载明的特殊事项以及期后重大事项。

以上内容摘自资产评估报告正文，欲了解本评估项目的详细情况和合理理解评估结论，应当阅读资产评估报告全文。

要求：请根据上述资料，指出该资产评估报告摘要中的不恰当之处，并说明理由。

精选练习题参考答案及解析

一、单项选择题

1. 【答案】B

【解析】评估报告、限制型评估报告的区别在于所提供内容和信息的详细程度。

2. 【答案】A

【解析】通常，只有当评估基准日与经济行为实现日相距不超过一年时，才可以使用资产评估报告。

3. 【答案】D

【解析】《资产评估执业准则——资产评估报告》规定，资产评估报告摘要通常提供资产评估业务的主要信息及评估结论。但该准则没有对这些主要信息的披露提出具体的要求，实务中通常参考企业国有资产评估报告对"评估报告摘要"的披露要求撰写。国有资产评估报告摘要应当简明扼要地反映经济行为、评估目的、评估对象和评估范围、价值类型、评估基准日、评估方法、评估结论及其使用有效期、对评估结论产生影响的特别事项等关键内容。

4. 【答案】B

【解析】资产评估报告文号的格式要求，包括评估机构特征字、种类特征字、年份、报告序号。

5. 【答案】D

【解析】资产评估报告载明的资产评估报告日通常为评估结论形成的日期，可以不同于资产评估报告的签署日。

6. 【答案】B

【解析】有效批复文件包括国务院、各级人民政府、国务院国有资产监督管理机构、地方国有资产监督管理机构、中央与地方国有企业及其各级子企业等按照规定权限签发的经济行为批准文件。

7. 【答案】C

【解析】委托人和被评估单位可以共同编写或者分别编写《企业关于进行资产评估有关事项的说明》。

8.【答案】A

【解析】按照工作底稿的内容，可以分为管理类工作底稿和操作类工作底稿。按照工作底稿的载体，可以分为纸质文档、电子文档或者其他介质形式的文档。

9.【答案】A

【解析】《资产评估基本准则》属于应当遵守相关资产评估准则对编制和管理工作底稿的规范要求。

10.【答案】B

【解析】资产评估专业人员在采用市场法评估企业整体价值时，应在工作底稿中反映收集的参考企业、市场交易案例的资料，反映所选择的参考企业、市场交易案例与被评估企业具有可比性的资料。

11.【答案】C

【解析】重大或者特殊项目的归档时限为评估结论使用有效期届满后30日内，并由所在资产评估机构按照国家有关法律、行政法规和相关资产评估准则的规定妥善管理。

12.【答案】C

【解析】资产评估委托合同、资产评估报告应当形成纸质文档。评估明细表、评估说明可以是纸质文档、电子文档或其他介质形式的文档。

13.【答案】C

【解析】考虑到一些特定评估业务的需求，《企业国有资产评估报告指南》规定，境外企业国有资产评估报告的评估结论可以用区间值表达。

14.【答案】D

【解析】特别事项是指在已确定评估结论的前提下，资产评估专业人员在评估过程中已发现可能影响评估结论，但非执业水平和能力所能评定估算的有关事项。

15.【答案】C

【解析】资产评估中的期后事项，通常是指评估基准日至评估报告日之间发生的、可能对评估结论产生影响的事项，应当在资产评估报告中作为期后事项披露，说明评估基准日之后发生的重大期后事项，特别提示评估基准日的期后事项对评估结论的影响。

二、多项选择题

1.【答案】CD

【解析】记录清晰有两方面含义：一是记录内容要清晰，使审核人员、工作底稿使用者通过查阅对评估过程的描述，对评估过程有清晰的认识。二是记录字迹要清晰。

2.【答案】BCDE

【解析】委托人或者其他资产评估报告使用人违反规定使用资产评估报告的，资产评估机构及其资产评估师不承担责任。

3.【答案】AE

【解析】资产评估工作底稿一般分为管理类工作底稿和操作类工作底稿。

4.【答案】AD

【解析】资产评估专业人员应当以清楚和准确的方式进行表述，而不致引起报告使用人的误解，评估报告不得存在歧义或误导性陈述，选项B不符合要求；资产评估报告使用人包括委托人、资产评估委托合同中约定的其他资产评估报告使用人和法律、行政法规规定的资产评估报告使用人，选项C错误；本评估报告只能由评估报告载明的评估报告使用者使用，评估报告的使用权归委托人所有，未经委托人许可，本评估机构不会随意向他人公开，选项E错误。

5.【答案】ABDE

【解析】对不同方法的评估结果采用算术平均、加权平均、求取中位数等数学方法综合得出评估结论。

三、综合题

【答案及解析】

（1）标题格式不恰当。标题格式应为："企业名称+经济行为关键词+评估对象+资产评估报告"，即大地路桥股份有限公司拟转让其持有的广东省大地路桥第一工程有限公司股权项目资产评估报告。

（2）评估对象和评估范围表述不恰当。评估对象为广东省大地路桥第一工程有限公司股东全部权益，评估范围应当是"广东省大地路桥第一工程有限公司的全部资产及负债，包括流动资产和非流动资产等资产及相应负债"。

（3）评估基准日为2020年12月31日，评估结论应表述为"广东省大地路桥第一工程有限公司股东全部权益在评估基准日2020年12月31日的评估结论如下"。

（4）评估结论计算错误。净资产账面价值

32475.87万元,评估后股东全部权益价值35678.69万元,评估增值3202.82万元,增值率9.86%。

(5)评估结果有效期表述不恰当。根据国有资产评估管理的相关规定,资产评估报告须经备案后使用,评估结果使用有效期一年,即自2020年12月31日至2021年12月30日使用有效。

第八章 资产评估的职业道德与法律责任

考试大纲

第八章	考试目的	考查考生对我国资产评估职业道德准则所规范的主要内容和主要职业道德要求、我国资产评估法律责任体系,特别是相关法律有关资产评估行政责任、民事责任和刑事责任规定的掌握情况,以及运用资产评估职业道德和法律责任相关知识,指导和规范资产评估从业行为的能力。
资产评估的职业道德与法律责任	考试内容及要求	
	掌握的内容 (★★★)	1. 职业道德素质的内容及我国职业道德准则规范的主要内容。
		2. 资产评估职业道德的基本要求。
		3. 对签署评估报告的禁止性要求。
		4. 资产评估行政责任的相关法律规定。
		5. 资产评估民事责任的相关法律规定。
		6. 资产评估刑事责任的相关法律规定。
	熟悉的内容 (★★)	1. 专业能力要求。
		2. 与委托人和其他相关当事人关系的要求。
		3. 与其他资产评估机构及资产评估专业人员关系的要求。
		4. 禁止不正当竞争的要求。
		5. 保密原则。
		6. 禁止谋取不当利益的要求。
	了解的内容 (★)	1. 行政处罚的种类、原则和追究时效。
		2. 民事责任的构成要件、诉讼时效。
		3. 刑事责任的追诉时效。
		4. 法律责任的免除。

考情分析

本章主要考查我国资产评估职业道德规范、有关资产评估机构和资产评估专业人员法律责任的法律法规等内容,内容较多而且考点分散。在往年考试中,本章曾出过单项选择题和多项选择题,且多次在综合题中出现。虽然本章内容变化不大,但是考查形式和内容灵活,要求考生把握脉络,特别是要理解教材中的相关案例,准确理解资产评估职业道德的基本要求和法律责任的相关法律规定,能够对具体案例中的职业道德与法律责任问题进行分析与处理。

教材主要变化

1. 本章考试大纲无变化。
2. 根据《民法典》,对相关法律规定进行修订。
3. 对部分内容补充完善。

考点精讲及典型例题解析

【知识点1】职业道德素质的内容及我国职业道德准则规范的主要内容(★★★)

(一)职业道德素质的内容

资产评估机构及其资产评估专业人员在从

业时应当严格遵守资产评估职业道德，树立良好的职业形象，提高资产评估作为中介服务行业的公信力。

资产评估机构及其资产评估专业人员的职业道德素质主要是由其职业理想、职业态度、职业责任、职业胜任能力、职业良知、职业荣誉和职业纪律等要素综合反映出来的道德品质。

【提示】规范职业道德行为旨在使资产评估机构及其资产评估专业人员树立职业理想、端正职业态度、明确职业责任、提升职业胜任能力、唤起职业良知、增强职业荣誉感和强调职业纪律等，提高资产评估专业人员的职业道德素质。

（二）资产评估职业道德准则规范的主要内容

资产评估职业道德准则对资产评估机构及其资产评估专业人员职业道德方面的基本遵循、专业能力、独立性、资产评估专业人员与委托方人和其他相关当事方人的关系、资产评估专业人员与其他资产评估专业人员的关系等进行了规范。

【例8-1】（多项选择题）以下选项中，属于资产评估机构及其资产评估专业人员职业道德素质要素的是（　　）。

A. 职业理想
B. 职业态度
C. 职业追求
D. 职业责任
E. 职业纪律

【答案】ABDE

【解析】资产评估机构及其资产评估专业人员的职业道德素质主要是由其职业理想、职业态度、职业责任、职业胜任能力、职业良知、职业荣誉和职业纪律等要素综合反映出来的道德品质。

【例8-2】（单项选择题）以下选项中，不属于资产评估的职业道德素质主要内容的是（　　）。

A. 职业理想
B. 职业态度
C. 职业判断
D. 职业纪律

【答案】C

【解析】职业判断不属于资产评估职业道德素质的主要内容。

【知识点2】资产评估职业道德的基本要求（★★★）

参见表8-1。

表8-1　　　　　资产评估职业道德的基本要求

职业道德		基本要求
从业要求	诚实守信	资产评估机构及其资产评估专业人员在开展资产评估业务中应当将诚实守信放在首位，诚实履行职业责任，提供诚信可靠的专业服务。这也是中介服务行业立法和职业道德建设通常会提出的要求。
	勤勉尽责	资产评估机构及其资产评估专业人员在执业过程中应当维护当事人的合法权益和公共利益，努力维护资产评估的客观性和公正性。 （1）在执业过程中必须严格执行资产评估准则，不得随意背离。 （2）在具体执业行为中，根据评估项目的具体情况进行必要的专业判断。应当以追求评估结论的客观性、公正性为工作目标，来检查自己的执业行为，做到勤勉尽责。 （3）不可以使用敷衍的手段规避应尽的努力。包括：①在报告中滥用免责声明；②不当利用第三方的工作，或相关当事人的保证书、承诺函等；③使用不合理的假设；④滥用专业判断。
	谨慎从业	需要资产评估机构及其资产评估专业人员在提供资产评估专业服务时，应当保持必要的职业谨慎态度和专业怀疑精神，重视风险辨识及防范，审慎作出专业判断，预防和减轻因评估执业过失引致的质量风险。

续表

职业道德		基本要求
基本工作原则	独立性	坚持独立性是资产评估的核心原则。资产评估机构、资产评估人员及外聘专家认为其独立性受到损害时,应当对由此可能产生的影响和能够采取的措施进行分析判断,如果相关损害会影响其得出公正的评估结论,则应当拒绝进行评估活动、拒绝发表评估意见。
	客观性	客观性要求资产评估机构及资产评估专业人员,应当以事实为依据,客观地发表评估意见。
	公正性	公正性要求资产评估机构和资产评估专业人员,在从事资产评估业务过程中,遵照国家有关法律、法规及行业准则,独立、客观执业,保持应有的职业中立态度,公平地对待有关利益各方,公正地发表资产评估意见,不得损害委托人、其他当事人的合法权益和公共利益。

【提示1】资产评估独立性的具体要求:①资产评估机构应当是依法设立的独立法人或非法人组织;②资产评估机构及其资产评估专业人员应当严格按照国家有关法律、法规、资产评估准则,独立开展评估业务,并独立地向委托人提供资产评估意见;③资产评估机构、资产评估专业人员从事资产评估活动不受任何行政部门控制,也不受其他机关、社会团体、企业、个人等对资产评估行为和评估结论的非法干预;④资产评估专业人员依据国家法律及资产评估准则进行资产评估活动以及发表评估意见时不受所在资产评估机构的非法干预⑤资产评估机构、资产评估专业人员应与资产评估的委托人、被评估对象产权持有人及其他当事人无利害关系。

【提示2】可能影响独立性的三种关联关系包括:①经济利益关联,是指资产评估机构及其资产评估专业人员或者其亲属拥有委托人或者其他相关当事人的股权、债权、有价证券、债务,或者存在担保等可能影响独立性的经济利益关系。②人员关联,是指资产评估专业人员或者其亲属担任委托人或者其他相关当事人的董事、监事、高级管理人员或者其他可能对评估结论施加重大影响的特定职务(根据《民法典》规定,亲属包括配偶、血亲和姻亲;近亲属包括配偶、父母、子女、兄弟姐妹、祖父母、外祖父母、孙子女、外孙子女。根据《资产评估职业道德准则》的规定,亲属是指配偶、父母、子女及其配偶,这是一个比较狭义的界定)。③业务关联,是指资产评估机构从事的不同业务之间可能存在利益输送或者利益冲突关系。

消除不利影响的措施通常包括人员回避、业务回避、消除关联关系、第三方审核等。当所采取措施不能消除对独立性的不利影响时,资产评估机构和资产评估专业人员不得承接该评估业务,或者应当终止该评估业务。

【提示3】资产评估客观性的具体要求:①作为资产评估活动的重要主体,应当公正无私,摒除偏见,不为"偏见""谬误"所蒙蔽。②对资产评估活动中涉及的事项应当坚持科学的方法和态度,实事求是。③在资产评估过程中,应当完整、客观地收集信息、数据;保障赖以形成评估结论信息的完整性、客观性、有效性、合法性;不得使用缺乏依据的信息、数据。④对于实物性资产,进行必要的现场勘查是保证客观性的要求,应该通过勘察确定资产的客观存在,并取得评估所必需的客观信息,勘察的程度应满足获得作出客观评估所需要的基本信息。如因各种原因,无法通过勘察获得评估所需信息而必须通过其他第三方取得,应当采取必要措施关注这些信息的客观性和合理性,并进行必要披露。⑤对非实物性资产,应当根据资产的特征,通过有效的方法确定资产的客观存在,并取得评估所必需的客观信息。如因各种原因,必须通过其他第三方取得评估所需信息,应当采取必要措施关注这些信息的客观性和合理性,并予以必要披露。⑥有责任核查所获得信息的客观性,对于从其他第三方获得的信息,应当关注其客观性。⑦应当尽量避免专业判断过程中主观因素的不利影响。在进行评估分析、预测、判断过程中,应当使用科学的方法作为评估手段,不得以主观经验代替科学分析。⑧应当依据所收集的信息、数据,遵守法律法规、资产评估准则等相关规定，通过合理履行资产评估程序客观作出评估结论、发表专业意见。⑨应对执业能力做出客观评价，对于无法胜任的业务，应当放弃承接或通过寻求有效支持手段满足胜任要求。⑩对机构内部或不同评估机构所持有的不同评估观点不应抱有任何偏见。⑪资产评估报告应当客观完整、描述适当，不得使用夸大或容易引起异议或歧义的文字语言。

【例8-3】（单项选择题）资产评估机构及其资产评估专业人员在执业过程中，必须以（　　）为中心。

A. 维护当事人的合法权益和公共利益
B. 提高专业胜任能力
C. 保持独立性
D. 处理好与资产评估专业人员的关系

【答案】A

【解析】资产评估机构及其资产评估专业人员在执业过程中必须以维护当事人的合法权益和公共利益为中心，努力维护资产评估的客观性和公正性。只有这样才能赢得社会的信任与尊敬，树立应有的社会地位。

【例8-4】（多项选择题）以下属于资产评估职业道德中有关客观性要求的是（　　）。

A. 对机构内部或不同评估机构所持有的不同评估观点不应抱有任何偏见
B. 应当尽量避免专业判断过程中主观因素的不利影响
C. 不应当偏袒、迁就委托人的不当诉求，故意出具对其他当事人，甚至社会公众不利的评估报告
D. 在资产评估过程中，应当完整、客观地收集信息、数据
E. 资产评估机构应当是依法设立的独立法人或非法人组织

【答案】ABD

【解析】选项C为公正性要求，选项E为独立性要求。

【例8-5】（多项选择题）关于谨慎从业，下列表述中，正确的是（　　）。

A. 谨慎从业是在合同或其他经济活动中遵循民法基本原理的必然要求，已越来越广泛地成为各行业普遍性的职业道德规范，并被直接写入资产评估法中
B. 在洽谈资产评估业务前，在受理资产评估业务后，在业务实施环节，在信息披露方面均需要遵循谨慎从业的要求
C. 保持必要的职业谨慎态度和专业怀疑精神，重视风险辨识及防范，审慎作出专业判断，预防和减小因评估执业过失引致的质量风险
D. 谨慎从业，是对资产评估机构及其资产评估专业人员提出的要求
E. 资产评估机构及其资产评估专业人员在执业过程中必须严格执行资产评估准则，不得随意背离

【答案】BCD

【解析】诚实守信是在合同或其他经济活动中遵循民法基本原理的必然要求，已越来越广泛地成为各行业普遍性的职业道德规范，并被直接写入资产评估法中，选项A错误；资产评估机构及其资产评估专业人员在执业过程中必须严格执行资产评估准则，不得随意背离，这是对资产评估机构及其资产评估专业人员履行勤勉尽责义务的基本要求，选项E错误。

【例8-6】（单项选择题）关于勤勉尽责，下列选项中，错误的是（　　）。

A. 履行勤勉尽责义务的基本要求是必须严格遵守资产评估准则，不得随意背离
B. 资产评估专业人员在执业过程中，不得单纯以工作量或工作的难易程度作为确定工作范围及工作程度的标准
C. 资产评估机构及其资产评估专业人员利用第三方的工作，属于使用敷衍的手段规避应尽的努力
D. 执业过程中，在获取必要信息的基础上可以依照经验和专业知识作出独立判断，不可以滥用专业判断

【答案】C

【解析】资产评估机构及其资产评估专业人员可以利用第三方的工作，如会计师出具的审计报告、律师出具的法律意见书等，也可以要求相关当事人提供保证书或承诺函等文件。但在利用专家工作时必须保持必要的职业谨慎，不可以丧失独立性，选项C错误。

【例8-7】（单项选择题）下列情况中，一般认为不影响独立性的是（　　）。

A. 资产评估专业人员的外祖母在委托方担任监事

B. 持有客户0.1%的公开流通股票

C. 与客户的负责人或委托事项的当事人有利害关系

D. 承接该项目的评估专业人员在客户的董事长设立的公司中参股5%

【答案】A

【解析】可能影响独立性的情形通常包括资产评估机构及其资产评估专业人员或者其亲属与委托人或者其他相关当事人之间存在经济利益关联、人员关联或者业务关联。亲属是指配偶、父母、子女及其配偶。

【知识点3】专业能力要求（★★）

（一）资产评估专业人员应当具备相应的评估专业知识和经验

资产评估专业人员除了应具备一定的专业知识和专业技能，也应具备一定的专业经验。

取得资产评估师职业资格，需要通过资产评估师资格全国统一考试。能够承办非法定资产评估业务的其他资产评估专业人员，也必须具有评估专业知识和实践经验。

（二）资产评估专业人员必须具有胜任所执行评估业务的能力

资产评估专业人员在接受评估业务或资产评估机构在签署评估委托合同之前，应当了解执行该评估项目所必备的专业知识、专业技能及经验，并对自己的能力作出客观判断。

资产评估机构、资产评估专业人员对所承接的资产评估项目，必须确信具有相应的专业知识和经验，能够胜任该项业务，不得接受其能力无法完成的资产评估项目，除非采取其他有效措施保证能够有效地完成该项评估业务。

评估机构和资产评估专业人员也必须在评估报告中披露专业知识、经验的缺乏，并披露所有为完成评估业务所采取的措施。

【提示】我国资产评估准则要求，资产评估机构及其资产评估专业人员，应当如实声明其具有的专业能力和执业经验，不得对其专业能力和执业经验进行夸张、虚假和误导性宣传。

（三）资产评估专业人员应当保持和提高专业能力

接受资产评估的专业教育及训练、通过资产评估师的职业资格统一考试、在资产评估机构从事业务实践等，都是获得胜任资产评估工作所需知识和经验的有效途径。

通过职业资格统一考试，取得资产评估师职业资格，只说明具备了从事资产评估工作的基本技能。资产评估专业人员要在执业生涯中保持并提高自己的执业能力，不断地接受必要的继续教育培训是切实可行的必要措施。

【例8-8】（单项选择题）对于靠自身能力无法完成的资产评估项目，评估机构和资产评估专业人员可以采取有效的措施确保评估业务的完成，不包括（　　）。

A. 与具有相关专业知识和经验的评估机构或评估专业人员联合进行评估

B. 聘用具有所需专业知识或经验的专业人士

C. 资产评估专业人员通过学习达到要求

D. 委托其他评估机构代为完成

【答案】D

【解析】资产评估机构、资产评估专业人员对所承接的资产评估项目，必须确信具有相应的专业知识和经验，能够胜任该项业务，不得接受其能力无法完成的资产评估项目，除非采取其他有效措施保证能够有效地完成该项评估业务，包括：①与具有相关专业知识和经验的资产评估机构或资产评估专业人员联合进行评估；②聘用具有所需专业知识或经验的专业人士；③资产评估专业人员通过学习达到要求等。

【例8-9】（单项选择题）资产评估专业人员要在执业生涯中保持并提高自己的执业能力，不断地接受必要的（　　）培训是切实可行的必要措施。

A. 岗前教育　　B. 专业教育

C. 考前教育　　D. 后续教育

【答案】D

【解析】资产评估专业人员要在执业生涯中保持并提高自己的执业能力，不断地接受必要的继续教育培训是切实可行的必要措施。

【知识点4】与委托人和其他相关当事人关系的要求（★★）

（一）资产评估专业人员与委托人、其他相关当事人和评估对象有利害关系的，应当回避

利害关系，是利益与损害关系的简称，包括两个方面，一是利益一致关系，二是利益对立关系。

【提示】利害关系的存在，很可能会影响资产评估专业人员在执行业务时所处的立场，也

极可能妨碍资产评估专业人员作出客观的专业判断。在评估中，资产评估专业人员与委托人或其他相关当事人之间存在利害关系时，应当向其所在评估机构提出声明，并实行回避（见图8-1）。

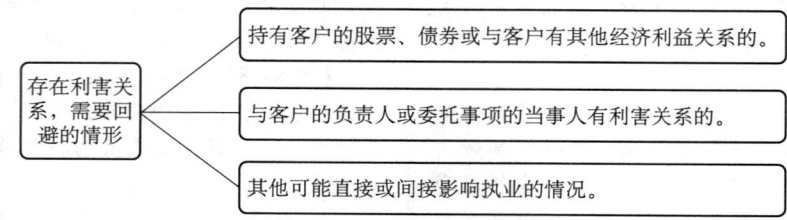

图8-1 因存在利害关系而需要回避的情形

（二）资产评估机构、资产评估专业人员应当履行评估委托合同中规定的义务

资产评估机构、资产评估专业人员应当履行评估委托合同中规定的义务，坦诚、公正地对待客户，在不违背国家与公共利益以及不伤害其他相关当事人利益的前提下，在保持廉洁、公正的基础上，努力为委托人提供高质量的专业服务。在客户提供了必要资料的前提下，在规定的时间内，按资产评估专业标准的要求，在保证质量的情况下完成委托评估业务。

（三）资产评估机构及其资产评估专业人员不得向委托人或其他相关当事人索取约定服务费之外的不正当利益

资产评估是一种有偿的社会中介服务，资产评估机构及其资产评估专业人员在完成委托评估业务后，向委托人出具资产评估报告并收取合理的评估服务费属正当的行为，但是不能收取评估费以外的费用。

【提示】服务费用以外的不正当利益，主要是指约定服务费用以外的其他酬金，如佣金、回扣、好处费、介绍费等。严格意义上讲，不正当利益包括各种不正当的经济利益和不正当的非经济利益。

【例8-10】（多项选择题）下列情形中，属于不违反独立性、资产评估专业人员不需要回避的是（　　）。

A. 资产评估专业人员的父亲担任委托人全资子公司的董事

B. 资产评估专业人员在评估基准日前半年在被评估企业担任营销主管

C. 资产评估专业人员的表妹在被评估企业担任研发部经理

D. 资产评估专业人员的前妻持有被评估公司1万股股票

E. 资产评估专业人员按照市场价格租赁被评估企业出租的房屋

【答案】BCDE

【解析】选项A中资产评估专业人员的父亲担任委托人全资子公司的董事，属于存在人员上的关联，违反独立性，需要回避。

【例8-11】（单项选择题）资产评估专业人员与委托人或其他相关当事人之间存在利害关系时，应当向其所在评估机构提出声明，并实行回避。这些利害关系不包括（　　）。

A. 持有客户的股票、债券或客户有其他经济利益关系的

B. 与客户的负责人或委托事项的当事人有利害关系的

C. 曾在委托单位任职，离任后未满五年的

D. 其他可能直接或间接影响执业的情况

【答案】C

【解析】在评估中，资产评估专业人员与委托人或相关当事人之间存在以下利害关系时，应当向其所在评估机构提出声明，并实行回避。①持有客户的股票、债券或与客户有其他经济利益关系的；②与客户的负责人或委托事项的当事人有利害关系的；③其他可能直接或间接影响执业的情况。

【知识点5】与其他资产评估机构及资产评估专业人员关系的要求（★★）

（一）资产评估机构及其资产评估专业人员在开展资产评估业务过程中，应当与其他资产评估专业人员保持良好的工作关系

参见表8-2。

表 8-2　　　　　　　与其他资产评估机构及资产评估专业人员关系的要求

序号	其他评估人员类型	关系要求	
1	与资产评估专业人员在同一资产评估机构执业	应当相互尊敬、相互学习、相互帮助、共同提高。	共同作业时，应当注意加强彼此间的分工与合作；工作过程存在不同意见时，应当以相应的法律、法规和制度为依据，共同认真分析和协调，对确实无法协调的，应将不同意见同时披露。
2	与资产评估专业人员不在同一资产评估机构执业，但一起执行联合评估业务	应当精诚合作，及时沟通。在完成各自负责业务部分的基础上，共同高质量地完成整体评估业务。	
3	与资产评估专业人员不在同一资产评估机构执业，由于知识结构、专业技能、职业资格、所在区域等不同，在执业过程中应约向其提供（或接受对方提供）相关技术支持	资产评估专业人员应当在专业技术范围内，虚心向其他资产评估专业人员请教，或真诚地向其他资产评估专业人员提供帮助。	
4	对资产评估专业人员所执行评估业务中的评估对象在不同时间发表过专业意见	资产评估专业人员仍应独立形成专业意见。在形成专业意见过程中，资产评估专业人员可以了解"其他资产评估专业人员"的专业意见，或就评估对象的状况向"其他资产评估专业人员"进行咨询。了解、咨询，应尊重委托关系，遵守保密原则。	
5	曾经或正在执行与资产评估专业人员所执行评估业务相关的评估业务	如果资产评估专业人员与"其他资产评估专业人员"需要进行业务沟通，应当经委托方同意。如果委托方要求向"其他资产评估专业人员"提供相关情况，资产评估专业人员应当在职业道德框架内配合"其他资产评估专业人员"工作。	

（二）资产评估机构及其资产评估专业人员不得贬损或者诋毁其他资产评估机构及资产评估专业人员

资产评估机构及其资产评估专业人员不得以任何理由、任何方式对其他资产评估机构及其资产评估专业人员进行公开或非公开的贬损或诋毁。评估行业应提倡同行相睦，反对同行相轻。

【例 8-12】（多项选择题）资产评估机构及其资产评估专业人员在开展资产评估业务过程中，应当与其他资产评估专业人员保持良好的工作关系。下列选项中，属于"其他资产评估专业人员"的是（　　）。

A. 与资产评估专业人员在同一资产评估机构执业

B. 与资产评估专业人员不在同一资产评估机构执业，但一起执行联合评估业务

C. 与资产评估专业人员不在同一资产评估机构执业，但由于知识结构、专业技能、职业资格、所在区域等不同，在执业过程中应约向其提供（或接受对方提供）相关技术支持

D. 曾经或正在执行与资产评估专业人员所执行评估业务相关的评估业务

E. 对资产评估专业人员所执行评估业务中的评估对象在不同时间发表过审计专业意见

【答案】ABCD

【解析】对资产评估专业人员所执行评估业务中的评估对象在不同时间发表过专业意见，这里的"专业意见"应当是评估意见。发表审计专业意见的是注册会计师，不属于题目中的其他资产评估专业人员。

【例 8-13】（多项选择题）资产评估机构及其资产评估专业人员不得贬损或者诋毁其他资产评估机构及资产评估专业人员。下列选项中，属于违背这一要求的是（　　）。

A. 对在同一资产评估机构执业的资产评估专业人员私下贬损

B. 为拓展业务的需要公开贬损潜在的竞争对手

C. 公开诋毁曾经或正在执行与其所执行评估业务相关的评估业务的资产评估专业人员

D. 公开诋毁对其所执行评估业务中的评估

对象在不同时间发表过专业意见的资产评估专业人员

E. 与其他资产评估机构及资产评估专业人员保持良好的工作关系

【答案】ABCD

【解析】资产评估机构及其资产评估专业人员不得贬损或者诋毁其他资产评估机构及资产评估专业人员，这里的"其他资产评估机构及其资产评估专业人员"包括在拓展业务过程中潜在的竞争对手。

【知识点6】禁止不正当竞争的要求（★★）

（一）资产评估机构及其资产评估专业人员不得采用欺诈、利诱、胁迫等不正当手段招揽业务

参见表8-3。

表8-3　　　　　采取不正当手段招揽业务的表现形式

不正当手段	含义	具体行为
欺诈	指采用欺骗、误导等手段向客户招揽业务的行为	（1）超越自身专业能力范围招揽业务。 （2）编造与客户的上级主管部门或利害相关单位有密切关系，可以帮助客户解决难题招揽业务。 （3）编造自己从未完成过的评估项目的工作经验，骗取业务等。 （4）采取虚假和引人误解的宣传骗取客户信任、招揽业务。
利诱	指利用财物、权势等利益引诱手段向客户招揽业务的行为	（1）承诺提供满足客户预期结果的评估结果，引诱客户，招揽业务。 （2）以答应帮助客户解决具体困难为条件，招揽业务等。 （3）以帮助客户获取权势、名位等诱惑客户，招揽业务。 （4）采用给客户赠送财物、支付回扣等手段招揽业务。
胁迫	指通过向客户施加压力、迫使其接受委托业务的行为	（1）借助行政、司法等力量，通过行业垄断、地区垄断等形式强行抢拉业务。 （2）动用各种关系施压，强行抢拉业务。 （3）利用客户的弱点威胁强迫，抢拉业务。

（二）资产评估机构及其资产评估专业人员不得以恶性压价等不正当的手段与其他资产评估机构及资产评估专业人员争揽业务

1. 资产评估机构及其资产评估专业人员应当维护行业竞争秩序，合理参与竞争。

在招揽业务方面，资产评估机构和资产评估专业人员应当表现出较高的素质，以良好的信誉、优质的服务质量确立自己的竞争优势。以恶性压价等不正当手段与其他资产评估机构及资产评估专业人员争揽业务，是一种不道德行为。规范的竞争秩序符合行业整体利益，也符合行业内每个参与竞争的主体的利益。

【提示】恶性压价以远低于行业平均价格甚至低于成本的价格提供评估服务，不仅恶意排挤了竞争对手，而且由于评估质量得不到保证也损害了委托人的利益。评估机构自身最终也难以为继，从而破坏了评估行业的正常经营秩序。

2. 恶性压价是当前主要的不正当竞争手段之一。

在拓展业务过程中，恶性压价已经成为当前评估行业争揽业务和恶性竞争的主要方式和手段。

【提示】关于服务费的收取，应当注意以下几个方面：

（1）在确定服务费收取标准时，应当考虑以下因素，合理确定收费标准：①执行评估业务所需的技能和知识；②需配备的评估人员的水平和经验；③完成评估业务所需要的时间；④评估业务的风险和需承担的责任。

（2）在拓展业务过程中，资产评估机构及其资产评估专业人员应当以优良的执业质量获得委托人的信任，而不应通过降低服务费的方式获得业务。

（3）在项目竞争中，资产评估机构及资产评估专业人员可以根据项目的具体情况，如复杂程度等在一定范围内合理降低服务费，但应当保持应有的职业谨慎，确保服务费降低不会影响获取评估业务后的执业质量，并遵守执业准则和质量控制程序。

（4）不考虑评估业务性质、专业能力、服

务质量，仅仅通过降低服务费收取标准获取业务，属恶意降低服务费。

（5）长期业务关系中，单项业务服务费的收取应当合理。以某一单项业务服务费弥补另一单项业务服务费不足的做法，应当禁止。

【例8-14】（多项选择题）资产评估职业道德准则禁止的不正当竞争有（　　）。

A. 超越自身职业胜任能力范围招揽业务
B. 以答应帮助客户解决具体困难为条件，招揽业务
C. 利用客户的弱点威胁强迫，抢拉业务
D. 利用自身网站进行招揽业务的宣传，招揽业务
E. 采用给客户赠送财物等手段，招揽业务

【答案】ABCE

【解析】选项D属于正当竞争，正常的业务宣传不在禁止之列。

【例8-15】（单项选择题）下列各项行为中，不属于欺诈的是（　　）。

A. 编造自己从未完成过的评估项目的工作经验，骗取业务
B. 编造与客户的上级主管部门或利害相关单位有密切关系，可以帮助客户解决难题招揽业务
C. 以答应帮助客户解决具体困难为条件，招揽业务
D. 超越自身专业胜任能力范围，招揽业务

【答案】C

【解析】欺诈，指采用欺骗、误导等手段向客户招揽业务的行为。选项C属于利诱，不是欺诈。

【知识点7】保密原则（★★）

保密原则是指对评估活动中知悉的国家秘密、商业秘密和个人隐私予以保密。

（一）保密的重要性

资产评估机构、资产评估专业人员的职业性质决定其能够掌握客户的大量信息和资料。其中，有些属于客户的商业秘密，如客户的重大经营决策、企业财务安排、生产经营技术、供货和销售渠道和即将进行的并购整合行为等。这些商业秘密和有关业务资料一旦外泄或被利用，可能会给客户造成经济损失。因此，保守商业秘密和有关业务资料是资产评估机构、资产评估专业人员应尽的义务和应具备的职业道德。

由于对客户或委托人保密的重要性，当今世界上，所有已发布的资产评估职业道德准则或资产评估行为准则都有对客户或委托人保密的具体要求。

【提示】保密要求是资产评估机构及其资产评估专业人员独立、客观、公正从事业务的必然要求，也是遵守保守国家秘密法、反不正当竞争法等的必然要求。《资产评估法》也将此作为资产评估专业人员应当履行的义务进行了规范。

（二）保密的要求

（1）资产评估机构应当制定业务保密制度，承担国家涉密业务的还应具备规定的组织、人员和设施条件，加强对从业人员的保密教育和保密事项的监督管理，不得泄露相关国家秘密和商业秘密。

（2）资产评估专业人员在评估机构及外勤工作时不得在规定的工作场所之外谈论客户的业务情况、评估目的等可能涉及客户机密的情况。同样，在公共场所应尽量不提客户的单位名称，未经客户允许不得对外发布有关客户的信息资料等。

（3）资产评估专业人员除本人不得泄露客户商业秘密外，还应约束协助工作的助理人员保守秘密。

（4）除委托人具体授权，或经过法律程序正式授权的执法机构以及为了配合评估监管之外，资产评估机构及其资产评估专业人员不得将所知悉的客户商业秘密和业务资料或为委托人编制的评估报告披露给任何其他人。

【例8-16】（单项选择题）以下关于资产评估专业人员保密的要求，错误的是（　　）。

A. 资产评估机构应当制定业务保密制度，加强对从业人员的保密教育和保密事项的监督管理
B. 资产评估专业人员在评估机构及外勤工作时，为保证公正，在公共场合下，谈论客户的业务情况、评估目的是必要的
C. 资产评估专业人员除本人不得泄露客户商业秘密外，还应约束协助工作的助理人员保守秘密
D. 除特殊情况外，资产评估专业人员不得将所知悉的客户商业秘密和业务资料或为委托

人编制的评估报告披露给任何其他人

【答案】B

【解析】资产评估专业人员在评估机构及外勤工作时，不得在规定的工作场所之外谈论客户的业务情况、评估目的等可能涉及客户的机密情况。同样，在公共场所应尽量不提客户的单位名称，未经客户允许不得对外发布有关客户的信息资料等。

【知识点8】禁止谋取不当利益的要求（★★）

（一）禁止谋取不当利益是资产评估职业的法定义务

资产评估机构及其资产评估专业人员不得利用开展业务之便为自己或他人谋取不正当的利益。

不论是什么人，也不论其从事何种职业，只要是利用其职务之便为自己或他人谋取不正当利益都是不遵守职业道德的行为。这种行为严重者甚至会违法犯罪。所以在许多禁止性的法律条款中都有类似的规定。

（二）不得谋取不当利益是资产评估职业不得突破的道德防线

资产评估职业要求执业者必须恪守独立、客观、公正的职业道德原则，一旦突破了不得利用执业机会为自己或他人谋取不正当利益的道德防线，其职业行为不仅与"坚持独立、客观、公正"原则相冲突，也会与"应当遵守相关法律、行政法规和资产评估准则"的要求相矛盾，还会与"应当维护职业形象，不得从事损害职业形象的活动"的规定相违背，进而对资产评估行业的形象和公信力产生恶劣影响。所以，这条规定实质上是从利益角度与相关职业道德要求相呼应，进一步巩固和充实相关职业道德的规定。

【例8-17】（多项选择题）资产评估机构及其资产评估专业人员利用开展业务之便为自己或他人谋取不正当利益，将导致（　　）。

A. 责令停止从业6个月以上

B. 违背资产评估职业道德

C. 判处1年以上5年以下有期徒刑

D. 行为严重者甚至会违法犯罪

E. 1倍以上5倍以下罚款

【答案】BD

【解析】承担法律责任，需要视行为的严重程度，选项B、选项D是正确的，选项A、选项C、选项E不准确。

【知识点9】对签署评估报告的禁止性要求（★★★）

（一）资产评估专业人员不得签署本人未承办业务的资产评估报告，资产评估机构和资产评估专业人员也不得允许他人以自身名义开展资产评估业务，或者冒用他人名义从事资产评估业务

资产评估报告必须由实际承办该项目的资产评估专业人员签名，并加盖评估机构印章。资产评估专业人员要对评估报告的内容负责，同时要承担法律责任。

资产评估专业人员在资产评估报告上签名，既是资产评估专业人员在从事资产评估业务中的一项权利，也是一项义务，它表明资产评估专业人员对该项资产评估发表了专业意见，同时意味着该资产评估专业人员要对该项评估承担相应的责任。

资产评估专业人员在自己未承办业务的评估报告上签名，不仅严重违背独立、客观、公正的职业道德规范，也给自己带来了巨大的责任风险。

资产评估机构和资产评估专业人员应当抵制利益诱惑，守住"诚实守信"底线，防止不符合条件的资产评估机构通过人员弄虚作假违法承揽业务。

（二）资产评估机构及其资产评估专业人员不得出具或签署虚假评估报告或者有重大遗漏的资产评估报告

资产评估报告作为评估行为的最终成果，是发挥评估功能的重要载体。

虚假评估报告，是指资产评估专业人员或评估机构故意签署、出具的不实评估报告。

有重大遗漏的评估报告，是指因资产评估专业人员或评估机构的过失而对应当考虑或者披露的重要事项有遗漏的评估报告。

签署虚假评估报告或者有重大遗漏的评估报告，违反了基本的诚实守信和勤勉尽责义务，是严重违反职业道德的行为，更为法律所禁止。因此《资产评估法》也相应规定了禁止性条款以及违反相关规定应承担的法律责任。

【例8-18】（多项选择题）资产评估专业人员不得有下列行为（　　）。

A. 签署自己未承办业务的评估项目

B. 以自己的名义签署自己实际承办的评估项目
C. 冒用他人的名义执行业务
D. 对资产评估报告内容负责
E. 允许他人以自己名义签署评估报告

【答案】ACE

【解析】资产评估专业人员不得签署本人未承办项目的评估报告,不得允许他人以本人名义签署评估报告。资产评估机构和资产评估专业人员也不得允许他人以自身名义开展业务,不得冒用他人名义从事业务。所以选项A、选项C、选项E做法错误。资产评估专业人员如果在报告上签名,就表示该资产评估专业人员已经承办了相关评估工作。因此,资产评估专业人员要对评估报告的内容负责,同时要承担法律责任,所以选项B、选项D做法正确。

【例8-19】(多项选择题)下列选项中,属于有重大遗漏的评估报告的是( )。
A. 评估报告中未披露评估基准日
B. 评估报告中未披露评估目的
C. 评估报告中未披露评估假设
D. 评估报告中未披露利用专家工作的情况
E. 评估报告中未披露被评估单位的法律纠纷

【答案】ABC

【解析】有重大遗漏的评估报告,是指因资产评估专业人员或评估机构的过失而对应当考虑或者披露的重要事项有遗漏的评估报告。评估报告中应披露重要的利用专家工作及相关报告情况,应披露对评估结论有重要影响的法律纠纷等不确定因素,选项D、选项E表述不准确。

【知识点10】行政责任的种类、原则和追究时效(★)

(一)行政责任的概念及种类

行政责任是行政法律责任的简称,是指存在违反有关行政管理的法律、法规规定,但尚未构成犯罪的行为依法所应承担的法律后果。

承担行政责任的制裁形式包括行政处分和行政处罚(见图8-2)。

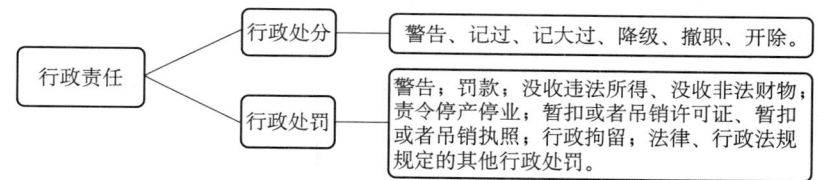

图8-2 承担行政责任的制裁形式

(二)行政处罚原则

参见图8-3。

```
                    ┌─ 处罚法定原则
                    ├─ 公正公开原则
行政处罚原则 ───────┼─ 一事不再罚原则
                    ├─ 处罚与教育相结合原则
                    └─ 保障权利原则
```

图8-3 行政处罚的原则

(三)行政处罚的追究时效

行政处罚追究时效,是指在违法行为发生后,对该违法行为有处罚权的行政机关在法律规定的期限内未发现这一违反行政管理秩序行为的事实,超出法律规定的期限才发现的,对当时的违法行为人不再给予处罚。

《行政处罚法》第二十九条第一款规定,违法行为在二年内未被发现的,不再给予行政处罚。法律另有规定的除外。第二款规定,前款规定的期限,从违法行为发生之日起计算;违法行为有连续或者继续状态的,从行为终了之日起计算。

【提示】理解《行政处罚法》第二十九条关于行政处罚追究时效的规定,应注意把握以下要点：①这里的"发现时间"是指行政机关的立案时间，不是行政机关作出行政处罚的时间。②行政处罚追究时效的期限是违法行为发生之日起计算。"违法行为发生之日"是指违法行为完成或者停止日。如托运违禁物品，在运输途中花了20天时间，应当从最后一天将违禁物品运送到目的地起开始计算。对于违法行为有连续或者继续状态的，从违法行为终了之日起计算。如某人非法占有他人财物，其行为的行政处罚追究时效应当从某人交还他人财物，停止非法占有之日起计算。③行政机关在行政处罚追究时效期限内发现违法行为，但最后作出行政处罚决定时超过行政处罚追究期限的，对这种情况法院不以超出行政处罚追究时效处理。

【例8-20】（多项选择题）下列处理中，属于行政处分的是（　　）。

A. 对某评估机构处以警告

B. 对某资产评估专业人员处以记大过

C. 对某国家工作人员处以降级

D. 对某由国家机关委派到企业事业单位任职的人员处以撤职

E. 对某资产评估协会处以记过

【答案】CD

【解析】"行政处分"是对国家工作人员及由国家机关委派到企业事业单位任职的人员的行政违法行为，所给予的一种制裁性处理。行政处分的种类包括警告、记过、记大过、降级、撤职、开除等。

【例8-21】（多项选择题）下列选项中，属于行政处罚种类的是（　　）。

A. 记大过　　B. 警告

C. 开除　　　D. 罚款

E. 没收违法所得

【答案】BDE

【解析】行政处罚的种类包括警告；罚款；没收违法所得、没收非法财物；责令停产停业；暂扣或者吊销许可证、暂扣或者吊销执照；行政拘留；法律、行政法规规定的其他行政处罚。

【知识点11】资产评估行政责任的相关法律规定（★★★）

（一）《资产评估法》的相关规定

1. 对资产评估机构、资产评估专业人员的责任规定。

（1）签署、出具虚假评估报告的责任。对评估专业人员违反规定，签署虚假评估报告的，《资产评估法》第四十五条规定：由有关评估行政管理部门责令其停止从业2年以上5年以下；有违法所得的，没收违法所得；情节严重的，责令其停止从业5年以上10年以下；构成犯罪的，依法追究其刑事责任，终身不得从事评估业务。对评估机构违反规定，出具虚假评估报告的，《资产评估法》第四十八条规定：由有关评估行政管理部门责令其停业6个月以上1年以下；有违法所得的，没收违法所得，并处违法所得1倍以上5倍以下罚款；情节严重的，由工商行政管理部门吊销其营业执照；构成犯罪的，依法追究其刑事责任。

【例8-22】（单项选择题）对评估专业人员违反规定，签署虚假评估报告的，《资产评估法》第45条规定：由有关评估行政管理部门责令其停止从业（　　）；情节严重的，责令其停止从业（　　）。

A. 1年以上5年以下；5年以上10年以下

B. 1年以上3年以下；3年以上5年以下

C. 2年以上5年以下；5年以上10年以下

D. 2年以上3年以下；3年以上5年以下

【答案】C

【解析】对评估专业人员违反规定，签署虚假评估报告的，《资产评估法》第四十五条规定：由有关评估行政管理部门责令其停止从业2年以上5年以下；有违法所得的，没收违法所得；情节严重的，责令其停止从业5年以上10年以下；构成犯罪的，依法追究其刑事责任，终身不得从事评估业务。

（2）评估机构未经工商登记从业的责任。对违反规定的，未经工商登记以评估机构名义从事评估业务的，《资产评估法》第四十六条规定：由工商行政管理部门责令其停止违法活动；有违法所得的，没收违法所得，并处违法所得1倍以上5倍以下罚款。

（3）评估专业人员违反其他禁止性规定的责任。《资产评估法》第四十四条规定：评估专业人员违反规定，有图8-4中情形之一的，由有关评估行政管理部门予以警告，可以责令停止从业6个月以上1年以下；有违法所得的，没收违法所得；情节严重的，责令停止从业1年以上5年以下；构成犯罪的，依法追究其刑事责任。

第八章 资产评估的职业道德与法律责任

```
                          ┌─ (1) 私自接受委托从事业务、收取费用的。
                          ├─ (2) 同时在两个以上评估机构从事业务的。
评估专业人员              ├─ (3) 采用欺骗、利诱、胁迫，或者贬损、诋毁其他评估专业人员等
的违法行为                │   不正当手段招揽业务的。
(除签署虚假               ├─ (4) 允许他人以本人名义从事业务，或者冒用他人名义从事业务的。
评估报告之外)             ├─ (5) 签署本人未承办业务的评估报告或者有重大遗漏的评估报告的。
                          └─ (6) 索要、收受或者变相索要、收受合同约定以外的酬金、财物，
                              或者谋取其他不正当利益的。
```

图 8-4 评估专业人员的违法行为

【例 8-23】（多项选择题）以下所列评估专业人员的行为中，违反《资产评估法》规定的有（　　）。
A. 以个人名义接受委托从事业务
B. 允许他人以本人名义从事业务
C. 同时在两个以上评估机构从事业务
D. 禁止他人以本人名义从事业务
E. 收受委托人支付的感谢费

【答案】ABCE

【解析】评估专业人员违反《资产评估法》第四十四条规定，有下列情形之一的，由有关评估行政管理部门予以警告，可以责令停止从业六个月以上一年以下；有违法所得的，没收违法所得；情节严重的，责令停止从业一年以上五年以下；构成犯罪的，依法追究其刑事责任：①私自接受委托从事业务、收取费用的；②同时在两个以上评估机构从事业务的；③采用欺骗、利诱、胁迫，或者贬损、诋毁其他评估专业人员等不正当手段招揽业务的；④允许他人以本人名义从事业务，或者冒用他人名义从事业务的；⑤签署本人未承办业务的评估报告或者有重大遗漏的评估报告的；⑥索要、收受或者变相索要、收受合同约定以外的酬金、财物，或者谋取其他不正当利益的。

（4）评估机构违反其他规定的责任。《资产评估法》规定，评估机构违反规定，有下列情形之一的，由有关评估行政管理部门予以警告，可以责令其停业1个月以上6个月以下；有违法所得的，没收违法所得，并处违法所得1倍以上5倍以下罚款；情节严重的，由工商行政管理部门吊销其营业执照；构成犯罪的，依法追究其刑事责任（见图8-5）。

```
                          ┌─ (1) 利用开展业务之便，谋取不正当利益的
                          ├─ (2) 允许其他机构以本机构名义开展业务，或者冒用其他机构名义开展业务的。
                          ├─ (3) 以恶性压价、支付回扣、虚假宣传，或者贬损、诋毁其他评估机构等不正
                          │   当手段招揽业务的。
                          ├─ (4) 受理与自身有利害关系业务的
评估机构的违法行为        ├─ (5) 分别接受利益冲突双方的委托，对同一评估对象进行评估的。
(除出具虚假评估报告之外)  ├─ (6) 出具有重大遗漏的评估报告的。
                          ├─ (7) 未按本法规定的期限保存评估档案的。
                          ├─ (8) 聘用或者指定不符合本法规定的人员从事评估业务的。
                          └─ (9) 对本机构的评估专业人员疏于管理，造成不良后果的。
```

图 8-5 评估机构的违法行为

【提示】评估机构未按《资产评估法》要求备案或者不符合规定的设立条件,由有关评估行政管理部门责令改正;拒不改正的,责令停业,可以并处1万元以上5万元以下罚款。

【例8-24】(多项选择题)以下所列评估机构的行为中,属于违反《资产评估法》规定的有( )。

A. 受理与自身有利害关系的业务

B. 聘用或者指定不符合本法规定的人员从事评估业务

C. 允许其他机构以本机构名义开展业务

D. 分别接受利益冲突双方的委托,对同一评估对象进行评估

E. 通过广告宣传扩大社会影响,承揽业务

【答案】ABCD

【解析】《资产评估法》规定,评估机构违反规定,有下列情形之一的,由有关评估行政管理部门予以警告,可以责令其停业一个月以上六个月以下;有违法所得的,没收违法所得,并处违法所得一倍以上五倍以下罚款;情节严重的,由工商行政管理部门吊销其营业执照;构成犯罪的,依法追究其刑事责任:①利用开展业务之便,谋取不正当利益的;②允许其他机构以本机构名义开展业务,或者冒用其他机构名义开展业务的;③以恶性压价、支付回扣、虚假宣传,或者贬损、诋毁其他评估机构等不正当手段招揽业务的;④受理与自身有利害关系业务的;⑤分别接受利益冲突双方的委托,对同一评估对象进行评估的;⑥出具有重大遗漏的评估报告的;⑦未按本法规定的期限保存评估档案的;⑧聘用或者指定不符合本法规定的人员从事评估业务的;⑨对本机构的评估专业人员疏于管理,造成不良后果的。

(5)对屡次违法增加处罚的规定。《资产评估法》第四十九条是针对资产评估机构、资产评估专业人员屡次违法的增加处罚规定。该条规定"评估机构、评估专业人员在1年内累计3次因违反本法规定受到责令停业、责令停止从业以外处罚的,有关评估行政管理部门可以责令其停业或者停止从业1年以上5年以下"。

2. 对资产评估委托人(或法定业务委托责任人)的责任规定(见图8-6)。

图8-6 对资产评估委托人(或法定业务委托责任人)的责任规定

【提示】非法定评估业务是否选择资产评估机构属于自愿行为,一旦确立评估委托,将会通过资产评估委托合同约定各自的权利和义务。因此,《资产评估法》第五十二条规定,法定评估之外评估活动的委托人"违反本法规定,给他人造成损失的,依法承担赔偿责任"(见图8-7)。

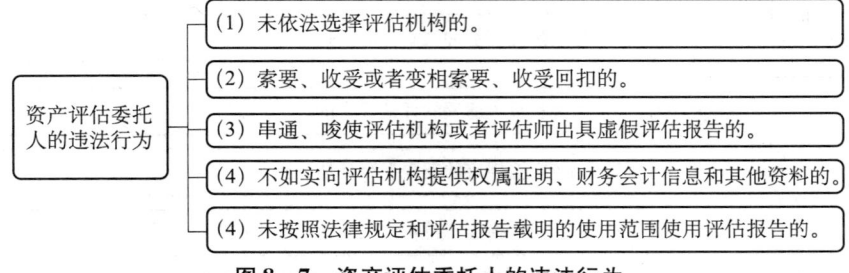

图8-7 资产评估委托人的违法行为

【例8-25】（单项选择题）资产评估委托人（或法定业务委托责任人）违反《资产评估法》规定，应当委托评估机构进行法定评估而未委托的，由有关部门责令改正；拒不改正的（　　）。

A. 处1万元以上5万元以下罚款
B. 处5万元以上10万元以下罚款
C. 处10万元以上30万元以下罚款
D. 处10万元以上50万元以下罚款

【答案】D

【解析】资产评估委托人（或法定业务委托责任人）应当委托评估机构进行法定评估而未委托的，由有关部门责令改正；拒不改正的，处10万元以上50万元以下罚款。

【例8-26】（单项选择题）法定评估之外评估活动的委托人违反《资产评估法》规定，给他人造成损失的，依法（　　）。

A. 承担赔偿责任
B. 行政处分
C. 罚款1倍以上3倍以下
D. 追究刑事责任

【答案】A

【解析】《资产评估法》第五十二条规定，法定评估之外评估活动的委托人"违反本法规定，给他人造成损失的，依法承担赔偿责任"。

3. 对资产评估行业协会及其工作人员、国家机关工作人员的责任规定

评估行业协会违反《资产评估法》的，由有关评估行政管理部门给予警告，责令改正；拒不改正的，可以通报登记管理机关，由其依法给予处罚。

有关行政管理部门、评估行业协会工作人员违反《资产评估法》规定，滥用职权、玩忽职守或者徇私舞弊的，依法给予处分；构成犯罪的，依法追究刑事责任。

【例8-27】（单项选择题）有关行政管理部门、评估行业协会工作人员违反《资产评估法》规定，滥用职权、玩忽职守或者徇私舞弊的，依法（　　）。

A. 罚款1万元以上3万元以下
B. 给予处分
C. 承担赔偿责任
D. 追究刑事责任

【答案】B

【解析】有关行政管理部门、评估行业协会工作人员违反《资产评估法》规定，滥用职权、玩忽职守或者徇私舞弊的，依法给予处分；构成犯罪的，依法追究刑事责任。

（二）《企业国有资产法》涉及资产评估的相关规定

参见表8-4。

表8-4　《企业国有资产法》涉及资产评估的相关规定

责任主体	违法行为	法律责任
国家出资企业的董事、监事、高级管理人员	（1）利用职权收受贿赂或者取得其他非法收入和不当利益。 （2）侵占、挪用企业资产。 （3）在企业改制、财产转让等过程中，违反法律、行政法规和公平交易规则，将企业财产低价转让、低价折股。 （4）违反本法规定与本企业进行交易。 （5）不如实向资产评估机构、会计师事务所提供有关情况和资料，或者与资产评估机构、会计师事务所串通出具虚假资产评估报告、审计报告。 （6）违反法律、行政法规和企业章程规定的决策程序，决定企业重大事项。 （7）有其他违反法律、行政法规和企业章程执行职务行为。	（1）国家出资企业的董事、监事、高级管理人员有上述行为之一，造成国有资产损失的，依法承担赔偿责任；属于国家工作人员的，并依法给予处分。 （2）对于国家出资企业的董事、监事、高级管理人员因上述违法行为取得的收入，该条要求依予以追缴或者归国家出资企业所有。 （3）如果履行出资人职责的机构任命或者建议任命的董事、监事、高级管理人员出现上述任何一项违法行为，造成国有资产重大损失的，则由履行出资人职责的机构依予以免职或者提出免职建议。
相关资产评估机构、会计师事务所	出具虚假资产评估报告或者审计报告的.	依照有关法律、行政法规的规定追究法律责任。

【例8-28】（单项选择题）国家出资企业的董事、监事、高级管理人员，违反《企业国有资产法》第七十一条规定，利用职权收受贿赂或者取得的其他非法收入和不当利益，依法（　　）。
A. 予以退还或者赔偿损失
B. 予以追缴或者归国家所有
C. 予以追缴或者归国家出资企业所有
D. 予以追缴或者追究刑事责任

【答案】C
【解析】对于国家出资企业的董事、监事、高级管理人员因违反《企业国有资产法》第七十一条规定，违法行为取得的收入，该条要求依法予以追缴或归国家出资企业所有。

（三）《公司法》涉及资产评估的相关规定
参见表8-5。

表8-5　《公司法》涉及资产评估的相关规定

责任主体	违法行为	法律责任
承担资产评估、验资或者验证的机构	提供虚假材料的	由公司登记机关没收违法所得，处以违法所得1倍以上5倍以下的罚款，并可以由有关主管部门依法责令该机构停业、吊销直接责任人员的资格证书，吊销营业执照。
	因过失提供有重大遗漏的报告的	由公司登记机关责令改正，情节较重的，处以所得收入1倍以上5倍以下的罚款，并可以有关主管部门依法责令该机构停业、吊销直接责任人员的资格证书，吊销营业执照。

【例8-29】（单项选择题）对于承担资产评估、验资或者验证的机构因过失提供有重大遗漏报告的，《公司法》规定：由（　　）责令改正，情节较重的，处以所得收入1倍以上5倍以下的罚款。
A. 资产评估协会
B. 省级财政部门
C. 司法机关
D. 公司登记机关

【答案】D
【解析】对于承担资产评估、验资或者验证的机构因过失提供有重大遗漏报告的，《公司法》第二百零七条规定：由公司登记机关责令改正，情节较重的，处以所得收入1倍以上5倍以下的罚款，并可以由有关主管部门依法责令该机构停业、吊销直接责任人员的资格证书，吊销营业执照。

（四）《证券法》涉及资产评估的相关规定
参见表8-6—表8-10。

表8-6　《证券法》涉及资产评估的相关规定（1）

相关规定	责任主体	违法行为	法律责任
对擅自从事证券服务业务的责任规定	会计师事务所、律师事务所以及从事资产评估、资信评级、财务顾问、信息技术系统服务的机构	从事证券服务业务未报备案的	责令改正，可以处20万元以下的罚款。

表8-7　《证券法》涉及资产评估的相关规定（2）

相关规定	责任主体	应当行为	法律责任
对违规买卖股票、违规使用或泄露内幕信息的责任规定	为证券发行出具审计报告或者法律意见书等文件的证券服务机构和人员	在该证券承销期内和期满后6个月内，不得买卖该证券	证券服务机构及其从业人员，违反上述规定买卖证券的，责令依法处理非法持有的证券，没收违法所得，并处以买卖证券等值以下的罚款。
	为发行人及其控股股东、实际控制人，或者收购人、重大资产交易方出具审计报告或者法律意见书等文件的证券服务机构和人员	自接受委托之日起至上述文件公开后五日内，不得买卖该证券。实际开展上述有关工作之日早于接受委托之日的，自实际开展上述有关工作之日起至上述文件公开后五日内，不得买卖该证券	

续表

相关规定	责任主体	应当行为	法律责任
对违规买卖股票、违规使用或泄漏内幕信息的责任规定	资产评估机构及其相关人员	在内幕信息公开前,不得买卖该公司的证券,或者泄露该信息,或者建议他人买卖该证券	证券交易内幕信息的知情人或者非法获取内幕信息的人违法从事内幕交易的,责令依法处理非法持有的证券,没收违法所得,并处以违法所得1倍以上10倍以下的罚款;没有违法所得或者违法所得不足50万元的,处以50万元以上500万元以下的罚款。单位从事内幕交易的,还应当对直接负责的主管人员和其他直接责任人员给予警告,并处以20万元以上200万元以下的罚款。国务院证券监督管理机构工作人员从事内幕交易的,从重处罚。

表8-8　　《证券法》涉及资产评估的相关规定(3)

相关规定	责任主体	应当行为	法律责任
对信息披露存在虚假、误导或重大遗漏的责任规定	证券服务机构	证券服务机构为证券的发行、上市、交易等证券业务活动制作、出具审计报告及其他鉴证报告、资产评估报告、财务顾问报告、资信评级报告或者法律意见书等文件,应当勤勉尽责,对所依据的文件资料内容的真实性、准确性、完整性进行核查和验证	证券服务机构违法,未勤勉尽责,所制作、出具的文件有虚假记载、误导性陈述或者重大遗漏的,责令改正,没收业务收入,并处以业务收入1倍以上10倍以下的罚款,没有业务收入或者业务收入不足50万元的,处以50万元以上500万元以下的罚款;情节严重的,并处暂停或者禁止从事证券服务业务。对直接负责的主管人员和其他直接责任人员给予警告,并处以20万元以上200万元以下的罚款。

表8-9　　《证券法》涉及资产评估的相关规定(4)

相关规定	责任主体	应当行为	法律责任
违反对有关文件和资料要求的责任规定	证券服务机构	应当妥善保存客户委托文件、核查和验证资料、工作底稿以及与质量控制、内部管理、业务经营有关的信息和资料,任何人不得泄露、隐匿、伪造、篡改或者毁损。上述信息和资料的保存期限不得少于十年,自业务委托结束之日起算	发行人、证券登记结算机构、证券公司、证券服务机构未按照规定保存有关文件和资料的,责令改正,给予警告,并处以10万元以上100万元以下的罚款;泄露、隐匿、伪造、篡改或者毁损有关文件和资料的,给予警告,并处以20万元以上200万元以下的罚款;情节严重的,处以50万元以上500万元以下的罚款,并处暂停、撤销相关业务许可或者禁止从事相关业务。对直接负责的主管人员和其他直接责任人员给予警告,并处以10万元以上100万元以下的罚款。

表8-10　　《证券法》涉及资产评估的相关规定(5)

相关规定	责任主体	证券市场禁入	法律责任
有关证券市场禁入处罚的规定	严重违法的相关个人("证券市场禁入"是对严重违法的相关个人所设立的严厉的"资格罚"措施)	证券市场禁入,是指在一定期限内直至终身不得从事证券业务、证券服务业务,不得担任证券发行人的董事、监事、高级管理人员,或者一定期限内不得在证券交易所、国务院批准的其他全国性证券交易场所交易证券的制度。	违反法律、行政法规或者国务院证券监督管理机构的有关规定,情节严重的,国务院证券监督管理机构可以对有关责任人员采取证券市场禁入的措施。

【例8-30】（单项选择题）《证券法》第四十二条规定：为证券发行出具审计报告或者法律意见书等文件的证券服务机构和人员，在该证券承销期内和期满后（   ）内，不得买卖该证券。

A. 3个月　　　　B. 5个月
C. 6个月　　　　D. 12个月

【答案】C

【解析】《证券法》第四十二条规定：为证券发行出具审计报告或者法律意见书等文件的证券服务机构和人员，在该证券承销期内和期满后六个月内，不得买卖该证券。

【例8-31】（单项选择题）以下有关《证券法》涉及资产评估的相关规定的表述中，错误的是（   ）。

A. 从事资产评估的机构违反《证券法》的规定，从事证券服务业务未报备案的，责令改正，可以处20万元以下的罚款

B. 证券服务机构未勤勉尽责，所制作、出具的文件有虚假记载、误导性陈述或者重大遗漏，对直接负责的主管人员和其他直接责任人员给予警告，并暂停其从业资格5年

C. 证券交易内幕信息的知情人和非法获取内幕信息的人，在内幕信息公开前，不得买卖该公司的证券，或者泄露该信息，或者建议他人买卖该证券

D. 违反法律、行政法规或者国务院证券监督管理机构的有关规定，情节严重的，国务院证券监督管理机构可以对有关责任人员采取证券市场禁入的措施

【答案】B

【解析】证券服务机构违法，未勤勉尽责，所制作、出具的文件有虚假记载、误导性陈述或者重大遗漏的，责令改正，没收业务收入，并处以业务收入1倍以上10倍以下的罚款，没有业务收入或者业务收入不足50万元的，处以50万元以上500万元以下的罚款；情节严重的，并处暂停或者禁止从事证券服务业务。对直接负责的主管人员和其他直接责任人员给予警告，并处以20万元以上200万元以下的罚款。

（五）财政部颁布的《资产评估行业财政监督管理办法》的相关规定

参见表8-11—表8-12。

表8-11　　　　《资产评估行业财政监督管理办法》的相关规定（1）

违法行为	法律责任
资产评估专业人员同时在两个以上资产评估机构从事业务的、签署本人未承办业务的资产评估报告或者有重大遗漏的资产评估报告的。	由有关省级财政部门予以警告，可以责令停止从业6个月以上1年以下；有违法所得的，没收违法所得；情节严重的，责令停止从业1年以上5年以下；构成犯罪的，移送司法机关处理。
对于未取得资产评估师资格的人员签署法定资产评估业务资产评估报告的、承办并出具法定资产评估业务资产评估报告的资产评估师人数不符合法律规定的以及受理与其合伙人或者股东存在利害关系业务的。	由对其备案的省级财政部门对资产评估机构予以警告，可以责令停业1个月以上6个月以下；有违法所得的，没收违法所得，并处违法所得1倍以上5倍以下罚款；情节严重的，通知工商行政管理部门依法处理；构成犯罪的，移送司法机关处理。
资产评估机构违反"分支机构应当在资产评估机构授权范围内，依法从事资产评估业务，并以资产评估机构的名义出具资产评估报告"规定造成不良后果的。	由其分支机构所在地的省级财政部门责令改正，对资产评估机构及其法定代表人或执行合伙事务的合伙人分别予以警告；没有违法所得的，可以并处资产评估机构1万元以下罚款；有违法所得的，可以并处资产评估机构违法所得1倍以上3倍以下、最高不超过3万元的罚款；同时通知资产评估机构所在地省级财政部门。
资产评估机构未按规定备案或者备案后不符合《资产评估法》所规定的设立条件的。	由资产评估机构所在地省级财政部门责令改正；拒不改正的，责令停业，可以并处1万元以上5万元以下罚款，并通报工商行政管理部门。
资产评估机构未按规定办理分支机构备案的。	由其分支机构所在地的省级财政部门责令改正，并对资产评估机构及其法定代表人或者执行合伙事务的合伙人分别予以警告，同时通知资产评估机构所在地的省级财政部门。

表8-12 《资产评估行业财政监督管理办法》的相关规定（2）

违法行为	法律责任
（1）未按规定建立健全质量控制制度和内部管理制度。	资产评估机构存在上述事项，由资产评估机构所在地省级财政部门责令改正，并予以警告。
（2）未按规定指定1名取得资产评估师资格的本机构合伙人或者股东专门负责执业质量控制。	
（3）未建立职业风险基金或者购买职业责任保险。	
（4）集团化的资产评估机构未对分支机构在质量控制、内部管理、客户服务、企业形象、信息化等方面实行统一管理。	
（5）机构名称、执行合伙事务的合伙人或者法定代表人、合伙人或者股东、分支机构的名称或者负责人发生变更以及发生机构分立、合并、转制、撤销等重大事项未按规定向有关财政、工商等部门办理变更手续的。	
（6）机构跨省级行政区划迁移经营场所未按规定书面告知迁出地省级财政部门以及未按规定向迁入地省级财政部门办理迁入备案手续。	

【例8-32】（单项选择题）资产评估机构违反"分支机构应当在资产评估机构授权范围内，依法从事资产评估业务，并以资产评估机构的名义出具资产评估报告"规定造成不良后果的，由（　　）责令改正。

A. 财政部
B. 分支机构所在地的省级财政部门
C. 机构总部所在地省级财政部门
D. 资产评估协会

【答案】B

【解析】资产评估机构违反"分支机构应当在资产评估机构授权范围内，依法从事资产评估业务，并以资产评估机构的名义出具资产评估报告"规定造成不良后果的，由其分支机构所在地的省级财政部门责令改正，对资产评估机构及其法定代表人或执行合伙事务的合伙人分别予以警告；没有违法所得的，可以并处资产评估机构一万元以下罚款；有违法所得的，可以并处资产评估机构违法所得1倍以上3倍以下、最高不超过3万元的罚款；同时通知资产评估机构所在地省级财政部门。

【知识点12】民事责任的构成要件、诉讼时效（★）

（一）民事责任的概念

民事责任是对民事法律责任的简称，是指民事主体在民事活动中，因违反民事义务或者侵犯他人的民事权利所应承担的民事法律后果。

民事义务包括法定义务和约定义务，也包括积极义务和消极义务、作为义务和不作为义务。

【提示1】《民法典》第一千一百六十五条规定，行为人因过错侵害他人民事权益，造成损害的，应当承担侵权责任。

【提示2】《民法典》第三条规定，民事主体的人身权利、财产权利以及其他合法权益受法律保护，任何组织或者个人不得侵犯。财产权利包括物权和债权。物包括不动产和动产。物权包括所有权、用益物权和担保物权。

【提示3】《民法典》第一百七十九条规定，承担民事责任的方式主要有：①停止侵害；②排除妨碍；③消除危险；④返还财产；⑤恢复原状；⑥修理、重作、更换；⑦继续履行；⑧赔偿损失；⑨支付违约金；⑩消除影响、恢复名誉；⑪赔礼道歉。

（二）民事责任的种类

参见图8-8。

（三）民事责任的构成要件

（1）存在民事违法行为。包括作为的违法行为和不作为的违法行为。

（2）存在损害事实。可以是财产方面的损害，也可以是非财产方面的损害。

（3）损害事实与民事违法行为存在因果关系。

（4）行为人应有过错。

（四）民事主体承担多种法律责任

《民法典》第一百八十七条规定：民事主体因同一行为应当承担民事责任、行政责任和刑事

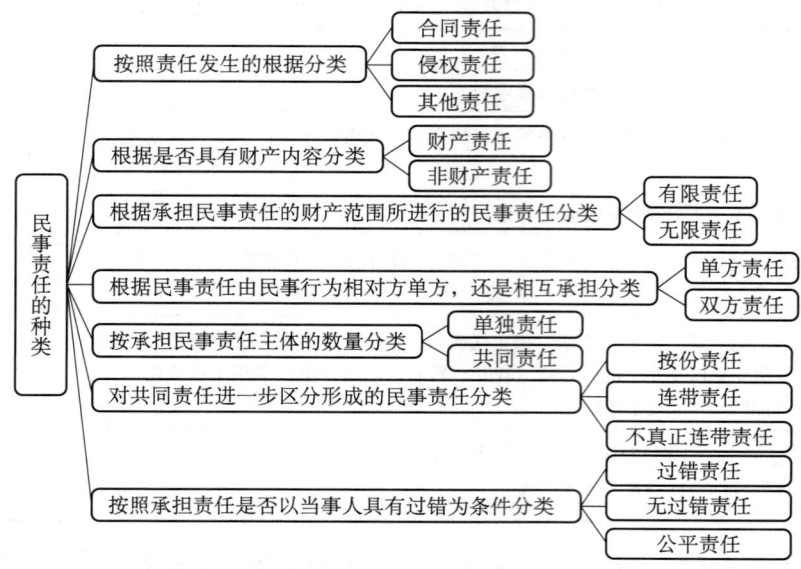

图 8-8 民事责任的种类

责任的,承担行政责任或者刑事责任不影响承担民事责任;民事主体的财产不足以支付的,优先用于承担民事责任。

(五)民事责任的诉讼时效

1. 一般诉讼时效。

一般诉讼时效指在一般情况下普遍适用的时效,这类时效不是针对某一特殊情况规定的,而是普遍适用的。

我国《民法典》第一百八十八条规定,向人民法院请求保护民事权利的诉讼时效期间为3年,法律另有规定的,依照其规定。该条还规定,诉讼时效期间自权利人知道或者应当知道权利受到损害以及义务人之日起计算,法律另有规定的,依照其规定。

2. 特殊诉讼时效。

特殊诉讼时效指针对某些特定的民事法律关系而制定的诉讼时效。特殊时效优于普通时效。

特殊诉讼时效包括短于普通时效的短期诉讼时效和长于普通时效的长期诉讼时效。

【提示】《民法典》第五百九十四条规定的国际货物买卖合同和技术进出口合同的诉讼时效为4年,《产品质量法》规定的因产品缺陷造成损害的请求权最长保护期为10年。《民法典》第一百八十八条规定,自权利受到损害之日起超过二十年的,人民法院不予保护。有特殊情况的,人民法院可以根据权利人的申请决定延长。

3. 不适用诉讼时效的请求权。

我国《民法典》第一百九十六条规定的不适用诉讼时效的请求权包括:①请求停止侵害、排除妨碍、消除危险;②不动产物权和登记的动产物权的权利人请求返还财产;③请求支付抚养费、赡养费或者扶养费;④依法不适用诉讼时效的其他请求权。

4. 我国《民法典》对诉讼时效约定、抗辩及主动适用的规定。

(1)诉讼时效遵从法定。《民法典》第一百九十七条明确规定,诉讼时效的期间、计算方法以及中止、中断的事由由法律规定,当事人约定无效。该条同时规定,当事人对诉讼时效利益的预先放弃无效。

(2)当事人的抗辩权。《民法典》第一百九十二条明确,诉讼时效期间届满的,义务人可以提出不履行义务的抗辩。该条同时还规定,诉讼时效期间届满后,义务人同意履行的,不得以诉讼时效期间届满为由抗辩;义务人已自愿履行的,不得请求返还。

(3)法院不得主动适用诉讼时效的规定。《民法典》第一百九十三条规定,人民法院不得主动适用诉讼时效。这项规定,体现了民法的意思自治和自由处分原则,也符合法院居中裁判的中立地位。

【例8-33】(单项选择题)小明乘坐的出

租车与货车发生交通事故,导致小明受伤,交警认定货车负全责。此时,出租方和货车方应承担的责任是( )。

A. 双方责任
B. 按份责任
C. 补充连带责任
D. 不真正连带责任

【答案】D

【解析】这时小明既可依合同关系要求出租车方承担违约责任,也可根据事故责任认定要求货车方承担侵权损害责任,二者只要履行其一,受害人的损害就可以依法得到救济。此时,出租方和货车方承担的是不真正连带责任。

【例8-34】(单项选择题)我国《民法典》规定,向人民法院请求保护民事权利的诉讼时效期间为( ),法律另有规定的,依照其规定。自权利受到损害之日起超过( )的,人民法院不予保护。有特殊情况的,人民法院可以根据权利人的申请决定延长。

A. 五年;十五年
B. 三年;十五年
C. 五年;二十年
D. 三年;二十年

【答案】D

【解析】我国《民法典》第一百八十八条规定,向人民法院请求保护民事权利的诉讼时效期间为三年,法律另有规定的,依照其规定。自权利受到损害之日起超过二十年的,人民法院不予保护。

【知识点13】资产评估民事责任的相关法律规定(★★★)

(一)《资产评估法》的相关规定

参见表8-13。

表8-13 《资产评估法》的相关规定

相关规定	责任主体	法律责任
对资产评估机构、资产评估专业人员的规定	资产评估机构、资产评估专业人员	评估专业人员违反本法规定,给委托人或者其他相关当事人造成损失的,由其所在的评估机构依法承担赔偿责任。评估机构履行赔偿责任后,可以向有故意或者重大过失行为的评估专业人员追偿。
对资产评估委托人或法定业务委托责任人的规定	资产评估委托人或法定业务委托责任人	法定资产评估业务的委托责任人"应当委托评估机构进行法定评估而未委托""造成损失的,依法承担赔偿责任";委托人在法定评估中存在违反该法规定的行为"造成损失的,依法承担赔偿责任";非法定业务委托人违反该法规定"给他人造成损失的,依法承担赔偿责任"。

(二)《企业国有资产法》的相关规定

参见表8-14。

表8-14 《企业国有资产法》的相关规定

相关规定	责任主体	法律责任
对国家出资企业的董事、监事、高级管理人员违法行为应承担的民事责任的规定	国家出资企业的董事、监事、高级管理人员	国家出资企业的董事、监事、高级管理人员出现该法规定的违法行为造成国有资产损失的,"依法承担赔偿责任"。该条所列举的违法行为包括"不如实向资产评估机构、会计师事务所提供有关情况和资料,或者与资产评估机构、会计师事务所串通出具虚假资产评估报告、审计报告"。

(三)《公司法》的相关规定

参见表8-15。

表8-15 《公司法》的相关规定

相关规定	责任主体	法律责任
对承担资产评估、验资或者验证的机构应承担的民事责任的规定	承担资产评估、验资或者验证的机构	承担资产评估、验资或者验证的机构因其出具的评估结果、验资或者验证证明不实,给公司债权人造成损失的,除能够证明自己没有过错的外,在其评估或者证明不实的金额范围内承担赔偿责任。

(四)《证券法》的相关规定

参见表8-16。

表8-16　《证券法》的相关规定

相关规定	责任主体	法律责任
涉及证券内幕交易的规定	内幕交易行为人	《证券法》第五十三条第三款规定，内幕交易行为给投资者造成损失的，行为人应当依法承担赔偿责任。第五十四条第二款还规定，利用未公开信息进行交易给投资者造成损失的，应当依法承担赔偿责任。
涉及证券服务机构制作、出具有虚假记载、误导性陈述或者重大遗漏文件的规定	证券服务机构	《证券法》第一百六十三条规定，证券服务机构"制作、出具的文件有虚假记载、误导性陈述或者重大遗漏，给他人造成损失的，应当与委托人承担连带赔偿责任，但是能够证明自己没有过错的除外"。

(五)《最高人民法院关于审理证券市场因虚假陈述引发的民事赔偿案件的若干规定》(法释〔2003〕2号)的相关规定

参见表8-17。

表8-17　《最高人民法院关于审理证券市场因虚假陈述引发的民事赔偿案件的若干规定》(法释〔2003〕2号)的相关规定

相关规定	责任主体	法律责任
涉及虚假陈述的规定	专业中介服务机构及其直接责任人	专业中介服务机构及其直接责任人违反证券法第一百六十一条和第二百零二条的规定虚假陈述，给投资人造成损失的，就其负有责任的部分承担赔偿责任。但有证据证明无过错的，应予免责。
知道或者应当知道发行人或者上市公司虚假陈述的规定	证券承销商、证券上市推荐人或者专业中介服务机构	证券承销商、证券上市推荐人或者专业中介服务机构，知道或者应当知道发行人或者上市公司虚假陈述，而不予纠正或者不出具保留意见的，构成共同侵权，对投资人的损失承担连带责任。

《最高人民法院关于审理证券市场因虚假陈述引发的民事赔偿案件的若干规定》(法释〔2003〕2号)第十七条还对"虚假陈述"的含义进行了解释。参见表8-18。

表8-18　法释〔2003〕2号第十七条对"虚假陈述"含义的解释

证券市场虚假陈述，是指信息披露义务人违反证券法律规定，在证券发行或者交易过程中，对重大事件作出违背事实真相的虚假记载、误导性陈述，或者在披露信息时发生重大遗漏、不正当披露信息的行为。	
重大事件	应当结合《证券法》第五十九条、第六十条、第六十一条、第六十二条、第七十二条及相关规定的内容认定。
虚假记载	是指信息披露义务人在披露信息时，将不存在的事实在信息披露文件中予以记载的行为。
误导性陈述	是指虚假陈述行为人在信息披露文件中或者通过媒体，作出使投资人对其投资行为发生错误判断并产生重大影响的陈述。
重大遗漏	是指信息披露义务人在信息披露文件中，未将应当记载的事项完全或者部分予以记载。
不正当披露	是指信息披露义务人未在适当期限内或者未以法定方式公开披露应当披露的信息。

【提示】虚假陈述证券民事赔偿案件的被告，"应当是虚假陈述行为人"。其中包括作出虚假陈述的会计师事务所、律师事务所、资产评估机构等专业中介服务机构。

(六)对专业中介活动民事侵权纠纷的司法理解

【提示】目前我国尚未出台处理资产评估民事侵权案件的司法规定。

2007年6月11日我国最高人民法院发布了《最高人民法院关于审理涉及会计师事务所在审

计业务活动中民事侵权赔偿案件的若干规定》（法释〔2007〕12 号），表明了我国司法部门对专业中介活动民事侵权案件相关责任认定的意见、倾向。

1. 推定过错的举证证据。

相关的执业准则、规则及工作底稿等有可能成为司法部门认可的界定专业中介机构及其从业人员法律责任的证据。

2. 因故意导致的侵权责任认定。

故意，是指专业中介机构及其从业人员，明知自己的行为违反法律法规、执业准则（规则），并会对委托人或利害关系人造成损害后果，仍然希望或者放任这种后果的发生。作为专业中介机构或者执业人员，应当知道而不知道执业准则（规则）的规定，由此所产生的违规、过错，会被推定为具有故意。

中介机构及其从业人员与委托人或其他相关当事人恶意串通；对从业中发现或知悉的与国家相关规定相抵触、直接损害利害关系人利益或导致其产生重大误解、具有重要不实内容的事项或行为予以隐瞒、不予指明、作出不实报告；对示意其作出不实报告不予拒绝。上述情形会被司法部门认定为具有故意。

3. 因过失导致的侵权责任认定。

过失，是指专业中介机构及其从业人员，执行业务未恪尽职守，未能严格遵循法律法规、执业准则的规定，对自身行为损害结果，应当或能够预见却没有预见，或者虽有预见却轻信其能够避免。

中介机构及其从业人员，在执行业务中未能严格遵循法律法规、执业准则的规定，低于行业正常水准执业，缺乏专业胜任能力又不采取必要补救措施，未能合理关注项目重大事项，存在明显的工作疏漏或程序缺陷等，会被司法部门认定存在过失。

4. 不承担民事赔偿责任的情形（见图 8-9）。

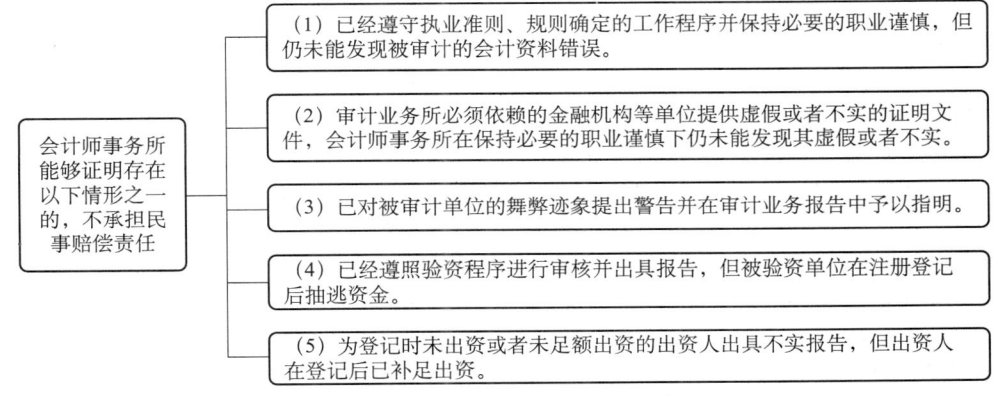

图 8-9　不承担民事赔偿责任的情形

【提示】已经遵守了执业准则规定的工作程序并保持了必要的职业谨慎，仍未发现当事人提供的资料或相关单位提供的证明文件所存在的错误、虚假或不实；已对所发现的舞弊现象提出警告并在专业报告中予以指明；已在专业报告中对重要影响事项作出了必要和真实披露；报告出具后发生了影响报告真实及使用的事项；专业报告使用人未按载明的用途和范围合理使用报告等。上述情形很可能会支持司法部门认定专业中介机构及其从业人员不承担民事赔偿责任。

【例 8-35】（多项选择题）《企业国有资产法》规定：国家出资企业的（　　）出现该法规定的违法行为造成国有资产损失的，"依法承担赔偿责任"。该条所列举的违法行为包括"不如实向资产评估机构、会计师事务所提供有关情况和资料，或者与资产评估机构、会计师事务所串通出具虚假资产评估报告、审计报告"。

A. 国家出资企业的会计人员
B. 国家出资企业的董事
C. 国家出资企业的监事
D. 国家出资企业的秘书
E. 国家出资企业的高级管理人员

【答案】BCE

【解析】《企业国有资产法》仅对国家出资企业的董事、监事、高级管理人员违法行为应承担的民事责任作出了明确规定。该法第七十一条规定，国家出资企业的董事、监事、高级管理人员出现该法规定的违法行为造成国有资产损失的，"依法承担赔偿责任"。

【例8-36】（多项选择题）注册会计师在审计业务活动中存在的下列情形中，会被推定为具有故意，应当认定会计师事务所与被审计单位承担连带赔偿责任的是（ ）。

A. 明知被审计单位的财务会计处理会导致利害关系人产生重大误解，而不予指明

B. 明知被审计单位的会计报表的重要事项有不实的内容，而不予指明

C. 明知对总体结论有重大影响的特定审计对象缺少判断能力，未能寻求专家意见而直接形成审计结论

D. 错误判断和评价审计证据

E. 未依据执业准则、规则执行必要的审计程序

【答案】AB

【解析】选项C、选项D、选项E应当被认定为过失。

【例8-37】（多项选择题）很可能会支持司法部门认定专业中介机构及其从业人员不承担民事赔偿责任的情形，包括（ ）。

A. 已对所发现的舞弊现象提出警告并在专业报告中予以指明

B. 已在专业报告中对重要影响事项作出了必要和真实披露

C. 已对影响评估结论的现场调查受限事项出具了委托人的承诺

D. 报告出具后发生了影响报告真实及使用的事项

E. 专业报告使用人未按载明的用途和范围合理使用报告

【答案】ABDE

【解析】下列情形很可能会支持司法部门认定专业中介机构及其从业人员不承担民事赔偿责任：①已经遵守了执业准则规定的工作程序并保持了必要的职业谨慎，仍未发现当事人提供的资料或相关单位提供的证明文件所存在的错误、虚假或不实；②已对所发现的舞弊现象提出警告并在专业报告中予以指明；③已在专业报告中对重要影响事项作出了必要和真实披露；④报告出具后发生了影响报告真实及使用的事项；⑤专业报告使用人未按载明的用途和范围合理使用报告等。

（七）民事责任的案例分析

【提示】BZ案例启示：

（1）资产评估机构对资产价值的评估应有充分的依据和必要的信息披露，否则一旦使用资产评估报告的利益相关人产生损失，资产评估机构就可能面临侵权诉讼。资产评估机构及其资产评估专业人员应关注资产评估业务的法律责任风险。

（2）要规避法律责任风险，资产评估机构及其资产评估专业人员应当在执行资产评估业务时勤勉尽责，尽到所规定的注意义务，严格按照法律法规和评估准则要求执业，对于评估中存在的争议或受到的限制应在资产评估报告中合理披露，对涉及评估对象权属和评估结论的证明及资料应履行必要的查验程序，谨慎采用。

【知识点14】刑事责任的追诉时效（★）

（一）刑事责任的概念及种类

刑事责任是由司法机关依据国家刑事法律规定，对犯罪分子依照刑事法律的规定追究的法律责任。我国刑法规定，故意犯罪，应当负刑事责任；过失犯罪，法律有规定的才负刑事责任。

承担刑事责任是行为人实施刑事法律禁止的行为所承受的法律后果。接受刑法处罚是刑事责任与民事责任、行政责任和道德责任的根本区别。

刑罚的分类如果8-10所示。

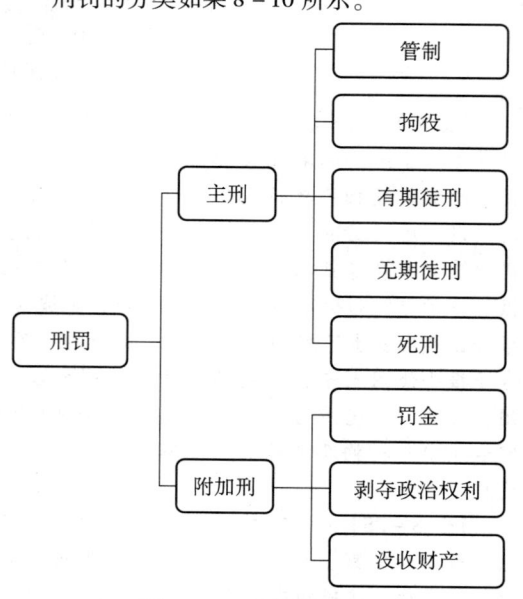

图8-10 刑罚的种类

(二)刑事责任的追诉时效

我国《刑法》第八十七条规定,犯罪经过下列期限不再追诉:

(1)法定最高刑为不满5年有期徒刑的,经过5年。

(2)法定最高刑为5年以上不满10年有期徒刑的,经过10年。

(3)法定最高刑为10年以上有期徒刑的,经过15年。

(4)法定最高刑为无期徒刑、死刑的,经过20年。如果20年以后认为必须追诉的,须报请最高人民检察院核准。

追诉期限的延长。根据《刑法》第八十八条规定,在人民检察院、公安机关、国家安全机关立案侦查或者在人民法院受理案件以后,逃避侦查或者审判的,不受追诉期限的限制。被害人在追诉期限内提出控告,人民法院、人民检察院、公安机关应当立案而不予立案的,不受追诉期限的限制。

追诉期限的计算与中断。根据《刑法》第八十九条规定,追诉期限从犯罪之日起计算;犯罪行为有连续或者继续状态的,从犯罪行为终了之日起计算。在追诉期限以内又犯罪的,前罪追诉的期限从犯后罪之日起计算。

根据我国《刑法》第二百二十九条的规定,与资产评估相关的提供虚假证明文件罪、出具证明文件重大失实罪的追诉时效一般为5年;犯提供虚假证明文件罪的人员索取他人财物或者非法收受他人财物的追诉时效为10年。

【例8-38】(单项选择题)根据《刑法》的规定,与资产评估相关的提供虚假证明文件罪、出具证明文件重大失实罪的追诉时效一般为5年;犯提供虚假证明文件罪的人员索取他人财物或者非法收受他人财物的追诉时效为( )。

A. 15年　　　　B. 20年
C. 5年　　　　D. 10年

【答案】 D

【解析】 根据我国《刑法》第二百二十九条的规定,与资产评估相关的提供虚假证明文件罪、出具证明文件重大失实罪的追诉时效一般为5年;犯提供虚假证明文件罪的人员索取他人财物或者非法收受他人财物的追诉时效为10年。

【知识点15】资产评估刑事责任的相关法律规定(★★★)

(一)提供虚假证明文件罪、出具证明文件重大失实罪

1. 法律规定条款。

对于提供虚假证明文件罪、出具证明文件重大失实罪应承担的刑事责任,根据2020年12月26日通过的《中华人民共和国刑法修正案(十一)》,修正后的《刑法》第二百二十九条规定:承担资产评估、验资、验证、会计、审计、法律服务、保荐、安全评价、环境影响评价、环境监测等职责的中介组织的人员故意提供虚假证明文件,情节严重的,处五年以下有期徒刑或者拘役,并处罚金;有下列情形之一的,处5年以上10年以下有期徒刑,并处罚金:①提供与证券发行相关的虚假的资产评估、会计、审计、法律服务、保荐等证明文件,情节特别严重的;②提供与重大资产交易相关的虚假的资产评估、会计、审计等证明文件,情节特别严重的;③在涉及公共安全的重大工程、项目中提供虚假的安全评价、环境影响评价等证明文件,致使公共财产、国家和人民利益遭受特别重大损失的。

有前款行为,同时索取他人财物或者非法收受他人财物,构成犯罪的,依照处罚较重的规定定罪处罚。

第一款规定的人员,严重不负责任,出具的证明文件有重大失实,造成严重后果的,处3年以下有期徒刑或者拘役,并处或者单处罚金。

2. "提供虚假证明罪"的构成特征。

(1)特定的主体。本罪犯罪主体是中介机构的人员。这里所说的中介机构是指承办相关业务的资产评估、会计审计、保荐、法律、验证、安全评价、环境影响评价和环境监测等事项专业服务的法人或非法人组织。其中,承担保荐、安全评价、环境影响评价、环境监测职责的中介组织人员是《刑法修正案(十一)》新增的。而根据《刑法》第二百三十一条,本罪的犯罪主体还包括上述中介机构及其直接负责的主管人员和其他直接责任人员。所不同的是对中介机构本身的处罚适用第二百三十一条。

(2)行为人实施了故意提供虚假证明文件的行为。虚假证明文件主要是承接资产评估、验资、验证、会计、审计、法律服务等业务出具的证明文件。虚假证明文件既包括伪造的证

明文件，也包括内容虚假的证明文件。符合本罪条件的犯罪行为人提供虚假证明文件必须属于主观故意行为，即明知所提供的证明文件存在虚假仍决定提供。

（3）情节严重。情节严重是就违法犯罪行为及过程的性质、影响的范围与后果、造成的危害程度而言的。比如犯罪手段恶劣、造假次数多或程度严重、给国家或相关当事人利益造成严重损害等。《刑法修正案（十一）》还规定，对出现下列情形之一的犯罪行为应当适用更高一档的刑期：①提供与证券发行相关的虚假的资产评估、会计、审计、法律服务、保荐等证明文件，情节特别严重的；②提供与重大资产交易相关的虚假的资产评估、会计、审计等证明文件，情节严重的；③在涉及公共安全的重大工程、项目中提供虚假的安全评价、环境影响评价等证明文件，致使公共财产、国家和人民利益遭受特别重大损失的。判处5年以上10年以下有期徒刑，并处罚金。

（4）侵犯的客体。本罪侵犯的客体是国家对中介组织的监督管理制度和市场中介组织的正常活动。

3. "出具证明文件重大失实罪"的构成特征。

（1）特定的主体。与"提供虚假证明罪"相同。

（2）行为人提供的证明文件存在重大失实。本罪所指的证明文件也与"提供虚假证明罪"相同。"重大失实"指的是出具的证明文件存在重大的不符合实际的内容。

（3）行为人严重不负责任。这是本罪与"提供虚假证明罪"的主要区别。"提供虚假证明罪"是行为人存在犯罪的故意，本罪的行为人主观不存在犯罪故意，但存在严重不负责任的过失。

（4）造成严重后果。提供的重大失实证明文件的后果是，给国家或相关当事人造成严重损失或者产生了特别恶劣的影响等。

（5）侵犯的客体。本罪侵犯的客体也与"提供虚假证明文件罪"相同。

（二）单位犯扰乱市场秩序罪

对于单位犯扰乱市场秩序罪应承担的刑事责任，《刑法》第二百三十一条规定：单位犯本节第二百二十一条至第二百三十条规定之罪的，对单位判处罚金，并对其直接负责的主管人员和其他直接责任人员，依照本节各条的规定处罚。

根据《刑法》第三十条的规定，本罪所指的单位是指公司、企业、事业单位、机关、团体。第二百二十一条至第二百三十条规定之罪包括：损害商业信誉、商品声誉，虚假广告，串通投标，合同诈骗，组织、领导传销活动，非法经营，强迫交易，伪造、倒卖伪造的有价票证，倒卖车票、船票，非法转让、倒卖土地使用权，提供虚假证明文件，出具证明文件重大失实，逃避商检罪。

对单位犯罪规定了双罚制，既依法对单位处以罚金，又规定按照相应条款的规定依法处罚导致单位犯罪的单位直接负责的主管人员和其他直接责任人员。

【例8-39】（单项选择题）对评估专业人员违反规定，签署虚假评估报告，情节严重，并造成严重后果，构成犯罪的，要负（　　）。

A. 行政责任　　B. 民事责任
C. 刑事责任　　D. 赔偿责任

【答案】C

【解析】根据2020年12月26日通过的《中华人民共和国刑法修正案（十一）》，修正后的《刑法》第二百二十九条规定：承担资产评估、验资、验证、会计、审计、法律服务、保荐、安全评价、环境影响评价、环境监测等职责的中介组织的人员故意提供虚假证明文件，情节严重的，处5年以下有期徒刑或者拘役，并处罚金。

（三）刑事责任案例

T公司案例启示：

1. 合理界定对专业证据的职业关注程度。

案例中，企业所提供的《减免进口货物解除监管证明》是由海关出具的，但是内容是假的，法院认为评估机构没有进行必要的核实。这就涉及资产评估专业人员对所取得资料履行核查程序的问题，也引起了资产评估行业对资产评估专业人员关注评估对象权属问题的思考，要求合理界定资产评估专业人员对评估对象权属的职业关注的程度。

一方面，界定和确认评估对象的权属是一个既专业又复杂的法律问题。评估对象的权属既存在通过登记发证确认的情形，也包括通过其他手段加以界定的情况；资产评估专业人员既要关注、查验和恰当披露评估对象的权属，又不应超出专业界限明示或暗示具有对评估对象法律权属确认或发表意见的能力，不应对评估对象的法律权属提供保证。

另一方面，资产评估专业人员应加强职业谨慎，对容易出现舞弊的领域增加关注程度，向相关权利人收集评估对象的权属文件及证明资料，按照规定履行核查和验证程序，不因程序和工作疏失导致评估失误。

2. 重视工作底稿的证据作用。

案例中，一审控方以资产评估机构参加券商主持的上市协调会，会上提出了上市公司的目标，认为资产评估公司构成造假的故意；同时将资产评估机构调增进口设备成新率作为其故意造假的佐证。应该说，客户对资产的价值有预期是资产评估专业人员无法左右的，出现评估结论与客户预期一致的情况也并不必然反映资产评估存在造假。这个案件很重要的一个事实是资产评估专业人员对评估结果进行了调整，而调整后的评估值又恰好满足了客户的预期，这就构成一个重要的争议点。虽然在合理范围内依据专业判断对资产成新率等参数作出适当调整并非不可接受，但本案中成新率的调整在底稿中没有注明理由及依据，未能体现调整的合理性，而且这种调整又发生在评估的初步结果形成之后，这就成为不利于被告的证据。

评估档案中的工作底稿是反映评估过程、支持评估结论的重要依据，也是发生资产评估纠纷时监管部门和公检法查证和界定资产评估责任的重要证据。资产评估机构及其资产评估专业人员应当重视对工作底稿的编制和整理，防止因工作底稿差错或缺失引发资产评估法律风险。

【知识点16】法律责任的免除（★）

（一）法律责任免除的含义

法律责任的免除是指当出现法定条件时，法律责任被部分或全部免除。

（二）我国法律规定的免责条件

不可抗力、正当防卫和紧急避险等是法律所认可的免责条件。除此之外的免责情形，参见表8-19。

表8-19　　　　不可抗力、正当防卫和紧急避险之外的免责情形

免责情形	相关含义
时效免责	依照法律规定，在违法行为发生一定期限后（超过规定的诉讼（追诉）时效），违法行为人不再承担强制性、惩罚性的法律责任。
不诉及协议免责	如果受害人或有关当事人不向法院起诉要求追究行为人的法律责任，行为人的法律责任就实际上被免除，或者受害人与加害人在法律允许的范围内协商同意免责。
自首、立功免责	刑法规定犯罪者在犯罪后有自首、立功表现的，可以减轻或免除处罚。这是一种将功抵过的免责形式。
人道主义免责	在财产责任中，责任人确实没有能力履行或没有能力全部履行的情况下，有关的国家机关免除或部分免除其责任。
有效补救免责	在国家机关归责之前对于实施违法行为所造成的损害，采取及时补救措施，得以免除其部分或全部责任。

【例8-40】（多项选择题）下列选项中，属于法律责任免除情形的是（　　）。

A. 有效补救　　B. 人道主义
C. 正当防卫　　D. 紧急避险
E. 司法调解

【答案】ABCD

【解析】不可抗力、正当防卫和紧急避险等是法律所认可的免责条件。除此之外的免责情形还包括：时效免责，不诉及协议免责，自首、立功免责，人道主义免责，有效补救免责。

精选练习题

一、单项选择题

1. 以下选项中，不属于资产评估职业道德准则规范内容的是（　　）。

A. 基本遵循　　B. 专业能力

C. 独立性　　　D. 职业理想

2. 下列选项中，属于采用欺诈手段向客户招揽业务行为的是(　　)。

A. 以答应帮助客户解决具体困难为条件招揽业务

B. 动用各种关系施压，强行抢拉业务

C. 承诺提供满足客户预期结果的评估结果，引诱客户，招揽业务

D. 超越自身专业能力范围招揽业务

3. 下列关于资产评估职业道德的表述中，违反诚实守信、勤勉尽责、谨慎从业要求的是(　　)。

A. 资产评估机构及其资产评估专业人员在执业过程中利用第三方的工作，如会计师出具的审计报告、律师出具的法律意见书等

B. 资产评估机构以工作量或工作的难易程度作为确定工作范围及工作程度的标准

C. 在执业过程中，由于情况的复杂和客观条件的限制，存在一些无法查清的事项，在报告中予以声明

D. 在洽谈资产评估业务前，资产评估机构及其资产评估专业人员对自身专业能力进行评价，对客户的诚信和财务状况、评估业务的风险水平进行判断

4. 资产评估机构、资产评估专业人员或者亲属应与资产评估的委托人、被评估对象产权持有人及其他当事人无经济利益关联。根据《资产评估职业道德准则》的规定，这里的"亲属"不包括(　　)。

A. 父母　　　B. 子女
C. 祖父母　　D. 子女的配偶

5. 资产评估机构及其资产评估专业人员应该遵守基本的工作原则。以下选项中，不属于该要求的是(　　)。

A. 独立性　　B. 客观性
C. 专业性　　D. 公正性

6. 以下选项中，属于承担民事责任方式的是(　　)。

A. 罚款　　　B. 罚金
C. 没收违法所得　D. 支付违约金

7. 以下选项中，违反资产评估职业道德基本要求的是(　　)。

A. 使用评估假设　B. 依赖专家工作
C. 收取评估费用　D. 运用专业判断

8. 以下选项中，不属于资产评估职业道德准则对资产评估专业人员的要求的是(　　)。

A. 基本要求　　B. 专业胜任能力
C. 独立性　　　D. 行政责任

9. 以下选项中，坚持(　　)是资产评估的核心原则。

A. 独立性　　B. 客观性
C. 诚实守信　D. 谨慎从业

10. 我国法律规定的免责条件不包括(　　)。

A. 时效免责　　B. 不诉及协议免责
C. 态度良好免责　D. 有效补救免责

11. "提供虚假证明文件罪"与"出具证明文件重大失实罪"的主要区别是(　　)。

A. 特定的主体　B. 评估依据
C. 主观犯罪故意　D. 侵犯的客体

12. 恶性压价是当前主要的不正当竞争手段之一。下列做法中，不属于恶性压价的是(　　)。

A. 不考虑评估业务性质、专业能力、服务质量，仅仅通过降低服务费收取标准获取业务

B. 长期业务关系中，以某一单项业务服务费弥补另一单项业务服务费不足

C. 在项目竞争中，资产评估机构及其资产评估专业人员可以根据项目的具体情况，如复杂程度等在一定范围内合理降低服务费

D. 在拓展业务过程中，资产评估机构及其资产评估专业人员通过降低服务费的方式获得业务

13. 根据《公司法》的规定，承担资产评估、验资或者验证的机构因其出具的评估结果、验资或者验证证明不实，给公司债权人造成损失的，除能够证明自己没有过错的外，在(　　)范围内承担赔偿责任。

A. 约定的金额

B. 经人民法院判决的金额

C. 债权人实际损失的金额

D. 其评估或者证明不实的金额

14. 根据证券法的规定，证券服务机构"制作、出具的文件有虚假记载、误导性陈述或者重大遗漏，给他人造成损失的，应当(　　)，但是能够证明自己没有过错的除外"。

A. 依法承担赔偿责任

B. 与委托人承担共同赔偿责任

C. 与委托人承担连带赔偿责任
D. 与委托人承担按份赔偿责任

15. 根据《最高人民法院关于审理证券市场因虚假陈述引发的民事赔偿案件的若干规定》（法释〔2003〕2号）的规定，不正当披露，是指（   ）。

A. 是指信息披露义务人在披露信息时，将不存在的事实在信息披露文件中予以记载的行为
B. 是指虚假陈述行为人在信息披露文件中或者通过媒体，作出使投资人对其投资行为发生错误判断并产生重大影响的陈述
C. 是指信息披露义务人在信息披露文件中，未将应当记载的事项完全或者部分予以记载
D. 是指信息披露义务人未在适当期限内或者未以法定方式公开披露应当披露的信息

二、多项选择题

1. 对违反规定，未经工商登记以评估机构名义从事评估业务的，《资产评估法》规定的行政责任的相关法律规定包括（   ）。

A. 由工商行政管理部门责令其停止违法活动
B. 有违法所得的，没收违法所得
C. 处违法所得1倍以上5倍以下罚款
D. 处违法所得1倍以上3倍以下罚金
E. 赔偿委托人的经济损失

2. 资产评估师的下列行为，不符合相关的法律、法规和准则要求的有（   ）。

A. 同时在两家资产评估机构执业
B. 为了加强竞争，降低收费承揽业务
C. 拒绝了别人要求其以个人名义承揽业务
D. 满足委托方要求，对其资产进行评估时简化评估步骤
E. 允许其他人以本人的名义在资产评估报告上签字

3. 关于资产评估专业人员与委托方和相关当事方的关系中对独立性的要求，下列表述中，错误的有（   ）。

A. 承办评估业务和资产评估师三年前曾在委托单位任职，应主动回避
B. 承办评估业务的资产评估师与客户的负责人有利害关系，客户已知情，可以不回避
C. 承办评估业务的资产评估师持有客户少量股票，本人已声明，可以不回避
D. 介绍评估业务的资产评估机构员工一年前曾是委托单位的普通职员，资产评估机构可以受理该业务
E. 承办评估业务的资产评估专业人员的配偶在委托单位担任董事会秘书，应主动回避

4. 下列情形中，属于《最高人民法院关于审理证券市场因虚假陈述引发的民事赔偿案件的若干规定》中涉及证券市场"虚假陈述"的行为有（   ）。

A. 捏造交易合同导致所公开披露的信息中利润大幅增加
B. 信息披露出现重大遗漏
C. 非重大事项披露与事实存在出入
D. 未以法定方式披露应当公开披露的信息
E. 对重大事件作出误导性陈述

5. 资产评估专业人员获得胜任资产评估工作所需知识和经验的有效途径包括（   ）。

A. 考取全日制硕士研究生
B. 开办合伙制资产评估专业机构
C. 接受资产评估的专业教育及训练
D. 通过资产评估师职业资格统一考试
E. 在资产评估机构从事业务实践

6. 资产评估机构及其资产评估专业人员使用敷衍的手段，规避应尽的努力，常见的情形包括（   ）。

A. 在报告中滥用免责声明
B. 不当利用第三方的工作，或相关当事人的保证书、承诺函等
C. 选用不合理的评估方法
D. 使用不合理的假设
E. 滥用专业判断

7. 小青与小白为好友。某日，小青急得重症需用钱，小白便送去8000元，并对小青说："这些钱你先用着，以后再说"。小青深受感动，予以接收。3年后二人因琐事断绝往来，小白要求小青还款8000元。下列表述中，正确的是（   ）。

A. 小青拒绝，认为已经超过了诉讼时效期间
B. 小白认为，欠债还钱适用一般诉讼时效
C. 小白认为，应当从小青拒绝还钱时开始计算诉讼时效
D. 小青认为，钱是小白主动送去的，自己

E. 小白认为，即使超过20年，自己也可以要求小青还钱

8. 在执业过程中发现影响独立性的事项并可能导致不利影响时，应当及时采取相应措施消除可能的不利影响，并就该事项与委托人进行沟通。消除不利影响的措施通常包括（　　）。

A. 人员回避　　B. 经济回避
C. 业务回避　　D. 消除关联关系
E. 第三方审核

9. 根据《资产评估法》的规定：评估专业人员违反本法规定，给委托人或者其他相关当事人造成损失的，应当（　　）。

A. 由评估专业人员依法承担赔偿责任
B. 评估专业人员履行赔偿责任后，可以其所在的评估机构追偿
C. 由其所在的评估机构依法承担赔偿责任
D. 评估机构履行赔偿责任后，可以向有故意或者重大过失行为的评估专业人员追偿
E. 由评估机构和评估专业人员按照约定比例承担赔偿责任

10. 免责是法律责任的免除。下列选项中，属于人道主义免责的是（　　）。

A. 小王因正当防卫而伤人
B. 小李因紧急避险而损坏他人财物
C. 小赵因家境贫寒无力履行合同而违约
D. 小米因新冠疫情停业不能支付房租而被诉
E. 小康因突发重病无力支付货款

三、综合题

S公司为A股上市公司，拟通过定向增发的方式收购T公司全部股权。S公司及T公司的股东共同授权T公司委托Z资产评估机构进行资产评估。资产评估委托合同中就评估方法使用、盈利预测责任和评估付费等事项作出如下约定：

（1）资产评估机构应采用收益法对委托资产进行评估；

（2）委托方应向资产评估机构提供企业未来盈利预测资料，并对资料的真实性与可实现性负责；因盈利预测的可实现性和真实性对评估结果产生的影响，由委托方负责；

（3）资产评估开始现场工作后7日内支付评估费合同总款的30%，完成现场评估工作后7日内支付40%，提交正式报告后7日内支付30%。项目满足委托方的要求，实现委托方的预期目标后另奖励20万元。

在项目执行的过程中，资产评估专业人员直接使用委托方提供的盈利预测数据，认为盈利预测数据的真实性与可实现性应由委托方负责而未履行任何核查验证程序。后有关部门发现该盈利预测造假，导致大幅度虚增评估值，并决定对该项目进行立案调查。

要求：

（1）委托合同中对评估方法的约定是否恰当？请说明理由。

（2）该项目的资产评估专业人员使用企业所提供的盈利预测资料的行为是否恰当？请说明理由。

（3）委托合同中付款条款约定是否存在违反规定的问题？请说明理由。

精选练习题参考答案及解析

一、单项选择题

1.【答案】D

【解析】职业理想属于资产评估机构及其资产评估专业人员的职业道德素质，不属于资产评估职业道德准则规范的内容。

2.【答案】D

【解析】欺诈，指采用欺骗、误导等手段向客户招揽业务的行为。选项A，属于利诱；选项B，属于胁迫；选项C，属于利诱；选项D，属于欺诈。

3.【答案】B

【解析】由于客观条件的限制，资产评估专业人员在执业过程中，对评估对象调查或勘察的程度，所获得信息的真实性、完整性等都会受到不同程度的影响。资产评估专业人员应当判断这些因素对评估结论的影响程度，并根据上述影响程度和评估目的要求合理确定其工作范围及工作程度，不得单纯以工作量或工作的难易程度作为确定工作范围及工作程度的标准。

4.【答案】C

【解析】根据《资产评估职业道德准则》的规定，这里的"亲属"是指配偶、父母、子女及其配偶，与《民法典》规定不同。

5.【答案】C

【解析】独立、客观、公正是资产评估的

基础,是资产评估机构及其资产评估专业人员应该遵守的基本工作原则,选项C错误。

6. 【答案】D

【解析】罚款和没收违法所得属于承担行政责任的方式,罚金属于承担刑事责任的方式,支付违约金属于承担民事责任的方式。

7. 【答案】B

【解析】资产评估机构及其资产评估专业人员可以利用第三方的工作,如会计师出具的审计报告、律师出具的法律意见书等,也可以要求相关当事人提供保证书或承诺函等文件。但在利用专家工作时必须保持必要的职业谨慎,不可以丧失独立性。

8. 【答案】D

【解析】行政责任属于法律规定的范围,不属于职业道德准则所能规范的内容。

9. 【答案】A

【解析】独立、客观、公正是资产评估的基础,是资产评估机构及其资产评估专业人员应该遵守的基本工作原则。其中,坚持独立性是资产评估的核心原则。

10. 【答案】C

【解析】不可抗力、正当防卫和紧急避险等是法律所认可的免责条件。除此之外的免责情形还包括:时效免责、不诉及协议免责、自首、立功免责、人道主义免责、有效补救免责。

11. 【答案】C

【解析】行为人严重不负责任是"出具证明文件重大失实罪"与"提供虚假证明文件罪"的主要区别。"提供虚假证明文件罪"是行为人存在犯罪的故意,"出具证明文件重大失实罪"的行为人主观不存在犯罪故意,但存在严重不负责任的过失。

12. 【答案】C

【解析】不考虑评估业务性质、专业能力、服务质量,仅仅通过降低服务费收取标准获取业务,属恶意降低服务费,选项A属于恶性压价,应当禁止。长期业务关系中,单项业务服务费的收取应当合理。以某一单项业务服务费弥补另一单项业务服务费不足的做法,应当禁止,选项B属于应当禁止的行为。在项目竞争中,资产评估机构及其资产评估专业人员可以根据项目的具体情况,如复杂程度等在一定范围内合理降低服务费,但应当保持应有的职业谨慎,确保服务费降低不会影响获取评估业务后的执业质量,并遵守执业准则和质量控制程序,选项C不属于恶性压价。在拓展业务过程中,资产评估机构及其资产评估专业人员应当以优良的执业质量获得委托人的信任,而不应通过降低服务费的方式获得业务,选项D为应当禁止的恶性压价行为。

13. 【答案】D

【解析】《公司法》第二百零七条规定,承担资产评估、验资或者验证的机构因其出具的评估结果、验资或者验证证明不实,给公司债权人造成损失的,除能够证明自己没有过错的外,在其评估或者证明不实的金额范围内承担赔偿责任。

14. 【答案】C

【解析】《证券法》第一百六十三条规定,证券服务机构"制作、出具的文件有虚假记载、误导性陈述或者重大遗漏,给他人造成损失的,应当与委托人承担连带赔偿责任,但是能够证明自己没有过错的除外"。

15. 【答案】D

【解析】选项A是虚假记载;选项B是误导性陈述;选项C是重大遗漏;选项D是不正当披露。

二、多项选择题

1. 【答案】ABC

【解析】对违反规定,未经工商登记以评估机构名义从事评估业务的,《资产评估法》第四十六条规定:由工商行政管理部门责令其停止违法活动;有违法所得的,没收违法所得,并处违法所得1倍以上5倍以下罚款。

2. 【答案】ABDE

【解析】《资产评估法》第五条规定,评估专业人员从事评估业务,应当加入评估机构,并且只能在一个评估机构从事业务,选项A违反规定。选项B,为了加强竞争,降低收费承揽业务,属于恶性压价的不正当竞争行为,应予禁止。资产评估准则规定资产评估机构及其资产评估专业人员可以根据评估业务的具体情况及重要性原则确定履行基本程序的繁简程度,但不得随意减少资产评估基本程序,选项D违反规定。资产评估专业人员不得签署本人未承办业务的资产评估报告,资产评估机构和资产评估专业人员也不得允许他人以自身名义开展资产评估业务，或者冒用他人名义从事资产评估业务，选项 E 违反规定。

3. 【答案】ABC

【解析】可能影响独立性的情形通常包括资产评估机构及其资产评估专业人员或者其亲属与委托人或者其他相关当事人之间存在经济利益关联、人员关联或者业务关联。在评估中，资产评估专业人员与委托人或其他相关当事人之间存在以下利害关系时，应当向其所在评估机构提出声明，并实行回避：①持有客户的股票、债券或与客户有其他经济利益关系的；②与客户的负责人或委托事项的当事人有利害关系的；③其他可能直接或间接影响执业的情况。

4. 【答案】ABDE

【解析】证券市场虚假陈述，是指信息披露义务人违反证券法律规定，在证券发行或交易过程中，对重大事件做出违背事实真相的虚假记载、误导性陈述，或者在披露信息时发生重大遗漏、不正当披露信息的行为。不正当披露，是指信息披露义务人未在适当期限内或者未以法定方式公开披露应当披露的信息。

5. 【答案】CDE

【解析】资产评估是一项专业性很强的、跨学科的工作，涉及工程技术、经济、管理、会计等多个专业，仅仅具有某方面的知识无法满足资产评估对专业知识的要求。接受资产评估的专业教育及训练、通过资产评估师的职业资格统一考试、在资产评估机构从事业务实践等，都是获得胜任资产评估工作所需知识和经验的有效途径。

6. 【答案】ABDE

【解析】资产评估机构及其资产评估专业人员不可以使用敷衍的手段，规避应尽的努力。包括：①在报告中滥用免责声明；②不当利用第三方的工作，或相关当事人的保证书、承诺函等；③使用不合理的假设；④滥用专业判断。

7. 【答案】BC

【解析】我国《民法典》第一百八十八条规定，向人民法院请求保护民事权利的诉讼时效期间为 3 年，法律另有规定的，依照其规定。该条还规定，诉讼时效期间自权利人知道或者应当知道权利受到损害以及义务人之日起计算，法律另有规定的，依照其规定。《民法典》第一百八十八条还规定，自权利受到损害之日起超过 20 年的，人民法院不予保护。小青与小白之间没有约定还款日期，是不定期借款关系，小白应当知道小青拒绝还款之日起 3 年内主张债权。

8. 【答案】ACDE

【解析】可能影响独立性的情形通常包括资产评估机构及其资产评估专业人员或者其亲属与委托人或者其他相关当事人之间存在经济利益关联、人员关联或者业务关联。消除不利影响的措施通常包括人员回避、业务回避、消除关联关系、第三方审核等。当所采取措施不能消除对独立性的不利影响时，资产评估机构和资产评估专业人员不得承接该评估业务，或者应当终止该评估业务。

9. 【答案】CD

【解析】评估专业人员违反本法规定，给委托人或者其他相关当事人造成损失的，由其所在的评估机构依法承担赔偿责任。评估机构履行赔偿责任后，可以向有故意或者重大过失行为的评估专业人员追偿。

10. 【答案】CE

【解析】人道主义免责是指，在财产责任中，责任人确实没有能力履行或没有能力全部履行的情况下，有关的国家机关免除或部分免除其责任。选项 A 属于正当防卫免责，选项 B 属于紧急避险免责，选项 C、选项 E 属于人道主义免责，选项 D 属于不可抗力免责。

三、综合题

【答案及解析】

（1）委托合同中对评估方法的约定不恰当。理由是：资产评估机构及其资产评估专业人员应当严格按照国家有关法律、行政法规、资产评估准则，独立开展评估业务，并独立地向委托人提供资产评估意见。通过合同指定评估方法，取代了评估专业人员在履行程序后依据专业判断选取适用评估方法的权利和责任，也有悖于资产评估机构及其专业人员的独立性。况且，因为评估目的是股权转让，评估对象就应该是企业的股权，涉及的资产评估范围是企业的全部资产和负债。价值类型应需要根据交易双方的实际情况选择市场价值或投资价值等，因此适宜的评估方法应选择市场法。

（2）该项目的资产评估专业人员使用企业所提供的盈利预测资料的行为不恰当。理由是：

这种做法有违客观性，违反资产评估职业道德的基本要求。

在资产评估过程中，资产评估专业人员应当完整、客观地收集信息、数据；必须保证赖以形成评估结论信息的完整性、客观性、有效性、合法性；不得使用缺乏依据的信息、数据。资产评估专业人员有责任核查所获得信息的客观性，对于从其他第三方获得的信息，也应当关注其客观性。资产评估专业人员，应当依据所收集的信息、数据，遵守法律法规、资产评估准则等相关规定，通过合理履行资产评估程序客观作出评估结论、发表专业意见。

（3）委托合同中付款条款约定存在违反规定的问题。理由是：由于资产评估机构及评估专业人员无法左右委托人经济行为的进程，也没有承担保证经济行为实现的义务，因此评估服务费的支付不应当与委托人经济行为是否完成相联系。资产评估机构、资产评估专业人员不得向委托方或相关当事方索取约定服务费之外的不正当利益。"实现委托方的预期目标后另行奖励 20 万元"，属于不正当利益，违反资产评估职业道德和相关法规的要求。

第九章 国际和国外评估准则

考试大纲

第九章	考试目的	考查考生对国际评估准则的主要内容、专业评估执业统一准则中的主要内容、RICS 评估准则的主要内容的学习了解情况。
国际和国外评估准则	考试内容及要求	
	掌握的内容（★★★）	——
	熟悉的内容（★★）	1.《国际评估准则》的基本准则和资产准则。
	了解的内容（★）	1.《国际评估准则》的术语表及框架。 2.《专业评估执业统一准则》的结构体系。 3.《RICS 评估准则》的结构体系。

考情分析

国际和国外评估准则主要包括国际资产评估准则和国外资产评估准则，考查考生对国际评估准则的主要内容、专业评估执业统一准则中的主要内容、RICS 评估准则的主要内容的学习了解情况。本章没有安排掌握的内容，需要熟悉《国际评估准则》的基本准则和资产准则，了解《国际评估准则》的术语表及框架，了解《专业评估执业统一准则》《RICS 评估准则》的结构体系。考试题型主要为单项选择题和多项选择题，分值不会大。

教材主要变化

考试大纲需要熟悉的内容中将"1.《国际评估准则》的主要内容。"改为"1.《国际评估准则》的基本准则和资产准则。"，需要了解的内容中将"1.《国际评估准则》的结构体系。"改为"1.《国际评估准则》的术语表及框架。"，教材中对国际评估准则的相关内容进行了大面积修订。

考点精讲及典型例题解析

【知识点 1】国际评估准则的产生与发展

国际评估准则理事会（（The International Valuation Standards Council，IVSC））前身为国际评估准则委员会，是 20 世纪 80 年代初在世界各国资产评估专业团体的推动下，逐步发展起来的重要国际性评估专业组织，目前在国际评估界发挥着主导作用。

国际评估准则理事会制定和努力推广的《国际评估准则》（International Valuation Standards，IVS）是目前最具影响力的国际性评估准则。自国际资产评估准则委员会于 1985 年发布第 1 版《国际评估准则》以来，国际评估准则目前已经发展成为包含不动产、企业价值、无形资产和机器设备等评估业务在内的比较完善的综合准则体系。

国际评估准则委员会于 1985 年制定了《国际评估准则》第 1 版，之后分别于 1994 年和 1997 年进行了修订，发布了《国际评估准则》第 2 版和第 3 版。

2000 年以后，《国际评估准则》的制定和修订工作进入了一个快速发展的时期，经过较大的修改，2000 年和 2001 年分别发布了第 4 版和第 5 版，2003 年 4 月推出了第 6 版《国际评估准则》，于 2005 年发布了第 7 版《国际评估准则》，2007 年，国际评估准则委员会发布了第 8 版《国际评估准则》。2011 年，国际评估准则理事会发布第 9 版《国际评估准则》。

《国际评估准则 2013》于 2014 年 1 月 1 日开始实施。新版准则在原准则基础上，对"基本准则""资产准则""评估应用"部分进行了修订。

《国际评估准则 2017》于 2017 年发布，在结构和内容上都发生了变化。

2019 年修订后发布的《国际评估准则》，增加了"IVS 220——非金融负债"，对一些定义和准则条款的表述进行了优化。

《国际评估准则 2020》于 2020 年 1 月 31 日开始实施。新版准则在原准则基础上进一步优化，增加了"期望用途""期望使用人""评估""价值"四个新的术语，对"调查和遵循准则""评估的基本方法和具体方法准则"和"开发性不动产准则"进行了较大程度的补充和完善。

【知识点 2】国际评估准则的术语表（★）
参见表 9-1。

表 9-1　　　　　　　　　　　国际评估准则的术语表

内容		说　明
术语表概览	术语表明确了国际评估准则中使用的特定术语的定义，如资产或资产组、客户、司法管辖权、参与者、目的等。	此外，需要注意的是，术语表不定义评估、会计或金融行业中的基本术语，因为在此处假定评估师已经理解了这些基本术语。
国际评估准则定义的术语	（1）资产或资产组	为了让准则更具有可读性并避免重复，"资产"和"资产组"这个词语通常指评估业务中的评估对象，除非准则中有特定说明，它等同于"资产、资产组、负债、负债组合或者资产或负债的组合"。
	（2）客户	客户一词指的是评估业务所服务的某个人、某些人或某一实体。这可能包括外部客户（即评估师接受第三方客户委托）以及内部客户（即评估师为雇主服务）。
	（3）期望用途	期望用途一词指的是根据评估师与委托人的沟通确定的评估师出具的评估报告或评估复核报告结论的用途。
	（4）期望使用人	期望使用人一词指的是通过评估师与委托人的沟通确定的作为评估师出具的评估报告或评估复核报告的使用者的委托人以及任何其他方。
	（5）司法管辖权	司法管辖权一词指的是实施评估业务的法律和监管环境。通常包括由政府（如：国家、州和城市）制定的法律和法规，和由某些监管机构（如：银行业当局和证券监管机构）基于某个目的而制定的规则。
	（6）可以	可以一词的含义是评估师有责任考虑的相关行为及程序。评估师需要对该词描述的事项予以关注和理解。在与本准则目标一致情况下，评估师在评估业务中如何和是否处理这些事项，都将取决于评估师的专业判断。
	（7）必须	必须意味着一项无条件的责任。当该词修饰的要求适用的所有情形出现时，评估师必须承担全部这类责任。
	（8）参与者	参与者一词指的是依据在评估业务中使用的价值类型（见"IVS104 价值类型"）而确定的相关参与者。不同的价值类型要求评估师考虑不同角度，如"市场参与者"角度（例如市场价值、国际财务报告准则（IFRS）中的公允价值），或者一个特殊拥有者或者预期购买者（例如投资价值）的角度。
	（9）目的	目的一词指的是一项评估的原因（或多个原因）。常见目的包括（但不限于）财务报告、纳税报告、诉讼支持、交易支持和抵押贷款决策支持。

续表

内容		说　明
国际评估准则定义的术语	（10）应该	应该一词意味着预设性的强制责任。评估师必须遵循这类要求，除非该评估师阐明，在特定情形下执行的变通行为能够充分实现准则的目标。只有在极少数情况下评估师相信其他方式也能实现准则的目标，评估师必须形成书面文件，以说明为什么（准则）指示的方式不是必要的和/或恰当的。如果某准则指出评估师"应该"考虑某种行为或程序，对该行为或程序予以考虑就是预设的强制性要求，而不是该行为或程序是强制性的。
	（11）重大的/重要的	评价重大性和重要性需要专业判断，然而在下列情形中应该作出判断：如果一个评估业务的各类要素（包括参数、假设、特殊假设和所应用的方法）的运用和/或对评估的影响，可以合理预测出其对经济或其他评估结论使用者的决策所产生的影响，则认为这些要素是重大的/重要性的。对所谓重要性的判断需要根据评估业务的整体情况做出，并且受到目标资产的规模或性质的影响。在这些准则的应用过程中，"重大的/重要性"一词指的是对评估业务的重要性，这可能不同于其他目的下所认为的重要性，例如财务报表及其审计认定的重要性。
	（12）标的或标的资产	该术语指的是在特定的评估业务中所评估的资产（组）。
	（13）评估	评估是指根据国际评估准则确定或者估算资产或者负债价值的行为或过程。
	（14）复核评估师	复核评估师是一个对其他评估师的工作进行复核的专业评估师。作为评估复核的一部分，该专业评估师可能要实施某些评估程序和/或提供价值意见。
	（15）价值	价值是指评估师对IVS104规定的一种价值类型估算金额的判断。
	（16）评估师	评估师是指拥有必要的资质、能力和经验的个人、小组或公司，且能以客观、公正的态度执行评估业务。在某些司法管辖权范围内，以评估师身份执业前需要得到许可。
	（17）权重	权重一词是指，得出评估结论对特定价值测算结果的依赖程度（例如，当仅使用一种方法时，则采取的是100%的权重）。
	（18）加权（赋权重）	加权意指分析和协调不同评估价值测算结果的过程，特别是当评估价值测算结果来自不同方法时。只计算测算结果平均值的做法不可接受。

【例9-1】（多项选择题）国际评估准则定义的术语包括（　　）。
A. 资产或资产组　　B. 客户
C. 评估　　　　　D. 期望用途
E. 期望使用人
【答案】ABDE
【解析】国际评估准则的术语表不定义评估、会计或金融行业中的基本术语，因为在此处假定评估师已经理解了这些基本术语。

【例9-2】（单项选择题）根据国际评估准则定义的术语，下列表述中，错误的是（　　）。
A. 评估师是指拥有必要的资质、能力、经验的个人，且能以客观、公正的态度执行评估业务
B. 客户一词指的是评估业务所服务的某个人、某些人或某一实体
C. 评估是指根据国际评估准则确定或者估算资产或者负债价值的行为或过程
D. 复核评估师是一个对其他评估师的工作进行复核的专业评估师
【答案】A

【解析】 根据国际评估准则定义的术语，评估师是指拥有必要的资质、能力和经验的个人、小组或公司，且能以客观、公正的态度执行评估业务。

【知识点 3】国际评估准则框架

对国际评估准则的适用范围、评估师、客观性和独立性、专业胜任能力、背离等方面进行了说明。

（一）遵循准则

作出一项评估将要或已经遵循 IVS 的声明意味着该评估准备遵循 IVSC 发布的所有相关准则。

（二）资产和负债

国际评估准则既可应用于资产的评估，也可应用于负债的评估。为使这些准则简便易读，前述定义的资产或资产组术语包括负债或负债组、资产组合、负债组合或资产组和负债组的组合，除非另有明确说明或者文内已经清晰表明排除了负债（组合）。

（三）评估师

评估师定义为"拥有必要的资质、能力和经验的个人、小组或公司，且能以客观、公正的态度执行评估业务。在某些司法管辖权范围内，以评估师身份执业前需要得到许可"。因为复核评估师必须也是评估师，为使得准则简便易读，术语评估师包括复核评估师，除非另有明确说明或者文内已经清晰表明复核评估师被排除在外。

（四）客观性

评估过程要求评估师能够根据参数和假设的可靠性做出公正判断。要使评估结果可信，重要的是在评估过程中，采用能增加透明度和最小化任何主观因素影响的方式作出上述判断。评估中判断必须客观，避免有偏见的分析、意见或结论。当运用这些准则时，最基本的目标是在评估过程中保证必要的客观性程度，使用恰当的控制及程序，以使评估结果远离偏见。IVSC 制定的专业评估师道德准则（IVSC Code of Ethical Principles for Professional Valuers）为评估师提供了专业行为恰当框架的参考示例。

（五）专业胜任能力

评估工作必须由一个具备适当技术技能、经验和评估标的知识的个人或公司来承做，按标的所在交易市场承做，以及在评估目的下承做。如果由一个不具备必要的技术技能、经验和专业知识的评估师来执行所有评估工作，该评估师在某些方面寻求专家帮助是可以接受的，要在工作范围和评估报告中披露该事项。

评估师必须具备理解、诠释和利用任何专家工作的技术技能、经验和知识。

（六）背离

背离是指评估执业过程中，必须遵守的特定立法、监管或其他行政部门的要求与 IVS 的相关要求不一致的情形。这种背离是强制性的背离，但评估师仍然可以声明评估执业是遵循 IVS 的。

特定立法、监管或其他行政部门的那些背离 IVS 的要求优先于 IVS 的所有其他要求。

任何背离的性质都必须予以明确（例如评估执业遵循 IVS 和当地税收法规）。如果一项背离显著地影响到所实施的程序、使用的参数、评估假设、评估结论，则评估师必须披露这些特定立法、监管或其他行政部门的要求，以及与 IVS 要求显著不一致的方式（例如，在某一情形下，相关的司法管辖权要求仅能使用市场法，而 IVS 建议应该运用收益法）。

不允许出现立法、监管或其他行政部门之外对 IVS 要求的背离。

【知识点 4】《国际评估准则》的基本准则和资产准则（★★）

（一）基本准则

基本准则适用于所有的资产类型和评估目的，包括：工作范围，调查和遵循，报告、价值类型和评估方法等五项准则。

1. 国际评估准则 101——工作范围（见表 9-2）。

表 9-2　　　　《国际评估准则 101——工作范围》的主要内容

主要部分	主要内容
引言	明确了工作范围的定义：工作范围，有时称为业务约定，描述的是对评估业务约定的基本条款，如被评估资产（组）、评估目的和评估所涉及的相关方的责任。
	明确了国际评估准则的适用范围，包括：评估为其雇主进行的内部评估，评估师为非雇主的客户进行的第三方评估，以及评估复核。

续表

主要部分	主要内容
一般要求	在一般要求中,准则要求评估师所有的评估意见和在准备过程中所做的工作,必须与预期目的相适合。
	评估师应当在开始工作之前,与客户就工作范围进行交流并达成一致,同时指出书面表达工作范围可能不是必需的,但是,因为评估师有责任与客户就评估范围进行沟通,所以应该准备书面的工作范围文档。
	还明确了工作范围的具体内容,包括:评估师、客户、其他的预期使用者、被评估的资产(组)、评估计量货币、评估目的、价值类型、评估基准日、评估师工作的性质和范围以及限制性、评估师所依赖信息的性质和来源、重要的假设和(或)特殊假设、评估报告类型、报告使用、分发和出版的限制等。
工作范围的变动	规定工作范围可以发生变动,因为有些事项可能直到评估工作开展时还不能确定,或者在业务执行过程中,出现了需要进一步调查的事项。同时,还规定,工作范围中需要和客户明确的事项和任何随时间作出的变化,都必须在业务完成和评估报告呈递之前与客户沟通协商。

【例9-3】(单项选择题)下列关于《国际评估准则101——工作范围》的表述,错误的是( )。

A. 工作范围,有时称为业务约定,描述的是对评估业务约定的基本条款,如被评估资产(组)、评估目的和评估所涉及的相关方的责任

B. 工作范围中需要和客户明确的事项和任何随时间作出的变化,都必须在业务完成和评估报告呈递之后与客户沟通协商

C. 评估师有责任与客户就评估范围进行沟通,所以应该准备书面的工作范围文档

D. 评估师所有的评估意见和在准备过程中所做的工作,必须与预期目的相适合

【答案】B

【解析】工作范围中需要和客户明确的事项和任何随时间作出的变化,都必须在业务完成和评估报告呈递之前与客户沟通协商。

【例9-4】(多项选择题)《国际评估准则101——工作范围》明确了工作范围的具体内容,包括( )。

A. 评估师　　　　B. 价值类型
C. 评估目的　　　D. 评估基准日
E. 评估方法

【答案】ABCD

【解析】《国际评估准则101——工作范围》明确了工作范围的具体内容,包括:评估师、客户、其他的预期使用者、被评估的资产(组)、评估计量货币、评估目的、价值类型、评估基准日、评估师工作的性质和范围以及限制性、评估师所依赖信息的性质和来源、重要的假设和(或)特殊假设、评估报告类型、报告使用、分发和出版的限制等。

2. 国际评估准则102——调查和遵循。

该部分主要规定了评估实施过程中应当注意的相关问题,包括一般要求、调查、评估记录、对其他准则的遵循,其中调查是核心内容。

(1)一般要求。为遵循IVS要求,评估业务,包括评估复核,必须遵循IVS对于评估目的、工作范围的条款和条件的所有适用的原则。

(2)调查。评估执业中的调查必须与约定的评估目的和价值类型相适应。国际评估准则提及的评估或评估业务包括评估复核。必须通过检查、询问、计算、分析等手段收集充分的评估依据,确保评估结论有合理的支持。确定评估依据的必要性时需要进行专业判断,确保取得的信息充分考虑到评估目的。

评估师调查程序可能会受到一些限制,这类限制必须记录在"工作范围"中。但是,要求评估师进行充分的分析,评价所有的参数和假设对评估目的的适应性。如果调查的限制实质性影响了评估师对于参数和假设的充分评价,该评估业务不能声明遵循了IVS。

当评估业务依赖于评估师之外的第三方的信息支持,应该分析该信息是否可信,依赖该信息是否会在其他方面影响评估结论的可信性。提供给评估师的重要信息(例如由管理层、所有者提供的),可能需要思考、调查和验证。如果对获取的信息的可信性或可靠性没有支持,该信息不应该被评估师采用。

在考虑获取的信息的可信性和可靠性时,评

估师应该考虑评估目的、信息对于评估结论的重要性、信息源对相关事项的专业程度、信息源对于标的资产和/或评估结果使用者的独立性。

（3）评估记录。根据相关法律、法规和监管要求，评估过程中产生的支持评估结论的工作记录，必须在业务完成后保存合理的期限。评估记录可能包括：关键参数、所有计算过程、与最终结论有关的调查和分析，以及提供给客户的所有报告草稿或终稿的备份。

（4）对其他准则的遵循。当法律、法规、监管或其他官方的要求与 IVS 某些方面不同时，评估师必须遵循法律、法规、监管或其他官方的要求（称为"背离"），这种评估仍然总体上遵循 IVS。其他评估专业组织（Valuation Professional Organisations）、专业团体、或公司内部政策和程序提出的大部分要求一般和 IVS 不冲突，只是增加了对评估师的要求。只要 IVS 的所有要求得以满足，可以遵循这些标准且不认为是对 IVS 的背离。

【例 9-5】（单项选择题）《国际评估准则 102——调查和遵循》主要规定了评估实施过程中应当注意的相关问题，其中（　　）是核心内容。

A. 一般要求　　　　B. 调查
C. 评估记录　　　　D. 对其他准则的遵循

【答案】B

【解析】《国际评估准则 102——调查和遵循》主要规定了评估实施过程中应当注意的相关问题，包括一般要求、调查、评估记录、对其他准则的遵循，其中调查是核心内容。

3. 国际评估准则 103——报告。

该准则主要对资产评估报告应该包含的内容进行了规定。包括引言、一般要求、评估报告和评估复核报告。

（1）引言。IVS 对评估报告的基本要求是传递恰当理解评估或评估复核结论的必要信息，报告必须使期望使用人清晰地理解评估结论。为提供有用信息，报告必须清晰地、准确地描述出约定的工作范围、评估目的及预期用途（包括使用的限制），披露所有的假设、特殊假设、重大不确定事项或直接影响评估结论的限制条件。

（2）一般要求。评估目的、被评估资产的复杂性以及使用者的要求决定了评估报告的详细程度。报告的形式应该在设定工作范围时和所有相关方达成一致。遵循国际评估准则并不要求报告格式或特定形式，但报告必须向期望使用人充分传递评估业务的范围、业务执行情形和得出的结论。报告还应该由有适当经验的、未在前期参与评估项目的评估专业人员充分地复核，并理解评估报告和评估复核报告中要求传递的事项。

（3）评估报告。报告是对评估业务中资产或资产组评估的结果，报告必须至少传递如下事项：①工作执行的范围；②预期用途；③采用的思路；④应用的方法；⑤使用的关键参数；⑥作出的假设；⑦价值结论和得出结论的最重要原因；⑧报告的日期（可以和评估基准日不同）。部分上述要求可以明确包含在报告中，或通过引用其他文件（业务约定书、工作范围文件、内部政策和程序等）附到报告中。

（4）评估复核报告。当报告是评估复核的结果时，报告必须至少传递如下事项：①复核执行的范围；②被复核的报告和评估基于的参数和假设；③复核人根据复核工作得出的结论，包括支持的理由；④报告的日期（可以和评估基准日不同）。部分上述要求可以明确包括在报告中，或通过参考其他文件（业务约定书、工作范围文件、内部政策和程序等）附到报告中。

【例 9-6】（多项选择题）《国际评估准则 103——报告》主要对资产评估报告应该包含的内容进行了规定。该准则包括（　　）。

A. 引言　　　　　　B. 一般要求
C. 评估报告　　　　D. 评估报告指南
E. 评估复核报告

【答案】ABCE

【解析】《国际评估准则 103——报告》主要对资产评估报告应该包含的内容进行了规定。该准则包括引言、一般要求、评估报告和评估复核报告。

4. 国际评估准则 104——价值类型。

该准则主要规定国际评估准则定义的价值类型和其他准则定义的价值类型，包括引言、价值类型、使用假设和其他确认价值类型时需要考虑的因素。

该准则要求评估师选择适合的一项（或多项）价值类型，并执行所有适用的与该价值类型相关的要求，无论这些要求是 IVS 定义的价值类型或非 IVS 定义的价值类型。

（1）引言。价值类型描述了报告的价值基

于的基础假设。根据评估业务约定的评估目的选择适当价值类型（或多项价值类型）是非常重要的，价值类型可能影响或支配评估师对于方法、参数和假设的选择，最终影响评估结论。评估师可以根据法规、监管规则、合同或其他文件要求选择价值类型。这些价值类型必须有定义和相应的应用。

（2）价值类型。评估师必须根据业务约定的评估目的和定义选择相关的价值类型（或多个价值类型）。评估师选择价值类型（或多个价值类型）应该考虑可以从客户和/或其他代表人收集的资料。但是，尽管收集到了相关资料，评估师也不应该使用与预期评估目的不相适应的价值类型（或多个价值类型）。根据"IVS101工作范围"，价值类型必须与评估目的相适应，使用的任何价值类型定义必须引用出处或者解释。

（3）IVS定义的价值类型——市场价值。市场价值是指，自愿买方和自愿卖方在评估基准日进行正常市场营销后达成的非关联交易中，某项资产或负债交换价值的估计数额，当事方各自精明、理性行事且未受强迫。

（4）IVS定义价值类型——市场租金。市场租金是在非关联方交易时，自愿出租方和自愿承租方在评估基准日，应当在正常营销后市场中通过适当租约达成的不动产租金的估计数额，当事方应当各自精明、理性行事且未受强迫。市场租金可以作为评估租约或租约权益时的价值类型，这时需要考虑合同租金和市场租金的异同。

（5）IVS定义价值类型——公平价值。公平价值是在已确认的、了解情形的并有自愿交易的愿望的交易双方中转移一项资产或负债时估计的价格，相关方的利益分别得到体现。公平价值需要根据特定交易方各自从交易中获取的优势和劣势后，评价交易价格对交易双方的公允性。与市场价值对比，市场价值一般是不考虑一般市场参与者自身有利或不利因素对交易价格的影响的。

（6）IVS定义价值类型——投资价值。投资价值是一项资产对于特定所有者或预期的所有者针对个人投资或运营目标的价值。它是一个针对特定实体的价值标准。尽管一项资产对其所有者的价值可能与出售给另一方实现的数量相同，这个价值类型反映了一个实体持有该资产，即不一定必须包含假设的交换，可以获取的经济利益。投资价值体现了评估时，实体面对的环境和财务目标，通常用于计量投资效果。

（7）IVS定义价值类型——协同价值。协同价值是两项或多项资产或利益，其合并的价值超过单独价值之和的结果。如果协同仅对特定的买方可行，则协同价值将不同于市场价值，因为协同价值反映该资产对一个特定买方的特别贡献。上述单独价值整合后增加的价值通常被称为"结合价值"。

（8）IVS定义价值类型——清算价值。清算价值是一项资产或一组资产按件为基础出售时实现的数值。清算价值应该考虑使资产达到可出售条件的成本，以及处置活动的成本。清算价值可以在两种不同的使用假设下确定：在典型的营销期后的正常交易；在缩短的营销期后的强制交易国际评估准则要求评估师必须披露假设的使用假设。

（9）使用假设。使用假设描述了一项资产或负债使用的环境。不同的价值类型可能要求一个特定的使用假设或允许考虑多种使用假设。常用的使用假设有：最高和最佳使用、现状使用/现有使用、有序清算、强制出售。①最高最佳使用。最高最佳使用是从参与者角度，资产可以产生最高价值的使用。因为许多金融资产没有替代用途，这个概念最常用于非金融资产，但也可能存在金融资产需要考虑最高最佳使用的情形。最高最佳使用必须是物理上可能（当适用时）、财务可行、法律上允许，并产生最高价值。如果和现状用途不同，转换资产至其最高最佳使用的成本应该冲抵价值。②现状使用/现有使用。现状使用是一项资产、负债、资产组和/或负债组现有方式的使用，现状使用可以是，但并不必须是最高最佳使用。③有序清算。有序清算描述一组资产清算出售可能实现的价值，该销售需要在一定的时间内去寻找一个或多个购买者，卖方被要求按现状、在现地点出售。④强制出售。强制出售经常用于卖方被迫出售的情形，是缺少适当的营销时间，买方可能没有进行充分的尽职调查的结果。这种状况下可能得到的价格将依赖于卖方承受压力的性质和不能进行适当营销的原因，也可能是卖方未能在可行时间内出售的结果。除非约束卖方的性质和原因已知，强制出售得到的价格不可能被真正的估算。

【提示】不活跃市场或衰落市场的出售不能自动归于"强制出售"，因为如果条件改善，卖方会寻求更好的价格。除非卖方被限期强迫出售而无法适当营销，卖方将是市场价值定义的自愿卖方。通常价值类型为市场价值的评估中不能认为是"强制出售"，因为很难将市场上正常交易确认为强制出售。

（10）实体特定因素。对于多数价值类型，要求排除针对一般市场参与者不可行、仅对特定买方或卖方实体的因素。

（11）协同。协同与合并资产的收益相关。当存在协同时，一组资产和负债的价值大于这些资产和负债单独价值之和。典型的协同与成本降低和/或收益提高和/或风险降低相关。评估中是否应该协同考虑取决于价值类型。多数价值类型下，只考虑对其他市场参与者都可行的协同。

协同对其他市场参与者是否可行的判断可以基于协同的量而非获取协同的特定方式。

（12）假设和特殊假设。除了说明价值类型外，通常还要做出一项或多项假设，明确假设交易中资产的状况或假设交易资产所处环境。这些假设对于价值有重要影响。这些假设通常分为两类：①假设事实与或可能与评估基准日状况一致；②假设事实与评估基准日状况不一致。

（13）交易成本。多数价值类型表示的是估算的资产交换价格，不考虑卖方的销售成本或买方的购买成本，不对双方由于交易直接产生的应付税款进行价值调整。

【例 9 - 7】（单项选择题）《国际评估准则 104——价值类型》定义的价值类型不包括（　　）。

A. 市场价值　　B. 重置价值
C. 投资价值　　D. 协同价值

【答案】B

【解析】《国际评估准则 104——价值类型》定义的价值类型包括市场价值、市场租金、公平价值、投资价值、协同价值和清算价值。

5. 国际评估准则 105——评估基本方法和具体方法（见表 9 - 3）。

表 9 - 3　　《国际评估准则 105——评估基本方法和具体方法》的主要内容

评估基本方法	定义	具体方法	备注
市场法	是通过将标的资产与相同或可比的（即相似）且价格信息可获取的资产进行比较提供一种价值的测算结果。	交易案例比较法	在市场法中，作出调整的基本原则是调节标的资产和交易案例或公开交易的证券的差异。市场法中一些最常见的调整是折扣和溢价。
		上市公司比较法	
收益法	收益法提供了一个把未来现金流转换为现值的价值测算结果。在收益法中，资产的价值取决于资产产生的相关收益、现金流或节约成本的价值。收益法的具体方法——折现现金流（（DCF））法。在折现现金流法中，预测的现金流被折现回评估基准日以得出资产的当前价值。在一些永续或无限寿命的资产情形中，折现现金流可能包括一个代表资产在明确预测期结束时的价值的终值。在其他情形中，可能单独使用没有明确预测期的终值计算资产的价值。这通常被称为收益资本化法。	戈登（Gordon）增长模型/固定增长模型	固定增长模型假设资产永远以一个固定的比率增长（或衰退）。只适用于无限寿命期的资产。
		市场法/退出价值法（同时适用于恶化/有限寿命资产和无限寿命资产）	市场法/退出价值法能够以多种方式执行，最终目标都是计算资产在明确现金流预测期终点的价值。使用这种方法计算终值的一般方法包括应用基于资本化因素的市场依据或市场乘数。当使用市场法/退出价值法时，评估师应该考虑在明确预测期终点预期的市场状况并作出恰当的调整。
		残值/清理成本法（只适用于恶化/有限寿命资产）	一些资产的终值可能只和之前的现金流有很少关系或没有关系。例如矿产或油井这种消耗性资产。在这种情形下，终值通常按照资产的残值减去处理资产需要的成本计算。在成本超过残值的情形中，终值是负数且被称为清理成本或资产弃置费。

续表

评估基本方法	定义	具体方法	备注
成本法	成本法利用了无论是购买还是建造，除非存在超长时间、不便因素、风险或其他因素，买方都将支付不高于等效资产获取价格的经济学原理。	更新重置成本法	通常，更新重置成本是参与者重新复制一个在功能上可以替代标的资产所需要支付的相关成本，对资产的复制基于效用，而非资产准确的物理特性。通常更新重置成本会对实体性贬损和所有相关形式的贬值进行调整。	关键步骤是：①计算一个典型的参与者寻求创造或取得一个提供同等效用资产产生的所有成本；②决定标的资产是否有实体性、功能性和外部因素导致的贬值和相关的折损；③从总成本中减掉总折损以得出标的资产的价值。
		复原重置成本法	适用于下列场合：①当代等效资产的成本大于标的资产的重新复制成本；②标的资产提供的效用只能由复制品而不能由当代等效资产提供。	关键步骤是：①计算一个典型参与者寻求创造标的资产的精确复制品产生的所有成本；②决定标的资产是否有实体性、功能性和外部贬值相关的折损；③从总成本中减掉总贬值以得出标的资产的价值。
	成本法通过计算资产的现行更新重置成本或复原重置成本，并扣除其实体性贬损和所有其他相关形式的贬值，提供一个价值测算结果。	加总法	也被称为底层资产法，通常被用于投资公司或其他形式的资产或实体，它们的价值主要来源于投资持有的财产的价值。	关键步骤是：①使用恰当的评估方法评估标的资产的每个组件资产的价值；②将各组件资产加和得出标的资产的价值。
	成本考虑		成本法应该包含典型参与者可能发生的所有成本。成本元素可能由于资产的类型而不同，应该包括评估基准日更新/复原重置资产需要的直接和间接成本。	
	折旧/贬值		在成本法中，"折旧"是对建造一个同等效用资产的估算成本作出的调整，以反映影响标的资产的价值的任何贬值。这里的意思与财务报告或税法通常反映的根据时间系统性费用化资本性支出的方法的含义不同。	

【提示】评估模型是指用来估算和记录价值的定量方法、系统、技术和定性判断的总称。当使用或创建一个评估模型，评估师必须：①保存适当的记录，以支持模型的选择或创建；②了解并确保评估模型的结果、重要假设和限制条件与评估依据和评估范围一致；③考虑到与模型中的假设相关的关键风险。无论模型的性质如何，评估师都必须确保评估符合IVS所有要求。

【例9-8】（单项选择题）《国际评估准则105——评估基本方法和具体方法》中规定的基本方法，不包括（　　）。

A. 市场法　　B. 收益法
C. 成本法　　D. 在用法

【答案】D

【解析】《国际评估准则105——评估基本方法和具体方法》中规定的评估基本方法包括市场法、收益法和成本法。

【例9-9】（多项选择题）下列关于《国际评估准则105——评估基本方法和具体方法》的表述中，正确的是（　　）。

A. 国际评估准则要求评估师使用超过一种的评估方法

B. 市场法是通过将标的资产与相同或可比

的（即相似）且价格信息可获取的资产进行比较提供一种价值的测算结果

C. 收益法提供了一个把未来现金流转换为现值的价值测算结果

D. 成本法通过计算资产的现行更新重置成本或复原重置成本，并扣除其实体性贬值和所有其他相关形式的贬值，提供一个价值测算结果

E. 无论评估资产的市场价值还是市场价值以外的价值，评估师都必须仔细考虑选用相关且恰当的评估方法

【答案】BCDE

【解析】评估师在对资产进行评估的过程中不要求使用超过一种的评估方法，特别是当评估师根据评估业务的实际情形和环境，对某种方法的可靠性和准确性有着强烈的信心时。然而，评估师应该考虑使用多种评估方法。为了得到一个价值估算结果，多种方法应该被考虑并可能被使用，尤其是在缺少充分事实或可观察的参数情况下，单一方法不能得出可信赖评估结论时。当采用一种以上甚至多种评估方法时，基于多种评估方法得出的评估结论应该是合理的，对形成结论使用的不同价值进行的非简单平均的分析和调整程序，评估师也应该在报告中描述。选项A不正确。

（二）资产准则

资产准则对具体资产的评估提供指导，是对基本准则要求的细化或者扩充，说明了基本准则中的规定如何应用到特定资产，以及在评估时应当特殊考虑的事项。资产准则包括企业及企业权益、无形资产、非金融负债、厂房和设备、不动产权益、开发性不动产和金融工具等七项准则。

1. 国际评估准则200——企业及企业权益（见表9-4）。

表9-4 《国际评估准则200——企业及企业权益》的主要内容

组成部分	主要内容
引言	引言明确了基本准则中的各项原则同样适用于企业和企业权益评估。国际评估准则200主要包含了应用于企业和企业权益评估的附加要求。
	引言规定了评估师应当明确企业的价值组成、商誉，同时规定评估企业拥有的单项资产或负债时，应当遵循该类型资产或负债使用的准则。另外，评估师必须确定被评估企业的价值层次，如企业价值、投入资本价值、经营价值和权益价值。
价值类型	价值类型准则规定，评估师在执行企业及企业权益评估业务时，应选择一种或多种恰当的价值类型。
	通常，企业价值评估可以选择国际评估准则定义的价值类型，也可以选择依据法律法规或其他规定定义的价值类型。
评估基本方法和具体方法	这部分内容是本准则的重点。本准则对评估基本方法和具体方法的阐述基于"国际评估准则105——评估基本方法和具体方法"，根据评估对象的特点，对市场法、收益法、成本法进行细化，在应用评估方法时不仅要满足本准则的要求，同时也应满足"国际评估准则105——评估基本方法和具体方法"的要求。
企业和企业权益的特殊考虑	在企业和企业权益价值评估中，还需要考虑其他的特别因素。特别因素包括但不限于：所有权、业务信息、经济和行业考虑、经营性和非经营性资产、资本结构考虑。

【例9-10】（单项选择题）下列关于《国际评估准则200——企业及企业权益》的表述中，错误的是（　　）。

A. 在企业和企业权益价值评估中，需要考虑所有权等其他的特别因素

B. 引言明确了基本准则中的各项原则同样适用于企业和企业权益评估

C. 通常，企业价值评估应当选择国际评估准则定义的价值类型

D. 评估师必须确定被评估企业的价值层

次,如企业价值、投入资本价值等

【答案】C

【解析】通常,企业价值评估可以选择国际评估准则定义的价值类型,也可以选择依据法律法规或其他规定定义的价值类型。

2. 国际评估准则210——无形资产(见表9-5)。

表9-5 《国际评估准则210——无形资产》的主要内容

组成部分	主要内容		
引言	引言明确了基本准则同样适用于无形资产评估和含无形资产的资产组的评估。		
	引言说明了无形资产评估中无形资产主要类型和评估目的。无形资产评估针对不同的目的。		
价值类型	评估师在执行无形资产评估业务时,应当遵循"国际评估准则104——价值类型",选择适当的价值类型。		
	通常,无形资产评估采用的价值类型由国际评估准则理事会以外的实体/组织定义,评估师必须了解和遵从评估基准日与这些价值类型相关的规定、案例法和其他解释性指引。		
无形资产评估方法	准则规定"国际评估准则105——评估基本方法和具体方法"中所描述的三大评估方法均可以应用于无形资的评估。	市场法	在市场法下,准则提到由于无形资产多样性的特点,很难在市场上找到与评估对象类似的资产的交易信息。如果能够从市场上获得相似资产的交易信息,可以通过对比大量类似资产的交易情况来为评估对象价值提供依据,例如分析类似资产的收益率等。
		收益法	收益法是最常用的评估无形资产的方法,包括超额收益法、许可费节省法、增量收益法或有无对比法、绿地法和分销商法。
		成本法	成本法下无形资产的价值,是基于相似资产或提供相似服务潜能或效用资产的(更新)重置成本来确定。主要应用在自创无形资产评估中或无法确定未来现金流量的情况下。在重置成本的计算中,可以考虑市场类似资产的价格信息。采用成本法的无形资产评估应包括自创软件、网站、人力资源价值等。
无形资产的特殊考虑	无形资产的评估应当考虑的特殊考虑包括但不限于:折现率/无形资产回报率、无形资产的经济寿命、税收摊销收益。		

【提示1】无形资产分为可确指无形资产和不可确指无形资产(主要指商誉)。可确指无形资产主要分为五类:营销相关类、客户相关类、艺术相关类、合同相关类和技术相关类。

【提示2】无形资产评估针对不同的目的。理解一项评估的目的、确定无形资产是否应该评估、是分离还是和其他资产形成资产组,都是评估师的责任。无形资产的评估目的包括但不限于:财务报告目的、税务报告目的、诉讼目的、其他监管或法律事项可能要求的事项如强制购买、强制征用,在综合咨询、抵押借贷和交易支持约定中被要求评估无形资产价值。

【例9-11】(多项选择题)根据《国际评估准则210——无形资产》,无形资产分为可确指无形资产和不可确指无形资产。对于可确指无形资产主要分为( )。

A. 营销相关类 B. 资源相关类
C. 艺术相关类 D. 合同相关类
E. 实体相关类

【答案】ACD

【解析】可确指无形资产主要分为五类:营销相关类、客户相关类、艺术相关类、合同相关类和技术相关类。

【例9-12】(单项选择题)下列关于无形资产评估方法的表述,错误的是( )。

A. 在市场法下,很难在市场上找到与评估对象类似的资产的交易信息

B. 成本法是最常用的评估无形资产的方法

C. 成本法下主要应用在自创无形资产评估中或无法确定未来现金流量的情况下

D. 收益法包括超额收益法、许可费节省法、增量收益法或有无对比法、绿地法和分销

商法

【答案】B

【解析】收益法是最常用的评估无形资产的方法。

3. 国际评估准则220——非金融负债（见表9-6）。

表9-6 《国际评估准则220——非金融负债》的主要内容

组成部分	主要内容		
引言	引言中指出，基本准则中的原则适用于非金融负债评估。本准则只是附加要求。评估基本方法和具体方法准则中的规定与本准则冲突时，适用本准则的规定。		
引言	引言中指出，本准则中所指非金融负债，包括应交税费、合同义务、担保义务、环境负债、资产退废负债、或有对价义务、会员计划、购电协议、诉讼准备金、其他或有事项等。		
价值类型	评估师在执行非金融负债评估业务时，应当遵循"国际评估准则104——价值类型"，选择适当的价值类型。		
价值类型	通常，非金融负债评估采用的价值类型由国际评估准则理事会以外的实体/组织定义，评估师必须了解和遵从评估基准日与这些价值类型相关的规定、案例法和其他解释性指引。		
评估基本方法和具体方法	在三种基本评估方法的基础上，本准则提供了一些新的评估方法，这些评估方法体现了一种或者多种评价方法的要求。	逆向法	逆向法的步骤包括：明确非金融负债的市场价格。明确已经发生的成本。明确合理的成本利润率。从市场价格中扣除成本和利润。
评估基本方法和具体方法	在三种基本评估方法的基础上，本准则提供了一些新的评估方法，这些评估方法体现了一种或者多种评价方法的要求。	自下而上法	自下而上法的步骤包括：明确履行义务所需的成本。明确履行义务所需的合理加成。明确履约时间和折现率。如果履约成本是根据预期收入的比例确定的，评估师应当考虑履约成本是否已经包含在折现率中。

【提示】①本准则指出，成本法在非金融负债的评估中通常具有很大局限性。②在考虑折现率时，应当考虑货币的时间价值和非经营风险。预测现金流量时应当运用适当的假设，包括：第三方可能承担的履约成本，第三方确定交易价格时考虑的其他因素，不同情景中成本的变化幅度，第三方因不确定事项而要求的价格。③在运用市场证据时，评估师应当考虑实体完成交易非金融负债的能力，以及是否需要进行调整以反映交易能力限制。④在运用收益法时，评估师应当考虑是否需要确定附加的市场风险报酬率。⑤评估师应当使用税前现金流量数据口径。

【例9-13】（多项选择题）《国际评估准则220——非金融负债》在三种基本评估方法的基础上，提供了一些新的评估方法，包括（　　）。

A. 绿地法　　　　B. 逆向法
C. 分销商法　　　D. 有无对比法
E. 自下而上法

【答案】BE

【解析】收益法是最常用的评估无形资产的方法，包括超额收益法、许可费节省法、增量收益法或有无对比法、绿地法和分销商法。

【例9-14】（单项选择题）根据《国际评估准则220——非金融负债》，下列选项中，不属于非金融负债的是（　　）。

A. 应交税费　　　B. 短期借款
C. 合同义务　　　D. 担保义务

【答案】B

【解析】《国际评估准则220——非金融负债》引言中指出，本准则中所指非金融负债，包括应交税费、合同义务、担保义务、环境负债、资产退废负债、或有对价义务、会员计划、购电协议、诉讼准备金、其他或有事项等。

4. 国际评估准则300——厂房和设备（见表9-7）。

表 9-7　《国际评估准则 300——厂房和设备》的主要内容

组成部分	主要内容		
引言	引言明确了基本准则在厂房和设备评估中的适用性和"国际评估准则 300——厂房和设备"的定位。引言中规定，基本准则同样适用于厂房和设备的评估。"国际评估准则 300——厂房和设备"仅包括对基本准则的修订、其他原则以及关于基本准则如何应用于使用本准则的评估项目的具体举例。		
	引言主要说明了机器设备评估所考虑的因素和无形资产的关系。机器设备评估通常需要考虑一系列与资产本身、环境和潜在经济价值有关的因素。		
	准则强调，尽管无形资产与机器设备是两类不同资产，但是有些机器设备价值中包含无形资产，而且无形资产对机器设备的价值有重要影响。因此，机器设备评估需要考虑这些无形资产的价值。		
价值类型	评估师在执行机器设备评估业务时，应当选择恰当的价值类型。		
	机器设备评估通常可以选择国际评估准则定义的价值类型，也可以选择依据法律法规或其他规定定义的价值类型。在机器设备评估中，价值类型的选择极其重要，高度专业化的设备对于使用假设极为敏感。		
评估基本方法和具体方法	基本准则所规定的三种评估方法同样适用于机器设备评估。	市场法	主要适用于通用设备的评估，例如机动车辆；
		收益法	适用于能确定该项机器设备所带来的现金流量的情况，但由于某些机器设备与无形资产的贡献难以分开，所以收益法不适用于该类单项设备评估；
		成本法	在机器设备评估中运用比较广泛，特别是单项设备评估。
特别考虑	对机器设备评估的特别考虑主要是融资安排，通常来说机器设备的价值与资金来源无关，但在某些情况下，机器设备评估应当考虑融资方式和融资的稳定性，比如经营租赁项目。		

【例 9-15】（多项选择题）根据《国际评估准则 300——厂房和设备》，下列有关机器设备评估的表述，正确的是(　　)。

A. 对机器设备评估的特别考虑主要是融资安排

B. 市场法主要适用于通用设备的评估

C. 某些机器设备与无形资产的贡献难以分开，所以收益法不适用于该类单项设备评估

D. 与资产有关的因素包括资产的技术规格、实际或者潜在的资产获利能力、资产状况、运输成本、辅助资产的任何可能损失

E. 与环境有关的因素包括原材料和产品市场的位置、剩余物理寿命、运输成本、对限制产能或增加生产成本产生影响的任何环境或法律因素

【答案】ABC

【解析】根据《国际评估准则 300——厂房和设备》，机器设备评估通常需要考虑一系列与资产本身、环境和潜在经济价值有关的因素。其中，与资产有关的因素包括资产的技术规格、剩余物理寿命、资产状况、运输成本、辅助资产的任何可能损失；与环境有关的因素包括原材料和产品市场的位置、对限制产能或增加生产成本产生影响的任何环境或法律因素；与经济有关的因素包括实际或者潜在的资产获利能力、影响机器设备产品需求的宏观或微观经济因素、可以获得更多利益的资产其他潜在用途。

5. 国际评估准则 400——不动产权益（见表 9-8）。

【提示 1】市场法评估需要找到近期可比交易案例。交易案例与评估对象之间的差异性可以从以下几个方面考虑：被评估资产的权益类型、各自的地理位置、土地的质量或者房屋的使用年限和规格、每项资产的授权使用范围、交易环境、价值类型和交易时间。

表 9-8 《国际评估准则 400——不动产权益》的主要内容

组成部分	主要内容		
引言	引言明确了基本准则在不动产权益评估中的适用性,引言中规定基本准则中的原则同样适用于不动产权益的评估。同时明确了"国际评估准则 400—不动产权益"主要规定的是不动产权益评估的额外要求。		
	引言主要说明了不动产权益的含义和三种基本类型。不动产权益是指对土地和建筑物的一种拥有、控制、使用或占用的权利。	特定区域土地的最高权益	该权益的所有者拥有土地和地上附着物的全部权利;
		次级权益	在一定时期内拥有特定区域土地和地上附着物排他控制权的权益;
		第三种类型	拥有特定土地和地上附着物使用权,但不拥有排他使用权或控制权。
价值类型	评估师在执行不动产权益评估业务时,应当选择恰当的价值类型。在大多数情况下,评估师应当考虑不动产的最高最佳利用可能会不同于其当前的利用方式,这对于可以改变利用方式或者具有开发潜能的不动产权益十分重要。		
评估方法	准则强调三种基本的评估方法都适用于不动产权益评估。	市场法	采用市场法评估时,准则指出尽管资产权益存在着非同质性特征,然而市场法仍是不动产权益评估的主要方法。
		收益法	采用收益法评估不动产权益价值的具体评估方法包括收益资本化法和现金流折现法。
		成本法	成本法主要适用于既没有交易价格,也不产生现金流的情况,在某些情况下,如果存在交易价格或可识别的现金流,也可以作为次要或佐证的方法。
特殊考虑	对不动产权益评估的特殊考虑主要是权益等级和租金。不同类型的不动产权益的价值是不同的,因此在评估时应注意权益构成。在评估基于租约的不动产权益时,评估师需要考虑合同租金以及合同租金与市场租金之间的差别。		

【提示 2】采用收益法时对于折现率的选择,如果评估结果是针对特定所有者或潜在所有者的,那么折现率应该反映其所要求的收益率或者加权资本成本;如果评估结果是市场价值,那么折现率应该参考市场中不动产权益的收益率。

【例 9-16】(多项选择题)根据《国际评估准则 400——不动产权益》,不动产权益的基本类型有( )。

A. 拥有特定土地和地上附着物的使用权,拥有排他使用权或控制

B. 次级权益,在一定时期内拥有特定区域土地和地上附着物排他控制权的权益

C. 特定区域土地的最高权益,该权益的所有者拥有土地和地上附着物的全部权利

D. 优先权益,该权益的所有者拥有土地和地上附着物的优先权利

E. 拥有特定土地和地上附着物的使用权,但不拥有排他使用权或控制权

【答案】BCE

【解析】根据《国际评估准则 400——不动产权益》,不动产权益是指对土地和建筑物的一种拥有、控制、使用或占用的权利。不动产权益存在三种基本类型,首先是特定区域土地的最高权益,该权益的所有者拥有土地和地上附着物的全部权利;其次是次级权益,即在一定时期内拥有特定区域土地和地上附着物排他控制权的权益,例如通过租赁合同获得的权益;最后是拥有特定土地和地上附着物使用权,但不拥有排他使用权或控制权。

【例 9-17】(多项选择题)根据《国际评估准则 400——不动产权益》,采用收益法评估不动产权益价值的具体评估方法包括( )。

A. 超额收益法

B. 收入资本化法
C. 增量收益法
D. 许可费节省法
E. 现金流折现法

【答案】BE

【解析】根据《国际评估准则400——不动产权益》，采用收益法评估不动产权益价值的具体评估方法包括收益资本化法和现金流折现法。

6. 国际评估准则410——开发性不动产（见表9-9）。

表9-9　《国际评估准则410——开发性不动产》的主要内容

组成部分	主要内容
引言	引言明确了开发性不动产评估对其他国际评估准则的遵循要求。基本准则中包含的原则适用于开发性不动产的评估。本准则仅包括对基本准则的修订、附加要求或关于基本准则如何应用于本准则所使用的评估目的的具体案例。同时，开发性不动产的评估也必须遵循"国际评估准则400——不动产权益"。
	引言主要明确了开发性不动产的定义和特性。
价值类型	评估师在执行此类评估业务时，应当选择恰当的价值类型。
	通常，开发性不动产评估过程会根据建筑物完成的条件和状态作大量假设以及作特殊假设。
评估方法	基本准则中的三种基本评估方法同样适用于该项评估。但是开发性不动产的估值主要使用两种方法：市场法和剩余法。剩余法结合了三种评估方法，利用完成后的总开发价值减去开发成本、开发者利润，得到该开发性不动产的剩余价值。
特殊考虑	对开发性不动产评估的特殊考虑主要是对剩余法、拟议项目、担保贷款、财务报告的特殊考虑。采用剩余法评估开发性不动产的市场价值将会涉及以下基本要素：资产完工价值、建筑成本、咨询费用、营销成本、时间计划、资金成本、利润以及折现率。对拟议项目的考虑来自需要分析有关不动产是否适合拟议的发展，一些事项可能在估价师的知识和经验内，但有些可能需要利用来自其他专家的信息或报告。

【提示】开发性不动产是指以最高最佳使用原则重新开发或在评估基准日准备改善的一项权益，通常包括在以前未开发的土地上兴建建筑物、在以前未开发的土地上建设基础设施、重建已开发土地、改建现有建筑物或构筑物、在法定计划中用于开发的土地、在法定计划中用于更高价值使用或更高密度使用的土地。

【例9-18】（多项选择题）根据《国际评估准则410——开发性不动产》，开发性不动产通常包括（　　）。

A. 在以前未开发的土地上兴建建筑物
B. 重建已开发土地
C. 改建现有建筑物或构筑物
D. 用于出租的建筑物
E. 在法定计划中用于开发的土地

【答案】ABCE

【解析】选项D属于投资性房地产。

7. 国际评估准则500——金融工具（见表9-10）。

表9-10　《国际评估准则500——金融工具》的主要内容

组成部分	主要内容
引言	概述明确了金融工具评估对其他国际评估准则的遵循要求和本准则的定位。基本准则中包含的原则适用于金融工具的评估。本准则仅包括对基本准则条款的修订、附加要求或具体事例，这些具体事例说明了基本准则如何应用于采用本准则的评估业务。
	引言部分对金融工具的含义、特性以及金融工具评估涉及的评估目的等进行了规定。
价值类型	评估师在执行金融工具评估业务时，应当选择恰当的价值类型。
	通常，金融工具价值评估可以选择国际评估准则定义的价值类型，也可以选择依据法律法规或其他规定定义的价值类型。

续表

组成部分		主要内容
评估基本方法和具体方法	市场法	利用市场法评估时，对于具有相同金融工具交易近期的交易价格，通常是不需要做任何调整的。
	收益法	利用收益法评估时，金融工具的现金流可能是固定的，也可能是变化的，合约的具体内容决定了现金流的形式，一般包括以下内容：现金流取得的时间、预期现金流量的大小、合约关于现金流时间和条件的期权、工具对于某一方的保护权利。为确定恰当的折现率，需要考虑资金的时间成本和相关风险，具体考虑因素包括：工具合约的条款和条件、信用风险、流动性和市场性、法律环境风险、金融工具的税收法规等。
	成本法	利用成本法评估金融工具，需要遵守"国际评估准则105——评估基本方法和具体方法"的相关要求。
特殊考虑		对金融工具评估的特别考虑主要是：评估参数、信用风险、流动性和市场活跃度、控制环境。金融工具的评估，信用风险是至关重要的，可以从自身信用风险、交易对手风险、抵押品、金融工具优先级、杠杆、净额结算协议和违约保护等方面进行分析。

【提示1】金融工具是一种在特定的当事人之间形成的，为获得或支付现金或其他财务安排的权利或义务的合约。

【提示2】金融工具评估的目的包括但不限于：收购、兼并和出售，财务报告和审计，监管要求，内部风险和合规程序，税收和诉讼。

【提示3】金融工具不同于其他资产，在调查和遵循、信息披露上都有更严格的要求。

【例9-19】（单项选择题）根据《国际评估准则500——金融工具》，金融工具的评估，（　　）是至关重要的。
A. 评估输入
B. 流动性和市场活跃度
C. 信用风险
D. 控制环境
【答案】C
【解析】金融工具的评估，信用风险是至关重要的，可以从交易对手风险、抵押品、金融工具优先级、杠杆、净额协议和默认保护等方面进行分析。

【知识点5】国外资产评估准则引言（★）
目前除国际评估准则（IVS）外，在业界具有较大影响的评估准则主要有：①美国评估促进会（AF）制定的《专业评估执业统一准则》（USPAP）；②英国皇家特许测量师学会（RICS）制定的评估准则（RICS红皮书）。

【知识点6】美国评估准则的产生与发展（★）
美国资产评估准则的具体演进过程：①发散阶段；②协调统一阶段；③与国际评估准则趋同阶段。
《专业评估执业统一准则》（USPAP）（2020—2021）是目前最新版本的美国评估准则。

【知识点7】《专业评估执业统一准则》（USPAP）（2020—2021）的结构体系（★）
（一）定义
定义部分介绍了美国评估准则中相关的主要术语的含义、注释和说明。
（二）引言
引言部分介绍了美国评估准则的宗旨、目的、意义、作用、要求以及准则和评估准则说明之间的关系。
（三）职业规则
职业规则包括职业道德、专业胜任能力、工作范围，档案保管和管辖除外规则。
（四）准则
10个准则确定了评估、评估复核与评估咨询服务的要求及其各项结果表达的方式。这10个准则是USPAP的主要构成部分，包括：
（1）准则1　不动产评估；
（2）准则2　不动产评估报告；
（3）准则3　评估复核；
（4）准则4　评估复核报告；
（5）准则5　批量评估；

(6) 准则 6　批量评估报告；
(7) 准则 7　动产评估；
(8) 准则 8　动产评估报告；
(9) 准则 9　企业价值评估；
(10) 准则 10　企业价值评估报告。

(五) 评估准则说明

评估准则说明是经美国评估促进会的规定程序审定的，专门用于对 USPAP 内容的澄清、阐释和说明。

【提示】准则委员会也发布咨询意见，咨询意见是指引性文件。咨询意见不是新的准则，也不是对现有准则的解释，不是 USPAP 的组成部分。咨询意见只用于说明 USPAP 在具体情况下的应用，并为业务争议和疑问提出解决建议。

【例 9-20】（单项选择题）以下不属于《专业评估执业统一准则》（USPAP）（2020—2021）的结构体系的是(　　)。
A. 职业规则
B. 评估操作说明
C. 评估准则说明
D. 引言
【答案】B
【解析】《专业评估执业统一准则》（USPAP）（2020—2021）的结构体系包括定义、引言、职业规则、准则、评估准则说明，不包括评估操作说明。

【知识点 8】《专业评估执业统一准则》（USPAP）关于评估报告的内容要求（★）

USPAP 规定每份书面或口头企业价值或无形资产评估报告必须做到：第一，清晰、准确地反映评估事项，不得误导；第二，包含足够的信息，使评估报告预期使用者能够正确理解评估报告；第三，清晰、明确地披露评估项目所采用的所有假设、特定假设、逆向假设与限定条件。

USPAP 规定企业价值或无形资产评估书面报告都应当根据开放型评估报告、限制型评估报告中的一种类型进行编制，并且必须在评估报告中明确所采用的报告类型。

【知识点 9】英国评估准则的产生与发展（★）

20 世纪 70 年代，英国皇家特许测量师学会开始着手制定统一的评估准则，并由 RICS 的评估与估价准则委员会（AVSB）具体实施，1975 年正式向 RICS 理事会提交讨论，这也是世界范围内最早的评估准则——RICS 红皮书。2017 年，RICS 发布了第 10 版红皮书。2019 年 11 月发布了最新版本的红皮书，自 2020 年 1 月 31 日起生效。

【知识点 10】2020 版英国皇家特许测量师学会（RICS）评估准则（全球版）的结构体系（★）

参见表 9-11。

表 9-11　2020 版英国皇家特许测量师学会（RICS）评估准则（全球版）的结构体系

组成部分	主要内容
简介	本部分主要介绍了该准则的制定背景、与国际标准的关系、准则的编排、准则的主要目的、遵守本准则、生效日期、修订和补充等内容。
术语表	本部分主要对评估、资产、市场价值、特殊价值、评估报告等概念进行了解释和规范。
职业规范	RICS 红皮书的职业规范部分包括对评估师遵守准则和操作声明作出规定，对评估师道德、胜任能力、客观性和披露提出要求。
评估技术和操作准则	本部分对评估业务的基本程序作出规定。包括业务约定书的基本内容、勘查和调查要求、评估报告内容要求、价值类型、假设和特殊假设、评估方法等方面的规定。
评估应用指南	本部分根据资产类型和评估目的，对相应评估业务提供指导。包括金融工具、抵押借款、企业价值、交易相关资产、机器设备、无形资产、动产、不动产、资产组合、评估不确定性等方面的规定。
国际评估准则	本部分完整引用了《国际评估准则》最新版。

【例 9-21】（单项选择题）下列选项中，不属于 RICS 评估准则结构体系的是(　　)。

A. 评估技术和操作准则
B. 评估应用指南
C. 评估准则说明
D. 职业规范

【答案】C

【解析】RICS 评估准则包括简介、术语表、职业规范、评估技术和操作准则、评估应用指南、国际评估准则。评估准则说明属于《专业评估执业统一准则》的内容。

【知识点 11】评估应用指南关于评估报告的内容要求（★）

参见表 9－12。

表 9－12　评估应用指南关于评估报告的内容要求

项目		内容要求
评估报告的基本要求		评估报告必须明确、准确地说明评估的结论，评估结论不得含糊或误导，不得产生错误印象。报告应清晰表述评估师的意见，并且报告中的措辞应当清晰易懂，以便对目标资产预先并不了解的人员也能够阅读和理解评估报告。
评估报告的内容	（1）评估师的身份和地位	若有必要，应当在评估报告中声明评估师的地位。RICS 不允许使用所在"评估机构"来发表评估意见。
	（2）客户与任何其他目标用户的身份	报告必须邮寄给客户或者其报告使用者，如果有与收件人不符的情况，需要说明报告的提交方式及客户的身份信息，并说明已知的其他报告使用者。
	（3）评估目的	评估目的必须清楚无歧义，如果没有披露评估目的，则必须说明适当的理由。
	（4）明确评估对象	必须声明各项资产或负债的法定权益，资产位于多个国家或州的应当分国家或州列出资产清单。
	（5）价值类型	必须说明价值类型，且必须提供完整的定义。
	（6）评估基准日	评估师必须说明评估基准日，必须说明评估基准日不同于出具评估报告的日期或调查开展完成的日期，评估报告中应区分这些日期。
	（7）调查范围	评估报告中必须记录有关资产调查的日期和范围，包括参考的不可能获取的资产部分。
	（8）所依据的信息的性质和来源	评估师必须清楚，如果已经作出了评估值，却没有搜集到通常可用的信息，则应在评估报告中说明是否需要对评估所依据的任何信息和假设进行验证，或者是否存在重要的信息材料尚未提供的情况。
	（9）假设和特殊假设	评估报告必须指出所有的假设以及任何可能需要保留的意见。
	（10）使用、外传或公开限制	在正式发布的评估报告中，有必要包括一个声明对评估报告的使用、外传和公开作出限制。
	（11）根据 IVS 规定的声明书	评估报告中必须声明遵守了 IVS。在必需的情况下，应当说明该项评估业务遵循了 RICS 的标准，同时也符合 IVS 的要求。
	（12）评估方法与实施过程	评估值需要根据评估报告的上下文来理解，评估报告必须说明所采用的评估方法、使用的关键评估数据和得出评估结论的主要理由。
	（13）一项或多项评估结论的金额	在评估报告中，评估结论要求既要有文字又要有数字。评估值包括了一定数量的不同类别的资产，将其相加形成了一个总的整体价值的做法通常是不恰当的。
	（14）评估报告日期	评估报告日期应当包括出具报告的日期，与评估基准日有所区别。
	（15）对重大的评估不确定性的说明	对重大的不确定性的说明，目的在于帮助评估报告使用人清晰理解评估结论。
	（16）对执业责任的特别说明。	对执业责任的特别说明主要与风险、责任、保险等事项紧密相关。

精选练习题

一、单项选择题

1. 下列关于国际评估准则术语表的表述，不正确的是（　　）。

   A. 术语表明确了国际评估准则中使用的特定术语的定义，如资产或资产组、客户、司法管辖权、参与者、目的等

   B. 客户一词指的是评估业务所服务的某个人、某些人或某一实体。这可能包括外部客户（即评估师接受第三方客户委托）以及内部客户（即评估师为雇主服务）

   C. 术语表定义评估、会计或金融行业中的基本术语

   D. 评估是指根据国际评估准则确定或者估算资产或者负债价值的行为或过程

2. 下列关于国际评估准则基本准则的表述，不正确的是（　　）。

   A. 成本法通过计算资产的现行更新重置成本或复原重置成本，并扣除其实体性贬值和所有其他相关形式的贬值，提供一个价值测算结果

   B. 调查和遵循主要规定了评估实施过程中应当注意的相关问题，包括一般要求、调查、对其他准则的遵循，其中一般要求是核心内容

   C. 评估复核报告至少包括复核执行的范围、被复核的报告和评估基于的参数和假设、复核人根据复核工作得出的结论和支持的理由以及报告的日期

   D. 工作范围中需要和客户明确的事项和任何随时间作出的变化，都必须在业务完成和评估报告呈递之前与客户沟通协商

3. 下列关于国际评估准则基本准则的表述，不正确的是（　　）。

   A. 当存在协同时，一组资产和负债的价值大于这些资产和负债单独价值之和

   B. 常用的使用假设有：最高和最佳使用、现状使用/现有使用、有序清算、强制出售

   C. 最高最佳使用必须是物理上可能（当适用时）、财务可行、法律上允许，并产生最高价值

   D. 市场租金是在关联方交易时，自愿出租方和自愿承租方在评估基准日，应当在正常营销后市场中通过适当租约达成的不动产租金估计数额，当事方应当各自精明、理性行事且未受强迫

4. 根据《国际评估准则400——不动产权益》，下列表述中，错误的是（　　）。

   A. 收益法是不动产权益评估的主要方法

   B. 采用收益法评估不动产权益价值的具体评估方法包括收益资本化法和现金流折现法

   C. 如果评估结果是针对特定所有者或潜在所有者的，那么折现率应该反映其所要求的收益率或者加权资本成本

   D. 不动产权益评估特殊考虑主要是权益等级和租金

5. 根据《国际评估准则500——金融工具》，下列表述中，错误的是（　　）。

   A. 评估师利用市场法评估时，对于具有相同金融工具交易近期的交易价格，通常是不需要做任何调整的

   B. 利用收益法评估时，金融工具的现金流是固定的

   C. 金融工具是一种在特定的当事人之间形成的，为获得或支付现金或其他财务安排的权利或义务的合约

   D. 金融工具的评估，信用风险是至关重要的

6. 根据《国际评估准则400——不动产权益》，下列不属于不动产权益基本类型的是（　　）。

   A. 特定区域土地的最高权益，该权益的所有者拥有土地和地上附着物的全部权利

   B. 次级权益，即在一定时期内拥有特定区域土地和地上附着物排他控制权的权益

   C. 优先权益，该权益的所有者拥有土地和地上附着物的优先权利

   D. 拥有特定土地和地上附着物使用权，但不拥有排他使用权或控制权

7. 根据《国际评估准则410——开发性不动产》，下列关于开发性不动产评估剩余法的表述，正确的是（　　）。

   A. 剩余法结合了成本法和市场法

   B. 剩余法是利用完成后的总开发价值减去开发成本、开发者利润，得到该开发性不动产的剩余价值

   C. 利用完成后的总开发价值减去开发成本，得到该开发性不动产的剩余价值

D. 利用完成后的总开发价值减去开发者利润，得到该开发性不动产的剩余价值

8. 国际评估准则常用的使用假设，不包括（　　）。

A. 最高最佳使用　　　B. 历史用途
C. 有序清算　　　　　D. 强制出售

9. 根据《国际评估准则210——无形资产》，以下不属于无形资产评估收益法的方法是（　　）。

A. 超额收益法　　　　B. 许可费节省法
C. 有无对比法　　　　D. 剩余法

10. 下列关于《国际评估准则400——不动产权益》的表述，错误的是（　　）。

A. 不动产权益是指对土地和建筑物的一种拥有、控制、使用或占用的权利

B. 在大多数情况下，评估师应当考虑不动产的最高最佳利用可能会不同于其当前的利用方式

C. 如果存在交易价格或可识别的现金流，成本法可以作为次要或佐证的方法

D. 如果评估结果是市场价值，折现率应该反映特定所有者或潜在所有者所要求的收益率或者加权资本成本

11. （　　）是目前最具影响力的国际性评估准则。

A. RICS 评估准则
B. 《评估指南手册》
C. 《国际评估准则》
D. 《专业评估执业统一准则》（USPAP）

12. 《国际评估准则2020》于（　　）开始实施。

A. 2020 年 1 月 1 日
B. 2020 年 1 月 31 日
C. 2020 年 5 月 31 日
D. 2020 年 10 月 1 日

13. 下列关于《国际评估准则210——无形资产》的表述，错误的有（　　）。

A. 理解一项评估的目的、确定无形资产是否应当评估、是分离还是和其他资产形成资产组，都是评估师的责任

B. 应当遵循"国际评估准则104——价值类型"，选择适当的价值类型

C. 由于无形资产多样性的特点，很难在市场上找到与评估对象类似的资产的交易信息，准则规定市场法不适用于无形资产评估

D. 采用成本法的无形资产评估应包括自创软件、网站、人力资源价值等

二、多项选择题

1. 下列不属于国际资产评估准则—基本准则的是（　　）。

A. 国际评估准则 101——工作范围
B. 国际评估准则 200——企业及企业权益
C. 国际评估准则 105——评估途径和方法
D. 国际评估准则 410——开发性不动产
E. 国际评估准则 210——无形资产

2. 下列关于国际评估准则——基本准则的表述，正确的是（　　）。

A. 在收益法中，资产的价值取决于资产产生的相关收益、现金流或节约成本的价值

B. 价值类型可能影响或支配评估师对于方法、参数和假设的选择，最终影响评估结论

C. 公平价值是在已确认的、了解情形的并有自愿交易的愿望的交易双方中转移一项资产或负债时估计的价格，相关方的利益分别得到体现

D. 多数价值类型表示的是估算的资产交换价格，不考虑卖方的销售成本、或买方的购买成本，不对双方由于交易直接产生的应付税款进行价值调整

E. 现状使用是一项资产、负债、资产组和/或负债组现有方式的使用，现状使用必须是最高最佳使用

3. 下列关于国际评估准则——资产准则的表述，正确的是（　　）。

A. 机器设备评估通常不需要考虑一系列与资产本身、环境和潜在经济价值有关的因素

B. 评估师必须确定被评估企业的价值层次，如企业价值、投入资本价值、经营价值和权益价值

C. 由于某些机器设备与无形资产的贡献难以分开，所以收益法不适用于该类单项设备评估

D. 通常，金融工具价值评估可以选择国际评估准则定义的价值类型，也可以选择依据法律法规或其他规定定义的价值类型

E. 《国际评估准则410——开发性不动产》重点对开发性不动产概况及其价值的情况以及需要考虑的特别事项进行了规定和说明

4. 下列关于国际评估准则——资产准则的表述，不正确的是（   ）。
   A. 金融工具的评估，流动性是至关重要的
   B. 成本法在非金融负债的评估中通常具有很大局限性
   C. 开发性不动产的评估也必须遵循"国际评估准则400——不动产权益"
   D. 收益法是最常用的评估无形资产的方法
   E. 在机器设备评估中，通用设备对于使用假设极为敏感

5. 根据《国际评估准则105——评估基本方法和具体方法》，下列表述中，正确的是（   ）。
   A. 在国际评估准则中，基本的评估方法包括市场法、收益法、成本法
   B. 当不同方法得出的价值测算结果有很大分歧时，评估师应当将两个有分歧的价值测算结果简单地进行加权
   C. 为资产选择评估方法的目的是寻找特定情形下最恰当的评估方法，没有任何一种方法能适用于所有可能的情形
   D. 当可比市场信息与标的资产或实质类似的资产不相关时，评估师必须进行可比资产和标的资产间相似及差异度的定性和定量的比较分析
   E. 收益法的一个基本原理是投资者预期他们的投资将收到回报，且这种回报应该反映投资的可感知程度的风险

6. 国际评估准则中开发性不动产的估值，主要使用的方法是（   ）。
   A. 逆向法   B. 资本化法
   C. 市场法   D. 剩余法
   E. 成本法

7. 下列关于《国际评估准则210——无形资产》中评估方法的表述，正确的有（   ）。
   A. 在重置成本的计算中，可以考虑市场类似资产的价格信息
   B. 外购软件、网站、人力资源价值等可以考虑采用成本法评估
   C. 成本法下无形资产的价值，是基于相似资产或提供相似服务潜能或效用资产的（更新）重置成本来确定
   D. 收益法是最常用的评估无形资产的方法，包括超额收益法、许可费节省法、增量收益法或有无对比法、绿地法和分销商法
   E. 在市场法下，如果能够从市场上获得相似资产的交易信息，可以通过对比大量类似资产的交易情况来为评估对象价值提供依据

8. 目前，在评估业界具有较大影响的评估准则主要有（   ）。
   A. 《国际评估准则》（IVS）
   B. 《欧洲评估准则》（EVS）
   C. 《资产评估准则——基本准则》
   D. 美国《专业评估执业统一准则》（USPAP）
   E. 英国皇家特许测量师学会（RICS）制定的评估准则（RICS红皮书）

精选练习题答案及解析

一、单项选择题
1.【答案】C
【解析】国际评估准则术语表不定义评估、会计或金融行业中的基本术语。

2.【答案】B
【解析】调查和遵循主要规定了评估实施过程中应当注意的相关问题，包括一般要求、调查、对其他准则的遵循，其中调查是核心内容。

3.【答案】D
【解析】市场租金是在非关联方交易时，自愿出租方和自愿承租方在评估基准日，应当在正常营销后市场中通过适当租约达成的不动产租金的估计数额，当事方应当各自精明、理性行事且未受强迫。

4.【答案】A
【解析】市场法是不动产权益评估的主要方法。

5.【答案】B
【解析】利用收益法评估时，金融工具的现金流可能是固定的，也可能是变化的。

6.【答案】C
【解析】不动产权益存在三种基本类型，首先是特定区域土地的最高权益，该权益的所有者拥有土地和地上附着物的全部权利；其次是次级权益，即在一定时期内拥有特定区域土地和地上附着物排他控制权的权益，例如通过租赁合同获得的权益；最后是拥有特定土地和地上附着物使用权，但不拥有排他使用权或控制权。

7.【答案】B

【解析】剩余法结合了三种评估方法，利用完成后的总开发价值减去开发成本、开发者利润，得到该开发性不动产的剩余价值。

8.【答案】B

【解析】常用的使用假设包括最高最佳使用、现状使用/现有使用、有序清算、强制出售。

9.【答案】D

【解析】收益法是最常用的评估无形资产的方法，包括超额收益法、许可费节省法、增量收益法或有无对比法、绿地法和分销商法。

10.【答案】D

【解析】如果评估结果是市场价值，折现率应该参考市场中不动产权益的收益率。

11.【答案】C

【解析】国际评估准则理事会制定和努力推广的《国际评估准则》（International Valuation Standards，IVS）是目前最具影响力的国际性评估准则。

12.【答案】B

【解析】《国际评估准则2020》于2020年1月31日开始实施。

13.【答案】C

【解析】《国际评估准则210——无形资产》规定"国际评估准则105——评估基本方法和具体方法"中所描述的三大评估方法均可以应用于无形资产的评估。

二、多项选择题

1.【答案】BDE

【解析】选项B、选项D、选项E属于国际评估准则——资产准则。

2.【答案】ABCD

【解析】现状使用是一项资产、负债、资产组和/或负债组现有方式的使用，现状使用可以是，但并不必须是最高最佳使用。

3.【答案】BCDE

【解析】机器设备评估通常需要考虑一系列与资产本身、环境和潜在经济价值有关的因素。

4.【答案】AE

【解析】金融工具的评估，信用风险是至关重要的。在机器设备评估中，高度专业化的设备对于使用假设极为敏感

5.【答案】ACDE

【解析】当不同方法得出的价值测算结果有很大分歧时，评估师应当执行程序以便于理解为什么价值测算的结果会有区别，因为通常不适宜将两个有分歧的价值测算结果简单地进行加权。

6.【答案】CD

【解析】开发性不动产的估值主要使用两种主要方法：市场法和剩余法。

7.【答案】ACDE

【解析】采用成本法的无形资产评估应包括自创软件、网站、人力资源价值等，因此，选项B不正确，其他选项均正确。

8.【答案】ADE

【解析】目前除国际评估准则（IVS）外，在业界具有较大影响的评估准则主要有美国评估促进会（AF）制定的《专业评估执业统一准则》（USPAP）和英国皇家特许测量师学会（RICS）制定的评估准则（RICS红皮书）。